坂元茂樹

人権条約の解釈と適用

学術選書
012
国際人権法

信山社

は　し　が　き

　国際人権法との出会いは，琉球大学に勤務していた時代に，福岡の西新法律事務所の橋本千尋弁護士から頂いた一本の電話であった。橋本弁護士は，第9章で取り上げた在日韓国人である崔善愛氏の再入国不許可処分取消等請求訴訟の福岡地裁の裁判に関わっておられた。同裁判は，自由権規約第12条4項の「何人も自国に戻る権利を，恣意的に奪われない」の「自国」が「国籍国」を指すのか，「定住国」を含むのかが争われた事件であった。

　1989（平成元）年9月29日の福岡地裁判決は，国内の裁判所として，はじめて条約法に関するウィーン条約の解釈規則を援用して，「自国」は「国籍国」を指すとの解釈を行った。橋本氏の申し出は，控訴趣意書を書くにあたって，条約法に関するウィーン条約の解釈規則について教えてもらいたいとのことであった。これが，研究者としての国際人権法に関わった最初の出来事であった。本書の第9章に収録した，「自国に戻る権利——自由権規約第12条4項の解釈をめぐって」は，私にとって初めての国際人権法に関する論文であった。すでに福岡地裁の判決から13年の時が経過していた。

　その間，一般財団法人世界人権問題研究センターの所長を務めていた田畑茂二郎先生から，国際人権保障の研究を行う第1部の共同研究会の出席者が少ないので，田中則夫龍谷大学教授と私に第1部の嘱託研究員にならないかとの申し出があった。海洋法を研究対象とする田中さんも，条約法を研究対象とする私も，緊張して研究会に出席したことを思い出す。なにしろ，当時は，恩師の竹本正幸先生が第1部長を，安藤仁介先生と薬師寺公夫立命館大学法務研究科特任教授などが第1部の嘱託研究員であり，国際人権法の初学者の私にはあまりにも水準の高い議論に戸惑ったことが思い出される。

　もっぱら耳学問であったが，国際人権法の一流の先生方の議論をお聞きすることで，何となく国際人権法になじむようになった。そうした中で，芹田健太郎先生が創設に尽力された国際人権法学会の学会報告の依頼を契機に，その後，同学会の学会執行部の一翼（雑誌編集主任および事務局長）を担うようになり，

v

はしがき

友人である薬師寺教授の後を受けて，2006年から2009年にかけて理事長をお引き受けすることとなった。この理事長時代の2006年に，信山社より『講座国際人権法1　国際人権法と憲法』『講座国際人権法2　国際人権法規範の形成と展開』を刊行することができたことは，望外の幸せであった。

　その前年の2005年には，松井芳郎先生を中心とする，『国際人権条約・宣言集〔第3版〕』の編集に加わり，翌年には，薬師寺教授，村上正直大阪大学教授，小畑郁名古屋大学教授と共同執筆で，『法科大学院ケースブック国際人権法』（日本評論社，2006年）を刊行した。

　また，思いがけないことであったが，2008年には国連人権理事会諮問委員会委員に選出され，ハンセン病者・回復者の差別撤廃のための原則とガイドラインの報告者となった。2010年10月に国連人権理事会で，同年12月に国連総会で，みずからが報告者として起草した原則とガイドラインを支持する決議が採択される幸運を得た。まったく非力の私がこうした作業を遂行できたのも，外務省人権人道課およびジュネーヴの日本政府代表部のみなさまの支えがあったからである。さらに，日本財団の笹川陽平会長をはじめ，同財団の田南立也顧問や笹川記念保健協力財団の紀伊國献三最高顧問をはじめとする方々のひとかたならぬご協力をいただいた。この機会に改めて御礼申し上げたい。

　本書におさめられた論文は，こうした国際人権法に関わる学会活動や国連の仕事を行っていた間に発表したものである。章によりかなりの重複がみられるが，ご寛恕頂きたい。その間に時間も経過しており，各論文につき，必要な限りで加筆修正を行った。2013年10月，神戸大学の定年を翌年に控えた秋，同志社大学が法学部教授に招いていただいた。同志社の恵まれた研究・教育環境なしには，本書の刊行の意欲は生まれなかったであろう。改めて同志社大学の同僚の先生方に御礼申し上げたい。また，編集作業を手伝ってくださった，大学院生の権星香さん，中矢萌子さんに感謝申し上げたい。お二人のご助力なしには，本書の完成は不可能であった。

　最後に，出版事情の厳しい中で，本書の刊行を勧めてくださった信山社の今井貴氏，稲葉文子氏に心より御礼申し上げたい。

　　2017年10月　　　　　　　　御所を臨む今出川の研究室にて

坂元　茂樹

目　次

はしがき

第Ⅰ部　総　論

第1章　人権条約の解釈 ──人権条約の解釈を考えるにあたって …………5

　1　はじめに……………………………………………………………5

　　⑴　条約の解釈学説（6）

　　⑵　ウィーン条約法会議における条約解釈規則の法典化作業（7）

　　⑶　条約法条約の解釈規則（9）

　　⑷　国際司法裁判所による条約解釈規則への依拠（12）

　　⑸　複数の正文による条文の意味の相違が生じた場合の解釈（13）

　2　人権条約の解釈 ……………………………………………………15

　　⑴　ヨーロッパ人権裁判所の実行（15）

　　⑵　自由権規約委員会の実行（22）

　　⑶　日本の国内裁判所の実行（25）

　3　お わ り に ………………………………………………………30

第Ⅱ部　自由権規約委員会による解釈実践

第2章　条約実施機関の解釈権能
**　　　　 ──自由権規約第2条1項の解釈をめぐって** ………………37

　1　はじめに ……………………………………………………………37

　2　自由権規約第2条1項の起草過程と実施機関の解釈の乖離 …………40

　　⑴　第2条1項の現在の解釈（40）

　　⑵　第2条1項の起草過程（43）

　3　委員会の解釈上の実行 ……………………………………………46

　　⑴　個人通報事例（46）

vii

目　次

　　(2)　政府報告書審査（51）

　3　第2回・第3回米国政府報告審査における対立 ……………………………56

　4　お わ り に ………………………………………………………………58

第3章　死刑廃止国に対する新たな義務
　　──ジャッジ対カナダ事件（通報番号 829/1998）をめぐって ………65

　1　は じ め に ………………………………………………………………65

　2　ジャッジ対カナダ事件──受理可能性段階 ………………………………70

　　(1)　事件の概要（70）

　　(2)　通報者の申立（71）

　　(3)　通報の受理可能性に関する締約国の主張（72）

　　(4)　本案に関する締約国の主張（74）

　　(5)　通報者の反論（74）

　　(6)　受理可能性に関する委員会の判断（75）

　3　ジャッジ対カナダ事件──本案段階 ………………………………………76

　　(1)　締約国の回答（76）

　　(2)　通報者の反論（82）

　　(3)　委員会の見解（84）

　4　お わ り に──ジャッジ対カナダ事件が提起したもの ………………88

第4章　個人通報制度における仮保全措置
　　──自由権規約委員会の実行をめぐって ………………………………97

　1　は じ め に ………………………………………………………………97

　2　他の国際紛争処理機関における仮保全措置の実行 ……………………101

　　(1)　国際司法裁判所──ラグラン事件（ドイツ対米国）
　　　　（2001 年 6 月 27 日）（101）

　　(2)　ヨーロッパ人権裁判所──ママクロフおよびアブドラスロヴィッチ
　　　　対トルコ事件（46827/99 and 46951/99）（2003 年 2 月 6 日）（105）

　3　自由権規約委員会における仮保全措置の実行 …………………………109

　　(1)　アシュビー対トリニダード・トバゴ事件
　　　　（通報番号 580/1994）（112）

目　次

　　(2)　マンサラジ，タンバおよびシセイほか対シエラ・レオーネ

　　　　（通報番号 839/1998）（*117*）

　　(3)　ピャンディオン，モラロスおよびバラン対フィリピン事件

　　　　（通報番号 869/1999）（*120*）

　　(4)　ヴァイス対オーストリア事件（通報番号 1086/2002）（*121*）

　4　おわりに ……………………………………………………………*124*

第5章　個人通報制度のフォローアップ
　　　　──トリニダード・トバゴの死刑囚の通報事例を中心に ………*131*

　1　はじめに ……………………………………………………………*131*

　2　違反認定された個人通報事例 ……………………………………*135*

　　(1)　ピント事件（Pinto case, No. 232/1987）（*135*）

　　(2)　スーグリム事件（Soogrim case, No. 362/1989）（*143*）

　　(3)　シャルト事件（Shalto case, No. 447/1991）（*146*）

　　(4)　シーラタン事件（Seerattan case, No. 434/1990）（*149*）

　　(5)　ネプチューン事件（Neptune case, No. 523/1992）（*153*）

　　(6)　ビッカルー事件（Bickaroo case, No. 555/1993）（*156*）

　　(7)　ラ・ヴェンデ事件（La Vende case, No. 554/1993）（*161*）

　　(8)　エラヒー事件（Elahie case, No. 533/1993）（*164*）

　　(9)　スマート事件（Smart case, No. 627/1995）（*166*）

　3　フォローアップ協議 ………………………………………………*167*

　4　おわりに ……………………………………………………………*171*

第6章　人権条約の解釈の発展とその陥穽 …………………………………*175*

　1　はじめに ……………………………………………………………*175*

　2　条約の解釈と人権条約の実施機関 ………………………………*180*

　　(1)　条約の解釈学説と準拠法としての条約法条約（*180*）

　　(2)　人権条約の解釈──「発展的解釈」の展開（*182*）

　3　自由権規約委員会の従来の実行 …………………………………*184*

　4　自由権規約委員会の最近の実行
　　　　──生命権および拷問禁止規範の優越性 ………………………*187*

ix

目　次

(1) ジャッジ対カナダ事件（通報番号 829/1988）(*187*)

(2) アハニ対カナダ事件（通報番号 1051/2002）(*197*)

5 おわりに …………………………………………………………*202*

第7章　紛争解決機能としての個人通報制度
——自由権規約委員会のフォローアップ制度を素材に …………*207*

1 はじめに ……………………………………………………………*207*

2 積極的に対応した事例——国内法改正を伴ったものを中心に ………*211*

3 消極的に対応した事例 ……………………………………………*215*

(1) 勧告的効力の障壁 (*215*)

(2) 国内法の障壁 (*222*)

(3) その他の障壁 (*223*)

4 紛争解決機能としてのフォローアップ制度
　　——誰に対する「満足」か………………………………………*226*

5 おわりに ……………………………………………………………*230*

第Ⅲ部　日本の国内裁判所による解釈実践

第8章　日本の裁判所における国際人権規約の解釈適用
—— 一般的意見と見解の法的地位をめぐって ………………………*239*

1 はじめに ……………………………………………………………*239*

2 日本における判例の動向………………………………………………*246*

(1) 「見解」や「一般的意見」の援用に否定的な判例 (*250*)

(2) 「見解」や「一般的意見」の援用に肯定的な判例 (*257*)

3 克服すべき課題 …………………………………………………………*261*

4 おわりに——第1選択議定書の批准に向けて ………………………*268*

第9章　自国に戻る権利——自由権規約第12条4項の解釈をめぐって……*275*

1 はじめに ……………………………………………………………*275*

2 崔善愛事件 …………………………………………………………*279*

(1) 福岡地裁判決（1989〔平成元〕年9月29日）(*279*)

x

　　　　　　　　　　　　　　　　　　　　　　　　目　　次

　　(2)　福岡高裁判決（1994〔平成 6〕年 5 月 13 日）（*286*）

　　(3)　最高裁判決（1998〔平成 10〕年 4 月 10 日第二小法廷）（*292*）

　2　個人通報事例の検討とそれに基づく一般的意見 ……………………*294*

　　(1)　A. S. v. Canada（通報番号 68/1980）（*294*）

　　(2)　Charles E. Stewart v. Canada（通報番号 538/1993）（*296*）

　　(3)　Giosue Canepa v. Canada（通報番号 558/1993）（*301*）

　4　お わ り に …………………………………………………………………*306*

第 10 章　日本の難民認定手続における現状と課題
　　　　——難民該当性の立証をめぐって ………………………………*315*

　1　は じ め に——問題の所在 ……………………………………………*315*

　2　日本の司法における難民該当性の判断 ………………………………*323*

　3　Z 事件などの争点 …………………………………………………………*332*

　　(1)　立法裁量論批判（*335*）

　　(2)　「迫害」と「十分に理由のある恐怖」の解釈（*337*）

　　(3)　難民認定における立証責任の配分（*342*）

　　(4)　難民認定における立証基準（*347*）

　　(5)　供述の信憑性評価（*351*）

　4　お わ り に——提起された問題 ………………………………………*353*

　索　　引（*363*）

初 出 一 覧

第Ⅰ部　総　　論

第 1 章　「条約の解釈──人権条約の解釈を考えるにあたって」
　　　　「人権条約の解釈」薬師寺公夫・小畑郁・村上正直・坂元茂樹『法科大学
　　　　院ケースブック国際人権法』（共著）（日本評論社，2006 年）
　　　　「条約解釈の神話と現実──解釈学説の対立が意味するもの──」『世界法
　　　　年報』（2003 年）

第Ⅱ部　自由権規約委員会による解釈実践

第 2 章　「条約実施機関の解釈権能──自由権規約第 2 条 1 項の解釈をめぐって」
　　　　坂元茂樹編『国際立法の最前線』（有信堂，2009 年）

第 3 章　「死刑廃止国に対する新たな義務──ジャッジ対カナダ事件（通報番号
　　　　829/1998）をめぐって」『研究紀要』第 11 号（世界人権問題研究センター，
　　　　2006 年）

第 4 章　「個人通報制度における仮保全措置──自由権規約委員会の実行をめぐっ
　　　　て」『神戸法学雑誌』第 53 巻 4 号（2004 年）

第 5 章　「個人通報制度のフォローアップ──トリニダード・トバゴの死刑囚の通
　　　　報事例を中心に──」『研究紀要』第 7 号（世界人権問題研究センター，
　　　　2002 年。旧題：「トリニダード・トバゴの個人通報事例──フォローアッ
　　　　プの観点から──」）

第 6 章　「人権条約の解釈の発展とその陥穽」芹田健太郎・戸波江二・棟居快行・
　　　　薬師寺公夫・坂元茂樹編『講座国際人権法 1　国際人権法と憲法』（信山
　　　　社，2006 年）

第 7 章　「紛争解決機能としての個人通報制度──自由権規約委員会のフォロー
　　　　アップ制度を素材に」島田征夫・杉山晋輔・林司宣編『国際紛争の多様
　　　　化と法的処理』（信山社，2006 年）

第Ⅲ部　日本の国内裁判所による解釈実践

第 8 章　「日本の裁判所における国際人権規約の解釈適用── 一般的意見と見解
　　　　の法的地位をめぐって」芹田健太郎・戸波江二・棟居快行・薬師寺公
　　　　夫・坂元茂樹編『講座国際人権法 3　国際人権法の国内的実施』（信山社，
　　　　2011 年）

第 9 章　「自国に戻る権利──自由権規約第 12 条 4 項の解釈をめぐって」藤田久
　　　　一・松井芳郎・坂元茂樹編『人権法と人道法の新世紀』（東信堂，2001
　　　　年）

第 10 章　「日本の難民認定手続における現状と課題」松井芳郎・木棚照一・薬
　　　　師寺公夫・山形英郎編『グローバル化する世界と法の課題』（東信堂，
　　　　2006 年）

略 称 一 覧

本書では，以下の略称を用いる。ただし，読者の便宜のため，正式名称を示したところもある。

▷条約名
・条約法条約＝条約法に関するウィーン条約
・自由権規約＝市民的及び政治的権利に関する国際規約（B規約）
・社会権規約＝経済的，市民的及び文化的権利に関する国際規約（A規約）
・人種差別撤廃条約＝あらゆる形態の人種差別の撤廃に関する国際条約
・女子差別撤廃条約＝女子に対するあらゆる形態の差別の撤廃に関する条約
・拷問等禁止条約＝拷問及び他の残虐な，非人道的な又は品位を傷つける取扱い又は刑罰に関する条約
・難民条約＝難民の地位に関する条約
・児童の権利条約＝児童の権利に関する条約
・自由権規約第1選択議定書＝市民的及び政治的権利に関する国際規約の選択議定書
・自由権規約第2選択議定書＝死刑の廃止をめざす，市民的及び政治的権利に関する国際規約の第2選択議定書
・欧州人権条約＝人権及び基本的自由の保護のための条約

▷欧文雑誌
・*AJIL = American Journal of International Law*
・*BYIL = British Year Book of International Law*
・*GYIL = German Year Book of International Law*
・*HLR = Harvard Law Review*
・*ICJ Reports = International Court of Justice, Reports of Judgments, Advisory Opinions and Orders*
・*ICLQ = International and Comparative Law Quarterly*
・*Int'l J. Refugee L = International Journal of Refugee Law*
・*ILM = International Legal Materials*
・*ILR = International Law Reports*
・*PCIJ Ser. A = Publication of the Permanent Court of International Justice, Series A, Collection of Judgments (Recueil des arrêts)*
・*PCIJ Ser. B = Publication of the Permanent Court of International Justice, Series B, Collection of Advisory Opinions (Recueil des avis consultatifs)*
・*PCIJ Ser. A/B = Publication of the Permanent Court of International Justice, Series A and B, Collection of Judgments and Advisory Opinions*

xiii

略 称 一 覧

- *PCIJ Ser. C = Publication of the Permanent Court of International Justice, Series C, Acts and documents relating to Judgments and Advisory Opinions*
- *Recueil des Cours = Recueil des Cours de l'Academie de Droit International*
- *YILC = Yearbook of the International Law Commission*
- *ZaöRV = Zeitschrift für äuslandisches öffentliches recht und Völkerrecht*

▷**判例集**
- 民(刑)集＝最高裁判所民事(刑事)判例集
- 高刑集＝高等裁判所刑事判例集
- 行集＝行政事件裁判例集
- 判時＝判例時報
- 判タ＝判例タイムズ
- 訟月＝訟務月報

　　国内判例の引用にあたっては，原則として原文を尊重した。ただし，年などの漢数字は算用数字にし，文章の途中で省略する場合は，……を用いた。

人権条約の解釈と適用

第Ⅰ部

総　論

第1章　条約の解釈
──人権条約の解釈を考えるにあたって

1　はじめに

　多数国間条約の解釈が裁判で争点になった場合，その解釈はどのように行われるのであろうか。条約の解釈が争われるとき，裁判官や実務家の助けとなるのは条約法に関するウィーン条約（以下，条約法条約）である。条約法条約は，第31条（解釈の一般規則），第32条（解釈の補足的手段）および第33条（複数の言語によって確定された条約の解釈）の3か条の条文によって，条約の解釈規則を定めている[1]。

　その結果，国際裁判所および国内裁判所は，これらの規則に準拠して条約の解釈を行うことになる。視点を変えれば，みずからの解釈の正当性は当該解釈規則に基づくことを付言すれば足りることになる。注意すべきは，こうした解釈規則の存在は，「正しい解釈」はこの解釈規則を適用することで発見されるという推測を生みだしがちだが，条約法条約の解釈規則はそうした役割を担っていない。この解釈規則は，条約の解釈問題に直面した解釈者に解釈の過程をガイドする役割を果たし，それに準拠すればおのずから1つの解釈に到達するという性格のものではない。つまり，同規則を適用することで，解釈が機械的に決定されるわけではない。むしろ，解釈者にとって，解釈の過程で考慮されるべき要素，たとえば条約本文や準備作業といったものの相対的な価値や重要性を規定するという性格をもつにすぎない。解釈の一般規則と解釈の補足的手段の区別の基準もそこにある[2]。

---

(1)　条約の解釈規則の形成の経緯については，拙稿「条約法法典化における解釈規則の形成とその問題点」坂元茂樹『条約法の理論と実際』（東信堂，2004年）109-166頁参照。

(2)　Ian Sinclair, *The Vienna Convention on the Law of Treaties*, 2nd. ed., (Manchester University Press, 1981), pp. 116-117.

第1部 総 論

(1) 条約の解釈学説

　条約の規範内容を確定する行為である条約解釈については，これまでさまざまな解釈学説が存在していた。たとえば，当事国の意思を重視する意思主義解釈（主観的解釈）がある。この解釈学説は，条約解釈の到達点を当事国の意思を確かめ効果を付与することにあるとする立場である。その背後にあるのは，条約の起草者はさまざまな考慮をしていたはずだから，直面する条約解釈上の疑問は当該意思を発見することで解決できる，すなわち，条約解釈を当事国の意思の発見という事実の問題ととらえる立場である。その結果，この学説は，条約締結にいたる起草過程など条約の準備作業に依拠することに積極的である。

　これに対して，当事国の意思は条約本文に明らかであるとして，条約本文の「通常の意味」に従って条約をあるがままに解釈すべきであるとする文言主義解釈（文理解釈あるいは客観的解釈）がある。そこでは，条約解釈の目的は当事国の単独の「意思の発見」ではなく，当事国の合意した意思が表明された「文言の意味の確定」にあるとされる。この学説は，意思主義解釈とは異なり，条約の準備作業の援用に慎重であり，第二次的な地位しか与えていない。ということは，両学説とも，条約解釈の目的が当事国の意思の解明にあるという点では一致している。争われているのは，解明されるべき当事国の意思をどこに見いだすかという点である。条約の本文なのか条約の準備作業なのかという問題である。

　さらに，条約の目的を発見し，それに効果を付与することを解釈の機能とする目的論的解釈がある。この学説は，古い起草者意思の発見よりも，条約締結後の変化に対応すべく条約の目的から演繹して解釈者が妥当な結果を生むよう解釈することを促している。「法の発見」（静態的側面）に止まらない，解釈者の「法の加工」（動態的側面）への積極的関与を求めているともいえる[3]。し

---

(3)　松浦教授によれば，「法の解釈に関することわざ的表現をみると，法の解釈をする人（解釈者）は法を発見し，宣言するだけだ（つまり，解釈者自身は法を創らない）という方向性をもつものと，解釈者は多かれ少なかれ法を加工するのだという方向性をもつものに大別することができる」とされる。もっとも，「法解釈に関することわざ的表現の人気も時代とともに変わることが少なくなく」，「同じ時代であっても法の領域（たとえば私法の領域と公法の領域）によって好まれることわざ的表現が違うことがある」とされる。松浦好治「法律家の発想とバランス感覚　第7回法の解釈」『法学教

第 1 章　条約の解釈

たがって，条約を解釈する際に新しい条件を考慮することは必要だが，古い準
備作業に依拠する必要はないとする。その根拠とするところは，ひとたび締結
された条約はそれ自身の生命をもつのであって，極端にいえば，もはや過去の
起草者の意思は問題ではないというのである。目的論的解釈は，条約の目的を
梃子に「法の発見」よりも時代状況に即した「法の加工」を促す点で，他の二
つの解釈学説とは異なっている。成法論よりも立法論に傾く傾向がある。社会
あるいは法の発展に応じた条約の規範内容の変化の可能性をも視野に入れてい
るという意味では，他の二つの解釈学説とは異なっている[4]。

(2)　ウィーン条約法会議における条約解釈規則の法典化作業

　ウィーン条約法会議における条約解釈規則法典化の作業は，国際法委員会
(ILC) 草案（解釈の一般規則と解釈の補足的手段）とそれらを単一の条文に置き
換えることをめざした米国修正案の対立という形で展開された。米国代表で
あったマクドゥーガル（M. S. McDougal）教授はこの修正案の趣旨説明におい
て，「本修正案の目的は，草案第 27 条（解釈の一般規則）と草案第 28 条（解釈
の補足的手段）における厳格性，制限性およびヒエラルキー的区別を除去する
ことである。……条約の本文は解釈の出発点であり，到達点ではない。要する
に，全体の制度が『解釈の必要のないものを解釈することは許されない』とい
うヴァッテル（E. de Vattel）による格言を基礎にしている。それは不当な命題
である。なぜなら本文が解釈を必要とするか，しないかという問題の決定それ
自身が解釈であるからである[5]」と述べ，ILC 草案に反対を表明した。
　この背後には，ILC 草案の特別報告者を務めた条約解釈に関する法実証主義
者とニューヘブン学派の対立が潜んでいる。ILC 草案が法実証主義的「規則
アプローチ（rule-approach policy）」に基づくのに対し，マクドゥーガル教授は，
法を規則の集団とは見ず，さまざまな価値を共同体において生み出し，配分す
る方法についての権威的決定を行うプロセスと捉える。彼はみずからの「政策

　　室』No. 253（2001 年）4-5 頁。
(4)　もっとも，シンクレアによれば，これら 3 つの解釈学説は必ずしも相互に排他的で
　　はないとされる。Sinclair, *supra* note 2, p. 115.
(5)　*United Nations Conference on the Law of Treaties, Official Records, First session,*
　　1968, 32nd meeting, pp. 176-177, para. 58.

7

第1部 総　論

アプローチ（policy-approach position）」を条約解釈の分野に持込み，ニューヘブン学派と呼ばれる解釈理論を提唱した[6]。ここでは，条約本文の優位性という考えは放棄されている。

ILC の特別報告者を務めたブライアリー（J. L. Brierly），ローターパクト（H. Lauterpacht），フィッツモーリス（G. Fitzmaurice），そしてウォルドック（H. Waldock）は，『条約法[7]』の名著を書いたマクネイア（Lord McNair）と同じく法実証主義の立場に立っていた。いずれも基本的には，textual-context の中で条約解釈を考えていた。ILC の最終草案をまとめたウォルドックは，みずからの提案が万国国際法学会の1956年のグラナダ決議に依拠していることを明らかにしたが，その決議こそがフィッツモーリスの手によるものであった。同決議は，「万国国際法学会は，条約を解釈する必要が生じたとき，国，国際機関および裁判所は，次の諸原則によって導かれるという見解を有している」として，その第1条で，「条約本文に具体化されている当事国の合意は，解釈の基礎として本文の文言の自然かつ通常の意味をとることが必要である。条約の諸規定の文言は，信義誠実にかつ国際法の諸原則に照らして，全体としてその文脈において解釈されるべきである[8]」と規定し，条約本文の優位性を明らかにしていた。

フィッツモーリスは，常設国際司法裁判所（PCIJ）と国際司法裁判所（ICJ）の条約解釈に関する判例を詳細に分析し，6つの基本的な解釈原則（すなわち，①現実性（または文言主義）の原則，②自然および通常の意味の原則，③一体性の原則，④実効性の原則，⑤事後の実行の原則，そして⑥同時性の原則）を定式化し，

(6) この分類は，コスケニエミ（M. Koskenniemi）による。彼によると，規則の観点から国際法を定義するのが「規則アプローチ」であり，ハード・ローやソフト・ローという規範の敷居に極めて厳格な立場をとり，成法論（*lex lata*）と立法論（*lex ferenda*）を峻別する立場である。法は規範的に強いが，適用範囲は制限されているとする規則アプローチに対し，政策アプローチは，規範的には弱いが，適用範囲は広いと考える立場である Martti Koskenniemi, *From Apology to Utopia; the Structure of International Legal Argument*, Lakimiesliiton Kustannus,（Finnish Lawyer's Company, 1989）, pp. 154-156.

(7) 条約法の古典的名著とされる本書には，450を上回る国内および国際裁判所への判例の言及が含まれ，その中から条約法の規則を探り出した実証的著作である。Lord McNair, *The Law of Treaties*,（Oxford at the Clarendon Press. 1961）, pp. xii-xxi.

(8) *Annuaire de l'Institut de Droit International*, Tome 46（1956）, pp. 364-365.

8

第1章　条約の解釈

文言主義の立場を表明した[9]。1966年のILC最終草案は,「本文は当事国の意思の有権的表示であると推定されねばならないこと。およびその結果として,解釈の出発点は本文の意味の明確化であって,当事国の意思を根源に遡って探求するものではない[10]」との文言主義解釈の立場を,基本的には採用していた。

ウィーン条約法会議では,米国修正案は賛成8,反対66,棄権10という大差で敗れた[11]。その結果,ILC草案が全面的な形で採択された。

(3) 条約法条約の解釈規則

1969年,条約法条約において一連の解釈規則が採択された。ということは,解釈に関して一定の規則が存在する,換言すれば,従来の条約解釈に関する規準(canon)や格言(maxim),さらには学説(doctrine)に代わる規則(rule)の存在の承認,すなわち,条約解釈が規範的な性格をもつ一連の規則によって規律されるとの合意が成立したことを意味する。それは解釈を技法から法規則へと変容させ,解釈学説の対立の終焉をもたらした。他方,解釈者は,国際裁判所であれ国内裁判所であれ,条約解釈にあたってこれらの規則に拘束され,換言すれば,この解釈規則に準拠することが至上命題となった。

たとえば,WTOの上級委員会は,日本酒税事件で,条約法条約は慣習国際法の法典化であり,すべての国を拘束するとの立場から,GATT法の解釈の指針として同解釈規則を用いている。実際,紛争解決了解第3条2項は,「解釈に関する国際法上の慣習法的規則に従った対象協定の現行の規定の解釈を明らかにする」ことを求めており,この文言は条約法条約の解釈規則の適用を求めたものと解されている[12]。

---

(9) Sir Gerald Fitzmaurice, "The Law and Procedure of the International Court of Justice 1951-4: Treaty Interpretation and Other Treaty Points," *BYIL*, Vol. 33 (1957), pp. 211-212.

(10) *YILC*, 1966, Vol. II, p. 220, para. 11.

(11) *United Nations Conference on the Law of Treaties, Official Records, First session, 1968*, 33rd meeting, pp. 184-185, para. 75.

(12) Robert Howse, "Adjudicative Legitimacy and Treaty Interpretation in International Trade Law: The Early Years of WTO Jurisprudence," in J. H. H. Weiler (ed.), *The EU, the WTO, and the NAFTA Towards a Common Law of International Trade?* (Oxford University Press, 2000), p. 53. 一部の論者は,WTOは,従来のpower-oriented

9

第1部　総　　論

　条約法条約の解釈規則は，従来の解釈学説が強調する要素を，すべて程度の
差こそあれ，取り込んでいる。こうした条約法条約の解釈規則の特徴を一言で
いえば，当事国の有権的表示としての条約本文の尊重を基礎とする解釈の一般
規則と，条約の締結に先立つ条約の準備作業を解釈の補足的手段とする解釈規
則を定めていることである。「補足的」とは，第32条は解釈の代替的，自律的
手段を規定するものではなく，第31条の一般規則によって得られた解釈を補
助する手段を定めるにすぎないという意味である。

　第31条1項は，解釈の一般規則として，「条約は，文脈によりかつその趣旨
及び目的に照らして与えられる用語の通常の意味に従い，誠実に解釈するもの
とする」と規定した。この一般規則は，次の三つの原則を含んでいるとされる。
①パクタ・スント・セルバンダ（合意は守られなければならない）の原則から直
接出てくるとされる誠実の原則，②当事国はその用いる用語の通常の意味から
うかがい知ることのできる意思をもつものと推定されるという原則，③用語の
通常の意味は抽象的にではなく，条約の文脈において，かつ条約の目的に照ら
して決定されなければならないという原則である。

　なお，ここでいう「文脈」とは，条約文（前文および附属書）のほかに，(a)
条約の締結に関連してすべての当事国の間でなされた条約の関係合意，(b)条約
の締結に関連して当事国の一または二以上が作成した文書であって，これらの
国以外の当事国が条約の関係文書として認めたもの，を含むとされる（同条2
項）。さらに，(a)条約の解釈または適用につき当事国の間で後になされた合意，
(b)条約の適用につき後に生じた慣行であって，条約の解釈についての当事国の
合意を確立するもの，(c)当事国の間の関係において適用される国際法の関連規
則，が文脈とともに考慮される（同条3項）。(c)の規定は，条約は当事国間で
効力のある国際法規則の枠組みのなかで解釈されなければならないことを意味
するとされる。最後に，用語は，当事国がこれに特別な意味を与えることを意
図していたと認められる場合には，その特別の意味をもつとされる（同条4項）。

---

　　diplomatic approach から rule-oriented approach に変化したとして，パネル報告
　　にその傾向を見出している。Cf. James Cameron and Kevin R. Gray, "Principles of
　　International Law in the WTO Dispute Settlement Body," *ICLQ*, Vol. 50 (2001), pp.
　　248-298.

その立証責任は，特別の意味を与えることを意図した当事国にあるとされる。

　これに対し，第 32 条は，解釈の補足的手段として，前条の規定の適用により得られた意味を確認するため，またはそれらの規定による解釈によっても意味が曖昧または不明確であるか，明らかに常識に反したまたは不合理な結果がもたらされる場合には，条約の準備作業および条約締結の際の諸事情に依拠することができると定める。つまり，補足的手段を援用できる場合に限定があるということである。ただし，準備作業はもっぱら条約締結交渉に参加した当事国間においてのみ援用されうるのか，あるいは公表された準備作業に限るのかといった点については必ずしも明確ではない。いずれにしても，条約締結にいたる起草過程などの準備作業が，あくまで解釈の補足的手段にすぎないことは，常設国際司法裁判所（PCIJ：国際司法裁判所の前身）以来，確立されている。そこでは，①本文それ自身が明白な場合は，それを尊重し，準備作業を考慮する必要はない[13]。②準備作業は本文の明白な意味を変更するために用いられてはならない[14]。③本文が完全に明白であるといえない場合には，準備作業を検討することは許される[15]。④本文の解釈によって得られる結論を確認するために，準備作業を検討することは許される[16]，と判示されてきた。このように，準備作業の援用に制限的なこれらの解釈規則の背後にある中心的考えが，条約は当事国の合意を実体的要素として成立し，その合意は条約本文に求められるという考え方である。サールウェイ（H. Thirlway）によれば，「条約法条約で採択された規則は主として，同条約が起草される以前の ICJ および PCIJ の判決から導かれたものであった[17]」との評価が与えられている。

---

(13)　*The S.S. Lotus case, PCIJ Series A/B*, 1927, No. 15, p. 28.

(14)　*The Jurisdiction of the European Commission of the Danube case, PCIJ Series A/B*, 1927, No. 25, pp. 28-31.

(15)　*The Case relating to the Competence of the ILO in regard to International Regulation of the Conditions of Labor of Persons employed in Agriculture, PCIJ Series C*, 1922, No. 1, p. 269.

(16)　*The Case relating to the Frontier between Turkey and Iraq, PCIJ Series B*, 1925, No. 12, p. 22.

(17)　Hugh Thirlway, "The Law and Procedure of the International Court of Justice," *BYIL*, Vol. 62 (1991), pp. 16-17.

第1部　総　論

(4)　国際司法裁判所による条約解釈規則への依拠

　国際司法裁判所（ICJ）は，1989年7月31日の仲裁裁判判決事件（本案）判決（1991年）[18]，リビア・チャド領域紛争事件判決（1994年）[19]，オイル・プラットフォーム事件管轄権判決（1996年）[20]およびカシキリ／セドゥドゥ事件判決（1999年）[21]などで，条約法条約の解釈規則は多くの点で既存の慣習法の法典化とみなされると判示した。

　条約法条約採択直後，ICJは必ずしも条約の解釈規則に直接準拠する姿勢を示さなかった[22]。画期となったのは1989年7月31日の仲裁裁判判決事件判決で，ICJは，「仲裁付託合意は，条約の解釈を規律する国際法の一般原則に従って解釈されなければならない合意である」とした上で，「（条約解釈の）これらの原則は，条約法条約第31条および第32条に反映されており，これらは多くの点でこの主題に関する既存の慣習法を法典化するものとみなされている[23]」との評価を初めて与えたのである。なお，本事件で，ICJは，付託合意で用いられた用語の自然かつ通常の意味による解釈を行い，その後，同合意の締結過程などの準備作業の検討によって当該解釈の確認を行った[24]。そして，その後も，1994年のリビア・チャド領土紛争事件で，「裁判所は，第31条に反映されている慣習法に従い解釈しなければならないことを想起する。解釈はとりわけ条約の本文に基づかなければならない[25]」という表現で，条約法条

---

(18)　*Case Concerning the Arbitral Award of 31 July 1989 (Guinea-Bissau v. Senegal), ICJ Reports 1991*, pp. 69-70, para. 48.

(19)　*Territorial Dispute (Libyan Arab Jamahiriya/Chad) Case, ICJ Reports 1994*, pp. 21-22, para. 41.

(20)　*Oil Platforms (Islamic Republic of Iran v. United States of America), ICJ Reports 1996*, p. 812, para. 23.

(21)　*Kasikili/Sedudu Island (Botswana/Namibia), ICJ Reports 1999*, pp. 1075-1076, paras. 47-50.

(22)　ベルナルデスは，1970年代のこうしたICJの態度を「沈黙の時代」と呼んでいる。S. T. Bernárdez, "Interpretation of treaties by the International Court of Justice following the adoption of the 1969 Vienna Convention on the Law of Treaties," in Gerhard Hafner *et. al* (eds.), *Liber Amicorum-Professor Ignaz Seidl-Hohenveldern in honour of his 80th birthday*, (Kluwer International, 1998), p. 722.

(23)　*Case Concerning the Arbitral Award of 31 July 1989 (Guinea-Bissau v. Senegal), ICJ Reports 1991*, pp. 69-70, para. 48.

(24)　*Ibid.*, p. 71, para. 53.

約の慣習法性を承認するとともに，文言主義解釈の強調を行った。翌 1995 年のカタール・バーレンの海洋境界画定（および領土）事件（管轄権および受理可能性）では，「裁判所には，解釈規則を適用することによって当該本文の意味を決定する責任がある[26]」と述べ，規則準拠の姿勢と必要性を示した。その後も，1996 年の核兵器使用の合法性に関する勧告的意見[27]で，ICJ は，条約法条約第 31 条の慣習法性の承認とともに，第 31 条 1 項(b)の「事後の実行」を援用した。また，同年のオイル・プラットフォーム事件の管轄権判決で，今や定番となった「条約法条約第 31 条に表明された慣習法に従って」という表現で，同条の慣習法性を再び確認したのである[28]。このように，ICJ は，1990 年代に入ると解釈規則に積極的に準拠する姿勢に転じたのである。

その結果，条約法条約の当事国でない国が参加している条約の解釈についても，慣習法規則として，これらの解釈規則が適用されることになった。

(5) 複数の正文による条文の意味の相違が生じた場合の解釈

なお，ときとして条約が複数の言語によって作成される場合がある。たとえば，国連主催の下に締結される条約の場合，国連の公用語により条約が作成され，いずれも正文とされる。ちなみに，国際人権規約の場合，中国語，英語，フランス語，ロシア語およびスペイン語が正文とされている（社会権規約第 31 条，自由権規約第 53 条）。こうした場合，いずれの正文も同一の意味をもつと推定される（第 33 条 3 項）。ただし，解釈に相違があるとき，特定の言語による条約文が優先すべき旨を条約が定めているか，またはそれについて当事国が合意する場合は，その限りではない（同条 1 項）。たとえば，日韓基本関係条約の末文は，日本語，韓国語および英語をひとしく正文としながらも，解釈に

---

(25) *Territorial Dispute (Libyan Arab Jamahiriya/Chad) Case, ICJ Reports 1994*, pp. 21-22, para. 41.

(26) *Maritime Delimitation and Territorial Questions between Qatar and Bahrein (Jurisdiction and Admissibility), ICJ Report 1995*, p. 18, para. 33.

(27) *Legality of the Use by a State of Nuclear Weapons in the Armed Conflict, Advisory Opinion, ICJ Reports 1996*, p. 75, para. 19.

(28) *Oil Platforms (Islamic Republic of Iran v. United States of America), ICJ Reports 1996*, p. 812, para. 23.

第 1 部 総 論

相違がある場合には，英語の本文によるとした。

　なお，各正文の比較によっても解消されない意味の相違がある場合には，条約の趣旨および目的を考慮して最大の調和が図れる意味が採用されるとする（同条4項）。ICJのシシリー電子工業会社事件（1989年）において，米伊通商航海条約第7条の英語の"interest"とイタリア語の"diritti reali"の意味の相違が争われた。同裁判において，米国は，「イタリアによる米伊通商航海条約第7条の違反があった」と主張した。「この4つの条項からなる長期にわたりかつ入念に練り上げられた条文は，主として，他の締約国の領域に存する不動産または利益を取得し，所有しかつ処分する権利を確保することに関するものである」とした上で，米国は，同条4項の「締約国の領域内に存する『不動産または利益（immovable property or interest）』とは，米国法人でない子会社を通じて取得された財産権の間接的所有を含む文言である」と主張した。これに対して，ICJは，「議論は，英語の"interest"とイタリア語の"diritti reali"の意味の相違に向けられた。英語の用法において，土地に付属するさまざまな権利を意味するためにその文言が共通して用いられるので，第7条の英語訳とイタリア語は同じことを意味すると解釈することができる[29]」と判示した。

　ICJは，この規則を適用して，英語およびフランス語の正文の相違にもかかわらず，国際司法裁判所規程第41条に基づく仮保全措置の法的拘束力を認定した（2001年のラグラン事件）。ICJは，紛争が主として規程第41条の解釈に関わっているとの認識を示し，同条の解釈論からその拘束性を導いた。すなわち，ICJは，その判断にあたって，規程第41条で用いられている「とられるべき（doivent etre prises）」という文言が義務的性格を有しているのと比較すると，仏文の"indiquer"や"indication"は拘束力については価値中立的な言葉であると認定した。さらに，米国による，同条では英文の「指示（indicate, suggest）」の語が用いられ，「命じる（order）」が用いられていないこと，さらに「とられるべき（ought to be take）」が使用され，「とらなければならない（must, shall）」が使用されていないので拘束力がないとの主張に対しては，国

---

(29) *Case concerning Elettronica Sicula S. p. A. (ELSI)* (United States of Americav. Italy), *ICJ Reports 1989*, pp. 77-79, paras. 131-132.

連憲章第111条により，「英文と仏文の違いはあっても等しく正文」であることから，複数の言語により確定された条約の解釈規則を定めた条約法条約第33条4項を適用し，「解消されない意味の相違があることが明らかとなった場合には，条約の趣旨および目的」を考慮しなければならないと述べた[30]。そこで，ICJ は，規程の趣旨および目的の考察へと進んだ。すなわち，「規程の趣旨および目的はそこに定められている機能，とりわけ規程第59条に従う拘束力ある決定によって国際紛争の司法的解決という基本的な機能を裁判所が果たせるようにすることである。第41条〔の目的〕は，裁判所における紛争当事者の権利が保全されないために，裁判所がその機能の行使を妨げられることを防ぐことである。規程の趣旨および目的，並びにその文脈で読む第41条の文言から，仮保全措置を指示する権能は，事情によって必要と認めるとき，裁判所の最終判決によって決定される当事者の権利を保全し，またそうした権利の侵害を回避するための緊急性に基礎づけられるとし，第41条に基づく仮保全措置は拘束的ではないとの主張は，当該条文の趣旨および目的に反する[31]」と判示したのである。このように ICJ は，拘束力の根拠として，かかる措置の不遵守は裁判所の権能行使の妨げになるとの論理を採用した。その結果，これまで学者の間で議論のあった第41条で用いられている文言の拘束力に関する解釈の争いに，終止符が打たれることになった[32]。

2　人権条約の解釈

(1) ヨーロッパ人権裁判所の実行

　人権条約の実施機関で，この条約法条約の解釈規則に明示に言及したのはヨーロッパ人権裁判所である。同裁判所は，1975年のゴルダー事件判決で，「裁判所は，条約法条約第31条から第33条を参照すべきであると考える。こ

---

(30) *LaGrand (Germany v. United States of America), ICJ Reports 2001*, pp. 502-503, paras. 99-101.

(31) *Ibid.*, para. 102.

(32) このように，ICJ が仮保全措置の法的拘束力を認めたことで，今後は仮保全措置命令発出の要件がさらに厳格化されることは避けられないであろう。なぜなら，かかる命令は紛争当事国の行動を法的に制約することになるからである。

15

第1部 総 論

の条約は未だ発効していないが（1980年1月27日に発効），その条文は，裁判所が折りに触れ言及してきた一般に受容された国際法の諸原則を列挙している。ヨーロッパ人権条約の解釈に際して，当該条文を考慮すべきである[33]」と判示し，ヨーロッパ人権条約の解釈にあたって，条約法条約の解釈規則へ準拠する姿勢を示した。

　実際，同裁判所は，ヨーロッパ人権条約の規定の解釈にあたって，用語の「通常の意味」という概念を採用した[34]。たとえば，ヨーロッパ人権条約第6条3項(e)の「無料で通訳の援助を受ける権利」の「無料」（gratuitement/free）が争点になったルーディック事件（1978年）で，同裁判所は，条約法条約第31条が規定する用語の「通常の意味」に従った解釈を採用した[35]。さらに，第6条1項の「刑事上の罪」（criminal charge）という文言が争われたエンゲル事件（1976年）では，条約法条約第31条4項の「特別な意味」に依拠し，ヨーロッパ人権裁判所のいわゆる「自律的解釈」として知られる解釈方法が採用された[36]。本事件は，オランダ法上，「刑事上の罪」ではなく「懲戒」に分類されていた軍律に違反する罪で刑罰に服していた申立人が，公正な裁判のための手続的要件を規定するヨーロッパ人権条約第6条の違反を訴えた事件である。ヨーロッパ人権裁判所は，「締約国の裁量により，ある犯罪を刑事上の罪ではなく懲戒と分類し訴追することが可能ならば，第6条および第7条の基本条項の運用は締約国の主観的意思に従属することになろう[37]」として，「刑事上の罪」という用語には自律的な解釈が与えられなければならないとした。すなわち，「刑事上の罪」という概念は，特定の法制度の分類から独立した自律的な概念であると認定された。こうして，第6条の「公正な裁判を受ける権利」は軍事上の懲戒に関する訴訟に拡大された。こうした条約上の概念を国内法の概

---

(33) *The Golder case, Series A*, No. 18, para. 29.

(34) J.G. Merrills, The Development of International Law by the European Court of Human Rights, (Manchester University Press, 1993), p. 70. たとえば，ジョンストン事件では，『『婚姻についての権利』という用語の通常の意味は，婚姻関係の解消ではなく，婚姻関係の形成を保護しているという意味では明確である」と判示していた。*The Jonston case, Series A*, No. 112, para. 52.

(35) *The Luedicke case, Series A*, No. 29, para. 40.

(36) Merrills, *supra* note 34, p. 71.

(37) *The Engel case, Series A*, No. 22, para. 81.

第1章 条約の解釈

念から分離する自律的な解釈には，一種の司法立法だとの懸念がないわけではないが，個人の人権の効果的な保護という条約目的の考慮がそれを可能にしているというのが裁判所の論理である。裁判所によれば，かかる解釈は「条約の趣旨および目的に照らした文言の通常の意味の確定[38]」に他ならないというのである。

このように，ヨーロッパ人権裁判所における条約解釈の特徴は，目的論的解釈の強調にこそ現れている[39]。もちろん，その背景には，1950年に採択されたヨーロッパ人権条約が次第に欧州社会に定着し，こうした条約社会の成熟が，当事国が引き受けた義務にこだわる文言主義解釈から個人の人権の保護という目的論的解釈への移行を可能にしたものと思われる。たとえば，1968年のヴェムホフ事件判決で，裁判所は，「当事国が引き受けた義務を最大限に制限するような解釈ではなく，条約の目的を実現し趣旨を達成するために，最も適切な解釈は何かを検討すること[40]」がみずからの役割であると述べ，目的論的解釈の立場を鮮明にした。条約は，一定の目的を念頭において作成されており，裁判所は，条約がいかなる意味を有しているかを決定するとき，これらの目的を考慮しなければならないというのである[41]。また，拷問の禁止を定めた第3条の解釈が争われた1978年のタイラー事件で，同裁判所は，「条約が，今

---

(38) 戸田五郎「ヨーロッパ人権裁判所によるヨーロッパ人権条約の解釈——欧州共通基準の模索——」『国際人権』第11号（1999年）17頁。

(39) 目的論点解釈を基調として，実効的解釈，発展的解釈，自律的解釈，評価の余地理論などの独自の解釈手法によって人権の実現という目的を実効的に遂行するヨーロッパ人権裁判所の解釈手法については，江島晶子「ヨーロッパ人権裁判所の解釈の特徴」戸波江二・北村泰三・建石真公子・小畑郁・江島晶子『ヨーロッパ人権裁判所の判例』（信山社，2008年）28-32頁参照。シンクレアなどは，こうしたヨーロッパ人権裁判所の目的論的解釈の強調を捉えて，裁判所による条約法条約の規則準拠への言明はリップサービスに過ぎないと酷評するほどである。Sinclair, *supra* note 2, pp. 131-132.

(40) *The Wemhoff case, Series A*, No. 7, para. 8.

(41) Merrills, *supra* note 34, p. 76. メルリスは，目的論的解釈と文言主義の相違は誇張されてはならないと主張する。すなわち，目的論的解釈は，文言主義解釈も受け入れる実効性原則を拡大して適用しているにすぎないというのである。問題は，文言主義解釈者が主張するように，実効的解釈は常に条文から発生しなければならないのか，それとも目的論的解釈者が主張するように，ある程度，司法立法（合意を実効的にするために，より広い方法で条約の趣旨および目的を考慮する）に乗り出すことができるのかどうかというのである。*Ibid.*, p. 77.

第1部 総 論

目的条件に照らして解釈されるべき生きている文書（living instrument）であ
ることを想起しなければならない。本件で、裁判所は、この分野での欧州評議
会加盟国の刑事政策の発展およびそこで一般に受け入れられている基準に影響
されざるを得ない[42]」と判示した。1950年に条約が採択された時に当事国が
抱いていたであろう「何が品位を傷つける刑罰か」ではなく、条約を解釈する
時点でのそれを考慮せざるを得ないというのである。人権条約は、社会的な変
化など今日的条件に照らして解釈されねばならないというのである[43]。同様
の姿勢は、嫡出子と非嫡出子の区別を設けていたベルギーの立法が問題になっ
た1979年のマルクス事件でも採用され、ヨーロッパ人権裁判所は、欧州評議
会の大多数の国の国内法の発展という事実を無視することはできないと判示し、
同国の第8条と第14条違反を認定した[44]。

　さらに、1995年のロイジドゥー事件では、条約が締結された40年以上前
の起草者の意思に従ったのみでは解釈はできないとまで言い切った[45]。ま
た、性転換を法的に承認されなかったことでさまざまな不利益が生じたとして、
ヨーロッパ人権条約第8条（私生活の尊重）と第12条（婚姻の権利）の違反を
訴え、その違反が認定された2002年のグッドウィン事件では、裁判所は、「現
時点で、ヨーロッパ人権条約の何が適切な解釈・適用であるかを『今日的条件
に照らして』（タイラー事件等）評価するために、締約国の内外の状況を考察す
る」ことを提案した[46]。いわゆる「発展的解釈」の表明である。こうした発
展的解釈こそが、ヨーロッパ人権裁判所の判例の「最も独創的な特徴の一つで
ある[47]」ことに異論をさしはさむ者はいないであろう。

---

(42)　*The Tyrer case, Series A*, No. 26, para. 31.

(43)　たしかに、条約を「生きている文書」として解釈することは今や一般的に受け入
　　れられているといえるが、他方で、現在の状況でどの解釈が適当であるかの決定は司
　　法政策という困難な問題を提起しうる。メルリスが指摘するように、裁判所が発展を
　　先取りしてしまう危険性を内在する。その結果、裁判所の真の動機は、未だ確固とし
　　て確立していない傾向を奨励、促進しようとしているとの批判に道を開くことになる。
　　Cf. Merrills, *supra* note 32, p. 77.

(44)　*The Marckx case, Series A*, No. 31, para. 41.

(45)　*The Loizidou case, Series A*, No. 310, para. 41.

(46)　*The Goodwin case*, Application No. 28957/95, para. 75.

(47)　F. スェードル著・建石真公子『ヨーロッパ人権条約』（有信堂、1997年）38頁。こ

第1章　条約の解釈

　こうした解釈手法は，先のゴルダー事件の際にも顕著に現れた。すなわち，同事件では，公正な裁判に関する第6条1項の文言に裁判所へのアクセスの権利が含まれるかどうかが争われた。裁判所は，第6条には裁判所へのアクセスの権利が明示に言及されていないにもかかわらず，ヨーロッパ人権条約の趣旨および目的に照らし，民主社会の前提として法の支配が必要であり，その法の支配は，法的紛争を裁判所に持ち込む可能性が閉ざされた状態では考えることができないとして，「アクセスの権利は第6条1項に述べられている権利に固有な要素を構成する[48]」と判示したのである。もちろん，そこにはヨーロッパ人権条約の前文で述べられている「法の支配」や欧州評議会規程での同一の概念への言及に対する考慮があったものと思われる[49]。

　こうした黙示的権利（implied right）の承認が，第1条が規定する「この条約の第1節に定義する権利および自由を保障する」という文言に抵触するのではないかという問題は別個の議論を要するのでここでは立ち入らず，本章ではもっぱら裁判所の解釈手法を取り上げたい。裁判所は，条約として，当該権利は明示されていないとしても，排除されていないというのである。同裁判に関わったフィッツモーリス裁判官は，「判決のいう，AがB明示にBを排除していないがゆえにBはAに含まれるというのは，論理的誤謬を犯している。排除されていないということは，当然に含まれているということにならない。それは立証を要する[50]」として，反対意見において激しく反発した。彼の意見には，目的論的解釈といえども，当事国の意思を名目化できるほどに条約解釈を自由なものにしないというその機能の限界の認識と，人権条約が国家の国内管轄事項に侵入してきている以上，国家に課する義務は制限的に解釈されるべ

　　の発展的解釈に関する理論的検討としては，Cf. Rudolf Bernhardt, "Evolutive Treaty Interpretation, Especially of the European Convention on Huma Rights," *GYIL*, Vol. 42 (1999), pp. 11-25. また，ヨーロッパ人権裁判所の解釈手法を整理・検討したものとしては，次の文献が参考になる。Cf. Franz Matscher, "Quarant Ans d'Activité de la Cour Européenne des Droit de l'Homme," (especially, chapter II), *Recueil des Cours*, Tome 270 (1997), pp. 273-300.

(48)　*The Golder case, supra* note 33, para. 36.

(49)　Merrills, *supra* note 34, p. 85.

(50)　The Separate Opinion of Judge Fitzmaurice in *the Golder case, supra* note 16, pp. 36-57.

第1部　総　論

きであるとの考えが根底にある。もちろん，裁判所の多数意見は，みずからの
解釈が締約国に新たな義務を押し付ける拡大解釈だとの非難を否定しているが，
フェアドロス裁判官が指摘するように，国家が明示に引き受けていない義務
を解釈という手段を使って課する結果になっていることは確かである[51]。実
際，裁判所の結論は，明らかに第6条1項の文脈における「通常の意味」とは
両立しない解釈である。ちなみに，個別意見を書いた2名の裁判官のいずれも
が，文言主義解釈を基本に据えた解釈規則の形成にILCの委員の立場で関わっ
た人たちであったことは，あながち偶然ではなかろう。

　この判決には，人権条約の実施機関に特有な，条約解釈に関する基本的視
座がみてとれる。ゴルダー事件で，欧州人権委員会の報告書は次のように述
べている。すなわち，「条約の最も重要な機能は，個人の権利を保護すること
であって，条約は，国家の主権については制限的に解釈すべきであるという国
家間の相互的義務を規定してはいない。逆に，条約の役割および解釈の機能
は，個人の保護を実効的にすることである[52]」と言い切っている。このように，
条約の趣旨および目的を手がかりに，いわゆる実効的解釈が採用されている。
人権条約の趣旨および目的は個人の権利を保護することにあり，自律的解釈や
発展的解釈により，その趣旨および目的に従い条文に対して実効的な解釈を与
えようというのである。実際，1989年のゾーリング事件で，裁判所は，「個人
の人権の保護のための文書としての条約の趣旨および目的は，その規定が保障
を実効的にするように解釈適用されることを要請する」と述べるにとどまらず，
さらに，「保障されている権利や自由の解釈は，民主社会の理想と価値を維持
し促進することを意図した文書であるところの，ヨーロッパ人権条約の一般的
精神に一致しなければならない[53]」と述べている。

　このように，ヨーロッパ人権裁判所は，どちらかといえば目的論的解釈を行
う傾向がみてとれる。つまり，ヨーロッパ人権条約の実施機関の解釈にみられ

---

(51)　The Separate Opinion of Judge Verdross in *the Golder case, supra* note 16, pp.
　　20-21. メルリスも同様に，裁判所の解釈を批判している。裁判所は「必要」と「望
　　ましい」とを混同しており，正当な解釈の範囲を超えているとの反対意見を書いた裁
　　判官の立場に理解を示している。Cf. Merrills, *supra* note 34, pp. 85-86.

(52)　*The Golder case, supra* note 33, para. 57.

(53)　*The Soering case, Series A,* No. 161, para. 87.

第1章　条約の解釈

る法的思考は，みずからがその実施の監視を担っている人権は欧州社会の利益であり，その人権という共通の価値を促進するための解釈上の選択を行うことがみずからの任務であるとみなし，実施機関はその選択の指導原理たる「人権の発展」に従うことが本来要請されているとの立場に立つのである。その意味で，実施機関は，条約の目的を根拠に，「合意法」としての制約から自由な立場に立っているともいえる。その結果，そこでは，もはや成法論と立法論の区別は重要でなくなるのである。

　発展的解釈は，条約法条約の起草に関わった実務家（たとえば，フィッツモーリスやシンクレア）からは当事国の意思を無視し，不確実性を招くとの批判もあったが，判例法としては確立した[54]。ICJ も，安全保障理事会決議276（1970年）にも関わらず南アフリカがナミビア（南西アフリカ）に居座っていることの諸国に対する法的効果に関する勧告的意見（1971年）において，委任統治に関する国際連盟規約第22条について，「裁判所は，締結された時の当事者意思に従って文書を解釈する第一次的必要性を忘れることなく，連盟規約第22条に具体化された概念は静態的ではなく，定義上発展的（evolutionary）なもの」とし，「国際文書は，その解釈の時に広く行われている全体の法体系の枠内で解釈され，適用されるべきである」と述べた。条約法条約第31条3項(c)の「当事国の間の関係において適用される国際法の関連規則」を考慮した解釈手法であるとともに，「発展的解釈」ともいえる。

　こうした ICJ の動きに対して，松井芳郎教授は，ICJ による目的論的解釈ないし発展的解釈が勧告的意見にとどまり，訴訟事件においては目的論的解釈もないわけではないが，ナミビア事件のような顕著な例がないのは，訴訟事件と勧告的意見の性質の相違にあるとする。判決を履行する強制執行の仕組みがないことから，訴訟事件の場合，ICJ は当事国の意図からかけ離れた条約解釈に慎重になるが，勧告的意見ではこうした制約がないからだとする[55]。しかし，その後のコスタリカ・ニカラグア通航権事件（2009年）において，ICJ は，

---

(54)　Malgosia Fitzmaurice, "The Practical Working of the Law of Treaties," Malcom D. Evans (ed.), *International Law*, (Oxford University Press, 2010), p. 188.

(55)　松井芳郎「現代世界における紛争処理のダイナミックス――法の適用と創造との交錯」『世界法年報』第25号（2006年）6頁。

21

第1部　総　論

「一方で，条約法条約第31条3項(b)の意味において，当事国のその後の実行は，当事国間の暗黙の合意に基づく当初の意図からの離脱をもたらすことができる。他方で，条約締結時の当事国の意図が，用いられた文言（またはそのいくつか）に今回限りの1つの固定的な意味ではなく，とりわけ国際法の発達を許容するために，発展的意味を与えているまたはそのように推定されうる状況がある。そのような状況においては，条約締結時の当事国の共通の意思から逸脱するためではなく，それを尊重するために，当該文言によって取得される意味を，条約が適用されるそれぞれの状況に照らして考慮がなされるべきである[56]」と判示した。つまり，ICJ は，1958年条約にあった「通商」の概念に基づくコスタリカの通航権は「商品の輸送」にとどまらず，今日的に「人員の輸送」を含むとの解釈を採用しており，訴訟事件でも発展的解釈がみられるのである[57]。

　しかし，もちろん，人権条約といえども条約であって，かかる条約の解釈は解釈規則に沿った解釈でなければならない。しかし，幸いなことに，解釈の一般規則を規定した第31条1項の「条約の趣旨および目的に照らして」という条文によって，ヨーロッパ人権裁判所の目的論的解釈も十分に正当化が可能である。その解釈規則の枠内で，実施機関が促進しようとする価値および達成しようとする目的に沿う解釈が選択されているにすぎないのである。

　こうした地域的人権条約の実施機関とは異なり，普遍的な人権条約である国際人権規約の解釈においては，目的論的解釈の過度の強調は見られない。次に，自由権規約委員会の実行について見てみよう。

(2)　自由権規約委員会の実行

　自由権規約委員会も，国際人権規約の解釈において，条約法条約の解釈規則に準拠する姿勢を示している。カナダ・アルバーター州の州政府の労働組合職員がストライキを禁止するカナダの1977年公務員関係法が自由権規約第22条の結社の自由に違反すると訴えた J.B 他対カナダ事件（通報番号 118/1982）で，委員会は，ストライキ権につき，条約法条約の解釈規則に言及しながら論じた。

---

(56)　*Dispute regarding Navigational and Related Rights (Costa Rica v. Nicaragua), ICJ Reports 2009*, p. 242, para. 64.

(57)　岡田淳「条約の『発展的解釈』論」『国際法研究』第3号（2015年）113頁。

第 1 章　条約の解釈

すなわち，「第 22 条の範囲を解釈するにあたって，委員会は，文脈によりかつ条約の趣旨および目的に照らして，条文の各要素の『通常の意味』に注意を向けた（条約法条約第 31 条）。委員会はまた，解釈の補足的手段に依拠し（同第 32 条），自由権規約の準備作業，とりわけ人権委員会と国連総会の第 3 委員会の議論を調査した。そして，起草者がストライキ権を保障する意図があったと結論できない[58]」と述べた。ここでは，いわゆる文言主義解釈の手法が採用されている。他方，この結論に反対した委員たち（ヒギンズ，ラーラやマブロマティス委員など）が，「準備作業は委員会が直面している問題にとって決定的ではない。起草者の意思が目前の争点との関連で完全には明らかでない場合には，条約法条約第 31 条はわれわれに条約の趣旨および目的に依拠することを指示する。このことは人権を促進する条約においては特に重要であるように思われる[59]」と述べて，目的論的解釈の必要性を強調したことが注目される。反対意見を書いたヒギンズ（Rosalyn Higgins）は，みずからの著作において，「解釈において規則に言及しても，決して選択という要素を排除できない」という立場を表明し，「過程としての法は，我々が促進しようとする価値および達成しようとする目的と，より両立する解釈および選択を行うよう奨励する。しかし，これを『成法論』と対比して『立法論』と分類するのは，規則に根拠をおく法律家だけである[60]」と規則アプローチを批判していた。ヒギンズはニューヘブン学派の学者なので当然の批判である。

　これらの判例をみる限り，ヨーロッパ人権裁判所と異なり，目的論的解釈に傾く傾向があるとまではいえないように思われる。しかし，その後の自由権規約委員会においては，条約法条約の解釈規則への依拠と目的論的解釈の採用がしばしばみられるといっていい。既婚女性の失業手当受給権の制限が争われたブレークス対オランダ事件（通報番号 172/1984）では，自由権規約第 26 条の解釈が争われたが，委員会は，「第 26 条の範囲を決定するために，文脈によりかつ条約の趣旨および目的に照らして，条文の各要素の『通常の意味』を考慮す

---

(58) J. B. *et al*, v. Canada (118. 1982), para. 6. 3.

(59) Individual opinion submitted by Ms. Rosalyn Higgins et al. concerning the admissibility of communication No. 118/1982, J. B. *et al*, v. Canada, para. 5.

(60) Rosalyn Higgins, *Problems and Process – International Law and How We Use It*, (Clarendon Press, 2009) p. 10.

23

第1部　総　論

る（条約法条約第31条）[61]」という表現で，解釈規則への依拠の姿勢を堅持した。同様の表現が，同じく第26条の解釈が争われたツヴァン・デ・フリース対オランダ事件（通報番号182/1984）でも採用された[62]。本事件では，さらに委員会は，条約法条約第32条を根拠に，自由権規約の関連する準備作業，すなわち，1948年，1949年，1950年および1952年の人権委員会の議論と1961年の国連総会の第3委員会の議論を調査した。ダニング対オランダ事件（通報番号180/1984）でも，まったく同様の手法が採用された[63]。

　目的論的解釈の採用は，委員会の各委員の個別意見にもしばしば現れる。たとえば，ピント対トリニダード事件（通報番号232/1987）で，ヴェナーグレン委員は，「条約法条約は，条約の規定は条約の文言に与えられるべき，つまり条約の趣旨および目的に照らして与えられる通常の意味に従って解釈されなければならないと規定している。規約第6条2項の趣旨および目的は明らかである。すなわち，死刑の適用を制限することにある。準備作業は，死刑を科す権限をもつ国内法が従わなければならない判断基準としてこれを位置づけている」と述べて，条約法条約の解釈規則に依拠しながら，みずからの目的論的解釈を展開している。同委員は，ジャッジ対カナダ事件（通報番号829/1998）で，「条約法条約は，条約は，文脈によりかつその趣旨および目的に照らして与えられる用語の通常の意味に従い，誠実に解釈しなければならないと規定する。第6条の規定の目的は生命であり，その規定の趣旨はかかる生命の保護である」として，ここでも条約の目的を強調した。また，コックス対カナダ事件（通報番号539/1993）で，ハンデル委員とサディ委員は，その個別意見の中で，「第6条1項を適用するにあたって，条約法条約第31条に従って，委員会はその文脈において文言に与えられる通常の意味に従って，この規定を誠実に解釈しなければならない」と指摘する一方で，「たしかに，人権条約の主たる受益者は国や政府ではなく個人であるので，人権の保護は多数国間条約の曖昧な規定の場合に通常適用可能なアプローチよりもより自由な（liberal）アプローチを求める[64]」ことを承認している。たしかに，自由権規約の解釈にお

---

(61)　Broeks v. Netherlands（172/1984），para. 12. 3.

(62)　Zwaan-de v. Netherlands（182/1984），para. 12. 3.

(63)　Danning v. Netherlands（180/1984），para. 12. 3.

いても，犯罪人引渡し後の人権状況について引渡し国の第7条（拷問または残虐な刑の禁止）違反を認定したウー対カナダ事件（通報番号469/1991）や，犯罪人引渡しの場合にも外国人追放の手続的保障を定めた第13条の適用を承認したギリー対ドミニカ事件（通報番号193/1985）などのように，通常の多数国間条約とは異なり，委員会により条約の準備作業の結論と異なる，より自由な解釈アプローチが採用されていることは事実である。

なお，ジャッジ対カナダ事件（829/1998）は，キンドラー対カナダ事件（470/1990）の判例を一部変更したものであるが，こうした判例変更を伴ったことも影響したのか，自由権規約委員会は，「規約は生きている文書（living instrument）として解釈されるべきであり，そこで保護されている権利は，今日的状況の文脈で，かつ今日的状況に照らして解釈されるべきであると考える[65]」と述べて，10年前のキンドラー事件以後の死刑廃止を支持する広範な国際的コンセンサスの存在を指摘し，死刑廃止国であるカナダが，死刑が執行されないことを確保することなく，死刑存置国である米国へ通報者を国外退去させるのは第6条1項違反であると認定した。ここでは，ヨーロッパ人権裁判所と同様の発展的解釈の手法が採用されている。

しかし，人権条約の解釈だから，常にこうした自由な解釈アプローチや目的論的解釈を強調する解釈がとられるわけではなく，そこには解釈者の主体，性格が大きく作用すること，また，そうした場合でも，同様に条約法条約の解釈規則が援用される実態を，日本の裁判所における国際人権規約の解釈を例に考えてみよう。

(3) 日本の国内裁判所の実行

日本の裁判所において，条約をどのように解釈すべきかを正面から論じた判例は見当たらないが，一応，条約法条約の解釈規則に準拠する姿勢はみられる。日本の裁判所における国際人権規約の解釈をめぐる訴訟で，条約法条約の解釈規則が明示に言及され援用されたのは，1989（平成元）年9月29日の福岡

---

(64) Individual opinion by M.K. Herndl and W. Sadi concerning the view of communication No. 539/1993, Cox v. Canada, Article 6.

(65) Judge v. Canada (829/1998), para. 10. 3.

第1部　総　論

地裁の崔善愛事件判決であった。本事件では，自由権規約第12条4項の「自国」が「国籍国」に限るのか，それとも「定住国」を含むのかが争われた。裁判所は，条約法条約第31条1項の規定を援用して，「用語の通常の意味に従って解釈すれば，B規約第12条4項の『自国』はやはり『国籍国』を指すものと解釈するのが自然である[66]」と判示し，同条約の解釈規則に依拠する形で，みずからの解釈の正当性を主張した。こうした態度は，他の裁判所でも採用された。たとえば，大阪高裁は，1994（平成6）年の京都指紋押捺拒否国賠訴訟控訴審判決で，「〔条約法〕条約は，1980年1月2日に発効しており，遡及効を持たないためそれ以前に発効したB規約には形式的には適用がないが，同条約の内容はそれ以前からの国際慣習法を規定しているという意味において，B規約の解釈の指針になるものと解される[67]」との判断を示した。同様の言明は，1996（平成8）年の受刑者接見妨害国家賠償請求事件で徳島地裁により行われた。問題は，日本の裁判所がさまざまな解釈学説を包含した同解釈規則のどの部分を重視するかである。

　この問題が提起されたのが，受刑者接見妨害国家賠償請求事件の1997（平成9）年の高松高裁判決である。本件では，自由権規約第14条1項が受刑者と弁護人が接見する権利を保障しているかどうかが争点になったが，一審の原告は国際人権規約の解釈に際しては，「規約の趣旨および目的に照らして解釈すべき」とする目的論的解釈の重要性を強調した。その際，同項の解釈に際し，規約と共通する内容で公正な裁判を受ける権利を保障しているとして，ヨーロッパ人権条約の関連条項（第6条）の判例や国連の被拘禁者保護原則等を参考にすべきであるとの主張が行なわれた。具体的には，英国の刑務所における受刑者と弁護士の面会において，刑務官の立会いを義務付けた規則がヨーロッパ人権条約第6条1項違反と認定されたゴルダー事件やキャンベルおよびフェル事件の判決が援用された。これに対して一審の被告国側は，条約法条約第31条1項に従い，条約の解釈は「用語の通常の意味」に従って誠実に解釈されるべきであると主張した。すなわち，規約第14条1項は，裁判所の前における平等原則および公開原則を確認したものであり，これ以上の特別の意味を有する

----

(66) 『民集』第52巻3号738-740頁。
(67) 『判時』第1513号86頁。

第1章　条約の解釈

と解することはできず，憲法第32条と第37条と同義である。したがって，第14条1項の規定は受刑者が民事事件の訴訟代理人たる弁護士と接見する権利を保障してはいないと主張した。また，ヨーロッパ人権条約は自由権規約とは無関係であり，被拘禁者保護原則も法的に拘束力のない決議であるので条約解釈には影響せず，両者を解釈基準とすることはできないと主張した。さらに，「B規約第14条1項の意味は条約法条約第31条の規定に照らして明確であり，同第32条にいう準備作業および条約の締結の際の諸事情に依拠してB規約第14条1項の意味を決定することは適当ではない[68]」とも主張した。要するに，文言主義解釈の重視を主張したのである。判決では，条約法条約第31条を条約の解釈に関する一般的な規則と認定した上で，規約第14条1項は憲法第14条1項が保障する法の下の平等と同等な平等原則，憲法第32条が保障する裁判を受ける権利および第82条が保障する対審および判決の公開原則を意味するとの判断が示された。ちなみに，本件は最高裁に上告され，最高裁では接見制限は刑務所長の裁量の範囲内であるとの判断が示された[69]。

　なお，日本における人権訴訟においては，自由権規約委員会が個人通報制度の中で蓄積してきた「先例（jurisprudence）」がしばしば引用される。各個人通報事例の見解や，こうした見解の蓄積に基づく各条のコメンタリーとしての性格をもつ一般的意見が，それである。しかし，日本はこうした個人通報制度を定める第一選択議定書の当事国ではない。そこで，日本の裁判所におけるかかる見解や一般的意見の法的地位が問題となる。たとえば，通信傍受法成立以前の事件であるが，覚せい剤の事案に関する電話傍受等が自由権規約第17条に違反すると訴えられた事件で，自由権規約委員会の一般的意見を援用する被告に対して，札幌高裁は，「国連の規約人権委員会の解釈は公式なものといえ規約本文とは別であり，条約として批准されたものではないから，その解釈の如何にかかわらず，右電話傍受等が同条に違反するとの主張は採用できない」（札幌高判平成9・5・15）と判示した。たしかに，このような形式論理で，かかる一般的意見を裁判の場で排除しようとして，排除できないわけではない。他方で，独居拘禁の居房の窓に遮蔽版をとりつけることが，自由権規約第7条の

---

(68)　高松高判平9［1997］年11月25日・『判タ』第977号69頁。

(69)　最1小判平1［2000］年9月7日・『判タ』第1045号109-120頁参照。

27

第1部　総　論

非人道的取扱いにあたるかどうかが争われた事件で，東京高裁は，結論的には，「控訴人の拘禁が違法とまではいい難い」としたものの，その判決の過程で，「右規約に基づいて設立された規約人権委員会の示した同条に関する一般的意見を斟酌すれば，『拷問又は残虐な非人道的なもしくは品位を傷つける取扱いもしくは刑罰』の中には，拘禁された者等をその視覚，時間（季節）に対する意識等を奪う状況に置くことを含め，その者に肉体的又は精神的な苦痛を与える取扱いを含むものと解される」（東京高判平成7・5・22）という表現で，一般的意見を規約の条文解釈の参考とした。いずれにしろ，日本は自由権規約の当事国として，日本国民であろうが外国人であろうが，日本の管轄下にある個人に対して条約上の権利を確保する義務を負う。それは憲法第98条2項の要請でもある。仮に日本の行政府・司法府による規約の条文の義務内容の理解が，条約の履行監視機関である自由権規約委員会との間で異なっておれば，通常の条約とは異なり，それは規約第40条に基づく国家報告制度の場で問われることになる。つまり，こうした日本の解釈が，国家報告書審査という国際場裡であらためて問われることになる。それは，本条約の構造上不可避である。そこにおいて，日本は，自国の裁判所の判決が規約の解釈として正当であることを証明する必要に迫られるのである。

　日本の検察がかつて主張したように，「条約の第一次的な解釈適用権限は，締約国が有するものであり，そうである以上，各国で条約の解釈が区々に分かれることは不可避的に生じ得る事態である[70]」とは，規約の実施機関である自由権委員会は考えないからである。こうした考えをそのまま認めたら，規約が定める人権基準の確立はおろか，条約としての一体性の確保すら維持できなくなってしまう。たしかに，厳密に言えば，規約の文言上，委員会を規約の有権的解釈機関と認めた条文は存在しない。また，個人通報における見解もあくまで当該通報にのみ関連し，一般性を有さない。したがって，形式的には自由権規約委員会の解釈が日本に対して法的拘束力をもつことはない。しかし，個々の当事国における規約の適用に対して，その履行監視機関である委員会が無関心であるとはおよそ考えられない。規約が定める普遍的な人権基準の達成

---

(70)　『判時』第1657号50頁。

第1章　条約の解釈

こそが委員会の職務であり，その職務遂行の過程で生まれた見解や一般的意見の解釈と異なる当事国の解釈を容認することは，規約の目的の実現を妨げることになるからである。

　いずれにしろ，非嫡出子の預金払戻請求事件の最高裁判決（平12・1・27）における藤井正雄裁判官の補足意見を読めば，日本の裁判官の法解釈（条約解釈の問題にとどまらない）の際の基本姿勢が人権条約の実施機関のそれとは大きく異なっていることがわかる。本事件は民法第900条4号ただし書前段が憲法第14条1項に違反するとの主張が争われた事件であるが，藤井裁判官は，｜裁判所による法の解釈は立法者によって与えられた法の内容を発見することにあるとするならば，最高裁判所の違憲判断は，その法が以前から違憲無効であったことを宣明するものであって，遡及的効果を持つとする考えに親しみやすいであろう。これに対し，裁判所の法解釈には法の制定に類する創造的機能もあることを承認するならば，最高裁判所は，違憲判決において，その効果を遡及させるか否かを自ら決定することもできるといえることになるであろう。しかし，後者の考え方においても，その不遡及的違憲判断は当該事件には例外的に適用されるのか，それとも当該事件には適用されず将来の同種事件についてのみ活かされる傍論的説示にとどまるのかも問題であり，いまだ十分に議論が熟しているとはいえない。法の解釈に創造的機能があることは否定できないが，それは主として法の欠缺する分野においてである。明文の規定の存するところに法創造的機能を持ち込むことは，更に慎重な検討を必要とするものと思う[71]｜と述べている。こうした慎重な姿勢と，ヨーロッパ人権裁判所のマルクス事件判決との間にはかなりの乖離があるといわざるを得ない。

　国際人権訴訟における日本の裁判所の全体の傾向を言えば，これまでの文理解釈の伝統で，条約の文言の「通常の意味」を重視した文言主義解釈を採用しており，目的論的解釈を採用することはあまりないといえる。すでに見たように，人権条約の場合，解釈者がどのようなスタンスで条約に臨むかによって，同一の規則に準拠しながらも異なる解釈が可能である。その意味では，日本の裁判所では，人権条約の実施機関の解釈とは異なり，個人の人権の保護を広げ

---

(71)　『判時』第1707号123頁。

第1部　総　論

る方向での解釈，すなわち目的論的解釈手法は採用されていない。その背後には，国際人権規約の日本社会への浸透度が低く，目的論的解釈に転換することを許すような人権観念の成熟度を日本社会が持てないでいるというわが国固有の問題が潜んでいるように思われる。

3　おわりに

　あれこれの判決において，裁判所が到達した条約解釈，あるいはかかる解釈に基づく解決が，多くの場合常に批判の対象になることからも明らかなように，条約解釈は決して科学ではない。コスケニエミの指摘にあるように，「道理をわきまえたはずの法律家が，常に法［条約］について意見が異なる状況が通例である程度に[72]」，多くの場合，厳格であるはずの条文もまた「曖昧な部分」を宿しているのである。もっとも，条約の条文が時として曖昧であることが，国家にとって常に不都合なわけではない。なぜなら，条約当事者である国家は，曖昧な条文の場合には，自身の目的に適うように条文を解釈することができるからである。

　しかし，そのような曖昧な条文はしばしば紛争の原因となる。かくして，条約解釈の問題が裁判になった場合，通常，裁判の当事者である国家も，また裁判官も，みずからの解釈の対象になっている条約を国家という法主体間の合意によって創設されたものとみなし，かかる同意は証明可能と考える。裁判官によって発見されるのは，あくまで当事者が「同意したはずの合意」に過ぎないと考えるのである。決して，合意の欠缺を第一に想定することはない。そこに条約解釈の「神話」がある。そして法実証主義の立場からは，こうした司法過程での法認識ほど重要なものはないので，合意の欠缺の場合はなおさら，ときには「司法立法」ともいうべきほどの「立法論的」解釈であっても，「条約の趣旨および目的に照らして」という規則によって合理化しうる「成法論」の装いをまとい，また受け容れられていくのである。そこに条約解釈の「現実」がある。

---

(72)　Koskenniemi, *supra* note 6, p. 159.

第 1 章　条約の解釈

その作業において，準拠されている条約法条約の解釈規則は，極めて柔軟な
解釈規則を提供している。いわば，「操作的解釈基準」とも呼ぶべき内実を同
規則は備えているように思われる。本解釈規則がその成立後，国際裁判所や人
権条約の実施機関においても，また国内裁判所においても頻繁に引用され，便
宜な解釈規則として重宝がられている実態がそれを証明している。

本章で紹介したように，条約解釈にあたって，比較的「成法論」の立場をと
る ICJ と，人権条約の実施機関として，人権条約を「生きている文書」として，
「今日的条件に照らして解釈する[73]」ヨーロッパ人権裁判所は，一見すると
対極にあるようにみえる。しかし，1971 年のナミビアに関する勧告的意見に
おいて，ICJ が，解釈は，その後の法の発展に影響を受けざるを得ないとして，
「国際文書は，解釈時に支配的な全法体系の枠組みにおいて解釈され適用され
なければならない[74]」と判示したことや，エーゲ海大陸棚事件（1978 年）で，
「裁判所の意見では，留保(b)における『ギリシャの領土状態に関する紛争』と
いう表現は，留保がなされた 1931 年に存在していたようなものではなく，今
日存在している国際法の規則に照らして解釈されなければならない[75]」と判
示したことを想起すれば，社会構造の変化や法の発展といった，条約を取り巻
く状況に大きな変化が生じた場合の条約解釈における「時間」の要素を，ICJ
であれ，ヨーロッパ人権裁判所であれ，どう解釈に反映させるかという一般的
命題を抱えていることに気づくであろう。ただし，ICJ の「発展的」解釈が解
釈時に支配的な国際法の発展を根拠とするのに対し，ヨーロッパ人権裁判所の
発展的解釈は各国の国内における人権観念の発展を根拠とする点で，相違があ
ることに注意が必要である。

しかし，人権条約を「生きている文書」とすれば，現時点における解釈と，
将来のある時点における解釈が異なる可能性を包含していることになる。さら

---

(73)　*The Tyler case, supra* note 42, para. 31. タイラー事件については，門田孝「刑罰と
　　しての樺棒による段打は，条約 3 条に違反する――タイラー判決――」戸波ほか・前掲
　　注(39) 134-138 頁参照。

(74)　*Advisory Opinion on Legal Consequences for States of the Continued Presence
　　of South Africa in Namibia (South West Africa) notwithstanding Security Council
　　Resolution 276 (1970), ICJ Reports 1971*, pp. 31-32, para. 53.

(75)　Aegean Sea Continental Shelf case (Jurisdiction), *ICJ Reports 1978*, p. 33, para. 80.

第1部　総　　論

に，ベルンハルト（Rudolf Bernhardt）ヨーロッパ人権裁判所元裁判官が提起したように，「人権条約の発展的解釈にとって決定的なのは，国家間関係における発展というよりは当事国の国内社会における発展である。すべての当事国が変化への対応の必要性について合意し，あるいは国内社会において多少とも同様の規則と慣行を採用しておれば，発展的解釈は容易に受け入れられるだろう。問題は一般的な傾向は認知できるが，すべての国が同じ形では行動していないときに生じる。このような場合には発展的解釈の可否を決めるのは最終的には，当事国の全員一致でも単純多数決でもなくストラスブールの裁判官たちである。現在では多くの国で条約締結のためには議会の承認が必要とされるが，条約が議会の新たな委任または同意を得ることなく変更され，修正されまたは非公式に『発展』させられることに，問題はないのだろうか(76)」との疑問は当然生じる。

　われわれがこれまで見てきた条約法条約の解釈規則は，条約解釈に関するすべての問題を解決したわけではない。条約解釈における「時際法」の問題は未解決のまま残された。ILC は，「時間的要素を包括的にカバーする規則を定めるのは困難だ」との認識を示していた。この問題は，1975 年の万国国際法学会の決議でも取り上げられたが，必ずしも明確な結論は出ていない(77)。

　条約法条約の解釈規則は，わずかに第31条3項(b)で「事後の実行」など，条約締結後の動きを文脈とともに考慮するという形で，これに対応しようとしている。しかし，法実証主義者は，この「事後の実行」でさえ条約締結時の当事国の意思の確認に限定することで，条約の解釈を起草時の合意に縛り付けようとする。他方で，米州人権裁判所における領事関係条約に関する勧告的意見において，ある裁判官は，その共同意見の中で，「現代国際生活のダイナミズムは，国際関係が専ら国家自身の自由意思に由来する規則によって規律されるという伝統的理解を正当と認めようとしない(78)」と述べている。ILC でノル

---

(76)　松井芳郎「条約解釈における統合の原理──条約法条約第31条3(c)を中心に──」坂元茂樹編『国際立法の最前線』（有信堂高文社，2009 年）134 頁。詳しくは，Cf. Rudolf Bernhardt, "Evolutive Treaty Interpretation, Especially of the European Convention on Huma Rights," *GYIL*, Vol. 42 (1999), pp. 21-24.

(77)　*Annuaire de l' Institut de Droit International*, Tome 56 (1975), p. 341.

(78)　Concurring Opinion of Judge Cancado Trindade, *Human Rights Law Journal*, Vol.

テ（Georg Nolte）委員を特別報告者とする「条約解釈に関する事後の合意と事後の実行」の法典化作業が行われているが，その結果を見守る必要がある[79]。

　たしかに，合意法としての条約の基本的性格にそぐわない条約解釈の余地が，人権の保護という文脈の中で，人権条約で出現しようとしている。一部の条約類型とはいえ，条約解釈において成法論と立法論を峻別することが現実的でなくなりつつある。先の共同意見には，条約法条約で基本に据えられた文言主義解釈の尊重という規則のみでは，今日発生している法あるいは規範意識の変化に十分に対応できないとの認識が潜んでいるようにも思われる。

　しかし，他方で，条約の拘束力の根拠が主権国家の合意，すなわち国家意思に求められることに変化はない。20世紀後半以降，国際社会を構成する国家が，条約によって，みずからの個別利益の確保をめざした条約のみならず，国際社会の一般利益の保護をめざした条約をも締結する実行を行っていることから，なおさら問題は複雑化している。

　条約解釈が，国家の意思からはたしてどれほど自由でいられるのかという命題は，容易に答えのでる問題ではない。現段階で唯一もてる確信は，ふところの深い「操作的解釈基準」としての要素をもつ条約法条約の解釈規則は，強調点の相違こそ生じうるかもしれないが，国際社会や国内社会により今後とも準拠され続けるであろうということである。

　　21, No. 13（1999），para. 13. 本勧告的意見の内容については，北村泰三「法の適正手続の保障と領事面会権の告知（1999年10月1日米州人権裁判所勧告的意見）」『国際人権』第13号（2002年）110-112頁参照。

（79）　最新の第68会期の審議概要については，国際法委員会研究会「国連国際法委員会第68会期の審議概要」『国際法外交雑誌』第115巻4号（2017年）79-81頁参照。

第Ⅱ部

自由権規約委員会による解釈実践

第2章　条約実施機関の解釈権能
――自由権規約第2条1項の解釈をめぐって

1　は じ め に

　自由権規約委員会は，2008年11月5日，「自由権規約選択議定書に基づく締約国の義務」と題する一般的意見33（94）を採択した[1]。自由権規約委員会は，この中で，「個人通報を検討するにあたっての委員会の機能は，それ自体，司法機関の機能ではないけれども，選択議定書に基づいて委員会が発出する見解（views）は，司法的決定のいくつかの重要な特徴を示している。見解は，委員の公平性および独立性，規約の文言の考え抜かれた解釈，および結論の確定的な性格を含む，司法的な精神でもって得られる[2]」（第11項）とした上で，「選択議定書に基づく委員会の見解は，規約自身に基づいて設置され，みずから規約の解釈に責任を負う機関による権威ある決定（an authoritative determination）である[3]」（第13項）と性格づけた（傍点筆者）。

　この一般的意見は，2008年8月18日付の第2改訂草案の第15項で示された，「選択議定書に基づく委員会の見解は，当該規約の唯一の［（または）1つの］有権的解釈者（the [an] authentic interpreter）として，規約自身に基づいて設置された機関による権威ある決定（an authoritative determination）である[4]」（第15項）との表現と比較すれば，より慎重な表現に改められている（傍点筆

---

(1)　条約法条約第2条では，「『締約国』とは，条約（効力を生じているかいないかを問わない。）に拘束されることに同意した国をいう」（同条(f)）と定義し，「『当事国』とは，条約に拘束されることに同意し，かつ，自国について条約の効力が生じている国をいう」（同条(g)）と定義し，両者を区別している。しかし，自由権規約の公定訳では当事国も「締約国」と訳されているので，本章では，両者を相互互換的に用いることにする。

(2)　General Comment 33(94), CCPR/C/GC/33, 5 November 2008, para. 11.

(3)　*Ibid.*, para. 13.

(4)　Draft General Comment No. 33 (Second revised version as of 18 August 2008), CCPR/C/GC/33/CPR. 3, 25 August 2008, p. 3, para. 15.

第Ⅱ部　自由権規約委員会による解釈実践

者）。委員会が，第2改訂草案につき各国にコメントを求めたところ，各国が草案にあった「唯一の［（または）1つの］有権的解釈者 (the [an] authentic interpreter)」という表現に批判的なコメントを寄せたことが変更の理由であったと聞く[5]。この他，同草案では，委員会の見解は，「条約法条約第31条3項(b)の意味での『条約の適用につき後に生じた慣行であって，条約の解釈についての当事国の合意を確立するもの』を構成する，あるいは，そうした決定における当事国の黙認がかかる慣行を構成すると考えることができる (may be considered)[6]」と述べていたが，この部分も削除されている。

　なお，一般的意見33(94)は，見解が名宛てされる締約国につき，自由権規約（以下，規約）第2条3項が定める被害者が効果的な救済措置を受けることを確保する締約国の義務に加えて，「委員会の見解の特徴は，選択議定書に基づく手続への参加および規約それ自体との関連という双方の点で，信義誠実に行動する締約国の義務によって確定される。委員会に協力する義務は，すべての条約義務の遵守に対する信義則の適用から生ずる[7]」（第15条）と述べている。委員会が指摘するように，この信義誠実の原則は，条約法条約第26条で「効力を有するすべての条約は，当事国を拘束し，当事国は，これらの条約を誠実に履行しなければならない」という規定によって実定法化されている[8]。締約国が個人通報制度を定める選択議定書を任意に批准し，または加入する以上，締約国には，この信義則から個人通報制度を実効ならしめるために委員会に協力する義務があるというのである。

　それでは，委員会がみずから「権威ある決定」とその性格を断ずる「見解

───────────

(5)　本章では，一般的意見33(94)の起草経過を踏まえて，"authentic"と"authoritative"をあえて訳し分けている。自由権規約委員会と締約国の対立の本質が，委員会を「唯一の」解釈者としてみなすかどうかという点にあるのであるから，どちらの用語も，本来，「有権的」と訳してもかまわない。しかし，委員会が示す締約国の義務の範囲を争っていない国にとっては，委員会自身がそれを覆さない限り，締約国を拘束する（より正確には，自発的尊重）という意味でその解釈は「有権的」であろうが，それを争っている国にとっては「有権的」とはいえないので，あえて「権威ある」という訳語をあて区別している。

(6)　Draft General Comment No. 33, p. 4, para. 18.

(7)　*Ibid.*, para. 15.

(8)　条約法条約は，その前文でも「信義誠実の原則が……普遍的に認められていることに留意」すると規定している。

第 2 章　条約実施機関の解釈権能

（views）」で示す規約の解釈と締約国が示す規約の解釈が異なる場合，締約国は，その協力義務からどこまで条約の実施機関たる委員会の解釈に従うべきなのであろうか。1923 年のヤワァリナ（ポーランド・チェコ国境）工場事件の勧告的意見で，常設国際司法裁判所は，「法規則に有権的解釈を与える権利（le droit d'interpréter authentiquement une régle juridique）は，もっぱら当該規則を修正または廃止する権能を持つ人や機関に帰属することは確立した原則である[9]」と判示している。しかし，委員会にはそのように規約の条文を修正し，あるいは廃止する権能は与えられていないし，まして，委員会が規約において有権的解釈者（authentic interpreter）と位置づけられているわけではない。さらに締約国にとって厄介な点は，北朝鮮が自由権規約を脱退しようとしたとき，委員会は，規約と同日（1966 年 12 月 16 日）に採択された選択議定書第 12 条には廃棄の規定があるのに，規約には該当の規定がないことをもって，多数国間条約の脱退に関する条約法条約第 56 条 1 項の解釈に照らして，締約国が規約の廃棄または脱退の可能性を許容する意図を有していなかったとして，北朝鮮の脱退を認めなかったことである。実際，北朝鮮は，現在も規約の締約国の地位にとどまっている。このことを考えると，規約の締約国は，実施機関たる自由権規約委員会の解釈に従えないことを理由に規約から脱退するという選択肢もとれないことになる[10]。

　他方で，後述するように，委員会は，「見解」という「権威ある決定」の中で示す解釈において，規約の条文に示された規範内容を他の規範内容に変更するという意味での「司法立法的機能」を行っているのではないかととれるような実行を行っている。もっとも，一口に「解釈」といっても解釈行為の本質をどのように捉えるかについては議論が分かれている。ケルゼン（H. Kelsen）のように，法解釈を法の許容する「枠」の認識と，その枠内における 1 つの可能性の選択という 2 つの要素から成り立っていると捉えるとしても，多くの場合，その「枠」そのものが不明確だからである[11]。ある解釈が提示された場合，

---

(9)　*The Jaworzina case, P. C. I. J.*, Ser.. B, No. 8, p. 37.

(10)　General Comment 26 (Continuity of Obligations), CCPR/C/21/Rev. 1/Add. 8/Rev. 1, para. 1-5. この問題については，中野徹也「脱退に関する規定を含まない条約からの脱退可能性について」『関大法学論集』第 52 巻 2 号（2002 年）参照。

(11)　法の枠の認識のみを問題とし，法の内容については，それを決定の問題として法適

第Ⅱ部　自由権規約委員会による解釈実践

当該解釈がその「枠」に入らないという立場からは，かかる条約の「解釈」は，条約の「修正」と同様の効果を生ぜしめているとの非難につながりかねないからである[12]。

　実際に，この問題は，締約国の義務を規定した規約第2条1項で生じている。委員会の規約第2条1項に関する解釈がはたして解釈行為の「枠」に収まる問題であるかどうかという議論もあろうが，現実には，委員会の解釈実践によって，規約の適用範囲（場所的・人的範囲）をめぐる解釈上の対立が委員会と締約国の間で生じている。提起された問題は，換言すれば締約国が引き受けた条約上の義務の範囲をめぐる問題でもあるので，これをどう解決するかは条約運営上も重要な問題である。本章では，この問題を，条約の実施機関の解釈権能の限界の存否という観点から検討してみたい。

2　自由権規約第2条1項の起草過程と実施機関の解釈の乖離

(1)　第2条1項の現在の解釈

　自由権規約第2条1項は，締約国の義務として，「この規約の各締約国は，その領域内にあり，かつ，その管轄の下にある（within its territory and subject to its jurisdiction）すべての個人に対し，人種，皮膚の色，性，言語，宗教，政治的意見その他の意見，国民的若しくは社会的出身，財産，出生又は他の地位等によるいかなる差別もなしにこの規約において認められる権利を尊重し及び確保することを約束する」（傍点筆者）と規定している。締約国が，規約上の権利を確保し尊重しなければならない対象，つまり保護対象者は，「その領

　　　用機関に委ねるケルゼンの法解釈論に対する批判者として，ギュンター・ヴィンクラー（Günter Winkler）がいる。詳しくは，苗村辰弥「ギュンター・ヴィンクラー『法理論と認識論：純粋法学における存在と当為のジレンマに対する精神史的および認識理論的観点からの批判的考察』」『法制研究』第59巻2号（1993）119-120頁参照。

(12)　国内社会とは異なり，立法機関が存在しないという国際社会の特徴は，条約の解釈と条約の修正の境目を曖昧にしているともいえる。ドイツの憲法裁判所は，「国際法は条約の解釈から条約の修正へという，流れるような変遷によって特徴づけられる。いくつかの場合には，この実行は条約に対して正式の修正と同じ効果を与えうる」と判示している。Cf. The International Military Operations Case, *ILR*, Vol. 106 (1997), p. 388.

域内にあり，かつ，その管轄の下にあるすべての個人」であるとされている。「かつ（and）」という表現からもわかるように，ここでは加重要件が採用されている[13]。

しかし，自由権規約委員会は，その個人通報事例および政府報告書審査の中で，この規定を加重要件とは解釈せず，実際には「かつ／または（and/or）」と解釈し，保護対象者の範囲を拡大している。換言すれば，自由権規約の実施機関たる委員会の実行によって締約国に課せられた条約上の義務に変更が加えられている。実際，1981 年 7 月 28 日に採択された第 2 条に関する一般的意見 3 (13)は，「委員会は，規約上の義務が人権尊重に限定されるものでなく，締約国が，その管轄の下にあるすべての個人に対し，人権享受を確保することをも約束していることに締約国の注意を喚起する必要があると考える[14]」（傍点筆者）と述べ，領域性をその要件から除外している[15]。

締約国に課せられた条約上の義務の変更が，当該条約上，条約の有権的解釈権限を与えられた機関によって行われる場合，何ら問題は生じない。条約上の義務の解釈上の変更の可能性について予め条約締約国によって同意が与えられていると考えられるからである（たとえば，ヨーロッパ人権裁判所によるヨーロッパ人権条約の解釈）。しかし，自由権規約委員会は，みずからを規約の解釈に責任を負う機関と位置づけているものの，規約の中で，規約の有権的解釈機関として位置づけられているわけではない。この点は，委員会がみずからを留保の

---

(13) なお，周知のように，自由権規約は，各条文に定める権利の制約事由を個別に規定するが，第 12 条 3 項や第 19 条 3 項では，「かつ（and）」は加重要件を示すものとして用いられており，第 2 条 1 項のそれを加重要件以外の別段の意味を有すると解する理由はない。

(14) General Comment 3 (Implementation at the National Level), para. 2. 詳しくは，佐藤文夫「規約人権委員会の一般的意見」『成城法学』第 28 号（1988 年）179-180 頁参照。

(15) 憲法学では，憲法上の人権の場所的適用範囲が論じられることは少ないが，在外日本人選挙権剥奪違法確認等請求権事件で，最高裁は，「在外国民は，選挙人名簿の登録について国内に居住する国民と同様の被登録資格を有しないために，そのままでは選挙権を行使することはできないが，憲法によって選挙権を保障されていることに変わりなく，国には，選挙の公正の確保に留意しつつ，その行使を現実的に可能にするために所要の措置を執るべき責任がある」（最大判平 17〔2005〕年 9 月 14 日）と判示し，在外日本人に憲法の人権の保護が及ぶとの考えを示した。『判タ』第 1191 号 143 頁，148-149 頁。

第Ⅱ部　自由権規約委員会による解釈実践

有効性の認定機関として位置づけた一般的意見 24 (52) に対する英米仏の反対意見のやり取りからも明らかである。委員会が，「人権条約の特殊な性格ゆえに，留保と規約の趣旨および目的との両立性は客観的に確立されなければならず，委員会はこうした作業を行うのにとりわけ適当な立場にある」と述べたのに対し，これらの諸国は，仮に締約国が判定するのが適当でないとしても，そのことからただちに委員会にこうした権限があるとはいえず，そもそも規約はそうした権限を認めてはいないと反論した。

　たしかに，委員会は規約の国際的実施を監督する機関として，政府報告書審査や個人通報審査（個人通報に関しては，第 1 選択議定書を批准しまたは加入する国家に対してのみではある）の権限を与えられているものの，規約の解釈の有権的解釈権限が規約上認められているわけではない。その意味で，他の条約と同様に，締約国にも規約の解釈権があることは確かである。他方で，死刑囚からの通報の委員会の管轄権を留保したトリダード・トバゴをめぐる個人通報事例であるロウル・ケネディー事件（通報番号 845/1998）にみられるように，委員会に留保の判定権がなければ，通報の受理それ自体を決定できず，通報に適切に対応できない事態が生ずることも確かである。委員会が同国の留保を無効としたのは周知の通りである。

　他方で，自由権規約は自由権に関する国際的な基準を定めたものであり，締約国が自ら引き受けた義務の内容が各国の解釈によって異なるようでは，規約の目的は達成できない。そのこともあり，実施機関である自由権規約委員会は，国家報告制度や個人通報制度の中で，おのずから各実体規定の解釈の統一をはかる作業を行っている。たとえば，1988 年 11 月 19 日に示された日本の第 4 回政府報告書審査の総括所見（concluding observations）において，委員会は，第 12 条の「自国」（his own country）という文言は，日本の裁判所が採用した「国籍国」とは同義ではないことに注意を喚起した[16]。

　さらに，人々の人権意識や人権感覚は日々変化するものであって，規約の起草時の人権意識に縛りつけることも困難だし，好ましくないという側面がある。1966 年に採択された生命権に関する規約第 6 条は死刑そのものを禁止

―――――――――――
　(16)　CCPR/C/79/Add. 102, para. 18. 詳しくは，本書第 9 章 304-306 頁参照。

42

していないが，1989 年には死刑の廃止をめざす第 2 選択議定書が採択された。
委員会は，1993 年の個人通報事例であるキンドラー対カナダ事件（通報番号
470/1991）において，死刑囚であるキンドラーを米国に引き渡すことについて，
「第 6 条 1 項から生ずる義務はカナダに引渡しを拒否することを要請しない[17]」
と判断した。しかし，委員会は，キンドラー事件以後の死刑廃止を支持する広
範な国際的コンセンサスの存在を指摘し，2003 年には，死刑廃止国が死刑を
執行しないとの保証なしに死刑存置国に個人を引き渡すことは，第 6 条 1 項に
違反するとの見解を示した（ジャッジ対カナダ事件）[18]。委員会は，「判例」変
更の理由として，キンドラー事件の見解以後に第 2 選択議定書を批准または加
入した国は 35 カ国にのぼり，全締約国 54 カ国のうち 64％を占めること，ま
た，死刑制度を維持しているものの，10 年間死刑を執行していない国が 24 カ
国あることを指摘した。そうしたことを考えると，規約の個々の規定を規約が
適用される時代の人々の人権意識と乖離しないように監督する機能をも，自由
権規約委員会は実施機関として担っているといえよう。

　以上のような委員会の機能を踏まえた上で，本章が取り上げる第 2 条 1 項が
どのような起草経過で採択されたのかをみてみよう。

(2)　第 2 条 1 項の起草過程

　第 2 条 1 項の場合，領域性の要件を課すという立法者意思は，その起草
過程において明確であったように思われる。1950 年，人権委員会によって
検討されていた第 2 条の草案では，国家が「その管轄の下にある（within its
jurisdiction)」すべての者に規約上の権利を確保することを要求していた。し
かし，米国は「その管轄の下にある」という文言の前に「その領域内にあり
(within its territory)」という要件の追加を修正提案した[19]。米国提案の背後

---

(17)　Kindler v. Canada (470/1991), CCPR/C/48/D/470/1991, para. 14.4.

(18)　Judge v. Canada (829/1998), CCPR/C/78/D/829/1998. 本見解は，1993 年のキンド
　　ラー対カナダ事件の「判例」を変更したものである。詳しくは，本書第 3 章 76-83 頁
　　参照。

(19)　*Compilation of the Comments of Governments on the Draft International Covenant
　　on Human Rights and on the Proposed Additional Articles*, U. N. ESCOR Hum. Rts.
　　Comm., 6th Sess., UN Doc. E/CN. 4/365 (1950) (U. S. proposal), p. 14.

第Ⅱ部　自由権規約委員会による解釈実践

にあったのは，ドイツ，オーストリアおよび日本といった米国の占領下にある国の国民に規約で認められた権利を確保する義務を負いたくないとの懸念であった[20]。この米国修正案は，1950年に賛成8，反対2，棄権5で採択された[21]。1952年，フランスは「その領域内にある」という文言の削除を提案したが，否決されてしまった。これを受けて，1954年に人権委員会によって提案された第2条草案は，現行条文と同様に，2つの要件を課していた。すなわち，「各締約国は，ここに，その領域内にあり，かつ，その管轄の下にあるすべての個人に対し，この規約において認められる権利を尊重しおよび確保することを約束する（Each State Party hereto undertakes to respect and to ensure to all individuals within its territory and subject to its jurisdiction the rights recognized in this Covenant）」という内容の条文であった。

　この条文に対し，国連総会で，フランスが再び，「その領域内にあり（within its territory）」という文言を削除し，代わって「領域管轄および人的管轄（"territorial and personal jurisdiction"）」に服する者に権利を保障すべきであるとの提案を行った。フランスによれば，「その領域内にあり」という文言を維持すれば，個人が，居住地のいかんを問わず自国の裁判所にアクセスできる権利が制限される恐れが生ずるというのである。しかし，1962年の国連総会第3委員会でのフランスと中国の最後の抵抗にもかかわらず，分離投票の結果，55対10，棄権19（日本を含む）で，米国提案の文言が維持されることになった。そして第2条全体は，88（日本を含む）対0，棄権2で採択されたのである[22]。もっとも，こうした起草経過をもつ本条につき，国際司法裁判所は，パレスチナ占領地域における分離壁建設の法的帰結に関する勧告的意見（2004年）において，「規約の起草者は，国家が国家領域外で管轄権を行使するときに，規約

---

(20) *Summary Records of 193rd Meeting*, U. N. ESCOR Hum. Rts Comm., 6th Sess., 193rd meeting, U. N. Doc. E/CN. 4/SR. 193, 1950, pp. 13 and 18; *Summary Records of 194th Meeting*, U. N. ESCOR Hum. Rts Comm., 6th Sess., 194th meeting, U. N. Doc. E/CN. 4/SR. 194, 1950, pp. 5 and 9.

(21) *Summary Records of 194th Meeting*, p. 11.

(22) 国際連合社会課編『国際人権規約成立の経緯』（1968年）28-33頁参照。本条の成立過程を整理したものとして，米国の第2回・第3回政府報告書の附属書が参考になる。Cf. Annex I, Territorial Application of the International Covenant on Civil and Political Rights, CCPR/C/USA/3, pp. 109-112.

第2章　条約実施機関の解釈権能

上の義務から免れるのを許す意図はなかった。起草者は，単に海外に居住する個人が，国籍国に対して，その国の権限に該当しないが，居住国の権限に該当する権利を主張するのを防ぐことを意図したのである(23)」との評価を加えている。実際，その後の個人通報事例の中で，米国の修正意図を反映しない形で，委員会の解釈実践は行われていった。

　このように，委員会は，こうした起草経過をもつ本条に対して，規約の他の実体規定の解釈との絡みで，領域性の要件をはずす解釈を行ってきた。たとえば，政治的意見などを理由に母国に入国することを妨げられている個人の場合に，第2条1項の領域性の要件を持ち出して，個人が当該国の領域内に存在しないことを理由に移動の自由を制限できるとするならば，当該個人は「何人も自国に戻る権利を恣意的に奪われない」と定めた規約第12条4項の権利の保障を得られなくなってしまう。たしかに，個人の人権の実効的な保護という観点からは，ノバック（M. Nowak）が指摘するように，適用の人的範囲については，厳格な文言主義解釈よりは目的論的解釈に依拠することが望ましい場合が起こりうる(24)。領域性の要件が課せられた背景には，当然のことながら，かかる厳重な定式化によって規約違反として国家の国際責任が生じる場合をできるだけ少なくしたいとの国家の思惑があったものと思われる。しかし，後述するように，締約国が自らの領域主権に服する個人の権利を侵害するような行為を外国領域で行う場合にはまったく責任を負わないとすれば，それははたして規約の趣旨および目的に合致しているといえるのかという疑問が生ずるのである(25)。

　このような観点から，自由権規約委員会は，個人通報事例において，規約の趣旨および目的に沿う形で「先例（jurisprudence）」を発展させ，法的な保護対象者の拡大を解釈によって行ってきたといえよう。また，政府報告書審査においても，このような姿勢は貫かれている。はたして，こうした委員会の実行はどのように評価されるべきであろうか。この問題の深刻さは，それが個々の

(23) *Legal Consequences of the Construction of a Wall in the Occupied Palestinian Territory*, ICJ Reports 2004, para. 109.

(24) Manfred Nowak, *U. N. Covenant on Civil and Political Rights CCPR Commentary*, (N. P. Engel, 1993), p. 41.

(25) *Ibid.*, p. 42.

第Ⅱ部　自由権規約委員会による解釈実践

個人通報事例における処理という一時的性格にとどまるものではなく，規約の適用範囲，換言すれば，締約国に対する規約上の保護対象者の範囲の変更という永続的性格を有することにある。

3　委員会の解釈上の実行

委員会による第2条1項の適用範囲についての解釈は，ウルグアイに関するいくつかの個人通報事例の中で比較的初期の段階で示された。代表的な事例としては，4件ほどの通報事例があるが紙幅の関係もあり，そのうちの2件を取り上げることにした[26]。

(1)　個人通報事例

①　ロペス・ブルゴス対ウルグアイ事件（通報番号52/1979）[27]

本通報事例は，ウルグアイの労働組合の指導者である夫ロペス・ブルゴス（Lopez Burgos）に代わって，オーストリアで政治難民として居住している妻が通報した事例である。通報者によれば，夫は当局の嫌がらせを受けアルゼンチンに出国し，国連高等弁務官事務所（UNHCR）により政治難民の認定を受けていた。ところが，1976年7月，夫はウルグアイ治安情報部隊によりブエノスアイレスで誘拐され，同市内で秘密裡に拘禁された。その後ウルグアイに移送され，特別治安部隊により抑留された。その間，拷問を受けたのみならず，その後の裁判においても弁護士の選任が認められないという事態が生じた。そこで，通報者は，規約第7条，9条，12条1項および14条3項違反であるとして委員会に訴えた[28]。

このように，被害者である夫の逮捕，拘禁は締約国ウルグアイの領域内ではなく，外国領域で生じている。そこで，本事例では，外国領域で生じたウルグ

---

(26)　本文で取り上げた以外の個人通報事例としては，Lilian Celiberti de Casarigo v. Uruguay（No. 56/1979），CCPR/C/13/D/56/1979; Montero v. Uruguay（No. 106/1981），CCPR/C/18/D/106/1981 がある。

(27)　本通報事例は，宮崎繁樹編集代表『国際人権規約先例集——規約人権委員会精選決定集第1集——』（東信堂，1989年）143-153頁（今井直担当）に紹介されている。

(28)　CCRR/C/13/D/52/1979, paras. 1-2. 8.

46

第2章　条約実施機関の解釈権能

アイの義務違反を追求できるかどうかが争われた。本事例において，委員会は，「選択議定書第1条によっても規約第2条1項によっても，かかる行為が外国で活動するウルグアイの工作員により実行されたものである限り，委員会による通報の検討が妨げられるものではない(29)」(12.1項) との判断を示した(30)。

　さらに委員会は，その本案審査において，「規約第2条1項は，締約国に『その領域内にあり，かつ，その管轄の下にあるすべての個人に対し』権利を尊重しおよび確保する義務を負わせている。しかし同条は，規約に定める権利の侵害で関係締約国の工作員が他国の領域で実行したものにつき，かかる侵害が他国政府の黙認を得てなされたにせよ，それに敵対する形でなされたにせよ，関係締約国の責任を問うことはできないことを意味するものではない。規約第5条1項によれば，『この規約のいかなる規定も，国，集団又は個人が，この規約において認められる権利および自由を破壊し若しくはこの規約に定める制限の範囲を超えて制限することを目的とする行為に従事し又はそのようなことを目的とする行為を行う権利を有することを意味するものと解することはできない』。この規定に従えば，規約第2条の下での責任を，締約国が自国の領域内において実行することができない規約違反を他国の領域において実行することを許すように解釈することは不当であろう(31)」(12.3項) と述べた。

　もっとも，この多数意見について，トムシャット (C. Tomuschat) 委員は，その個別意見の中で，次のように付言した。すなわち，「ウルグアイ国外で起こった出来事に関しても規約の適用可能性を確認する第12項で述べられた議論については，明確にしかつ発展させる必要がある。実際，規約第2条1項は『規約に定める権利の侵害で締約国の工作員が他国の領域で実行したものにつき，締約国の責任を問うことはできない』ことを意味するものではないとする12.3項の第2文は，あまりに広範に表現されており，それゆえ誤った結論を

---

(29)　*Ibid.*, para. 12.1.

(30)　委員会によれば，選択議定書第1条の「その管轄の下にある個人」という文言は，「上述の結果に影響を及ぼすものではない。なぜなら，同条が述べているのは，侵害が生じた場所のことではなく，むしろ，侵害がどこで生じたにせよ，規約に定めるいずれかの権利の侵害についての個人と国家の間の関係のことであるからである」(12.2項) と説明する。*Ibid.*, para. 12.2.

(31)　*Ibid.*, para. 12.3.

47

第Ⅱ部　自由権規約委員会による解釈実践

生むおそれがある。原則として，規約の適用範囲を第5条の援用により拡大することはできない」と述べて，根拠として規約第5条を援用することに反対しながらも，「『その領域内に』の語を，国境を越えてなされた行為に対する責任を除外するように文字通り厳格に解釈することは，まったく馬鹿げた結果に導く。この文言は，特定の状況下で規約の実施を妨げるような客観的困難を扱うことを意図するものであった。たとえば，締約国は，可能性の限られた外交的保護という手段しか利用できないゆえ，通常，その在外自国民に対して，規約に定める権利の実効的な享有を確保できない。外国領域の占領の事例は，……もう1つの例を提供する。……起草者の意思は，規約の実施が例外的な障害に直面するような状況を考慮して，規約の領域的範囲を制限することにあったと結論される。しかし，外国に在住する自国民の自由および身体の安全に対する故意のかつ意図的な攻撃を実行する無制限の裁量を締約国に認めることは，まったく意図されていなかった。よって，第2条1項の文言にかかわらず，このウルグアイ国外で起こった出来事は規約の範囲内に入る(32)」と述べるのである。このようにトムシャット委員は，第2条は規約の実施を妨げる客観的困難が存在する特定の状況を念頭に置いて制限的に起草されたにすぎず，国境を越えてなされた締約国の行為に対する責任を一律に排除する性格のものではないと指摘する。換言すれば，"and"を加重要件として強く解釈しない解釈手法を採用することの合理性を明らかにするのである。なお，トムシャット委員は，リリアン・セリベルティ・ディ・カサリィエゴ（Lilian Celiberti de Casariego）対ウルグアイ事件でも，同様の個別意見を述べている(33)。さらに，次のウルグアイに関する個人通報事例においても，規約の適用範囲につき，加重要件とは解さず，「かつ／または」と解する解釈実践が行われた。

② ヴィダル・マルティン対ウルグアイ事件（通報番号57/1979）(34)

通報者ヴィダル・マルティン（Vidal Martins）はメキシコに居住するウルグ

---

(32) Individual opinion appended to the Committee's views at the request of Mr. Christian Tomuschat, CCRR/C/13/D/52/19. なお翻訳にあたっては，今井訳を参照した。

(33) Individual opinion appended to the Committee's views at the request of Mr. Christian Tomuschat, CCPR/C/13/D/56/1979, pp. 4-5.

(34) 本通報事例は，宮崎・前掲注(27) 198-203頁（中平望担当）に紹介されている。

アイ国籍をもつジャーナリストである。通報者によれば，従来，国外に在住するウルグアイ市民は何らの困難もなしに旅券の入手が可能であったが，軍事政権によって，1974年8月，旅券の発給には国防省および内務省の承認を受けなければならないとする命令（decree）が実施された。1975年11月，フランスの雑誌「キリスト教徒の証言」の特派員としてメキシコ到着後，通報者は当地のウルグアイ領事館に旅券更新の申請を行った。しかし，更新は認められなかった。そこで，通報者は，1978年10月に新規の旅券の発給を申請した。しかし，通報者は，2カ月後，ウルグアイ内務省が申請の承認を拒否したことを口頭で通知された。在メキシコウルグアイ大使は，通報者に，ウルグアイに入国する資格を付与するが，ウルグアイから再出国する資格を与えるものではないという文書の提供を申し出た。しかし，身の危険を感じた通報者はこれを拒否した。通報者は，こうした旅券の発給拒否は，かつてウルグアイ当局から発禁処分を受けた週刊誌に自らが雇用されていたことに対する懲罰的手段であると考えた。そこで，通報者は，締約国のかかる措置は，「すべての者は，いずれの国（自国を含む。）からも自由に離れることができる」と定めた規約第12条2項および表現の自由を定めた第19条の違反であると委員会に通報した[35]。

　本案の審査において，委員会は，「職権により（*ex officio*），通報者が国外に居住している事実が，選択議定書第1条に基づいて通報を受理し検討する委員会の権限に影響を及ぼすかどうかを，規約第2条1項を考慮に入れて検討した。選択議定書第1条は，関係締約国の管轄の下にある個人で，規約に規定されたいずれかの権利がその国によって侵害されたと主張する者に適用される。ウルグアイ市民に旅券を発給することは，明白にウルグアイ当局の管轄権内にある事項であり，本条の適用上，その者は『ウルグアイの管轄の下に』ある。さらに旅券は，規約第12条2項により要求されている『いずれの国（自国を含む。）からも自由に離れる』ことを個人に可能ならしめる手段である。それゆえ，この権利のまさにその本質から，規約第12条2項は市民が国外に居住している場合，居住国および国籍国の双方に義務を課することになるのである。したがって，規約第2条1項は，第12条2項に基づくウルグアイの義務を，自国

---

(35) CCPR/C/15/D/57/1979, paras. 1–2. 2.

第Ⅱ部　自由権規約委員会による解釈実践

の領域内にある国民に限定していると解釈することはできない」（7項）と述べた。ここでも，領域性の要件が，規約の他の権利の性質論に基づいて，はずされている。「領域内にある」かどうかではなく，「管轄の下にある」かどうかが規約の権利侵害があったどうかの判断の前提となっている。実際，委員会は，その結論として，「委員会が認定した事実が1976年3月23日（ウルグアイについて規約が効力を生じた日）以降に生起した部分に関する限り，規約第12条2項の違反を示すものであるとの見解である。なぜなら，通報者は，いかなる正当な理由もなく旅券の発給を拒否され，そのことにより，自国を含むいずれの国からも自由に離れることが妨げられたからである」（9項）と述べた[36]。委員会は，このように，規約の他の実体規定（具体的には第12条）の権利の性質に基づき，領域性の要件をはずしたのである。領域性の要件を厳格に適用すれば，締約国が自らの主権に服する個人の権利を侵害するような行為を外国領域で行う場合にはまったく責任を負わないということになるからである。それは規約の趣旨および目的に合致しているとはいえないというのが，委員会の立場である。

　なお，委員会が，個人通報事例の中で，規約の起草過程とは異なる解釈を行うのは第2条1項にとどまるものではない。たとえば，外国人の追放に関する第13条についても，同様の事態が生じている。第13条に犯罪人引渡しを含めるかどうかについて起草過程で議論はあったものの，最終的には含めないとの結論に至った[37]。それにもかかわらず，委員会は，ギリー対ドミニカ共和国事件（通報番号193/1985）において，「通報者に対する措置が犯罪人引渡しと呼ばれようと追放と呼ばれようと，……第13条の文脈での『追放』は広く理解しなければならず，犯罪人引渡しは同条の適用範囲に入ることを確認する[38]」との判断を示した。同様の判断は，キンドラー対カナダ事件（通報番号470/1981）でも示された。

　このように，規約第13条が通常の犯罪人引渡しへの適用を意図していな

---

(36)　*Ibid.*, paras. 7 and 9. なお，翻訳にあたっては，中平訳を参照した。

(37)　詳しくは，薬師寺公夫「犯罪人引渡しと人権——自由権規約を中心に——」田畑茂二郎編『21世紀世界の人権』（明石書店，1997年）304-307頁参照。Cf. Nowak, *supra* note 24, pp. 222-224.

(38)　Giri v. Dominican Republic（193/1985），CCPR/C/39/D/193/1985, para. 5. 5.

かったことは準備作業から明らかであるとしながらも，外国人が追放または犯罪人引渡しによって領域からの退去を要請されているかどうかに関わらず，自己の追放に反対する理由を提示し，自己の事案が審理されるという第13条の一般的保障が原則として犯罪人引渡しの場合にも及ぶべきであると認定したのである[39]。このように委員会は，個人通報事例において，個人の権利の実効的保護という観点から，規約の適用範囲（場所的・人的範囲）の拡大を解釈によって行ってきたのである[40]。

実は，政府報告書審査においても，委員会のこうした姿勢は貫かれている。次に，この点をみてみよう。

(2) 政府報告書審査

① イスラエル

2002年12月4日に提出されたイスラエルの第2回政府報告書には，「西岸とガザ地区への自由権規約の適用可能性」と題する項目があり，イスラエルは，

---

(39) Kindler, *supra* note 17, para. 6. 6. Cf. Sarah Joseph *et al.*, *The International Covenant on Civil and Political Rights Cases, Materials, and Commentary*, 2nd ed., (Oxford University Press, 2004), pp. 378-379.

(40) ヨーロッパ人権裁判所は，クウェートの国家機関により同国内で過酷な拷問を受けた英国人パイロットがクウェートに対し賠償請求を提起したアルアドサニ(Al-Adsani)事件で，ヨーロッパ人権条約第3条はその管轄内で行われた拷問についてのみ適用され，締約国領域外での拷問には適用されないと判示した。薬師寺公夫「国際法上の外国国家の民事裁判権免除と裁判を受ける権利の関係──アルアドサニ事件」戸波・北村・建石・小畑・北村編『ヨーロッパ人権裁判所の判例』（信山社，2008年）90-95頁参照。さらに，NATOのコソボ空爆で被害にあったユーゴスラビア人の賠償請求の受理可能性が問題となったバンコビッチ(Bankovic)事件の決定の中で，ヨーロッパ人権裁判所は，ヨーロッパ人権条約の適用範囲の確定にあたって，「国家の管轄権限は主として領域的なものであると考える」とした上で，同条約は「本質的に地域的な文脈の中で，とくに当事国の法的空間（espace juridique）の中で機能する多数国間条約」であると性格づけ，関連する国際法は管轄権に関する領域性原則であるとした。奥脇直也「NATOのコソボ空爆によるヨーロッパ人権条約上の権利侵害に関する訴訟の受理可能性」『同上』84-89頁。同じ人権条約の実施機関でありながら，一見すると委員会とは領域性原則に対する対照的な判断が示されている。もっとも，ヨーロッパ人権裁判所が，条約の域外への適用を軍事占領など当事国が外国の一部地域を実効支配しているような例外的場合を想定していることを考えると，両者の相違はさほど大きくないといえるかもしれない。

第Ⅱ部　自由権規約委員会による解釈実践

規約はその主権的領域および管轄権に服さない地域には適用されないとの主張を繰り返した。イスラエルによれば，「この立場は，国際法に基づく人権と人道法のよく確立された区別に基礎を置く。したがって，イスラエルの見解によれば，委員会の権限を，〔ヨルダン川〕西岸とガザ地区の出来事が人権とは区別された武力紛争の文脈の一部である限りにおいて，関連づけることはできない。さらに，1995 年のイスラエルとパレスチナの暫定協定によれば，すべての民生分野（市民的および政治的権利を含む。）における圧倒的多数の権能と責任はパレスチナ評議会に移譲されている。いずれにしても，パレスチナ評議会が西岸およびガザ地区のパレスチナ住民のこうした問題に直接的に責任を持ち，また説明責任がある。こうした現実の変化およびこれらの地域におけるパレスチナ評議会の管轄権に照らせば，イスラエルはこれらの地域において，自由権規約に基づく権利を確保する責任を国際的に有しえない[41]」と述べて，第 1 回政府報告書審査における委員会の総括所見の立場（規約の義務は占領地域の住民にも及ぶとの指摘）に反論した。なお，報告書審査の場でも，イスラエル代表は同様の主張を繰り返した[42]。

　これに対して委員会は，2003 年 8 月 21 日に採択された同国の第 2 回政府報告書審査の総括所見において，イスラエルが主張する国際人道法の適用可能性が規約の適用を排除するという見解を受け入れず，また，規約の義務は占領地域にも及ぶとの立場を表明した。すなわち，「委員会は，規約は締約国の領域を越えて，とくにこれらの地域に武力紛争の事態が存在する限りにおいて，〔ヨルダン川〕西岸およびガザ地区に適用されない，という締約国の主張に留意する。委員会は，1998 年 8 月 18 日のイスラエルの第 1 回政府報告書審査に関する総括所見第 10 項で以前に述べた見解，すなわち，武力紛争中の国際人道法の適用可能性は，国民の生存を脅かす公の緊急事態を扱う第 4 条を含む規約の適用を排除するものでないことを繰り返す。また，国際人道法の適用可能性は，占領地域を含む，みずからの領域外の当局の活動についても，規約第 2 条 1 項に基づいて締約国の説明責任を排除しない。したがって，委員会は，現

（41）　CCPR/C/ISR/2001/2, pp. 5-6, para. 8.
（42）　*Summary record of the 1675th meeting: Israel*. 21/07/98, CCPR/C/SR. 1675, pp. 4-5, paras. 21-27.

下の状況で，占領地域の住民の利益のために規約の諸規定が適用されることを繰り返す⁽⁴³⁾」（第11項）と述べた。こうした自由権規約委員会による義務の適用範囲についての解釈は，前述したICJのパレスチナ占領地域における壁構築の法的帰結事件における勧告的意見において，同裁判所によっても支持された。

ICJは，「国家の管轄権はおもに領域的なものであるが，時には国家領域の外で行使されることがありうる。自由権規約の趣旨および目的を考慮して，このような場合でさえ，規約の締約国は規約の規定を遵守すべきであるというのが当然のように思える。自由権規約委員会の不断の実行は，これに合致している。したがって，委員会は，国家が外国領域でその管轄権を行使する場合，規約は適用可能であると認定する。委員会は，ブラジルまたはアルゼンチンにおけるウルグアイ官吏によって行われた逮捕につき，ウルグアイによる行為の合法性について判断を示した（Lopez Burgos 事件および Lilian Celiberti de Casariego 事件）。委員会は，ドイツにおけるウルグアイ領事によるパスポートの没収の場合にも同趣旨の決定を行った（Montero 事件）。規約の準備作業は，委員会による規約第2条の解釈を確認する⁽⁴⁴⁾」（第109項）と述べて，イスラエルの主張を否定した後，「結論として，裁判所は，自由権規約は，国家領域外での管轄権の行使により国家によって行われた行為に関して適用可能であると考える⁽⁴⁵⁾」（第111項）と判示したのである。

なお，ICJは，人種差別撤廃条約適用事件（ジョージア対ロシア）の暫定措置命令（2008年）においても，人種差別撤廃条約の場所的適用範囲について，「人種差別撤廃条約においては，領域的適用に関する一般的性質の制限は存在しない。当該条約の第2条も第5条も特定の領域的制限を含んでいないことが注目される。したがって，これらの条文は，同じ性格を持つ条約（筆者注：人権条約を指していると思われる。）の他の規定のように，一般的には，自国領域外で行動する国家の行為に対して適用されるように見える⁽⁴⁶⁾」と判示して，ここでも領域性の要件を外している。

---

(43) CCPR/CO/78/ISR（Concluding Observations/Comments）, para. 11.

(44) *Legal Consequences of the Construction of a Wall, supra* note 23, para. 109.

(45) *Ibid.*, para. 111.

(46) *Application of the International Convention on the Elimination of All Forms of Racial Discrimination, ICJ Reports 2008*, para. 109.

第Ⅱ部　自由権規約委員会による解釈実践

② オランダ

　オランダの国家報告フォローアップの際に，締約国が求められる政府報告書の対象範囲について，委員会と締約国との間の解釈の対立が浮き彫りになった。委員会は，オランダの第3回政府報告書審査の総括所見（2001年8月7日）において，スレブレニツァ（ボスニア・ヘルツェゴビナ）陥落をめぐる事件の調査（7項）を，緊急の対応を要する懸念事項として挙げ，1年以内のフォローアップ報告を求めた[(47)]。委員会は，1995年7月のスレブレニツァ陥落における7,000人の虐殺に平和維持軍として派遣されたオランダ軍が積極的に関与したまたは防止しなかったという非難につき，オランダに軍の関与をできるだけ迅速に捜査し，結果を公表し，刑法上の処罰または懲戒処分を決定するための検討を勧告した。その際，自由権規約第2条1項の解釈問題が浮上した。オランダは，PKOとして派遣された軍隊が管轄しているスレブレニツァの住民は，この規定の範疇に入らないと反論した。なぜなら，スレブレニツァはボスニア・ヘルツェゴビナの領土であり，オランダの「領域内」にないからである。「管轄の下」にあるかもしれないが，「領域内」にはないというのである。

　しかし，委員会は，前述したように，その実行の中で，この規定を加重要件とは解釈せず，「かつ／または（and/or）」と解釈し，保護対象者の範囲を拡大している。もっとも，このように適用の場所的範囲について，領域性の要件をはずす対象とされたのは，これまではイスラエルの例にあるように占領地域であった。しかし，今回は，平和維持軍が展開する地域も「管轄の下」にあるとして，規約の適用範囲であるとの解釈が示されている。2003年4月29日に示されたオランダ政府のフォローアップ回答では，「オランダ政府は，自由権規約の諸規定はスレブレニツァにおけるオランダの平和維持軍に適用可能であるという委員会の見解と意見を異にする。規約第2条は，各締約国は『その領域内にあり，かつ，その管轄の下にある』すべての個人に対し，第6条に掲げられた生命に対する権利を含む，規約において認められる権利を尊重しおよび確保することを約束すると明確に述べている。スレブレニツァの市民が，オランダに関して，当該条文の範囲に入らないことは言うまでもない。それゆえ，

---

(47)　本事件の詳細については，長有紀枝『スレブレニツァ──あるジェノサイドをめぐる考察──』（東信堂，2009年）参照。

54

第 2 章　条約実施機関の解釈権能

1995 年のこの悲惨な出来事を調査し評価するというオランダの強い公約は規約の義務に基づくものではない[48]」と述べて，これに反発した。

　しかし委員会は，平和維持軍の活動地域においても，規約が適用されるとの立場を，翌 2004 年 3 月 29 日に採択した，「締約国に課せられた一般的法的義務の性質」と題する一般的意見 31 (80) において確認した。すなわち，「締約国は，その第 2 条 1 項によって，領域内のすべての個人およびその管轄下にあるすべての個人に対し，規約上の権利を尊重しおよび確保することが要請される。このことは，締約国が，締約国の権力内または実効的支配の下にあるすべての個人の——たとえその個人が締約国の領域内にいない場合にも——規約に規定された権利を尊重し，確保しなければならないことを意味する。第 27 会期 (1986 年) で採択された一般的意見 15 で指摘したように，規約上の権利は，締約国の市民だけではなく，庇護申請者，難民，移住労働者といった，国籍や無国籍であるかどうかにかかわりなく，締約国の領域内，またはその管轄の下にあるすべての個人に享受されなければならない。この原則は，国際的な平和維持活動や平和強制活動に派遣された締約国の軍隊といった，その領域外で活動する締約国の軍隊の権力内または実効的支配——かかる権力または実効的支配が得られた事情にかかわりなく——の下にある個人にも適用される[49]」(第 10 項) と述べている。つまり，平和維持軍の活動地域など締約国の軍隊が領域外で活動する地域にも，締約国が負う規約上の義務が及ぶとの立場を鮮明にしたのである。この中に外国にある軍隊の基地が含まれることはいうまでもない。

　その観点から，規約第 2 条をめぐる解釈上の争いが米国との間にも生じた。米国は 2005 年の第 2 回・第 3 回政府報告書の合同審査において，「その領域内にあり，かつ，その管轄の下にある」という字句を，「かつ / または」を意味すると解釈することは困難だと述べた。そうした解釈は，規約の起草過程に照らし，ありえないとした。こうした主張を行う背景には，キューバのグアンタナモ基地でのアルカイーダなどの取り扱いについて，米国の「領域外」だとし

---

(48)　Replies of the Government of the Netherlands to the concerns expressed by the Human Rights Committee: Netherlands, 29/04/2003, CCPR/CO/72/NET/Add. 1, para. 19.

(49)　General Comment 31 (80), CCPR/C/21/Rev. 1/Add. 13, para. 10.

第Ⅱ部　自由権規約委員会による解釈実践

て，委員会の審査の対象からはずしたいとの米国の思惑がある。

　次に，米国の政府報告審査における委員会と米国代表との解釈の対立をみて
みよう。

3　第2回・第3回米国政府報告審査における対立

　米国は2005年11月28日に，第2回と第3回の合同報告書を自由権規約委
員会に提出した[50]。報告書審査は，2006年7月17日と18日の両日に行われ
たが，米国と委員会の間で規約の適用範囲について際立った対立が生じた。米
国は，提出した報告書の中に「自由権規約の適用範囲」と題する附属書Ⅰを
添付し，その中で，条約の解釈規則に関する条約法条約第31条1項を引用し，
自由権規約に対して締約国が負う義務は締約国の領域内にのみ適用されるとい
う避けがたい結論に導くと主張した。米国は，米国国務省の法律顧問ハーパー
(Conrad Harper) 氏が1995年の第1回審査で行った自由権規約委員会の質問
に対する，「規約は域外適用されるものではない。一般に，条約の適用範囲は明
示されないが，締約国の領域内でのみ適用されるものと推定される。規約第2
条は『その領域内にあり，かつ，その管轄の下にあるすべての個人』に規約で
認められた権利を尊重しおよび確保することを明記している。その二重の要件
は，米国の管轄の下にあり，かつ米国の領域内にある個人に規約の範囲を限定
している。起草過程において，『その領域内にあり』という文言が義務を締約
国の領域内に制限するという明確な理解とともに議論され，投票により付け加
えられた[51]」との回答を引用した。さらに，解釈の補足的手段に関する条約
法条約第32条を引用し，本来，準備作業に依拠する必要はないほど明確であ
るが，それへの依拠も先の米国の主張を補強することになろうと述べていた[52]。

---

(50)　米国の第2回政府報告書の締切は1998年9月7日に予定され，また第3回政府報
　　告書の締切は2003年9月7日に予定されていた。結局，7年遅れで提出されたことに
　　なる。報告書の全容については，Cf. CCPR/C/USA/3.

(51)　*Summary record of the 1405th meeting: United States of America*, UN ESCOR
　　Hum. Rts. Comm., 53rd Sess., 1504th mtg. at 7, 20, U. N. Doc. CCPR/C/SR. 1405 (1995).
　　Cf. U. S. observations on Human Rights Committee General Comment 31 (Dec. 27,
　　2007), para. 8.

(52)　Annex I Territorial Application of the International Covenant on Civil and Political

第2章　条約実施機関の解釈権能

　政府報告書審査が行われた2380会合で，米国代表ハリス（Harris）は，ケーリン（Walter Kälin）委員が行った規約第2条1項の範囲の分析に謝意を表明しながらも，「その領域内にあり，かつ，その管轄の下にある」という句の接続詞を，「かつ／または」を意味するものとするとの解釈を受け入れるのは困難だと述べた。それは，規約の起草過程に照らして，ありえないとした。そして，一般に，条約に別段の定めがない限り，条約の拘束的な解釈を行う権限があるのは，条約当事国のみであるとの見解を示したのである[53]。これに対し，ロドリー（Nigel Rodley）委員が，条約法条約第31条に依拠しつつ，「第2条の通常の意味は委員会によって与えられた意味であり，文脈には条約の適用につき後に生じた慣行であり，解釈に関する当事国の合意を確立するものが含まれるが，解釈の補足的手段である準備作業は文脈に含まれない[54]」と述べて，起草過程の経緯を強調する米国に反論し，事後の実行の重視を強調した。これに対し，ハリス代表は，「各国政府は，国際条約に基づいて負う義務がいかなる義務であるかを決定する主権的権利を持つ。条約に加入する際，米国は州および連邦の双方のレベルで，生じる義務のどれが実施しうるかを決定するために規約のすべての条文を慎重に再検討した。その実施が確保できない条文については留保を行った。それを経て，米国は条約が規定する一連の義務に拘束されることになった。規約から生ずる国の義務を変更し，その点につき権威ある指針を与えるのは委員会ではない。米国は，これまで委員会によって採用されたすべての意見や発展させられた先例に同意しない[55]」と反発した。また，グアンタナモ基地の問題についても，米国のホジキンソン（Hodgkinson）委員が，「抑留センターとしてグアンタナモを使用するという米国の決定は，市民を危険なテロリストから保護し，さらに重要なのは違法戦闘員を戦闘地域から移したいとの願望によるものである。そうした可能性は武力紛争法やジュネーヴ条約によって想定されている[56]」と反論した。こうして，委員会と米国との解釈は真っ向から対立したままで審査を終えたのである。

───────

　　　Rights, CCPR/C/USA/3, pp. 109-110.
（53）　CCPR/C/SR. 2380, p. 3, para. 8.
（54）　*Ibid.*, p. 4, para. 65.
（55）　*Ibid.*, p. 20, para. 105.
（56）　*Ibid.*, p. 20, para. 107.

第Ⅱ部　自由権規約委員会による解釈実践

　委員会は，2006年7月27日に採択した総括所見の冒頭，米国が，自国の管轄の下にあるが，領域の外にいる個人に関する規約の実施についての情報を，報告書に記載しなかったことに遺憾の意を表明した。同時に，米国が，規約の適用不能の根拠や諜報活動を援用して，規約の下で保護されている権利が侵害されたとの主張を取り扱うことを拒否したことについても遺憾の意を表明した（3項）。そして，主要な懸念事項の最初に，委員会や国際司法裁判所のこれに反する見解や確立された先例があるにもかかわらず，その管轄の下にあるが，その領域の外にいる個人には規約が適用されないとする米国の制限的な解釈および戦時には規約は適用されないとする米国の解釈にも懸念を表明した。そして，米国に対し，そのアプローチの見直しを指摘し，みずからの管轄の下にあるが，領域の外にいる個人に対する規約の適用可能性，ならびに戦時におけるその適用可能性を承認することを勧告したのである（10項）[57]。

4　おわりに

　自由権規約委員会は，国家報告制度と個人通報制度において，条約の実施機関として規約の解釈を行っている。その役割は，規約が定める人権基準を同定し，規約の条約としての一体性を確保することにある。その職務遂行の過程で，国家報告における総括所見や個人通報における見解や一般的意見の形で，規約の各条文の解釈を示している。解釈にあたって，条約法条約の解釈規則に依拠していることは個人通報事例でいくども確認されている[58]。たしかに，厳密にいえば，規約の文言上，委員会を規約の有権的解釈機関と認めた条文は存在しないし，また，個人通報における見解もあくまで当該通報にのみ関連し，一般性を有さない。しかし，委員会としては，そこで示された解釈は「考え抜かれた解釈」であり，その見解は「権威ある決定」としての性格を持つと考えている。

---

　(57)　CCPR/C/USA/CO/3/Rev. 1, paras. 3 and 10.
　(58)　Cf. J. B et al. v. Canada（118/1982），CCPR/C/28/D/118/1982, para. 6. 3; Broke v. Netherlands（172/1984），CCPR/C/29/D/172/1984, para. 12. 3 and Zwaan-de Vrie v. Netherlands（182/1984），CCPR/C/29/D/182/1984, para. 12. 3.

第2章　条約実施機関の解釈権能

　他方で，規約の締約国（行政府であれ司法府であれ）も，規約について，委員会から独立して解釈を行えることは当然である[59]。この「独立」という事柄が，国内裁判所の解釈をして，つねに条約の実施機関の解釈と対立的な関係に導くわけでもない。対立も従属もしない解釈もありうる。委員会の解釈が，均衡がとれ明確で説得的な内容であれば，締約国の裁判所にとってそれを受容することに困難はないからである。もちろん，委員会の解釈が有するこうした「権威性」とは裏腹に，その「見解」には法的拘束力が認められていないことから，締約国を法的には拘束しないという意味で，国際司法裁判所の判決とは異なり，「拘束性」の欠如が見られる。委員会の解釈に内在する大きな問題は，この「権威性」と「拘束性」の乖離という問題である[60]。委員会の解釈に反対する締約国に対して，この乖離を埋めるべくいくつかの論理操作が行われている。

　その代表的なものは，安藤仁介前委員による次のような指摘である。「米国は，規約の当該規定の採択の経緯に基づいて，双方の前提条件を充たさない捕虜には及ばない，との立場をとった。これに対して委員会は，自由権規約にかかわる "委員会の実行" に基づいて，及ぶとの立場をとった。この違いは結局，条約規定の解釈に，当該規定の採択に先立つ経緯（travaux préparatoires）を重視するか，それにかかわる実行（subsequent practice）を重視するかにかかっているが，『条約法に関するウィーン条約』に依拠するかぎり，委員会の立場をとるべきであろう[61]」と述べている。安藤委員は，実施機関たる委員会の解釈を，条約法条約第31条3項(b)がいう「条約の適用につき後に生じた慣行であって，条約の解釈についての当事国の合意を確立するもの」と捉えている

---

(59)　問題は誰からの，また誰のための独立かという点である。国内裁判所の司法権の独立は，他の国家機関からの圧力を受けないという意味であって，人権の実効的な保護を拡大する実施機関からの独立性を確保する必要がどれほどあるのか疑問なしとしない。

(60)　ニューヘブン学派は，法を権威性（authority）の要素と支配性（control）の要素が合わさった有権的決定（authoritative decision）であると見なしている。Cf. Harold D. Lasswell & Myres S. McDougal, *Jurisprudence for a Free Society,* Vol. I. (New Heaven Press, 1992), p. 26.

(61)　安藤仁介「自由権規約及び選択議定書と規約人権委員会——同委員会委員20年の体験から——」『国際法外交雑誌』第107巻1号（2008年）11頁。

第Ⅱ部　自由権規約委員会による解釈実践

のである[62]。イスラエル，オランダ，米国のように，委員会の解釈に異を唱える国があるものの，委員会の解釈を「黙認」する国が多いことをもって，その根拠とするのであろう。

　同様の立場が，国際法協会（ILA）でも採用されている。シャイニン（Martin Scheinin）自由権規約委員会委員を議長とし，安藤教授に代わり，現在，同委員会の委員を務めている岩沢雄司教授を報告者とする「国際人権法および実行」に関する委員会は，「国連の人権条約機関の認定の影響」に関する 2004 年の最終報告書の中で，「条約機関の認定は，条約法条約第 31 条 3 項(b)が規定する，条約の解釈の際に考慮されるべき『条約の適用につき後に生じた慣行であって，条約の解釈についての当事国の合意を確立するもの』を構成しうるし，あるいは生み出しうる（may constitute, or may generate）と指摘されてきた。また，条約機関の認定は，条約法条約第 32 条の意味での『解釈の補足的手段』として解釈の際に考慮されうると指摘されてきた」（第 20 項）とした上で，「もし人権条約の解釈に伝統的なアプローチを採用するのであれば，委員会の認定それ自体は国家の『慣行』に相当しない。しかし，委員会の認定に対する個々の当事国または当事国全体の反応が，かかる慣行は構成するであろう。したがって，いずれの場合においても，国または国の集団の肯定的またはこれを支持する反応，もしくは委員会の認定に対する国の黙認は，解釈に関する当事国の同意を確立する……『後に生じた慣行』を構成するかもしれない」（第 21 項）と結論している[63]。

　しかし，1966 年に条約法条約の草案を作成した国際法委員会（ILC）は，本条につき次のような草案とコメンタリーを残し，きわめて厳格な立場を採用している。ILC 草案第 27 条 3 項(b)は，「条約の適用につき後に生じた慣行であって，条約の解釈についての当事国の了解を確立するもの（any subsequent practice in the application of the treaty which establishes the understanding of

---

(62)　「後に生じた慣行」についての包括的な分析としては，Cf. Richard K. Gardiner, *Treaty Interpretation* (Oxford University Press, 2008), pp. 225-249. 解釈適用の局面における「後に生じた慣行」の意義については，西元宏治「条約解釈における『事後の実行』」『本郷法政紀要』第 6 号（1997 年）232-233 頁参照。

(63)　*Report of the Seventy-First Conference Berlin*, (London, 2004), pp. 628-629, paras. 20-21.

the parties regarding its interpretation）」という規定であったが，その趣旨は，「1964 年に暫定的に採択された条文は『すべての当事国の了解を確立する (establishes the understanding of all the parties)』慣行について述べている。『すべての』という文言を削除することによって委員会は右の規則を変えることを意図しなかった。委員会は，『当事国の了解』という文言は必然的に『当事国全体（the parties as a whole）』を意味するものと考えた。委員会は，慣行を受諾しているならばそれで十分であるにもかかわらず，各当事国が個別にそれぞれの慣行に従って行動しなければならないと誤解されるのを避けるために『すべての』という文言を削除した(64)」と説明していた。委員会の意図は，「すべての当事国」の了解を確立するものでなければならない，というのである。そうなると，イスラエル，オランダ，米国のように，委員会の解釈に異を唱える国がある以上，すべての国の「了解（understanding）」に該当するものではないし，また現行の「合意（agreement）」を確立するものではないことは確かである。同草案を審議した国連主催の外交会議において，ILC 草案第 27 条 3 項(b)に対してオーストラリア代表が，「了解（understanding）」の前に「共通の(common)」という文言を挿入する提案を行った(65)。しかし，起草委員会に送付された後，起草委員会の議長であったヤッシーン（Mustafa Kamil Yasseen）は，第 74 会合で現行の条文を提案した。その際，彼は，「『了解』は現在，『合意』（フランス語の "accord" とスペイン語の "acuerdo"）に置き換えられており，明らかに合意はつねに共通のものであり，一方的なものでありえない(66)」と説明している。つまり，「後に生じた慣行」は「すべての国の合意」を確立するものでなければならないというのが起草者の意図であるということになる。イスラエル，オランダ，米国などが反対している以上，「すべての国」の合意が確立されていないことは確かである。

　しかし，条約法条約の現行の条文は，条約の実施機関の存在を念頭に，起草

---

(64) *YILC*, 1966, Vol. II, p. 222, para. 15.

(65) Australia（A/CONF. 39/C. 1/L. 182），*United Nations Conference on the Law of Treaties First session, Vienna, 26 March – 24 May 1968 and 9 April-22 May 1969, Official Records*, p. 159.

(66) *United Nations Conference on the Law of Treaties First and second sessions, Vienna, 26 March – 24 May 1968, Official Records*, p. 222, para. 32.

第Ⅱ部　自由権規約委員会による解釈実践

されたものではない。前述したように，条約法条約の条文草案は1966年に作成されたが，その年は奇しくも自由権規約が採択された年である。起草に関わった国際法委員会の念頭にあったのはあくまで条約社会，すなわち当事国による「条約の適用につき後に生じた慣行」である。条約の実施機関のそれではない。換言すれば，条約法条約第31条3項(b)は条約当事国の意思の尊重の上に成り立っている条文である。条約社会を構成する当事国の合意が「後に生じた慣行」の形に反映されているに過ぎない。当事国の意思を無視するものではないのである[67]。

　他方，小畑郁教授は，委員会の委員の選挙が，規約の締約国会議において行われること（規約第30条4項）に着目し，「自由権規約委員会は，法的にみて締約国会議の機関であり，〔見解に〕法的拘束力がないからということだけで，各締約国がその規約解釈を無視してよいということにはならない[68]」と指摘する。しかし，自由権規約においては，締約国会合は委員の選挙を除けば，他に規約の改正（第51条）で予定されているのみである。自由権規約委員会は，締約国会議の下部機関という性格よりも，その機能および権限が当該条約から直接付与され，また設立された条約機関（treaty body or organ）の性格を有するといえよう（たとえば，規約第24条，第40条4項，第41条，第42条および第45条，第1選択議定書第1条，第3条，第4条，第5条および第6条）[69]。条約機関としての役割は，個人資格の専門家により構成され，締約国による規約の履行確保を担うものである[70]。規約の適用にあたっては，規約の解釈は不可欠

---

(67)　なお，「後に生じた慣行」は，条約の解釈の文脈においても考慮される要素であると同時に，当事国による修正の文脈でも生じうる要素である。もっとも，本来の「解釈」と解釈の名の下での「修正」の峻別がきわめて困難であることは，周知の事実である。

(68)　薬師寺公夫・小畑郁・村上正直・坂元茂樹『法科大学院ケースブック国際人権法』（日本評論社，2006年）94頁（小畑担当部分）。

(69)　「条約機関」については，これを条約当事国とは独立した組織体として捉える説と，それを条約当事国の共同機関（common organ of treaty parties）と捉える説がある。詳しくは，柴田明穂「南極条約事務局設置の法的意義」『岡山大学法学会雑誌』第53巻3・4号（2004年），152頁。

(70)　条約機関（treaty body）は，その組織形態や機能・権限が条約毎に異なっている。国際機構として設立され，構成国とは独立した権限を行使する軍備管理条約型（OPCW）もあれば，法形成や条約実施措置について協議し，合意する合意促進ファー

第 2 章 条約実施機関の解釈権能

であり，その解釈権能を有する機関として，規約において自由権規約委員会が
創設されたのである。

　小畑教授の真意は，先の ILA の委員会の立場と同様に，「自由権規約委員会
の見解や総括所見を，少なくとも条約法条約にいう『解釈の補足的手段』(32
条) と位置づけない理由は直ちに見いだせない[71]」との記述にみられるように，
委員会の解釈の尊重にこそあるように思われる[72]。この点をより明解に説明
したのが，薬師寺公夫教授である。薬師寺教授によれば，ICJ が，パレスチナ
占領地域における分離壁建設の法的帰結に関する勧告的意見で，規約第 2 条 1
項の意味を確認するために，委員会の見解に依拠したということは，「見解が
その拘束力とは独立して規約解釈の補足の手段として機能することを示唆する
[73]」というのである。いずれにしろ，大阪地裁がかつて指摘したように，「拘
束力の有無と B 規約の解釈に当たって参考とされるか否かとは別個の問題[74]」
であり，こうした形で用いられることを，予め排除するものでないことは，確
かである。

　本章で提起した問題の解明は，条約は国家間の合意であり，国家はみずから
の同意を通じてのみ義務を負うという同意理論では十全に説明できない法事象
である[75]。その意味では，条約法研究における法実証主義アプローチの限界

────────

　ラムたる環境条約 COP 型がある。そして，本章で取り上げている個人資格の専門家に
　より構成される，条約の履行確保を担う人権条約の実施機関型がある。詳しくは，柴
　田明穂「締約国会議における国際法定立活動」『世界法年報』第 25 号 (2006 年) 注 19
　参照。

(71)　薬師寺ほか・前掲注(68) 94 頁。もっとも，オースト (A. Aust) 教授は，当事国
　間に明白な意見の相違がある場合には，慣行は解釈の補足的な手段として依拠できな
　いと述べている。Cf. Anthony Aust, *Modern Treaty Law and Practice* (Cambridge
　University Press, 2000), p. 195.

(72)　大阪地裁は，一般的意見についてではあるが，「ゼネラルコメントは，条約の適用
　につき後に生じた慣行であって当事国の合意を確立するもの (条約法条約 31 条 3 項(b)
　参照) ないし解釈の補足的な手段 (条約法条約 32 条参照) に準ずるものとして，B 規
　約 14 条 3 項 b の解釈に当たり，一定の参考とされるべきものである」と判示している。
　大阪地判裁平成 16〔2004〕年 3 月 9 日『判時』第 1858 号 (2004 年) 79 頁参照。

(73)　薬師寺ほか・前掲注(68) 21 頁。

(74)　大阪地判平 16〔2004〕年 3 月 9 日『判時』第 1858 号 (2004 年) 79 頁。

(75)　ヘンキン (L. Henkin) 教授は，「条約法は作られ，慣習法は生じる」という表現で，
　条約が国家間の明示の意思表示によって作られることを説明するが，この説明が妥当

第Ⅱ部　自由権規約委員会による解釈実践

を示す事例であるかもしれない。条約の実施機関の存在があまり意識されていなかった条約法条約では，強行規範の条文という例外を除けば，基本的には同意理論の考え方が貫かれている。しかし，こうした同意理論では，条約の実施機関の実行を説明することが困難になってきている。

　人権条約といえども条約であるとしてあくまで同意理論に縛り付けるのか，人権という価値実現を目的とする人権条約の特殊性をもって，同意理論の例外，すなわち，条約実現のプロセスとして，その主体はどうあれ（締約国であるか実施機関であるかを問わず），その「後に生じた慣行」を重視すべきなのか，という問題である。仮に前者を選択した場合は，委員会の解釈と特定の締約国の解釈の緊張関係は続き，委員会が考える条約価値の実現は遠のくことになる。仮に後者を選択するとしたら，条約価値の実現は可能になるものの，個人資格の委員で構成される実施機関の「発展的」解釈の正当性の担保を何に求めるのか，換言すれば，仮に締約国の同意を必要としないならば，委員会の解釈の正当性は何から生じ，またその制約枠組みを何に求めるのか，という問題が残る。「見解」が拘束性を有しないがゆえに，どのような解釈も許されるということにはならないからである。

　他方で，国内社会と異なり，統一的な立法機関が存在しない国際社会では，柔軟な解釈適用により現実の事態との調和を目指さざるをえないという側面があることも確かである[76]。本章で取り上げた主題は，こうした錯綜した課題を抱えた，条約解釈上の新たな難問である。

　そして，その根底にある問題は，条約法条約の解釈規則は，条約解釈に関する慣習法規則を法典化したものであるとして，条約解釈に関するあらゆる問題を同解釈規則で説明しようとする姿勢にこそある。同条約の解釈規則を離れて，条約解釈に関する新たな慣習法規則の出現の余地を承認する柔軟な姿勢が今こそ求められている。

　しない法事象が生じていることだけは確かである。Louis Henkin, *International Law; Politics and Values,* (Martinus Nijhoff Publishers, 1995), p. 27. こうした，法実証主義アプローチの限界については，小島千枝「条約法とプロセス理論」『法学新報』第108巻11・12号（2002年）149-173頁に詳しい。

(76)　条約による国際立法の可能性を探求した論文としては，藤田久一「国際立法について」『関西大学法学論集』第36巻3・4・5号（1986年）参照。

第3章　死刑廃止国に対する新たな義務
——ジャッジ対カナダ事件（通報番号 829/1998）をめぐって

1　はじめに

　国際人権規約自由権規約（以下，自由権規約または規約）は，その第2条1項で，締約国に，「この規約の各締約国は，その領域内にあり，かつ，その管轄の下にあるすべての個人に対し，……いかなる差別もなしにこの規約において認められる権利を尊重しおよび確保することを約束する」ことを義務づけている。本条を文字通り解すれば，自由権規約の締約国は，外国の領域で外国の国家機関による規約に違反する行為が行われたとしても，みずから責任を負うことはないという結論になる[1]。しかし，最近では，犯罪人引渡しや退去強制にあたって，引渡先や追放先における規約違反の事態が予見されている場合に，当該個人を引き渡す，または退去強制する規約の締約国の行為が規約違反と認定される事態が生じている[2]。1992年に新たに採択された第7条（拷問または

---

[1]　Manfred Nowak, *U. N. Covenant on Civil and Political Rights : CCPR Commentary*, (N. P. Engel, Publisher, 1993), p. 42. 実際，張振海事件において，東京高裁は，「もとより，国際人権規約は，直接には締約国に対してその管轄内における人権の遵守を求めるものであって，当然には締約国が他国に対して条約上の基準を守るように求めるための手段となることを目的としていないし，とくに中国のような非締約国の国内行為を規律する効力を有するものでもない。しかし，本人を引き渡した場合，その引渡し先となる国で国際人権規約の趣旨に反する扱いが生じるかも知れないことを予見しながら同国からの引渡しに応じることは，もとより引渡し行為自体に規約違反の性質はなくても，同規約を批准しているわが国の人権尊重の態度として首尾一貫するかどうかやはり一考を要する点である」（傍点筆者）と述べている。『高刑集』第43巻1号74-75頁参照。

[2]　自由権規約には，犯罪人引渡しについて直接定めた規定はない。起草過程において，第13条にこれを含めるかどうか議論があったものの，最終的には含めないとの結論に至った。このあたりの経緯については，薬師寺公夫「犯罪人引渡しと人権——自由権規約を中心に——」田畑茂二郎編『21世紀世界の人権』（明石書店，1997年）304-307頁参照。Cf. Nowak, *ibid.,* pp. 222-224. もっとも，自由権規約委員会は，その後の個人通報事例の中で，こうした起草過程の経緯にもかかわらず，「通報者に対する措置が犯

第Ⅱ部　自由権規約委員会による解釈実践

残虐な刑の禁止）に関する一般的意見 20 の第 9 項は，「委員会の見解では，締約国は犯罪人引渡し，追放または送還の方法で他の国に帰すことによって個人を拷問または残虐な，非人道的なもしくは品位を傷つける取扱いまたは刑罰の危険に晒してはならない。締約国はこのためにどのような措置をとっているかをその報告書の中で示すべきである[3]」と述べる。薬師寺公夫教授が指摘するように，この一般的意見の「カテゴリカルな表現によって，規約 7 条が犯罪人引渡しにも適用され，拷問や非人道的取扱いの危険がある場合には引渡しが 7 条違反となることがあるという規約解釈に途を開いた[4]」のである。実際，カナダを相手どって個人通報がなされたキンドラー事件（通報番号 470/1991）において，自由権規約委員会は，1993 年 7 月 30 日に採択された見解の中で，「個人が合法的に追放されたり引き渡されたりした場合，当該締約国は他の管轄下で後に生じるかもしれない規約に基づく個人の権利の侵害に一般に責任を負うことはない。その意味で，締約国は明らかに他の管轄下にある個人の権利を保障することを明白に要請されてはいない。しかし，犯罪人引渡しそれ自体は規約の適用の範囲外にあるが，規約の他の規定と関連づけられることにより，それ自体としては規約の範囲外にある問題に関連して締約国の義務がなお問題になることがある」（6.1 項）と述べた。すなわち，「締約国が自国管轄下にある個人に関して決定を行い，その必然的かつ予見可能な結果（necessary and foreseeable consequence）として他の管轄下で当該個人の規約上の権利が侵害される場合には締約国自体が規約に違反することがある」（6.2 項）というのである[5]。本事件において，通報者は，カナダの規約第 6 条（生命についての権利）と第 7 条の違反を主張した[6]。なお，カナダは，一部の軍事犯罪の場合を

　　罪人引渡しと呼ばれようと追放と呼ばれようと，委員会は〔第 13 条〕に関する一般的
　　意見で確認したように，第 13 条の文脈での『追放』は広く理解しなければならず，犯
　　罪人引渡は同条の適用範囲に入ることを確認する」との判断を示している。Cf. Giri
　　v. Dominican Republic（193/1985），para. 5. 5. 同様の判断は，キンドラー事件でも示
　　された（Kindler v. Canada（470/1991），para. 6. 6.）。Cf. Sarah Joseph, Jenny Schultz,
　　and Melissa Castan, *The International Covenant on Civil and Political Rights Cases,
　　Materials, and Commentary*, 2nd ed.,（Oxford University Press, 2004），pp. 378-379.

（3）　CCPR General Comment 20, 44th session, 1992, para. 9.
（4）　薬師寺・前掲注(1) 313 頁。
（5）　Kindler v. Canada, CCPR/C/48/D/470/1991, paras. 6. 1 - 6. 2.

66

第3章　死刑廃止国に対する新たな義務

除いて，1976年に死刑を廃止した。同年に締結された米加犯罪人引渡条約第6条は，被請求国では死刑が適用されない犯罪については，請求国が死刑を科さないまたは科しても死刑を執行しないという保証を与えない場合には，引渡しを拒否することができる（extradition may be refused）と規定していた[7]。

　キンドラー事件において，通報者は，カナダによる米国に引き渡すという決定は第6条に違反すると主張した。彼は，「死刑はそれ自体残虐で非人道的な取扱いまたは刑罰に当たるし，待死状況は残虐で非人道的かつ品位を傷つける」（3項）行為であると主張した。これに対し，カナダは，「死刑の賦課それ自体は規約の下で違法ではない」（4.6項）と主張した[8]。他方，通報者の代理人は，「カナダは死刑を廃止した以上，キンドラー氏に死刑が執行されないことの保証を求めることが要請される」（10.1項）と主張した。この点に関して，委員会の多数意見は，カナダ側の主張を認め，「第6条1項と，最も重大な犯罪を除いて死刑を科すことを禁止する2項は併せ読まれなければならない。……キンドラーは第一級殺人罪という最も重大な犯罪に関係しかつ犯行時に18歳を超えていた」（14.3項）から第6条2項の禁止事項に該当せず，その結果，「第6条1項から生ずる義務はカナダに引渡しを拒否することを要請しない」（14.4項）と判断した。ちなみに，第6条2項は，「死刑を廃止していない国においては，死刑は……最も重大な犯罪についてのみ科することができる」と規定しており[9]，適用対象国として死刑存置国を念頭に起草された条文で

---

(6)　通報者は，この他，第10条，14条および26条の違反の犠牲者であると主張した。*Ibid.*, para. 1.

(7)　*Ibid.*, para. 2.2. 米加犯罪人引渡条約第6条は，「引渡しが要請されている犯罪が，引渡請求国の法律により死刑が科せられ，被請求国の法律ではその犯罪につき死刑を科していないとき，被請求国が死刑が科されないかまたは科されたとしても執行されないことにつき十分と考える保証を請求国が与えなければ，引渡しを拒否しうる」と規定する。なお，カナダ犯罪人引渡法第25条は，死刑を科さないことを確保する権限は司法大臣の裁量としている。*Ibid.*, para. 2.3.

(8)　たしかに規約第6条1項は，「何人も，恣意的にその生命を奪われない」と規定しており，「恣意的に」という文言は生命に対する権利が絶対的なものでないことを示しているといえる。この点については，Y. Dinstein, "The Right to Life, Physical Integrity, and Liberty," in L. Henkin, ed., *The International Bill of Rights : The Covenant on Civil and Political Rights*, (Columbia University Press, 1981), p. 118.

(9)　何が「最も重大な犯罪」に当たるかは各国の解釈の分かれるところであるが，日

67

第Ⅱ部　自由権規約委員会による解釈実践

ある。しかし，多数意見は，本事例において，死刑廃止国であるカナダに対しても適用しているようにみえる（この点については，後述の少数意見参照）。多数意見は，死刑を廃止したが，「カナダは第2選択議定書（死刑廃止議定書）の締約国ではない。……死刑の廃止は，犯罪人引渡条約に基づく義務からカナダを解放しない」（14.5項）とした。このキンドラー事件の段階では，委員会は，死刑廃止の国際的義務を負った第2選択議定書の締約国の場合と，カナダのような国内の政策として死刑を廃止している国を峻別していたといえる。また委員会は，「キンドラー氏の保証なしの引渡しの決定が恣意的または略式の決定がなされたら，第6条に基づくカナダの義務に違反することになろう」（14.6項）との見解を述べた上で，委員会に提出された証拠からそうした事態は生じていないとし，結局，「委員会は，本件で提出された事実は，カナダによる第6条違反を証明していない」（16項）と結論したのである。

　しかし，この多数意見には5人の委員から反対意見が表明された。まず，ヴェナーグレン（Bertil Wennergren）委員は，条約法条約の解釈規則に言及し，「第6条の目的は生命を保護することにある」とし，第1項と2項の解釈として，「死刑に言及した第2項は狭く解釈されるべきである一方，第1項の基本的規則は広義に解釈されるべきだ」と主張する。そして，「通報者に科せられた死刑の不執行の保証を求めないで，彼を米国に引き渡したことによって，カナダは規約第6条1項に違反した」とし，「第6条2項は，死刑廃止国に死刑

本の刑法は，特別刑法を含めて，死刑に該当する犯罪として17の犯罪を挙げている。吉川経夫「国際人権規約と刑事法」『現代の刑事学　上』（有斐閣，1977年）428頁。その後，2009年の海賊行為処罰対処法の施行により18の犯罪となった。なお，国家報告制度におけるやりとりからは，委員会は，「最も重大な犯罪」とは「生命の喪失をともなう犯罪」であり，「経済的性格を有する犯罪，贈収賄罪，姦通罪等につき死刑を科すことは規約に抵触する」と考えていることがわかる。Cf. CCPR/C/79/Add. 25, para. 25 and CCPR/C/79/Add. 45, para. 8. 1989年の国連総会で採択された，死刑囚の権利保護のための保護基準に関する決議では，「最も重大な犯罪」について，「その範囲が生命の損失またはその他の極度に重大な結果を伴う故意の犯罪を超えてはならない」としている。Cf. G. A. Res. 44/162. なお，国連総会は決議44/128で規約に第2選択議定書を設けることを決定した。詳しくは，阿部浩己「国際人権法における死刑廃止」『法律時報』第62巻3号（1990年）78-84頁，辻本義男「『死刑廃止に向けての市民的および政治的権利に関する国際規約の第2選択議定書』の成立とその意義」『中央学院大学総合科学研究所紀要』第7巻2号（1990年）5-35頁。

第3章　死刑廃止国に対する新たな義務

を再導入することを許していない」との解釈を展開したのである[10]。ララー（Rajsoonmer Lallah）委員も，これに同調するとともに，「第6条2項は死刑を廃止していない国に適用されるのであり，同項はカナダには適用されない」と非難した[11]。シャネ（Christine Chanet）委員もこれに賛成し，多数意見は死刑廃止国のカナダに適用されるはずのない第6条2項を適用する誤りを犯しているとした。そして死刑廃止国は死刑を再導入しない義務が課せられており，この義務には間接的再導入，すなわち犯罪人引渡し後の死刑も含まれるとの解釈を展開した[12]。この他，ポカール（Fausto Pocar）委員とアルビナ（Jose Aguilar Urbina）委員も反対意見を表明した[13]。ちなみに，これらの委員は，モーリシャス出身のララーを除き，起草過程で死刑廃止を主張した中南米諸国およびヨーロッパ人権条約第六議定書で死刑を廃止した欧州諸国出身の委員である[14]。本章で取り上げるジャッジ事件は，キンドラー事件当時のこうした少数意見の考え方が委員会で多数派に転換した事例である。

　なお，キンドラー事件においては，第7条に関して，通報者は死刑自体が残虐・非人道的な刑罰であり，引渡先のペンシルベニア州での死刑囚監房での諸条件が残虐・非人道的だと訴えた。これに対し，カナダは，第6条が死刑を認める以上死刑執行それ自体は第7条違反とはならず，死刑の執行方法が第7条違反となる場合はあろうが，苦痛を最小限にするよう意図された致死注射による方法が規約違反となることを示唆するものは何もないと主張した。また死刑囚監房での待死現象についても，死刑囚が救済を追及することによって死刑執行までの期間が長くなるのだから第7条違反とはいえず，同州の死刑制度に第

---

(10) Individual opinion submitted by Mr. Bertil Wennergren (dissenting). なお，米州人権条約第4条3項は，「死刑は，それを廃止した国においては，再び設けてはならない」と明示に規定している。死刑廃止の問題全般については，Cf. William A. Schabas, *The Abolition of the Death Penalty in International Law*, 2nd ed., (Cambridge University Press, 1997).

(11) Individual opinion submitted by Mr. Rajsoonmer Lallah (dissenting).

(12) Individual opinion submitted by Mrs. Christine Chanet (dissenting).

(13) Individual opinions submitted by Mr. Fausto Pocar and Jose Aguilar Urbina (dissenting).

(14) 第6条の起草過程については，Cf. Nowak, *supra* note 1, pp. 113-116. 徳川信治「自由権規約第六条と死刑問題（一）」『立命館法学』第239号（1995年）76-85頁参照。

69

第Ⅱ部　自由権規約委員会による解釈実践

7条違反といえる重大な欠陥または不当な遅延をもたらす制度上の問題がある旨の納得いく証拠は提示されなかったと反論した。自由権規約委員会は，犯罪者の年齢および精神状態に関する事実，死刑囚監房の諸条件がゾーリング事件[15]とは大きく異なり，通報者が刑務所の拘禁条件，死刑執行までの期間の長さ，執行方法について具体的主張を行っておらず，「本件の事実は，カナダによる規約第7条の違反を証明していない」（16項）と結論した[16]。

　それでは次に，委員会の従来の「先例（jurisprudence）」を変更したと思われる2003年10月20日に採択されたジャッジ事件（通報番号829/1998）について，検討してみよう。本事件は，死刑廃止国（カナダ）が，死刑判決が下されている国（米国）に通報者を国外退去させること，および，その国外退去を争う権利を通報者が行使する前に国外退去命令を執行したことが規約に適合するかどうかが争われた事例である。まずは，事件の概要から概観してみよう。

2　ジャッジ対カナダ事件──受理可能性段階

(1)　事件の概要

　通報者は，米国市民であるロジャー・ジャッジ（Roger Judge）である。通報者は，カナダによる自由権規約第6条，第7条，第10条および第14条違反

---

(15)　ゾーリング事件の判例研究としては，北村泰三「国際人権法判例研究㈡──ヨーロッパ人権裁判所ゾーリング事件判決──」『熊本法学』第64号（1990年）79-104頁参照，小畑郁「ゾーリング事件」田畑茂二郎・竹本正幸・松井芳郎編『判例国際法』（東信堂，2000年）225-227頁および薬師寺・前掲注(1) 307-311頁参照。

(16)　なお，同じく死刑囚に対する引渡し請求があった類似の事案であるウー対カナダ事件（通報番号469/1991）では，自由権規約委員会はカリフォルニア州のシアン化ガスという窒息性ガスによる処刑方法は，死刑執行はできる限り最小限度の肉体的・精神的苦痛に止めるという基準に合致せず残虐および非人道的取扱いを構成し，これを予見しながら処刑が執行されないという保証を求めずかつ保証なしに引き渡したカナダの同州への引渡しは規約第7条に違反すると判断した。Cf. Ng v. Canada, CCPR/C/49/D/469/1991, para. 16. 4. なお，本件で第6条違反はないとした委員会の多数意見にララー，ヴェナーグレン，ポカールおよびシャネ委員などが再度反対意見を表明している。また，委員会は，コックス事件（通報番号539/1993）において，致死注射による死刑執行は第7条に違反しないとの判断を示した。Cf. Cox v. Canada, CCPR/C/52/D/539/1993, para. 17. 3.

第3章 死刑廃止国に対する新たな義務

の犠牲者であると主張する。通報者によれば，1987年6月，米国ペンシルベニア州の裁判所において第一級殺人の罪で電気椅子による死刑を宣告された（執行方法はその後，致死注射に変更された）。ところが2日後，彼は脱獄しカナダに逃亡した。1988年8月，通報者は，バンクーバーで犯した強盗の罪により，懲役10年を宣告された。通報者は控訴したが棄却された。1993年6月，カナダは通報者に国外退去を命じた。1997年11月，通報者は，カナダの市民権・移民相に対して退去強制の停止とともに，犯罪人引渡条約に基づく引渡しが行われる場合には，米国に対して死刑不執行の保証を求めるよう要請した。しかし，この要請は却下された。そこで，通報者は，大臣の却下決定を不服として連邦裁判所に提訴した。その際に通報者は，国外退去処分の執行停止と，カナダでの抑留および米国への国外退去処分がカナダ人権憲章に違反するとの認定を求めた。しかし，1998年6月，通報者の請求は理由を明示されることなく却下された。この決定には上訴が認められないため，通報者は，ケベック州最高裁判所に同趣旨の請願を行ったが，同年8月6日に却下された。なお，ケベック州最高裁判所の決定の翌日である同年8月7日に自由権規約委員会に通報が行われたが，同日，通報者は米国に退去強制された（1－2.8項）[17]。

(2) 通報者の申立

　通報者の申立は，次の4点について行われた。①カナダは，10年にわたって同人を抑留し，いつ死刑が執行されるかわからない状態に置くことで，残虐で非人道的な，かつ品位を傷つける取扱いまたは刑罰を科し，通報者に精神的苦痛を与えた。これは，規約第7条の違反を構成する。②カナダで抑留されている間に「死刑の順番待ち現象（death row phenomenon）」にさいなまれた。これは精神的または心理的苦痛であり，また，人道的かつ人間としての固有の尊厳を尊重した取扱いを受けなかったので，規約第10条に違反する（3.1項）。③刑を満了すれば死刑が待っているという事実があるにもかかわらず，同人の身柄を10年間も拘束し，今になって米国に追放するのは，彼の生命に対する権利の侵害であって，規約第6条の違反に該当する（3.2項）。④通報者は米国

---

(17) CCPR/C/78/D/829/1998, paras. 1－2.8

71

第Ⅱ部　自由権規約委員会による解釈実践

から逃亡した身であるがために，ペンシルベニア州法に基づいて米国内で十分な上訴を行うことができない。カナダは，米国に同人を強制送還することで，規約第14条5項違反に加担したことになる（3.3項）[18]。

(3)　通報の受理可能性に関する締約国の主張

これに対して，締約国であるカナダは，通報者が国内的救済を尽くしていないこと，規約に基づく問題を提起していないこと，みずからの主張を立証していないこと，および規約に両立しないことを理由に，その通報は受理できないと主張した（4.1項）。特に，通報者の立証の不十分性について多くの反論を寄せている。まず，①第7条および第10条の違反について，ある国ですでに死刑判決を受けている人物が，死刑廃止国で犯した罪によりその国で抑留されている場合に，当該人物が，「死刑の順番待ち現象」に該当するとの主張を支持するだけの根拠が示されていない。通報者はカナダで犯した強盗の罪で禁固刑に処せられたのであって，カナダで死刑執行を待っていたわけではない。したがって，第7条および第10条に基づく違反を主張することはできない（4.7項）。また，②カナダでの有罪判決には正当な目的がないとする通報者の主張について，懲罰，非難および抑止力という量刑の原則は，カナダで犯された犯罪に対するカナダでの有罪宣告を必要とすると主張した（4.8項）。カナダによれば，カナダに逃げ込んだ他国の死刑囚が，カナダで犯した犯罪で有罪を宣告されず，刑も執行されないとすれば，正義に関して二重基準が生まれることになる。なぜなら，カナダ国内で同じ罪を犯しても，このような逃亡者は刑の執行を免れるのに，死刑囚でない者は刑を執行されることになるからである（4.9項）。さらに，③死刑執行の遅れが，死刑囚が脱走した場合のように当該死刑囚に起因している場合，当該死刑囚がかかる遅延を悪用することは許されない。本件においては，死刑執行の遅延は，通報者の犯罪行為，逃亡およびカナダでの強盗によって生じたからである（4.10項）。加えて，④カナダからの強制送還が第6条違反に該当するとの主張も立証できていない。レイド対ジャマイカ事件で委員会は，死刑判決は「法律により科すること」ができるという第6条

---

(18)　*Ibid.*, para. 3. 1 - 3. 3.

第3章　死刑廃止国に対する新たな義務

の要件は，規約に規定された手続上の保障，たとえば規約第14条の公正な裁判を受ける権利が遵守されなければならないことを含意するとの判断を下している[19]。カナダによれば，規約に基づく手続上の保障が遵守されたのであれば，第6条違反は存在しない。また，⑤規約第14条5項に基づく問題も発生しない。カナダによれば，通報者の主張の根拠は米国法（ペンシルベニア州法）にあって，カナダの国内法にはない。したがって，通報者は，カナダに対して主張できる立場にはない（4.13項）。さらにカナダは，⑥通報者はカナダで抑留されていた1991年にすでに控訴を行っており，通報者の追放は，彼の上訴権に対する必然的かつ予見可能ないかなる結果ももたらしていないとする（4.15項）。⑦米国においては，死刑囚が逃亡した場合，死刑囚としての権利に悪影響がでる可能性があるものの，通報者は，上級裁判所での再審理の権利が侵害されたとの主張を立証できていない。法律で定められた再審理は，1991年10月22日に行われており，最高裁判所は，有罪判決とその量刑を妥当と認めている（4.16項）。また，⑧他にも米国で通報者が再審理を受けることのできる方法が2つあった。1つは，ペンシルベニア州の有罪判決に対する非常救済手続法（Post-Conviction Relief Act）に基づいて一般訴訟裁判所（Court of Common Pleas）に請願を提出する方法であり，二つ目は，ペンシルベニア東部地方裁判所に人身保護令状を申請する方法である。通報者がいずれの方法でもみずからの目的を実現できないのであれば，上級裁判所や，最終的には米国最高裁判所に上告する道が残されている（4.17項）。⑨通報者が，ペンシルベニア州知事に対して，寛大な処置を願い出るか，あるいは減刑を申し出ることもできる。通報者の逃亡によって，こうした嘆願の申請が不可能になることはない。実際，ペンシルベニア州では過去30年の間に2回しか死刑が執行されていない（4.18項）。いずれにしろ，カナダは，通報全体の受理可能性について，通報者の主張は矛盾していると主張する。なぜなら，通報者は，カナダから米国への強制送還が規約第6条，第14条5項に違反しているとしながらも，他方で彼の抑留が第7条，第10条に違反しているとも主張する。そうすると，カナダは，彼を強制送還することで規約違反を犯すし，同時に彼を追放しない

---

(19)　Reid v. Jamaica（250/1987），para. 11. 5.

第Ⅱ部　自由権規約委員会による解釈実践

ことで規約違反を犯すことになる（4.19項）[20]。

(4)　本案に関する締約国の主張

　本案についても，カナダは反論した。すなわち，①第7条および第10条違反の主張について，「死刑の順番待ち現象」は，死刑囚が経験する単なる精神的ストレスではなく，たとえば死刑執行日が決定した後の，刑の執行延期，虐待，不十分な食事や隔離が行われたというような，他の条件が必要だとする（5.1項）。②カナダが引渡請求を受領し，死刑が執行されないという保証を得るまでは追放を延期してほしいとの通報者の要請に対しては，カナダには，米国への逃亡者の追放に先立って，引渡要求やかかる保証が得られるまで待つ必要はない。市民権・移民相には，合理的に実行可能な限り，速やかに退去命令を執行しなければならないという法律上の義務がある（5.2項）。③第6条違反の主張およびペンシルベニア州における裁判に過ちがあったとの通報者の主張について，カナダは，当該裁判が恣意的であったとか，あるいは裁判拒否があったことを示す証拠がない限り，委員会が裁判の事実関係および証拠を検討することはないとした（5.3項）。④第14条5項の違反の主張についても，カナダは，本条は，いかなる種類の再審理が行われるべきかを明記したものではなく，再審理の手続を，各国の法体系に委ねている（5.4項）。実際，通報者の事例は，すでにペンシルベニア州最高裁判所で再審理を完了しているという（5.5項）[21]。

(5)　通報者の反論

　締約国のこうした主張に対して，通報者もいくつかの反論を行った。たとえば，①ケベック州上位裁判所に退去命令の延期を求めることが可能かどうかについて，通報者は，この決定が1988年8月6日の午後8時ごろに口頭で伝えられたことを指摘する。カナダ政府は，延期を求める訴えが行われる前に，通報者を追放した。したがって，手続の対象となる人物がもはやカナダの管轄権内に存在しないのだから，どんな訴えを出したところで無駄だったというので

---

(20)　CCPR/C/78/D/829/1998, paras. 4. 1-4. 19.

(21)　*Ibid.*, paras. 5. 1-5. 5.

74

ある（6.4項）。さらに通報者は，カナダが主張した，②一国で死刑を宣告された人物は他の国で罪を犯しても刑事責任を免れることになるとの理論は本質的に瑕疵があると反論した。反対に通報者によれば，カナダで犯した犯罪で訴追される恐れがあるとわかれば，死刑囚はわざと犯罪を行い，カナダで実刑を受けて延命をはかるか，あるいはカナダで殺人を犯し，米国での死刑執行を免れようとするだろうというのである（6.6項）[22]。

(6) 受理可能性に関する委員会の判断

委員会は，これらの主張を踏まえて，受理可能性に関する判断を行った。すなわち，①米国における死刑執行が予見される間，カナダにおける通報者の抑留は死刑の順番待ちを意味し，第7条および第10条の違反であるとの主張については，委員会は，カナダでの服役は死刑の順番待ちではなく，強盗に関する10年の服役であるとした。通報者はこの点につき規約第7条および第10条の問題を提起できておらず，受理不能であるとした（7.4項）。また，②逃亡者に対して控訴する権利を制限している米国法の存在があり，退去強制を行うことが第14条5項およびそれに伴う第6条の違反を構成するとの通報者の主張に関し，委員会は，通報者はペンシルベニア法の下で，みずからの有罪判決につき十分に控訴する権利を有すると考える。第14条5項に基づく権利が侵害され，それによって国外退去が規約第6条の違反を伴うとの通報者の請求は，支持されないと認定した（7.7項）。他方で，委員会は，本件の問題の重大性ゆえに，次の二つの点で本案審理を行うことが必要であるとした（7.8項）[23]。すなわち，①カナダは，死刑が執行されないように保証を求めなかったことにより規約に違反したか。②通報者が異議申立の権利を行使する前に，死刑が

---

(22) *Ibid.*, paras. 6. 4 and 6. 6.

(23) *Ibid.*, paras. 7. 4-7. 8. なお，安藤仁介委員は，その個別意見の中で，この委員会の判断を批判した。その理由として，本件は，キンドラー事件の事実関係と酷似しており，本件における委員会の主張の骨子でもその点が示唆されている。かかる状況において，本通報を第7条，10条，6条および14条5項に関連して受理不能と判断するのは論理的ではないというのである。多数意見がいう「問題の重要性」（7.8項）に言及するだけでは不十分だというのである。Cf. Individual opinion by the Committee member Mr. Nisuke Ando, CCPR/C/78/D/829/1998, Appendix 1, p. 20.

第Ⅱ部　自由権規約委員会による解釈実践

宣告された国へ追放が行われた場合，規約第6条および第7条に基づく通報者の権利が侵害されたことになるか，の2点である。この2点についてカナダは，2002年11月15日の口上書により，委員会による質問，およびさらなる情報提供の要請に対し詳細な回答を寄こした（8.1項）[24]。その回答は，委員会の過去の「先例（jurisprudence）」を踏まえた詳細な内容になっており，本事件の問題の所在を的確に指摘したものになっている。次に，この内容を紹介し，委員会のこの問題に対する判断を紹介しよう。

3　ジャッジ対カナダ事件——本案段階

(1)　締約国の回答

　カナダは，第一の問題点について次のような考え方を示した。長くなるが紹介したい。すなわち，カナダは，特に規約第6条2項で，死刑存置国での死刑執行は認められていると主張した（8.2項）。第6条に明記された死刑執行に関する条件が満たされた場合，締約国は，死刑が宣告された国へ当該個人を引き渡し，または退去させることができる。本件の場合，委員会が問題としているのは，カナダが通報者に対する死刑を執行しないよう保証を求めなかったことが規約違反に該当するのではないかという点である（8.4項）。カナダによれば，規約第6条および同条に関する一般的意見14には，保証を求めることについて何も明記されていない。また，死刑廃止国が，国際法上の問題として，死刑不執行の保証を求めなければならないとの主張を支持する「判例（legal authority）」も存在しない。カナダは，こうした要件が第6条の要件に含まれるとの解釈は，条約解釈に関して受け容れられている規則——条約は，条約の文言に示されている締約国の意図に照らして解釈されるべきであるとの規則——からの重大な逸脱にあたると主張する（8.5項）[25]。

　カナダは，過去の先例を想起し，そのいずれの事件においても，委員会がこ

---

(24)　*Ibid.*, para. 8.1.

(25)　締約国は，「条約は，文脈によりかつその趣旨および目的に照らして与えられる用語の通常の意味に従い，誠実に解釈するものとする」と規定する条約法条約第31条に言及した。*Ibid.*, paras. 8.2–8.5.

76

第3章　死刑廃止国に対する新たな義務

れまで，保証を求めなかったことについて懸念を示したことはなかったと主張
する。さらにカナダは，委員会が過去に，規約を批准している死刑廃止国が，
必ず引渡しを拒否しなければならない，または死刑が適用されないよう保証
を求めなければならないといった主張を認めていないと主張した。キンドラー
事件で，自由権規約委員会は，「カナダが死刑廃止国であるとの事実に基づき，
同国は，引渡しを拒否しまたは米国からキンドラー氏に死刑が科されないとの
保証を求めなければならないだろうか」と尋ねた。カナダの指摘によれば，こ
の点についての委員会の見解は，第6条の文言は，カナダに対し，引渡しを拒
否しまたは死刑を執行しないとの保証を求めなければならないことを義務づけ
るものではないとするものであった。委員会は，ウー事件およびコックス事件
でも同様の見解を表明している（8.6項）[26]。カナダは，自由権規約第2選択
議定書では，死刑不執行の保証を求める義務があるかどうかも含め，死刑に直
面する引渡しまたは退去という問題について何も定めていないと主張する。カ
ナダは，本議定書が，死刑不執行の保証を求めることを義務づけていると解釈
できるかどうかについては言及を避けたものの，現在，同国がこの議定書の締
約国ではない点を強調した（8.7項）[27]。

　またカナダは，次のように主張する。すなわち，通報者が追放された1998
年8月7日の時点で，カナダが，通報者に死刑が執行されないとの保証を米国
に求めなければならないとする国内法上の義務はまったく存在しなかった。カ
ナダの最高裁判所が，出入国管理の文脈で，この問題について判決を下したこ
とはないものの，同裁判所は，引渡しに関連してこの問題に言及している。す
なわち，キンドラー対カナダ（司法省）事件[28]およびウー引渡事件[29]において，
裁判所は，死刑が執行されないとの保証を求めること，およびそうした保証が
ないままにキンドラーやウーの引渡を決定することについて司法省に裁量権を
与えることはカナダ憲法の違反には当たらないとの判決を下した（8.8項）[30]。

---

(26)　カナダに関するこれらの事例の検討については，徳川「自由権規約第六条と死刑問
　　　題（二・完）」『立命館法学』第240号（1995年）350-363頁に詳しい。

(27)　CCPR/C/78/D/829/1998, 8.6 - 8.7.

(28)　[1991] 2S. C. R. 779.

(29)　[1991] 2S. C. R. 858.

(30)　CCPR/C/78/D/829/1998, para. 8.8.

77

第Ⅱ部　自由権規約委員会による解釈実践

　さらにカナダは，規約締約国の行為は，規約違反があったとされる時点で適用可能な法に照らして判断されなければならないと主張した。したがって，通報者の追放が行われた時点で，カナダに対し，ロジャー・ジャッジに死刑が執行されないことの保証を得ることを要求する国際法は何ら存在しない。カナダはさらに，この点を裏づける証拠として，キンドラー事件，ウー事件およびコックス事件における委員会の規約解釈を挙げた。また国連の犯罪人引渡しに関するモデル条約では，「死刑が執行されないとの保証がないこと」が個人の引渡しを拒否できる場合の義務的事由としてではなく，「引渡しを拒絶できる場合の選択的事由」として挙げられているにすぎないと主張する[31]。

　最後にカナダは，死刑を宣告された国へ個人が追放される場合，死刑廃止国は必ず，死刑が執行されないとの保証を求めなければならないかどうかという問題は，国の政策上の問題であって，規約に基づく法的要求ではないと主張した（8.9項）。通報者が死刑宣告を受けた国に，死刑を執行しないとの保証を求めることなく追放することが，規約第7条に違反するかどうかという問題について，カナダは，委員会がかつて次のように判断したことを指摘した。すなわち，死刑宣告を受けた国への個人の引き渡しまたは追放は，第6条2項の問題であって，それ自体は第7条違反に該当しない。さらに同国は，「通報者の個人的要素，死刑執行を待つ間の拘禁に関連する特殊な条件，さらに刑の執行方法が特に残酷」といった条件によっては，死刑に関する第7条に基づいていくつかの問題が発生する可能性があるとした委員会の見解を指摘した（キンドラー事件）（8.10項）。カナダによれば，本件において唯一取り上げられたのは，カナダが，死刑を執行しないとの保証を求めなかったことが，第7条に基づく通報者の権利を侵害したことになるかどうかという点である。カナダは，第6条2項に認められる範囲での死刑制度は第7条違反に該当せず，したがって死刑を執行しないとの保証を求めなかったことは第7条違反に当たらないと主張する。こうした考え方を採らない場合，X国が第6条2項に認められる範囲内

---

(31)　国連のモデル条約第4条(d)項は，「引渡しが求められている犯罪が，請求国により死刑を伴う場合。ただし，被請求国が死刑は科されないかまたは科されたとしても執行されないことにつき十分と考える保証を請求国が与える場合はこの限りではない」と規定する。

78

第3章　死刑廃止国に対する新たな義務

で死刑を科すことは，拷問または残虐な，非人道的なもしくは品位を傷つける取り扱いあるいは刑罰に該当しないものの，X国から死刑を執行しないとの保証を求めずに同国に犯罪人を引き渡した国は，当該犯罪人を，拷問または残虐な，非人道的なもしくは品位を傷つける取り扱いあるいは刑罰という現実の危険性に直面させたと判断されることになるだろう。これは，第7条の解釈として受け容れられるものではないと締約国は主張する。以上のような理由から，同国は，死刑を執行しないとの保証を求めることなく，ロジャー・ジャッジを米国に追放したことは第7条違反に当たらないと主張する（8.11項）[32]。

　また，カナダは，規約第2条3項によって，当該規約で保障されている権利や自由を侵害されたすべての個人が効果的な救済を受けられること，および権利侵害の主張が権限ある当局において行われること，およびいかなる救済も実行されなければならないことを，規約締約国は義務づけられたと主張する。また，締約国は，第6条および第7条に基づいて，みずからの主張を行い，かかる主張に照らして，自国が規約で保障された通報者の権利および自由を侵害していないと結論づける。ゆえに，本件において，同国は，第2条3項(a)および(c)に基づく義務を負うものではない（8.12項）。さらにカナダは，みずからの権利と自由が侵害されたと主張する個人は，権限ある司法機関によってその主張の是非を判断してもらうことが可能で，もし主張が受け容れられなかった場合は，効果的な救済を受けることができると指摘した。特にカナダが強調したのは，同国が，通報者に死刑が執行されないとの保証を得るよう義務づけられていたかどうかという問題は，国内裁判所において提起されるべき問題であったという点である（8.13項）[33]。

　カナダは，提起された第二の問題点についても次のような詳細な回答を寄こした。すなわち，カナダは，第6条とこれに関連する委員会の一般的意見は，死刑を宣告された国へ個人を追放するに先立って，国は，当該個人がすべての控訴権を行使できるようにしなければならないかという点については規定していないという。第6条に基づいてこうした要件が存在するのであれば，それは条約解釈について一般に認められた諸規則からの逸脱となるだろう。カナダ

(32)　CCPR/C/78/D/829/1998, paras. 8.9-8.11.

(33)　*Ibid.*, paras. 8.12-8.13.

第Ⅱ部　自由権規約委員会による解釈実践

の見解では，第6条4項および第14条5項は，死刑を科そうとする締約国にとっては重要な保護手段となるものの，死刑を宣告された国に，当該個人を追放または引き渡そうとする規約締約国には適用されないという（8.14項）。カナダは，入国管理法第48条によれば，退去命令は，法律または司法判決に基づいて追放が猶予される場合を除き，合理的に実行可能な限り速やかに行われなければならないと説明する。つまり，追放の実施について猶予がない場合，退去命令は絶対に行わなければならないのであって，担当大臣は，合理的に実行可能な限り速やかにこれを実施しなければならず，この点について裁量権はほとんど認められていないというのである。カナダの主張によれば，通報者に適用される入国管理法第49条および第50条に基づいて追放の猶予は認められず，しかも，司法判決に基づく猶予を求めた通報者の請求は，再審理で却下された（8.15項）。さらにカナダは，いずれの裁判所でも，追放を延期するだけの十分な理由を見出せなかったと主張する。あらゆるレベルでの控訴がすべて尽くされるまで，締約国が退去命令の猶予を認めることができるのであれば，通報者のいうように，重大な犯罪を犯した者は，かなり長期間カナダ国内にとどまることができることになり，その結果，通報者のような重大な犯罪を犯した被告については，控訴手続が行われている期間中，引き続き抑留することができるとの保証もないままに，長期間にわたって追放が延期されることになるとカナダは主張する（8.16項）[34]。

　第7条違反があったかどうかについて，カナダは，第6条2項の規定に従った死刑の適用が，第7条違反に当たらない場合，個人を死刑が宣告された国へ追放するに先立って，国家が，当該個人がすべての司法手続を行使できるようにしなかったからといって，それは第7条違反に該当しないと主張する。カナダは，重要なのは，死刑を採用する規約締約国が，第6条および規約の関連規定に明記された基準を満たしたかどうかであって，個人を，死刑を宣告された国へ追放する締約国（カナダ）が，当該個人に対し，追放の決定を裁判所において見直す十分な機会を与えたかどうかではない（8.17項）。規約第2条3項についても，カナダは，米国への追放に先立って，通報者は退去命令を裁判所

────────

(34) *Ibid.*, paras. 8.14 - 8.16.

80

第3章　死刑廃止国に対する新たな義務

で十分見直してもらうこと—追放が通報者の人権を侵害するのではないかという点の見直しも含めて—ができたのだから，カナダは，規約で認められた通報者のいかなる権利も侵害していないと主張した（8.18項）。さらに，通報者の米国における現在の状況について，カナダは，ペンシルベニア州フィラデルフィア地区検察局から，現在，通報者は，州刑務所に抑留されており，死刑執行の期日もまだ決まっていないとの報告を受けたと述べた（8.19項）。2002年5月23日，ペンシルベニア州最高裁判所は，通報者が提出した，有罪判決に対する非常救済手続の申請を却下した。現在，通報者は連邦地方裁判所に対し，人身保護令状の発給を申請している。同裁判所がこれを認めなければ，第三巡回区控訴裁判所に控訴することができる。その後は，米国最高裁判所に上訴する道も残されている。通報者が連邦裁判所に起こした上訴がすべて却下された場合，米国政府による恩赦に基づく減刑も考えられうる。さらに，カナダは，ペンシルベニア州当局によれば，1976年に死刑が再開されてから，実際に死刑が執行されたのはわずか3人だという事実を指摘した（8.20項）[35]。

　注目されるのは，カナダの国内裁判所におけるこの問題に関する新たな判例に触れている点である。カナダは回答の中で，注意深く次のように述べている。すなわち，これまでの主張を害することなく，締約国は，委員会に対し，本件で問題になっている様々な出来事が起こって以降，国内においていくつかの進展が見られたことを伝えた。2001年2月15日，カナダ最高裁判所は，米国対バーンズ事件[36]で，カナダ政府は，例外的な場合を除いていかなる場合でも，個人が死刑を宣告された国へ，当該個人を引き渡す前に，死刑が執行されないとの保証を求めなければならないと判示した。締約国によれば，市民権・移民省は，移民の退去に対するこの判決の影響について，現在検討中であるというのである（8.21項）。カナダにおいては，この判決に素直に従えば，国内判例法の要請として，死刑存置国への死刑囚の引渡しにおいては，例外的な場合を除き，死刑が執行されないという保証を求めなければならないことが義務づけられるようになったということである。もちろん，カナダの議論の背後には，本判決はジャッジ事件が委員会に通報された日以降の判決であって遡及的

(35)　*Ibid.*, paras. 8. 17 – 8. 20.

(36)　*United States v. Burns*, 2001 SCC7. ［2001］1 S. C. R. 283.

81

第Ⅱ部　自由権規約委員会による解釈実践

に義務づけられるものではないとの判断があるものと思われる。いずれにしても，これまで紹介した主張からも看取されるように，カナダは通報者の申立について過去の委員会の先例，さらには同国の国内法制度を踏まえた周到な反論を行っており，そのことも手伝って争点はきわめて明確になった。

(2)　通報者の反論

2003年1月24日付の書簡で，通報者は，締約国は，引渡し，つまり送還に関わる事例において，死刑が執行されないとの保証が要求されなかったからといって，必ずしも死刑廃止国が規約に違反したことにはならないとのみずからの主張の根拠として，キンドラー事件での見解を挙げたが，締約国は，この事件での事実関係だけでなく，この事件での委員会の判断の効果についても誤った解釈をしていると反論した（9.1項）。

通報者によると，キンドラー事件では，退去強制ではなく，引渡しが問題とされていた。同事件で委員会は，「死刑が執行されないとの保証なしの引渡しの決定が，恣意的にまたは略式の決定によってなされたら，規約違反に該当する」との見解を示した。しかし，死刑が執行されないとの保証なしに，キンドラー氏の引渡しが命じられる前に，司法省が同氏の主張を検討していたことから，委員会は，引渡し決定が「恣意的にまたは略式」に行われたとは認定しなかった。しかし，現在検討中の事件では，退去強制が問題になっており，退去強制の場合，死刑が執行されないとの保証を得るよう，退去強制される者が要求できることを保証する法的手続が存在しない（9.2項）。通報者によれば，退去強制の場合，司法大臣に米国に死刑が執行されないとの保証を求める権限は認められていないため，締約国には，引渡条約で認められている保護を通報者に与える必要がなかっただけでなく，保証が適切に求められたかどうかの確認も行われなかった。他方，通報者は，フィラデルフィア地方検察局の1994年2月3日付の書簡を同封した。同書簡には，同局が，必要ならば引渡手続を開始する予定であると記されていた。しかし，カナダは，引渡手続を「回避し」，再び通報者を死刑執行の恐怖に晒したことで，キンドラー事件の場合とは異なり，規約第6条，第7条および第2条3項で保障されている通報者の権利を侵害したことになるというのである（9.3項）[37]。

第3章　死刑廃止国に対する新たな義務

　また，退去強制に異議を唱えることのできる権利を通報者が行使する前に，彼を退去強制したことにより，締約国は彼の権利を侵害したことになるのかという点について，通報者は，カナダがみずからの権利をきわめて限定的に解釈していること，さらに死刑が関係する事件の場合，特別な配慮が求められることを主張した。ケベック最高裁判所の決定後，1時間以内に通報者を退去させた結果，カナダは，控訴審での検討を不可能にしたというのである（9.4項）。通報者によると，これは規約第2条3項違反に該当するだけでなく，委員会の一般的意見の精神を侵害するものでもあるという（9.5項）。通報者は，入国管理法に基づいて，司法大臣にはある程度の裁量権が認められており，彼を「即刻」退去させなければならない義務はなかったと主張する。彼は，カナダの国内判例であるワン対移民大臣事件[38]を引用し，「行使すべき裁量権とは，退去命令を無効，もしくは実施不能とする別の手続を踏襲すべきかどうかということであって，かかる手続の目的は，退去されることで，当該人物が死刑，もしくはそれ以外のひどい制裁を受ける恐れがないかどうかを決定することにある」と判示されていることに注意を喚起する。この原則にしたがって，通報者は，控訴による決定の見直しを求める機会が与えられるまで，退去されるべきではなかったというのである。そして，控訴権の行使が制限さなければ，カナダ最高裁判所が米国対バーンズ事件の判決を下した時点で，本件は依然としてカナダの国内裁判所で係争中であったはずだというのである。ちなみに，この判決では，例外的な場合を除き，死刑が執行される恐れのあるすべての事例で保証を得ることが必要とされた。したがって，彼はこの判決による恩恵にあずかることができたはずだというのである（9.6項）[39]。

　こうした，双方の主張に対して，自由権規約委員会がどのような判断を下す

---

(37)　CCPR/C/78/D/829/1998, paras. 9.1-9.3.

(38)　*Wang v. The Minister of Citizenship & Immigration*, [2001] 3 FCR682, 2001 FCT148.

(39)　CCPR/C/78/D/829/1998, paras. 9.4-9.6. この他，通報者はカナダによる死刑執行の期日はまだ決まっていないとの主張にも異議を唱え，ペンシルベニア州知事が2002年10月22日に死刑執行令状に署名したため，彼の死刑は2002年12月10日に執行されることになったこと，しかし，連邦地方裁判所に提出された人身保護令状の手続がまだ決定していないため，その後，執行は延期されていることを明らかにした。*Ibid.,* para. 9.8.

83

第Ⅱ部　自由権規約委員会による解釈実践

か注目されることになった。次に，この本案に対する委員会の見解を概観して
みよう。

(3)　委員会の見解

　委員会は，本事件で提起された，カナダは死刑が執行されないように保証を
求めなかったことにより規約に違反したかという問題について，次のように述
べて，キンドラー事件における「先例」を変更し，カナダの第6条1項違反を
認めた。すなわち，「死刑を廃止した締約国としてのカナダが，ある者に死刑
判決を下している他国に当該者を追放する際に負う義務を検討するにあたっ
て，委員会は，キンドラー事件における先例を想起する。この事案では，委員
会は，死刑廃止国から，死刑判決が下されている国へ通報者を追放することは，
それ自体が第6条に違反することになるとは考えなかった。この判断における
委員会の根拠は，最も重大な犯罪に死刑を科すことを禁止していない第6条2
項とともに第6条1項を併せ読むという規約解釈にある。委員会は，カナダ自
身が通報者に死刑判決を科したわけではなく，死刑を廃止していない米国に通
報者を引渡し，死刑に直面させるというわけであるから，引渡しは，規約上の
通報者の権利が米国で侵害される真の危険がない限り，それ自体では，カナダ
による違反とはならないと考えた。保証の問題についても，委員会は，第6条
が，カナダに対して引渡しを拒否しまたは保証を求めることを必ずしも要求し
ていないが，保証の要請については，少なくとも，追放国がこれを検討すべき
であると認定した」（10.2項）。そして，これに続けて，「委員会は，その先例
の一貫性を確保すべきであることを認識している。しかし，他方で，規約が保
護する権利の適用範囲の再検討が求められる例外的な事態がありうることに留
意する。たとえば，侵害されたと主張されるものが最も基本的な権利，すな
わち生命に対する権利に関するものであり，特に，提起されている問題につい
て，事実および法の発展が顕著であり，国際世論の変化がみられるときはそう
である。委員会は，前述の先例が約10年前に確立されたものであるという事
実，その時以来，死刑の廃止に賛成する国際的コンセンサスが拡大し，死刑を
維持する国家においてはそれを執行しないとするコンセンサスが拡大している
という事実に留意する。意義深いことに，委員会は，キンドラー事件以来，締

84

第3章　死刑廃止国に対する新たな義務

約国カナダ自身が，米国対バーンズ事件において，カナダから引き渡される者であって，追放先の国家において死刑判決を受けている者の保護を確保するために自国の国内法を改正する必要性を認識していることに留意する。この事件において，カナダ最高裁判所は，死刑に直面する国家に個人を引き渡す前に，死刑が科されないとする保証を求めなければならないと判示した。この判決の言葉によるならば，『他の死刑廃止国は，一般に，保証なしに引き渡してはいない』ことに留意することが適切である。委員会は，規約は生きている文書（living instrument）として解釈されるべきであり，そこで保護されている権利は，今日的状況の文脈で，かつ今日的状況に照らして適用されるべきであると考える」（10.3項）と述べた。このように，委員会は，10年前のキンドラー事件以後の死刑廃止を支持する広範な国際的コンセンサスの存在を指摘し，またカナダの国内判決の発展も睨みながら，ヨーロッパ人権裁判所で採用されている発展的解釈の手法を取り入れ，みずからの「先例」の変更を正当化したのである[40]。

　さらに続けて，「第6条の適用を再検討する際，委員会は，条約法に関するウィーン条約が求めるように，条約が，文脈によりかつその趣旨および目的に照らして与えられる用語の通常の意味に従い，誠実に解釈されるべきことに留意する。『すべての人間は，生命に対する固有の権利を有する。……』と規定する第6条1項は一般規則であり，その目的は生命を保護することである。死刑を廃止した締約国は，同項に基づきあらゆる状況の下でそのように保護する義務を負う。第6条1項が死刑そのものを廃止するものと解釈されることを避けるために，第6条の2項から6項が挿入されたことは明らかである。この条文解釈は，2項の冒頭の文言（『死刑を廃止していない国においては』），および6項（『この条のいかなる規定も，この規約の締約国により死刑の廃止を遅らせまたは妨げるために援用されてはならない』）によって強化される。実際において，2項から6項までは，死刑に関して生命に対する権利の例外を設けること，およびこの例外の範囲の限界を定めること，という二重の機能をもつ。一定の要素が存在するときに宣言された死刑のみが，この例外によって認められうる。これ

---

(40)　*Ibid.*, paras. 10.2 – 10.3.

第Ⅱ部　自由権規約委員会による解釈実践

らの制限のなかには，2項の冒頭の文言に見出される制限がある。すなわち，『死刑を廃止していない』締約国のみが2項から6項までにおいて設ける例外を利用することができるという制限である。死刑を廃止した国家については，個人を死刑の適用の真の危険に晒さない義務がある。したがって，個人に死刑判決が下されることが合理的に予見される場合には，追放または引渡しのいずれによるものであっても，死刑が執行されないことを確保することなく，当該個人を自国の管轄の下から排除してはならない」(10.4項) と述べて，引渡しであれ国外追放であれ，委員会は死刑廃止国の特別の責務を認定した。すなわち，死刑廃止国であるカナダが，死刑が執行されないことを確保することなく，死刑存置国である米国へ通報者を国外退去させるのは第6条1項違反であると認定したのである。この結論は，同じく規約の締約国でありながら，死刑廃止国と死刑存置国において，第6条につき締約国が負う義務に区別を導入するものであるが，そのことを意識したのか，委員会は次のような見解を表明している。すなわち，「委員会は，第6条1項および2項をこのように解釈することによって，死刑廃止国と死刑存置国が異なって取り扱われることになることを認識している。しかし，委員会は，このことが規定そのものの文言からくる避けがたい結果であると考える。この文言は，準備作業から明らかなように，この規定の起草者のなかで妥協をうる努力において，死刑問題に関するまったく異なった見解を調整したものである。……死刑は，起草過程に参加した多くの代表団および団体によって，『変則 (anomaly)』または『必要悪 (necessary evil)』と理解された。したがって，第6条1項の規則を広く解釈し，他方で，死刑について規定する2項を狭く解釈するべきことも，論理的であると思われる」(10.5項) というのである。そして，「以上の理由により，委員会は，死刑を廃止した締約国としてのカナダは，死刑の廃止をめざす規約の第2選択議定書を批准しているかどうかにかかわりなく，通報者に死刑判決が下されている米国に対し，死刑が執行されないことを確保することなく，通報者を追放することによって，第6条1項に基づく通報者の生命に対する権利を侵害したと考える。委員会は，カナダ自身が通報者に死刑を科したものでないことを認める。しかし，カナダは，通報者に死刑判決が下されている国に通報者を追放することによって，通報者への死刑の執行ができるようにするという因果の連鎖の重要な

86

第3章　死刑廃止国に対する新たな義務

連結点を設けたのである」(10.6 項) と述べたのである。ここでは国内の政策
として死刑を廃止しているカナダを，国際的に死刑廃止を約束した自由権規約
の第2選択議定書 (死刑廃止議定書) の締約国と同様に扱い，死刑廃止国であ
るカナダが，死刑が執行されないことの保証を求めることなく，死刑存置国で
ある米国へ通報者を国外退去させるのは第6条1項違反であると認定した。な
お，締約国であるカナダは，締約国の行為は，当該行為時に適用される法に照
らして評価されるべきであると主張したが，委員会は，人権保護は日々進化し
ており，規約上の権利の意味は，行為時ではなく，委員会における検討時を基
準として解釈されるべきであるとした。この点について，委員会は，また，次
の事実に留意している。①通報者の米国への追放以前の段階で，死刑を廃止し
た締約国 (および第2選択議定書締約国) に関する委員会の立場が，他国への追
放の後に，規約違反の死刑が適用されるかどうかから，死刑それ自体の真の危
険があるかどうかに進化していた (1978 年7月28日の A. R. J. v. Australia (No.
692/1996)，および 1997 年 11 月4日の G.T. v. Australia (No. 706/1996)) というの
である (10.7 項)[41]。

　また，委員会は，通報者が異議申立の権利を行使する前に，死刑が宣告され
た国へ退去が行われた場合，規約第6条および第7条に基づく通報者の権利
が侵害されたことになるかという問題についても，次のように述べて，第2条
3項と併せ読んだ第6条違反を認めた。すなわち，「……委員会は，締約国が，
ケベック最高裁判所の決定の数時間後に，控訴裁判所に対する通報者の上訴権
の行使を妨げる企てとも思われるような状況の下で，自国の管轄下から通報者
を追放したことに留意する。控訴裁判所が通報者の事案をどの範囲で審査する
ことができたかどうかは，委員会に寄せられた陳述書面からは明らかではない。
しかし，締約国は，みずから，通報者の請願が最高裁判所によって手続的およ
び実体的理由によって棄却されたことから，控訴裁判所は，本案判決を審査す
ることができたことを認めている」(10.8 項) と指摘した後，「委員会は，A. R.

---

(41)　*Ibid.*, paras. 10. 4 - 10. 7. もっとも，本事件の当事者であるオーストラリアは自由権
　　規約第2選択議定書の締約国であり，「死刑を廃止する国際的約束を行う」(前文) 国
　　であり，同議定書の締約国でなく国内政策として死刑を廃止しているカナダについて
　　同列に論じることができるのかどうか疑問なしとしない。

87

第Ⅱ部　自由権規約委員会による解釈実践

J. 対オーストラリア事件における委員会の決定を想起する。すなわち，この事例は，通報者が死刑判決を受けることが予見され得ないこと，および，第6条のあり得る違反について『事案を処理した司法当局および移民当局が詳細な議論を審理したことを理由として』，追放国による第6条違反を認定しなかった追放事例である。本件において，通報者は国内法上利用可能な上訴を行使することを妨げられたが，これにより，締約国は，死刑の執行に直面する国への通報者の追放が通報者の生命に対する権利を侵害するおそれがあるとする通報者の主張が十分に検討されたことを示さなかったことになる。締約国は，通報者を含むすべての請願者の権利，特に，最も基本的な権利，すなわち生命に対する権利を保障するための上訴制度を利用できるようにしている。締約国が死刑を廃止していることに留意し，通報者に対して利用可能な上訴を利用する機会を通報者に与えることなく，通報者に死刑判決が下されている国に通報者を追放する決定は，恣意的になされたものであり，規約第2条3項と併せ読んだ第6条に違反する」(10.9項) と認定したのである。なお，委員会は，この違反認定の故に，規約第7条違反の有無を検討する必要がないとした (10.10項)[42]。

　なお，この見解には，先のキンドラー事件で反対意見を書いた委員が一転して，この「判例変更」を歓迎する個別意見を表明した。たとえば，ララー委員やシャネ委員のそれである。実際，自由権規約委員会における「先例」変更は過去にあまり例がない。その意味でも，本通報事例は注目を浴びた事例である。最後に，本通報事例に関する委員会の見解が提起した問題点について検討してみたい。

4　おわりに——ジャッジ対カナダ事件が提起したもの

　人権条約が締約国による国外退去について直接的に一定の制限を課しているものとしては，難民条約第33条1項（追放および送還の禁止）と拷問等禁止条約第3条（追放および送還の禁止）がある[43]。また，1990年に国連総会で採択

---

(42)　*Ibid.,* paras. 10.8–10.10.

(43)　出入国管理及び難民認定法第53条3項は，追放先の禁止国として，難民条約第33条1項のノン・ルフールマン原則を国内法化しているが，当初なぜか拷問等禁止条約

第3章　死刑廃止国に対する新たな義務

された国連の犯罪人引渡しモデル条約第3条は、「引渡しを求められている者が、請求国において、拷問または残酷な、非人道的なもしくは品位を傷つける取扱いまたは刑罰を受けたかまたは受ける場合、あるいは当該の者が市民的および政治的権利に関する国際規約第14条に定める刑事手続の最低限度の保障を受けなかったかまたは受けない場合」（(f)項）を義務的拒否事由としてあげている。しかし、規約第14条の規定についていえば、刑事手続の最小限度の保障を受けなかった場合はともかく、受けない場合という将来の予測を伴う場合には、現実の危険を認定するのは相当困難な作業となるであろう。なお、犯罪人引渡し制度において、引渡拒否事由の1つとして引渡請求国内での死刑執行可能性をあげるものは、ヨーロッパ犯罪人引渡条約がある。本章で取り上げた事例は、自由権規約において特定の締約国（死刑廃止国）に関するものとはいえ、この問題が直接争われた事件として注目される[44]。

　まず、本見解は、次の点で画期的である。第1に、本見解がキンドラー事件以来の先例を変更したことである。周知のように、自由権規約はもとより、ヨーロッパ人権条約や米州人権条約は、死刑制度それ自体を禁止しているわけではない。死刑制度の廃止は、自由権規約についていえば第2選択議定書[45]によって締約国に義務づけられているに過ぎない。実際、キンドラー事件の見解が採択された1993年7月30日以降に同議定書を批准または加入した国は、35カ国にのぼり、全締約国54カ国のうち64％を占めている[46]。さらに、死

　の規定は国内法化されてはいなかった。その後の改正を経て、現在では、拷問等禁止条約第3条1項に規定する国と強制失踪条約第16条1項に規定する国が追放先の禁止国に加えられた（2号および3号）。なお、拷問等禁止条約において、拷問の危険は単なる嫌疑を超えなければならないが、高度の蓋然性である必要はないとされる。Cf. General Comment 1, para. 6.

(44)　なお、これまでも死刑廃止国に対して、規約は死刑復活を認めていないと解釈する論者や、規約が死刑を再復活させることを防止する意図があるかどうかにつき不明だとの議論があった。前者については、Cf. R. Sapienza, "International Legal Standards on Capital Punishment," in B. G. Ramcharan,. ed., *The Life in International Law*, (M. Nijhoff. 1985), p. 289. 後者については、Cf. problems arising from the co-existence of the United Nations Covenants on Human Rights and the European Convention on Human Rights, C. of E. Doc. H (70) 7, para. 91.

(45)　同議定書は、1989年12月15日に締結され、1991年7月11日に発効した。

(46)　具体的には、アゼルバイジャン、ベルギー、ボスニア・ヘルツェゴビナ、ブルガリ

89

第Ⅱ部　自由権規約委員会による解釈実践

刑制度は維持しているものの，過去 10 年間死刑を執行していない国は 24 カ国
あるといわれる[47]。その意味では，自由権規約委員会が述べたように，「死刑
の廃止に賛成する国際的コンセンサスが拡大し，死刑を維持する国家において
はそれを執行しないとするコンセンサスが拡大しているという事実に留意す
る」という現象が生じていることはたしかである[48]。こうした状況を踏まえ，
さらに，カナダ最高裁が米国対バーンズ事件で「死刑に直面する国家に個人を
引き渡す前に，死刑が科されないとする保証を求めなければならない」と判示
したことを踏まえ，委員会は第 6 条違反を認定した。また，キンドラー事件で
少数意見を書いたシャネ委員の指摘－多数意見は死刑廃止国のカナダに適用さ
れるはずのない第 6 条 2 項を適用する誤りを犯している――を採用し，「『死刑
を廃止していない』締約国のみが 2 項から 6 項に設ける例外を利用できる」と
いう解釈に転換した。

　しかし，その際，第 2 選択議定書の締約国となっているオーストラリアの通
報事例を根拠に，委員会は，他国へ追放した後に，規約違反の死刑が適用され
るかどうか（換言すれば，第 7 条の問題）から，死刑それ自体の真の危険がある
かどうか（換言すれば，第 6 条の問題）にその立場を変更させたとの結論を導い
ている。しかし，第 2 選択議定書の締約国でないカナダ（死刑廃止を国の政策
として採用しているものの，国際法上の義務として引き受けているわけではな
い国）に同事例をそのまま適用する手法を採用したことは，いささか乱暴な

　　ア，カーボ・ベルデ，コロンビア，コスタリカ，クロアチア，キプロス，チェコ共和
　　国，デンマーク，ジブチ，エストニア，ジョージア，ギリシャ，ハンガリー，イタ
　　リア，リヒテンシュタイン，リトアニア，マルタ，モナコ，ナミビア，ネパール，パ
　　ラグアイ，サンマリノ，セルビア・モンテネグロ，セーシェル，スロバキア，スロベ
　　ニア，南アフリカ，スイス，マケドニア，東チモール，トルメキスタンおよび英国の
　　35 ヶ国である。Cf. A/60/284, pp. 22-24.
(47)　事実上の廃止国には，アルジェリア，ベニン，ブルネイ，ブルキナファソ，中央ア
　　フリカ共和国，コンゴ共和国，ガンビア，グレナダ，ケニア，マダガスカル，モルディ
　　ブ，マリ，モーリタニア，モロッコ，ミャンマー，ナウル，ニジェール，パプアニュー
　　ギニア，ロシア，スリランカ，トーゴ，トンガおよびチュニジアの 24 ヶ国がある。
(48)　この傾向はさらに拡大し，2016 年 12 月末現在のアムネスティ・インターナショナ
　　ルの調査によれば，死刑廃止国は 104 ヶ国に昇り，事実上の死刑廃止国を加えれば，
　　合計 141 ヶ国に達している。日弁連は，2016 年 10 月 7 日，「2020 年までに死刑制度の
　　廃止を目指し，終身刑の導入を検討する」宣言を採択した。

90

第 3 章　死刑廃止国に対する新たな義務

リーズニングのように思える。こうした疑念は残るものの，本見解が，死刑廃止国（事実上の廃止国も含む。）が，死刑不執行の保証なしに死刑存置国へ個人を引き渡しまたは追放することは，規約第 6 条の違反を構成するとの新たな考えを示したことはたしかである。キンドラー事件の際に示した，「引渡条約上の裁量を行使する際には，死刑を廃止している国は自国が採用している政策に十分配慮することが原則として期待される[49]」という考えから一歩進めて，死刑廃止国である締約国は，死刑存置国が行う死刑執行に加担してはならない，換言すれば死刑の間接的再導入を行ってはならないという新たな義務を課したものといえよう。同じく規約の締約国であっても，死刑廃止国と死刑存置国では義務に二重基準が設定されたことになる。これを，死刑存置国である日本に当てはめて考えてみると，日本は死刑廃止国である規約締約国（第 2 選択議定書の締約国および事実上の廃止国双方を含む。）から死刑囚の引渡しを受けることが困難となるであろうことが予想されるし，刑罰として死刑がある犯罪類型の被疑者や被告人の引渡しについても同様の事態が予想される。

　第 2 に注目されるのは，自由権規約委員会が規約を「生きている文書」として解釈することで，締約国が主張した，締約国が通報者を国外追放した時，いわば処分時にその行為が違法であったかどうかを解釈せず，人権観念は変化しうるとして委員会の審査時に当該処分の違法性を判断することを正当化したことである。本件の事実に照らせば，国外退去を確定したのは 1994 年（キンドラー事件の見解採択の翌年），実際の追放は 1998 年（カナダ最高裁の米国対バーンズ事件の 2001 年判決以前），そして委員会の見解採択は 2002 年である。このように，締約国の行為（国外追放）の違法性の判断（第 6 条違反かどうか）の基準時として締約国の処分時ではなく委員会の審査時を採用したことは注目に値する。薬師寺教授が指摘するように，本見解においては，「どの時点を決定的期日とみるか，それにどの時点の規約義務を適用するかという時際法の問題が提起されている[50]」ことになる。しかし，こうした委員会の姿勢は，締約国に

---

(49)　CCPR/C/48/D/470/1991, para. 14. 5.

(50)　薬師寺公夫「自由権規約個人通報手続における相対主義と普遍主義の法的攻防」松井芳郎他編『グローバル化する世界と法の課題——平和・人権・経済を手がかりに』（東信堂，2006 年）322 頁。

第Ⅱ部　自由権規約委員会による解釈実践

とって厄介な問題を提起する。なぜなら，締約国が自国管轄下にある個人に関してある決定を行い，その決定時に，その必然的かつ予見可能な結果として他の国の管轄下で当該個人の規約上の権利が侵害されることはないと判断したとしても，委員会の審査時に覆される可能性が生ずることになるからである。法的安定性の観点から，本見解の妥当性には疑問が残る。

　周知のように，日本の行政事件訴訟法の解釈においては，「違法判断の基準時の問題については，従来からいわゆる処分時説と口頭弁論終結時説または判決時説とが唱えられているが，行政処分に対する司法判断の事後審査制という抗告訴訟の基本的性格から，違法判断は処分時を基準とすべきものとするのが通説・判例であって，最高裁判例（最判昭 34・9・22 民集 13・11・1426，昭 36・3・7 民集 15・3・381）も，この立場に立っている(51)」。もっとも，「伊方発電所原子炉設置許可処分の取消請求に関する最判平 4・10・29 民集 46・7・1174 は，原子炉施設の安全性に関する判断の基準としての科学技術水準につき，処分時のそれではなく，『現在の科学技術水準』によると判示(52)」したことがあるが，これは事柄の性質上，例外的なものと捉えられている。要は，生命権の関わる事例を，そのような例外的なものと捉えることができるかどうかであろう。自由権規約委員会としては，生命権は規約が保障する最も高い価値の 1 つであるとして，こうした判断に踏み切ったのであろう。これに対し，カナダは，フォローアップのやり取りの中で，「規約上の権利の解釈は，規約違反とされる行為の実行時ではなく，委員会の検討時になされるべきであるとする委員会の立場に懸念を表明する。権利侵害があったとされる時には一般的ではなく，したがって，行為時に合理的に期待することができなかったような規約上の権利の解釈に照らして規約との一致が評価されるべきではない(53)」として，見解の立場に強く異議を唱えている。「発展的解釈」の陥穽がここにある。

　第 3 に注目されるのは，委員会が，「通報者に対して利用可能な上訴を利用

---

(51)　園部逸夫編『注解行政事件訴訟法』（有斐閣，1989 年）41（村上敬一担当）5 頁。

(52)　南博方・高橋滋編『条解行政事件訴訟法〔第 2 版〕』（弘文堂，2003 年）451 頁（石井昇担当）。

(53)　A/59/40, Vol. I, para. 239. なお，カナダは 2003 年 11 月 17 日のこのフォローアップ情報の中で，委員会の第 6 条 1 項の解釈は，人権委員会決議 203/67 の文言を超えているとしてこれを非難している。

第3章　死刑廃止国に対する新たな義務

する機会を与えることなく，死刑判決を下している国に通報者を追放する決定
は恣意的になされたものであり，規約第2条3項と併せ読んだ第6条に違反す
る」(10.9項)との見解を採用したことである。カナダによる，市民権・移民
相には国内法上速やかに国外退去命令を執行しなければならない法律上の義
務があるとの主張は容れられず，締約国は上訴を利用する機会を確保すべきで
あるとの見解が示されたのである。換言すれば，国内裁判所による本案審査の
終了までまたは少なくとも執行停止申立に関する最高裁決定があるまでは，国
外退去処分を執行してはならないとの立場を委員会は採用したといえよう。周
知のように，日本では行政事件訴訟法第25条1項の「処分の取消しの訴えの
提起は，処分の効力，処分の執行または手続の執行を妨げない」との規定に
より，「退去強制令書発付処分の取消しを争ったとして，取消訴訟の執行不停
止原則があるため，その執行停止を求めないと，行政手続が進行して本人が強
制収容・強制送還されてしまう。……現在の裁判実務では，退去強制令書発付
処分の取消訴訟を提起し，執行停止を申し立てた場合に，退去強制令書に基づ
く強制送還の執行停止については，『回復の困難な損害』要件をクリアするも
のとして申立てを認容する一方，強制退去令書に基づく強制収容の執行停止に
ついて，同要件をクリアしていないとしてこれを認めていない[54]」のである。
実際，東京高裁は，平成14年6月10日の判決で，「法の規定に基づき退去強
制を受ける相手方が収容場等に収容されることにより，一定の限度でその自由
が制限されることやその収容自体がもたらす精神的苦痛等の不利益を被ったと
しても，そのような自由の制限や精神的苦痛等の不利益が収容の結果通常発生
する範囲にとどまる限りにおいては，行訴法25条2項にいう『回復の困難な
損害』には該当せず，相手方が受ける損害は社会通念上事後的な金銭賠償によ
る回復をもって満足することもやむを得ないものといわなければならない[55]」
と判示している。もっとも改正行政事件訴訟法は，執行停止に関する第25条
2項で，旧行訴法の「回復の困難な損害」に代わって「重大な損害」の概念を
採用している。橋本博之教授の説明によれば，「損害の『性質』要件から，損
害の『程度』ないし『量』に着目した要件に改革することにより，解釈の柔軟

(54) 橋本博之『解説改正行政事件訴訟法』(弘文堂，2004年) 128頁。
(55) 『判時』第1803号15頁。

93

第Ⅱ部　自由権規約委員会による解釈実践

性を増そうとした法改正[56]」といわれている。その意味で，具体的事案ごと
に執行停止の必要性について柔軟な解釈が採用される余地が残されているとい
えるが，本見解は，行政処分の執行不停止を原則としている日本の実行に，原
則論レベルでの変更を求める内容を包含しているように思える。

　なお，本事件でカナダは，国外退去処分の場合と犯罪人引渡しの場合は判断
が異なるべきであると主張した。カナダによれば，前者は追放する国の犯罪に
基づいて行われるのに対し，後者は引渡し請求国の犯罪に基づいて行われるか
らである。しかし，委員会はこの両者の区別の実益を認めなかった。カナダは
米国との間に長い国境（4,600キロの国境線）を有し，米国の犯罪者が逃亡して
くるという実態の中で，自国の領域が「犯罪者の天国」となることを恐れてい
る。カナダは，死刑を存置する隣国によって，死刑を科せられた逃亡犯罪人の
生命権擁護という人権確保のために，自国で凶悪犯罪を行った者を国外退去処
分すらできない事態に立ち至っていることになる。本見解において，締約国に
おける社会秩序の維持と個人の人権保護の均衡がはたして十分に確保されてい
るといえるか，むずかしい問題を孕んでいるように思われる。実際，カナダの
みならず，人権規約の締約国になることによって「国家の安全」を譲り渡した
という認識は，ほとんどの国が有していないであろう。しかし，人権観念の発
展は，こうした国家主権の牙城にも影響を及ぼし始めているといえる[57]。な
お，通常，ジャッジ事件のような事案では，通報者の生命権に関する危険が
迫っているとして，死刑の不執行または引渡しあるいは追放措置の一時停止を
求める暫定措置が委員会によって締約国に下される。しかし，本事件では，通
報者が委員会に通報したその日に米国に追放されており，暫定措置要請すらで
きなかったが，ここにもカナダ側のあせりがみられるように思える。いずれに
しても，自由権規約委員会は，これまで死刑に関わる通報事例において，死刑
それ自体（換言すれば，第6条の問題）というよりも，その手続的保障や執行方
法など（換言すれば，第7条の問題）による制限によってできるだけ死刑の執行

───────────

(56)　橋本・前掲注(54) 127頁。

(57)　この問題は，アファニ対カナダ事件（通報番号1051/2002）でさらに先鋭化した。
　　　本通報事例では，「テロリスト」とされる通報者を「国家の安全を理由として」，拷問
　　　を受けるおそれのある国籍国（イラン）に追放しようとしたカナダの行為が規約違反
　　　と認定された。Cf. Ahani v. Canada (1051/2002), CCPR/C/80/D/1051/2002.

第3章　死刑廃止国に対する新たな義務

を制限しようとしてきたが，本事例において，死刑それ自体を真正面から捉え，すなわち第6条の問題として，死刑廃止国に死刑を執行しないという保証なしの死刑存置国への引渡しや国外退去を禁止する新たな義務を科すことで，死刑執行を阻止する新たな方式に転換したといえよう[58]。

　なお，フォローアップ制度に基づき，委員会と締約国の間でフォローアップ情報が交わされているが，カナダは大筋において委員会の勧告を受け入れ，2003年10月24日，在米カナダ総領事は，ペンシルベニア州知事と連絡し，ジャッジ事件について問題提起するとともに，同年11月7日，カナダ政府は，米国政府に対して外交公文を手交し，そのなかで，米国に対してジャッジ氏に対する死刑を執行しないよう要請した。また，死刑を執行しないことを求める要請を，迅速に関係する州当局に伝達することも併せて要請した。このように，カナダは，米国における通報者の死刑執行を回避するための努力を行っており，この点で，委員会の勧告を実施していると評価できよう[59]。なお，2004年8月13日付のカナダの回答によれば，2002年10月に東ペンシルベニア地方裁判所が死刑の執行停止を決定し，その執行日は未だ設定されていないという[60]。

---

(58)　その意味で，委員会は，ゾーリング事件でヨーロッパ人権裁判所が示した基準よりも，生命権についてより先鋭的な立場をとったということになろう。なお，本章に示した問題意識は，2006年2月26日に(財)世界人権問題研究センターで開催された研究会における村上正直教授のカナダ通報事例に関する研究報告に触発されたところが大きい。村上教授のご示唆に，この場を借りて，お礼を申し上げたい。

(59)　A/59/40, Vol. I, para. 238.

(60)　Follow-up Report (CCPR/C/80/FU1).

第4章　個人通報制度における仮保全措置
――自由権規約委員会の実行をめぐって

1　はじめに

　1999年10月6日に採択され，2000年12月22日に発効した，女子差別撤廃条約の選択議定書は，暫定措置の規定を置き，「1　委員会は，通報の受理の後であって本案の決定までいつでも，関係締約国に対し，主張されている違反の被害者に生ずる可能性のある回復不能な損害を避けるために必要な暫定措置を当該締約国がとるよう求める要請を，当該国の緊急の考慮を促すために送付することができる。2　委員会が1の規定に基づき裁量権を行使する場合は，通報の受理可能性または本案についての決定を意味するものではない[1]」（第5条）と規定している。本議定書は，いわゆる普遍的な人権条約の選択議定書としては，暫定措置（provisional measures）または仮措置あるいは仮保全措置（interim measures）について条約のレベルで規定した最初の条約である（なお，地域的な人権条約としては，米州人権条約[2]が同種の規定を置いている）。実際，国際人権規約自由権規約の選択議定書には同様の規定はみられない。

　しかし，自由権規約委員会は，第1選択議定書に基づく個人通報制度の中で，これまで相当数の仮保全措置の通知を締約国に行っている[3]。その多くは，

---

(1)　岩沢雄司編集代表『国際条約集 2017年版』（有斐閣，2017年）319頁。

(2)　米州人権条約第63条2項は，「極端に重大かつ緊急であって個人に対する回復不能な損害を避けるために必要である場合には，裁判所は，審理中の事項に関して適当とみなす仮保全措置を採用する」と規定している。この規定を受けて，米州人権裁判所規則第25条が詳細な手続を規定している。なお，米州人権委員会の手続規則第25条は，個人に対する回復不能な損害を避けるために，予防的措置（precautionary measures）を関係締約国に要請することを許している。詳しくは，Cf. *Mamatkulov and Abdurasulovic v. Turkey*（Application No. 46827/99 and 46951/99), paras. 42-44.

(3)　仮保全措置の最初の例は，O. E. v. S事件（通報番号 22/1977）でS国に難民認定を求めた通報者 O. E. を，通報の審理を行っている間，X国に引渡しまたは追放すべきではないとの仮保全措置が暫定手続規則第86条に基づいてS国に通知された。Cf. O. E. v. S（Communication No. 22/1997), U. N. doc. CCPR/C/OP/1, p. 1.

97

第Ⅱ部　自由権規約委員会による解釈実践

公正な裁判を受けられぬままに死刑を宣告され，死刑待ちの状態にある通報者からの個人通報の事例に関連している。こうした仮保全措置通知の根拠条文となっているのは議定書本体ではなく，手続規則である[4]。すなわち，同委員会は，その手続規則第86条に基づいて，通報者の死刑の執行停止を内容とする仮保全措置を締約国に通知する実行を重ねている。同手続規則は，「委員会は，関係締約国に対して通報に関する最終的意見を送付する前に，権利が侵害されたと主張する者に対する回復不能な損害を回避するために仮保全措置が望ましいかどうかについての委員会の意見を当該国に通知することができる。この場合，委員会は，関係締約国に対して，仮保全措置に関する委員会の意見の表明は通報の本案に関する決定を意味するものでないことを通知する」と規定している[5]。この「意見を通知する」という規定振りからも，仮保全措置の非拘束性が看て取れる。この点については，これまで論者の間でも意見の相違はなかったと思われる[6]。

　ところで，自由権規約委員会がかかる仮保全措置を締約国に通知する際の要件は，通報者に対する「回復不能な損害（irreparable damage）の回避」とされている。それ故，規約に基づいて保護されるべき権利の急迫した侵犯にさらされる他の事例，たとえば通報者の国外追放や引渡しの事例の場合にも仮保全

---

(4)　自由権規約における手続規則制定の根拠条文は規約第39条2項であり，そこには「委員会は，手続規則を定める」との条文が置かれている。

(5)　拷問禁止委員会の場合も，手続規則第108条9項で，委員会，作業部会または特別報告者に，仮保全措置を要請する権限を付与している。同委員会においても，2つの事例（Cecilia Rosana Nunez Chipana v. Venezuela (110/1998) and T. P. S. v. Canada (99/1997)）で仮保全措置を順守しない実行が生じているが，その際，委員会は，「締約国は，条約を批准し，第22条に基づく委員会の権限を自発的に承認することによって，手続きの実施にあたって信義誠実に委員会に協力することを約束している。合理的と考えられる場合に委員会によって要請された仮保全措置に従うことは，委員会の手続きの最終的な結果を無効にするような回復不能な損害から当該個人を守るために不可欠である」として，遵守しなかった締約国を厳しく非難している。後述する，自由権規約委員会の論理構成と軌を一にする内容となっている。Cf. *Mamatkulov*, n. 2 above, paras. 47-48.

(6)　Cf. A. H. Robertson and J. G. Merills, *Human rights in the world: An introduction to the study of the international protection of human rights*, (Oxford University Press, 1996), p. 57. P. R. Ghandi, *The Human Rights Committee and the Right of Individual Communication – Law and Practice*, (Ashgate, 1998), p. 58.

98

第4章　個人通報制度における仮保全措置

措置の通知がなされている[7]。通報者の国外追放が争われたスチュワート対カナダ事件（通報番号538/1993）において「回復不能な損害」の適用基準を問われた際，委員会は，「規則第86条の意味における犠牲者に対する『回復不能な損害』を構成するものが何であるかは，一般的には決定されえない。本質的基準は，後に本案で規約の違反が認定された場合に，通報者の権利を確保できないという意味での結果の不可逆性である。委員会が，所与の事件で，賠償が適当な救済であると信ずる場合には，第86条に基づく要請をしないことを決定しうる[8]」と回答している。もっとも，死刑の執行停止の場合と比較すると，追放停止を求める仮保全措置の要請は「回復不能な損害」の認定の敷居がやや高いといわざるをえない。たとえば，通報者によりイタリアへの追放停止を求める仮保全措置が要請されたカネパ対カナダ事件（通報番号558/1993）において，同委員会は，「仮に委員会が通報者の主張を認め，追放が規約違反だと認定した場合，締約国カナダは通報者の再入国を認める義務を負うことになろう。したがって，現下の状況でいかにそれが通報者にとって不愉快なものであろうと，追放という結果は，通報者にとって『回復不能な損害』を生ぜしめることはない[9]」と述べており，死刑囚の引渡し請求の場合はともかく，単なる国外追放が「回復不能な損害」と認定される可能性，すなわち権利の非回復性が認定される可能性はかなり低いと思われる。もちろん，他の条文，たとえば公正な裁判を受ける権利に関する第14条の違反を伴う場合は別である。

　いずれにしろ，こうした仮保全措置通知の趣旨は，通報審査中の事態の進展によって，通報の主題をなす当事者の権利が侵害されるのを防止し，それによって本案の最終的意見たる「見解（view）」が実効性をもちうるように確保する制度であると捉えることができる[10]。その意味で，先の委員会規則は，

---

(7) Report of the Human Rights Committee, Vol. 1（A/58/40），p. 83, para. 139. この他，仮保全措置が問題になるのは，拘禁されている通報者の健康状態に関する場合である。Ghandi, *ibid.*, pp. 58-59.

(8) Stewart v. Canada (Communication No. 538/1993), U. N. Doc. CCPR/C/58/D/538/1993, para. 7. 7. なお，本事件の詳細については，本書第9章292-297頁参照。

(9) Canepa v. Canada (Communication No. 558/1993), U. N. Doc. CCPR/C/59/D/558/1993, p. 5, para. 7. 本事件の内容についても，本書第9章297-302頁参照。

(10) 杉原高嶺『国際司法裁判制度』（有斐閣，1996年）269頁参照。

第Ⅱ部　自由権規約委員会による解釈実践

一定の要件（すなわち，回復不能な損害の有無）の枠内で，仮保全措置を締約国に通知する委員会の裁量権を承認したものと捉えることができる[11]。杉原高嶺教授の指摘によれば，こうした「訴訟主題の権利を保全する制度は，多かれ少なかれ，すべての裁判手続に内在する基本的制度である[12]」とされる[13]。したがって，準司法機関たる同委員会が，こうした制度を採用したとしても不思議ではない。

　しかし，個人通報制度における仮保全措置は，その遵守を確保するために特有な困難を抱えている。なぜなら，個人通報制度では本案に関する委員会の見解でさえ，法的拘束力という面だけからみると，形式的には勧告の効力しかもたないからである[14]。仮保全措置の実効性を法的拘束力に結びつける考え方がとりづらい面がある。実際には，委員会による仮保全措置の要請の大半は遵守されているが，仮に締約国による不遵守という事態が生じた場合には，こう

---

(11)　もっとも，こうした仮保全措置を要請する権限は，裁量権とはいえ「恣意的な権限」ではない。それはあくまで例外的なものであり，抑制的かつ慎重に用いられるべき権限である。Cf. Jerzy Sztucki, *Interim Measures in the Hague Court – An Attempt at a Scrutiny*, (Kluwer, Deventer/The Netherland, 1983), p. 61.

(12)　杉原・前掲注(10) 269 頁。杉原教授によれば，「仲裁裁判の場合，その設立文書にとくにその権限が明示されていなくとも，裁判所は必要に応じて，これを指示しうるとみるべきであろう」とされる。準司法機関たる自由権規約委員会の場合にも，同様の考え方が採用できるであろう。

(13)　たとえば，類似の制度として英米法の暫定的差止命令（interlocutory injunction）がある。本命令は，訴訟の本案審理に基づく判決が出されるまでの間，現状を保全するために，被告に対し一定の行為をなすことを禁じ，あるいは一定の作為を命じる裁判所の命令である。本案についての完全な事実審理に基づき，それによって訴訟の最終的解決を意図して下される差止命令たる本案的差止命令（permanent injunction）とは性格を異にする。田中英夫編集代表『英米法辞典』（東京大学出版会，1991 年）462 頁。

(14)　国際紛争平和的処理に関する一般議定書（1928 年署名，1949 年改正）第 33 条 2 項は，調停委員会による当事国への暫定措置の勧告を規定しており，暫定措置の実効性を法的拘束力に結びつける考え方は必ずしもとられていない。もっとも，同条 1 項は，「紛争が仲裁または司法手続の対象となったすべての場合に，特に当事国の意見の一致を見なかった問題が既成行為または既成に近い行為から生ずるものであるときは，規程第 41 条に従って処理する国際司法裁判所または仲裁裁判所は，とられるべき暫定措置をできる限り短期間内に指示する。紛争当事国は，この仮措置に従う義務を有するものとする」と規定し，国際裁判における仮保全措置命令に拘束力を付与する立場を採用している。

した事態を再発防止するための法論理の構築が制度の運用にとっては不可欠となる。実際，すでに5件ほどの不遵守の事例が発生しており，委員会はこうした事態への対処に苦慮している。周知のように，国際司法裁判所（以下，1CJと略称）は，ラグラン事件で，自国民の死刑執行停止の仮保全措置を求めたドイツの要請を認容し，死刑執行停止の仮保全措置を命ずるとともに，本案でその法的拘束力を承認することで同措置の遵守を確保するという方法を採用した[15]。また，ラグラン事件判決以降，ヨーロッパ人権裁判所も，これまでの判例を変更し，仮保全措置の法的拘束力を認める判決を下している。本章の目的は，こうした状況下にあって，仮保全措置の遵守を確保するために委員会が展開している法論理とはいかなるものであるかを検討することである。そこで，まず，ICJおよびヨーロッパ人権裁判所といった他の国際紛争処理機関における仮保全措置の拘束力をめぐる最近の動きを検討してみよう。

2 他の国際紛争処理機関における仮保全措置の実行

(1) 国際司法裁判所——ラグラン事件（ドイツ対米国）（2001年6月27日）

周知のように，ICJは，国際司法裁判所規程第41条[16]所定の仮保全措置の実行を重ねている[17]。とりわけ最近では，米国による領事関係に関するウィー条約（以下，領事関係条約と略称）第36条1項(b)の領事通報義務の違反後に行

---

(15) ラグラン事件の仮保全措置については，拙稿「判例研究・国際司法裁判所　ラグラン事件——仮保全措置の申請——」『国際法外交雑誌』第101巻1号（2002年）101-117頁参照。本案判決については，山形英郎「ラグラン事件（ドイツ対アメリカ合衆国）本案判決」『国際人権』第13号（2002年）113-116頁以下参照。

(16) 規程第41条1項は，「裁判所は，事情によって必要と認めるときは，各当事者のそれぞれの権利を保全するためにとられるべき暫定措置を指示する権限を有する」と規定し，裁判所の付随手続として，裁判所規則第73条から第78条で，その具体的手続を定めている。

(17) 常設国際司法裁判所（以下，PCIJと略称）以来の司法的解決による仮保全措置の実行の分析としては，小田滋＝杉原高嶺「国際裁判所における仮保全措置の先例」『国際法外交雑誌』第67巻6号（1969年3月）97-111頁，第78巻6号（1979年）38-56頁参照。Cf. Sztucki, *supra* note 11., pp. 35-59. 国際司法裁判所の最近の仮保全措置の分析としては，酒井啓亘「国際司法裁判所における仮保全措置の目的の展開——最近の判例の検討を中心として——」『外務省調査月報』（2001/No. 2）43-91頁が参照になる。

第Ⅱ部　自由権規約委員会による解釈実践

われた国内裁判で死刑を宣告された自国民の死刑執行の停止を求める仮保全措置の要請が本国からなされ，ICJ がこれを認容する事例が相次いでいる（ウィーン領事関係条約（いわゆるブリアード）事件[18]，ラグラン事件およびアヴェナ等メキシコ国民事件[19]）。しかし，先の２つの事件において，仮保全措置命令があったにもかかわらず，死刑執行停止の権限をもつ米国の当該州知事が同命令に応じず，死刑を執行するという事態が発生した。こうした事態を受けて，ICJ は，これまで仮保全措置の法的拘束力について明確な態度を示してこなかったが，2001 年 6 月 27 日のラグラン事件の本案判決で，同措置の法的拘束力を承認した[20]。その結果，本判決は，仮保全措置の法的拘束力をめぐる従来の学者間の論争に終止符を打つことになった[21]。そこで，こうした判断に至った ICJ の判決を概観してみよう。まずは，当該事件の事実関係を振り返ってみよう。

　ドイツ国籍を有するウォルター・ラグランとカール・ラグランの兄弟は，

---

(18)　本事件は，領事関係条約第 36 条 1 項(b)に規定する領事通報を受けることなく，その後の米国ヴァージニア州の裁判所で死刑判決を受けたパラグアイ国民に関する事例である。本事件で，ICJ は，死刑の執行停止を求める仮保全措置を全員一致で命じた。しかし，ヴァージニア州知事はこの命令を無視し，死刑を執行した。その後，パラグアイが訴えを取り下げ，被告もこれに同意したため，本案まで行かずに裁判は終結した（1998 年 11 月 10 日の訴訟打切命令）。Cf. *Case concerning the Vienna Convention on Consular Relations (Paraguay v. United States of America), ICJ Reports 1998*, pp. 248-258.

(19)　本事件で，ICJ は，死刑の執行を数ヶ月後または数週間後に控えた 3 人のメキシコ国民に対して，「回復不能な損害」が生じうる，換言すれば緊急性の要件を満たしていると判断して仮保全措置を指示している。*Case concerning Avena and other Mexican Nationals (Mexico v. United States of America), ICJ Reports 2003*, pp. 77-92. なお，当時，米国で死刑待ちの状況にあるメキシコ国民は 51 名いるとされた。

(20)　なお，国際海洋法裁判所は，国連海洋法条約第 290 条 6 項で，「紛争当事国は，この条の規定に基づいて定められた暫定措置に速やかに従う」と規定し，仮保全措置の法的拘束力を条文上担保している。

(21)　法的拘束力をめぐる論争については，Cf. Sztucki, *supra* note 11, pp. 280-294, H. A. Thirlway, "The Indication of Provisional Measures by the International Court of justice," in Rudolf Bernhart, ed., *Interim Measures Indicated by International Courts*, (Springer, 1994), pp. 5-16. 日本では，かつては皆川教授に代表される否定説が有力であったが，最近では杉原教授や山形教授などの肯定説が有力である。皆川洸『国際訴訟序説』（鹿島研究所出版会，昭和 38 年）105-115 頁，杉原・前掲注(7) 288-291 頁および山形英郎「国際司法裁判所における仮保全措置の法的効力」『法の科学』第 23 号 (1995 年) 182-191 頁参照。

第4章　個人通報制度における仮保全措置

1982年1月，アリゾナ州で銀行の支店長を殺害し，他の従業員に重傷を負わせた持兇器強盗の容疑で州当局に逮捕された。兄弟は，領事関係条約第36条1項(b)所定の領事通報の権利を知らされることなく起訴され，同州ピマ郡の裁判所で死刑を宣告された。兄弟は別の情報源から領事通報権の存在を知り，1992年12月，在ロスアンゼルス・ドイツ総領事館の職員の訪問を得た。兄弟は，ドイツ領事の援助を得て，アリゾナ州地区の連邦地裁に人身保護令状（writ of *habeas corpus*）の請求を提起した。この手続において，兄弟は，米国が領事関係条約に違反して領事通報を怠ったと主張した。しかし，この主張は，米国の国内司法上の規則たる手続的懈怠（procedural default）規則によって退けられた[22]。1998年1月，米国第9巡回控訴裁判所も，この判決を支持した。同年11月，連邦最高裁は兄弟による再審理の請求を退けた。これを受けて，同年12月，アリゾナ州最高裁は，カールの処刑日を1999年2月24日，ウォルターの処刑日を同年3月3日と決定した。こうした事態を受けて，ドイツはさまざまな外交努力を開始した。しかし，カールは予定通りに処刑された。そこで，ドイツは，同年3月2日，事態の重大性と緊急性を根拠に，米国に対しウォルターの死刑執行の停止を求める仮保全措置の要請を伴う請求訴状を，ICJに提出した。

　これを受けて，ICJは，「(a)米国は，本手続における最終判決が下されるまで，ウォルター・ラグランの刑の執行停止を確保すべく，とりうるあらゆる措置をとらなければならない。(b)米国政府は，この命令をアリゾナ州知事に伝えなければならない」との仮保全措置を命じた。同命令が発出された当日（1999年3月3日ハーグ時間午後7時15分，アリゾナ州午前11時15分），ドイツは，米国連邦政府およびアリゾナ州知事を相手取り米国連邦最高裁に提訴し，ICJの仮保全措置の遵守を求めたが，米国の訟務長官は，ICJの仮保全措置には法的拘束力がなく，法的救済の対象になりえないと証言した。米国連邦最高裁は，ドイ

---

(22)　手続的懈怠規則とは，連邦裁判所が関与する前に，州裁判所が有罪判決の有効性に関わる争点を扱う機会を確保させようとする規則である。同規則により，被告人は，連邦裁判所で救済を得る前に州裁判所に請求していることを求められる。米国連邦地裁は，ラグラン兄弟は領事への通報の欠如という問題を以前に提起することを妨げる客観的な外部的要素を立証できなかったと判示し，同規則により兄弟の主張を退けた。詳しくは，「拙稿」注(15) 103頁以下。

第Ⅱ部　自由権規約委員会による解釈実践

ツの請求の遅延や米国国内法における管轄権上の障害を理由としてこのドイツ
の申立を退けた。同日，ウォルターは処刑された。

　しかし，ドイツは ICJ における訴訟を継続し，その後の本案で勝訴判決を得
た。その判決において，ICJ は仮保全措置の法的拘束力を明示に承認した。ま
ず，ICJ は，紛争が主として国際司法裁判所規程第 41 条の解釈に関わってい
るとの認識を示し，同条の解釈論からその拘束性を導いた。争点となったのは，
ともに正文である英仏の用語の相違である。ICJ は，今回の判断にあたって，
規程第 41 条の仏文で用いられている「とられるべき（doivent etre prises）」と
いう文言が義務的性格を有しているのと比較すると，仏文の "indiquer" や
"indication" は拘束力については価値中立的な言葉であると認定した。さら
に，米国による，同条では英文の「指示（indicate, suggest）」が用いられ，「命
じる（order）」が用いられていないこと，さらに「とられるべき（ought to be
taken）」が使用され，「とらなければならない（must, shall）」が使用されて
いないので法的拘束力がないとの主張に対しては，国連憲章第 111 条により，
「英文と仏文の違いはあっても等しく正文」であることから，複数の言語によ
り確定された条約の解釈規則を定めた条約法条約第 33 条 4 項を適用し，「解消
されない意味の相違があることが明らかとなった場合には，条約の趣旨および
目的」を考慮しなければならないと述べた[23]。

　そこで，ICJ は，規程の趣旨および目的の考察へと進んだ。すなわち，「規
程の趣旨および目的はそこに定められている機能，とりわけ規程第 59 条に従
う拘束力ある決定によって国際紛争の司法的解決という基本的な機能を裁判
所が果たせるようにすることである。第 41 条〔の目的〕は，裁判所における
紛争当事者の権利が保全されないために，裁判所がその機能の行使を妨げられ
ることを防ぐことである。規程の趣旨および目的，ならびにその文脈で読む第
41 条の文言から，仮保全措置を指示する権能は，事情によって必要と認める
とき，裁判所の最終判決によって決定される当事者の権利を保全し，またそう
した権利の侵害を回避するための緊急性に基礎づけられることになる。第 41
条に基づく仮保全措置は拘束的ではないかもしれないとの主張は，当該条文

---

(23) *LaGrand Case (Germany v. United States of America), ICJ Reports 2001*, pp.
　　502-503, paras. 99-101. 詳しくは，山形・前掲注(15) 115 頁参照。

の趣旨および目的に反する[24]」と判示したのである。このように ICJ は，法的拘束力の根拠として，こうした措置の不遵守は裁判所の権能行使の妨げになるとの論理を採用した。その結果，これまで学者の間で議論のあった第41条で用いられている文言の解釈に関する論争についても，終止符が打たれることになった[25]。

　同判決後，ヨーロッパ人権裁判所も，従来の判例を覆し，仮保全措置の法的拘束力を承認する判決を下した。次に，その判決を検討してみよう。

(2) ヨーロッパ人権裁判所
——ママクロフおよびアブドラスロヴィッチ対トルコ事件
(46827/99 and 46951/99)（2003年2月6日）

　ヨーロッパ人権条約（以下，条約と略称）には仮保全措置に関する明示の規定はなく，ヨーロッパ人権裁判所（以下，ECtHR と略称）は，自由権規約委員会と同様に，その手続規則（第39条）において，その権限を承認している。なお，欧州人権委員会の手続規則第36条にも，委員会が仮保全措置を要請しうることが規定されている[26]。過去の実行によれば，申立人の生命または拷問もしくは非人道的あるいは品位を傷つける取扱いもしくは刑罰に対する差し迫った危険が存在する場合に，第39条に基づいて仮保全措置が要請されている。こうした要請は一般に条約第2条および第3条に言及することが多い[27]。1989年まで，ECtHR において，仮保全措置の拘束力の問題はあまり議論に上らなかった。実際のところ，仮保全措置の必要性は，拷問の禁止を規定する条約第3条に違反する取扱いの実際の危険が存在する第三国に引渡しまたは追放

---

(24)　*Ibid.*, para. 102.

(25)　このように，ICJ が仮保全措置の法的拘束力を認めたことで，今後は仮保全措置命令発出の要件がさらに厳格化されることは避けられないであろう。なぜなら，かかる命令は紛争当事国の行動を法的に制約することになるからである。

(26)　なお，欧州人権委員会の場合，自由権規約委員会と異なり，締約国のみならず，申立人に対しても仮保全措置を指示することが可能な体制となっている。実際に，ハンガー・ストライキを行っている申立人にその中止を命ずる事例（アルタン対ドイツ事件（10308/83））があった。Cf. *Altun v. Federal Republic of Germany*（Application No. 10308/83, Commission decision of 3 May 1983,（CDR）36, p. 209.

(27)　*Mamatkulov, supra* note 2, para. 55.

第Ⅱ部　自由権規約委員会による解釈実践

するといった，いわば条約の域外適用の効果を伴う事例にもっぱら限定されていた（代表的な判例としては，ゼーリング事件[28]がある）。また，その要請は締約国によりほぼ完全に遵守されていた[29]。

　問題が生じたのは，クルーズ・バラスほか対スウェーデン事件（15567/89）であった[30]。当該事件で，スウェーデンは，欧州人権委員会によるチリ市民の追放停止を指示する仮保全措置命令を遵守しなかった。そこで，同委員会は，締約国が個人の申立権の効果的な行使を妨げてはならないことを規定する条約第34条の違反に相当するとの決定を行った。しかし，ECtHRは，同委員会の決定を覆し，個人の申立権を妨害しない義務は，仮保全措置の義務的効果の法的基礎を提供しえないと判示した[31]。その判決によれば，「まず，規則第36条が手続規則の地位をもつにすぎないことに留意しなければならない。仮保全措置に関する条約の規定が存在しないので，規則第36条に基づいて与えられた指示は，締約国に対して拘束的な義務を生じさせるとは考えられえない。このことは第36条自体，『仮保全措置を指示することができる（may indicate any interim measures）』および本事件での指示の表現に反映されている[32]」というのである。そして，「規則第36条の指示を遵守する実行を，これらの指示が拘束的な義務を生じさせるという信念に基づかせることはできない。それはむしろ，指示が合理的かつ実際的である場合に，委員会に信義誠実に協力するという問題である[33]」と言い切ったのである[34]。しかし，ラグラン事件判決

---

(28)　Cf. *Soering v. The United Kingdom*（Application No. 14038/88），ECHR Ser. A, No. 161.

(29)　たとえば，欧州人権委員会を例にとれば，1991年の段階で，182の仮保全措置の要請がなされたが，そのうち31件について委員会は仮保全措置の指示を発出し，その大半は締約国により遵守されたとされる。犯罪人引渡しに関する数件の事例で不遵守の例があったのみとされる。Cf. *Cruz Varas and Others v. Sweden*（Application No. 15576/89），para. 55. ある論者によれば，仮保全措置の要請が成功する確率は約20%であるとされる。

(30)　本事件の分析については，Cf. Tom Zwart, *The Admissibility of Human Rights Petitions - The Case Law of the European Commission of Human Rights and the Human Rights Committee,*（Martinus Nijhoff, 1994），pp. 36-37.

(31)　Georges S. Letsas, "International Human Rights and the Binding Force of Interim Measures", *European Human Rights Law Review,* Issue 5（2003），pp. 532-533.

(32)　*Cruz, supra* note 29, para. 98.

106

第4章　個人通報制度における仮保全措置

の1年半後，2003年2月6日のママクロフ事件判決において，ECtHRは，これまでの判例を覆し，仮保全措置の法的拘束力を認める判決を下した。当該事件の概要は，次のとおりである。

　本事件の申立人は，ウズベキスタンの野党の党員で，ウズベキスタンでの爆弾テロなどの容疑で国際逮捕状が発給され，トルコに入国しようとしたところ，トルコ当局によって逮捕されたウズベキスタン国民である。トルコの裁判所での犯罪人引渡しに関する係争手続中に，申立人は，みずからはウズベキスタンの反体制派であり刑事犯罪ではなく政治犯罪で起訴されたと主張した。その間，申立人はECtHRに仮保全措置の申請を行った。ECtHRはこの申請を認容し，トルコに引渡しの停止を命じた。ところが，その9日後，トルコの裁判所で申立人の主張が却下され，ウズベキスタンに引き渡されるという事態が発生した。弁護人はECtHRでの訴訟を継続し，その申立の中で，申立人を拷問の危険があり公正な裁判が否定されている同国に引き渡すことによって，トルコは拷問の禁止を規定する条約第3条に違反したと主張した。さらに，ECtHRの仮保全措置命令に従わなかったことにより，「締約国は，この〔個人の申立の〕権利の効果的な行使を決して妨げないことを約束する」という条約第34条に違反したとの主張を行った。

　ECtHRは，「条約は条約法条約第31条3項(c)が規定する『当事国の間の関係において適用される国際法の関連規則』に照らして解釈されなければならず，みずからがその一部を形成する国際法の他の原則とできるだけ一致して解釈しなければならない[35]」と述べて，「他の人権条約機関やICJにおいて仮保全措置に対して異なる規則が適用されていることに留意する」とした上で，「最近の判決や命令において，国際裁判所が，かかる措置の遵守は本案におけるみず

---

(33)　*Ibid.*, para. 100. こうした問題を分析したものとして，下記の文献が参考になる。Cf. R. St. J. Macdonald, "Interim Measures in International Law, with Special Reference to the European System for the Protection of Human Rights", *ZaöRV*, Vol. 52 (1992), pp. 704-740.

(34)　クルーズ事件の申立後，委員会は新たな仮保全措置の不遵守の事例に直面した。最終的に不受理となった事件であるが，委員会が事件を十分に審理するまでは，庇護を求める3人のタミール人を追放しないよう求める仮保全措置がフランスによって守られなかった事例である。Cf. D. S., S. N. B. T. *c.* France (Application No. 18560/91).

(35)　*Mamatkulov, supra* note 2, para. 39.

107

第Ⅱ部　自由権規約委員会による解釈実践

からの判決の実効性を確保するために必要であると指摘していることに注目する[36]」のである。こうした最近の実行の検討を支えるものとして，「条約は生きている文書（living instrument）であり，現在の状況に照らして解釈されなければならないという原則は，判例上確固として根づいている[37]」との論理が用いられる。そして，明示に ICJ のラグラン事件に言及し，ICJ が仮保全措置の法的拘束力を承認した一節を引用するのである[38]。

　さらに，第11議定書の改正以来，個人の申立権は締約国の宣言に依存するものではなくなり，ますますその重要性を増したことが指摘される[39]。そして，「第34条から，第1に申立人は個人の申立権を効果的に行使する権限があること，第2に，第3条の違反を主張する申立人は，予定されている引渡しまたは追放が第3条の違反を伴うかどうかの問題の実効的な審理を受ける資格がある」とした上で，「裁判所規則第39条に基づいて，ECtHR が与えた指示は，裁判所に，申立の実効的な審理を遂行することを許し，条約によって与えられた保護を確保することを許すものである[40]」と述べた。そして，最終的な結論として，「違反を主張する犠牲者に生ずる回復不能な損害を回避するために，仮保全措置を命じられた締約国は，それらの措置を遵守しなければならず（must comply with those measures），また最終判決の権威と実効性を損なうような作為または不作為を差し控えなければならない[41]」と判示したのである。

　こうして，ラグラン事件判決のあたかも「連鎖反応[42]」のごとく，ECtHR が指示する仮保全措置についても，その法的拘束力が承認されたのである。そこにはラグラン事件判決に通底する論理，すなわち，「仮保全措置の遵守は本案におけるみずからの判決の実効性を確保するために必要である」という論理とともに，ECtHR 特有の論理，すなわち，仮保全措置の法的拘束力を条約第34条に基づく個人の申立権の確保に基礎づけようとする論理が看て取れる[43]。

---

(36)　*Ibid.*, para. 101.

(37)　*Ibid.*, para. 94.

(38)　*Ibid.*, para. 103.

(39)　*Ibid.*, para. 106.

(40)　*Ibid.*, para. 107.

(41)　*Ibid.*, para. 110.

(42)　Letsas, *supra* note 31, p. 528

第4章　個人通報制度における仮保全措置

　それでは，同じく人権条約の実施機関である自由権規約委員会は，仮保全措置
を遵守させるために，どのような法論理を用いているのであろうか。これまで
の国際紛争処理機関がいずれも裁判所として拘束力ある判決を下す権能をもっ
ているのに対して，自由権規約委員会は，その結論たる「見解」でさえ法的拘
束力を有しないわけであるから，おのずから異なる論理構成が必要になる。次
に，自由権規約委員会の実行を検討してみよう。

3　自由権規約委員会における仮保全措置の実行

　自由権規約委員会（以下，委員会と略称）は，1977年の第2会期以来，個人
通報に関する実績を着実に重ねてきている。委員会は，第79会期（2003年11
月）までに，議定書の締約国数104カ国中75カ国の締約国から1214件の個
人通報を受理している[44]。そのうち，非許容とされた事例は350件にのぼり，
申立の撤回あるいは審議中止となった事例が171件ある。すでに「見解」が出
された事例は442件あり，そのうち342件で違反認定が行われた。残りの251
件は審議継続中の事例である。過去3カ年を例にとれば，通報事案の増加の傾
向がみられるが，決定の事例数そのものは委員会の能力の限界（会期の3分の

---

(43)　実際，本判決の1ヶ月後（2003年3月12日）に下されたオカラン対トルコ事件
　　　（46221/99）で，ECtHRは，規則第39条に基づく仮保全措置の拘束力に関するみずか
　　　らの見解を害することなく，本事件の特別な事情に鑑みて，すなわち，申立人の申立
　　　権が実際に妨げられていないことを理由に，情報提供の要請を当初遵守しなかったト
　　　ルコの違反を認定していない。本事件は，不公正な裁判に基づいて死刑を科すことを，
　　　執行の現実かつ当面の危険がないことなどを理由に第3条の違反を構成しない，とい
　　　う議論を惹起する判決を下しており，大法廷に移管されていた。Cf. *Ocalan v. Turkey*
　　　（Application No. 46221/99）Judgment of 12 March 2003, para. 241.
(44)　通報の総数が多い10ヶ国を順に並べれば，ジャマイカ177件，カナダ107件，ウ
　　　ルグアイ79件，オランダ76件，フランス60件，スペイン59件，オーストラリア
　　　55件，トリニダード・トバゴ48件，ウズベキスタン38件およびフィンランド30
　　　件となる。この10ヶ国で全体の60％にあたる729件を占めている。Cf. Statistical
　　　survey of individual complaints dealt with by the Human Rights Committee under
　　　the Optional Protocol to the International Covenant on Civil and Political Rights（14
　　　November 2003）, http://www.unhchr.ch/html/menu2/8/stat2.htm. なお，ジャマイカ
　　　とトリニダード・トバゴは，それぞれ1998年と2000年に個人通報を定める第1選択
　　　議定書から脱退している。

109

第Ⅱ部　自由権規約委員会による解釈実践

2を国家報告書の国別審査に費やし，残りの3分の1で個人通報事例を処理する実情）もあり，ほぼ一定している[45]。委員会はとりわけ，これまで死刑の問題を伴う100件を超える通報を受理し検討した。その大多数の事件で本案についての決定を採択し，とりわけ公正な裁判を受ける権利の申立と絡んだ事件に関して，規約違反の認定を行ってきた。

　委員会は，新規通報担当の特別報告者を通じて，通報者がみずからの事件の十分な審査を保証する方法で，自己の主張を立証した（substantiate）すべての死刑事例で，締約国に，その申立が委員会により審議されている間，通報者の死刑を執行しないよう求める仮保全措置の通知を行っている。実際，ICJでの仮保全措置の場合とは異なり，個人通報制度にあたっては，締約国による委員会の事項管轄や時間管轄に関する留保の制約がない限り，管轄権の有無の問題は生じないので，争うとしたら受理可能性のみということになる。逆にいえば，通報の受理可能性の蓋然性が高い事件については，委員会が仮保全措置の通知を職権に基づき行っていることになる。後述するアシュビー対トリニダード・トバゴ事件（通報番号580/1994）でも，受理可能性に対する締約国の見解を手続規則第91条1項[46]に基づいて求めるとともに，委員会が申立につき判断を下すまで，死刑の執行を延期するよう要請した。当然のことながら，仮保全措置は決して仮判決ではないので，「仮保全措置に関する委員会の意見の表明は通報の本案に関する決定を意味するものでないことを通知する」という文言が付記される。

　なお，規約の個人通報事例では，前述したように，本案に関する委員会の見解でさえ法的拘束力という面だけからみると，形式的には勧告の効力しかもたないので，ICJのように，仮保全措置の遵守を促すために，同措置の法的拘束

---

(45)　2000年は58件，2001年は81件，2002年は107件の個人通報事例があったが，決定事案は43件，41件，51件という数字を推移している。その結果，審議中の案件は2000年の段階では182件であったものが，2002年には278件を数える事態に至っている。

(46)　同項は，「委員会または規則第89条1項に基づいて設置された作業部会または規則第89条3項に基づいて任命された特別報告者は，関係締約国または通報者に対して，通報の受理可能性の問題に関する追加の書面による情報もしくは見解を提出することができる。不当な遅延を避けるために，この情報または見解の提出のための期限を指定するものとする」と規定している。

110

力を認めるという決定が困難な側面がある。他方で，締約国は自由権規約の締約国になることで，この規約において認められた権利の侵害があった場合には，「効果的な救済措置を受けることを確保すること」（2条3項(a)）を約束している以上，勧告の効力しかないという一事をもって委員会による仮保全措置の要請をまったく無視することもまた困難であろう。まして，個人通報における委員会の見解のフォローアップの実行が1990年代から始まっていることを考慮すれば，なおさらそうした形式論理だけでは逃れられない部分がある。

　もちろん，本案の見解についてすら勧告の性格しかもたないことを理由に，救済を拒否する国（たとえば，オーストリア）の存在を考えれば，形式的にはなお可能であるかもしれない。しかし，仮保全措置の対象事案がもっぱら死刑の執行停止というものであるとすれば，当該措置の要請が無視され，いったん死刑が執行される事態に至ると，当該個人の権利の救済の道は閉ざされてしまうので，本案審理の意味は大幅に減じられてしまう。この点は，先のラグラン事件で同様の立場に立たされたICJと同じ問題に直面することになる（もっとも，ICJの場合，あくまで国家間紛争としてフォーミュレートされているので，本案審理の意味が減じられることはないとの論理構築は可能ではある）。しかも，こうした通報事例の多くが公正な裁判を保障した規約第14条に違反する裁判の結果，死刑の宣告を受けた場合であることを考えれば，仮保全措置の不遵守は深刻な人権侵害を惹起する。換言すれば，二重の人権侵害が行われているともいえる。

　そこで，委員会の仮保全措置の要請に締約国が応じなかった場合に，委員会としてどのような対応が可能かという点が問題となる。言い換えれば，死刑の執行停止や延期を要請する仮保全措置の遵守を締約国に求めるために，どのような法論理が現行の制度の中で構築可能かという問題である。以下，この点に着目しながら，委員会のこの問題への対応を検討してみよう。

　最初に取り上げるアシュビー事件は，こうした観点からきわめて興味深い事例である。本事件は，死刑囚に対する死刑の執行延期を求める仮保全措置の通知が締約国によって無視された初めての事例である。委員会は，規則第86条に基づく特別報告者の要請に従わなかった理由を説明するようトリニダード・トバゴに求めたが，同国からは何の説明も得られなかった。そこで委員会は，1994年7月26日に開催された公開での1352会合でこの問題を協議した。

III

第Ⅱ部　自由権規約委員会による解釈実践

同会合の議長は，安藤仁介委員であったが，安藤議長の説明によれば，「本事件をめぐる特異な状況のゆえに委員会は公開とすることを決定したとされる」。まずは，どのような事件であったかを振り返ってみたい。

(1)　アシュビー対トリニダード・トバゴ事件 (通報番号 580/1994)

　通報者は，ポート・オブ・スペインの刑務所で死刑の執行待ちの状態にある，トリニダード・トバゴ市民のグレン・アシュビー (Glenn Ashby) 氏である。通報は 1994 年 7 月 6 日に提出されたが，その 8 日後の同月 14 日，アシュビー氏は国家刑務所で処刑された。弁護人は，同氏は規約第 6 条，第 7 条，第 10 条，第 14 条 1 項，同条 3 項(b)，(c)，(d)と(g)および同条 5 項の被害者であると主張した(47)。

　アシュビー氏は，1988 年 6 月 17 日に逮捕され，翌年 7 月 20 日，殺人罪により死刑を宣告された。1994 年 1 月 20 日に，トリニダード・トバゴの控訴審は，彼の控訴を棄却した。英国の枢密院司法委員会は，その後アシユビー氏が提出した，上訴特別許可の申請を同年 7 月 6 日に棄却した。その結果，選択議定書が通報受理の要件とする利用可能な国内的救済はすべて尽くされたことになる(48)。

　アシユビー氏による申立を委員会の事務局が受理したのが，翌 7 月 7 日であった。同月 13 日，新規申立担当の特別報告者は，トリニダード・トバゴ政府に対し，委員会の手続規則第 86 条および規則第 91 条に基づく決定を送付した。そのなかで，特別報告者は，委員会が申立について判断を下すまで，刑の執行を延期し，申立の受理可能性の問題について，情報と所見を提供するよう求めた。この要請は，同日，ジュネーブ時間午後 4 時 05 分（現地時間午前 10 時 05 分）にジュネーブのトリニダード・トバゴ常駐代表部に手渡された。同政府代表部によれば，同日の午後 4 時 30 分から 45 分の間に（現地時間午前 10 時 30 分から 45 分の間に），要請は政府にファックスで送付された。13 日の夜から 14 日にかけて，アシュビー氏に対する刑の執行を延期させるためにトリニダー

---

(47)　Glenn Ashby v. Trinidad and Tobago (Communication No. 580/1994), U. N. Doc. CCPR/C/74/D/580/1994, para. 1.

(48)　*Ibid.*, para. 2.

112

第4章　個人通報制度における仮保全措置

ド・トバゴの控訴裁判所および英国の枢密院司法委員会ではさまざまな努力が行なわれた。14日ロンドン時間午前11時30分（現地時間午前6時30分），枢密院司法委員会が執行延期命令を出した時，アシュビー氏に対する刑がすでに執行された事実が明らかになった。当時，控訴裁判所は開廷中で，延期命令の問題についての審理を行っていたとされる[49]。

　こうした事態を受けて，同月26日，委員会は公開での決定を採択した。その中で委員会は，規則第86条に基づく委員会の要請をトリニダード・トバゴ当局が無視したことに対し，遺憾の意を表明した。さらに，議定書に基づいて，引き続きアシュビー事件を検討することを決定した。またあらゆる手立てを尽くして，アシュビー氏の死刑執行をめぐる経緯と同じような状況が二度と起こらないように，同国政府に強く求めた。委員会のこの公開の決定は，翌日，トリニダード・トバゴ政府に送付された[50]。紙幅の関係で申立の個々の内容について詳述することはできないが，弁護人は死刑の執行により規約第14条1項（公正な裁判を受ける権利）および同条5項（上訴の権利）が侵害されたと主張した[51]。

　なお，仮保全措置を遵守しなかったことに対して，トリニダード・トバゴ政府は，「アシュビー氏に刑が執行された時点で，規則第86条に基づき特別報告者が行なった要請の存在を知らなかった」と釈明した。同国の外務省が，規則第86条に基づく特別報告者の要請と共に，アシュビー氏に関して提出された申立書の全文を受け取ったのは同月18日のことで，これは，同氏の刑が執行された4日後だったというのである。なお，同国政府によれば，アシュビー氏は，同月14日午前6時40分（現地時間）に処刑されたという。同国政府は，「控訴裁判所が刑の執行延期を棄却し，枢密院が保全命令を認めたのは英国時間の同月14日午前11時45分（現地時間午前6時45分），つまり同氏が処刑された5分後であった」と説明した[52]。

　こうした釈明の後，トリニダード・トバゴ政府は一転して，委員会の決定に

***

(49)　*Ibid.*, paras. 3. 1-3. 3.

(50)　*Ibid.*, para. 3. 4.

(51)　*Ibid.*, para. 4. 6.

(52)　*Ibid.*, paras. 5. 1-5. 4.

第Ⅱ部　自由権規約委員会による解釈実践

対して次のように反論した。まず，同国政府は，「委員会に，申立の検討を行う権限があるのか疑問に思う。なぜなら，当該申立が提出された時点で，アシュビー氏は国内的救済を尽くしていなかったからである。ゆえに，規則第90条に基づいて，当該申立は受理されえないはずだ」と主張するとともに，後述する公開の決定で明らかにされた，同国政府が規約および選択議定書に基づく義務の履行を怠ったという認定に異議を唱えた。「関連する機関が特別報告者から要請があったことを認識していなかったという事実は別にして，わが国政府は，規則第86条によれば，委員会がそのような要請を行なうことはできないだけでなく，要請に従うよう締約国政府に強制することもできないという見解である」との立場を表明した(53)。このように，仮保全措置を要請する委員会の権限およびその法的拘束力に異議を唱えたのである。

　これに対して委員会は，1994年7月13日，規則第86条に従って，処刑延期の要請を行ったのは，アシュビー氏に対する「回復不能な損害」を防ぐためであったと反論した。この要請は，アシュビー氏に係争中の司法上の救済を完了させることを許し，委員会にアシュビー氏の通報の受理可能性の問題を決定させることを意図していたとされる。事件の状況に鑑み，委員会は，選択議定書第5条2項(b)により，第6条に基づくアシュビー氏の通報を考察することは排除されていないし，弁護人が委員会にこの請求を提出する以前にアシュビー氏が恣意的に生命を奪われたとの請求に関して最初に利用可能な国内的救済を尽くす必要はないと考える。したがって，委員会は，規約第6条，第7条，第10条1項，第14条3項(b)，(c)，(d)，(g)項および同5項の問題に関する限り，通報は受理可能であることを決定するとした(54)。

　紙幅の関係もあり，本案の審査の内容について詳述する余裕はないが，委員会は，アシュビー氏の控訴判決が著しく遅れた点については，締約国による人員が不十分であったとか行政事務が滞っていたとの説明は手続の遅延を正当化する十分な理由とはならないとした。委員会は，4年半に及ぶ裁判手続の遅延は規約第14条3項(c)および5項の要件と両立しないと判断した。そして，同国政府がアシュビー氏に刑を執行したのは生命権の侵害であるとの弁護人の主

---

(53)　*Ibid.*, para. 5. 5.

(54)　*Ibid.*, paras. 7. 5 and 8.

第4章　個人通報制度における仮保全措置

張に対しては，委員会は締約国が規約上の義務を怠ったと認定した。とりわけ，法務長官代理が枢密院に刑の執行を延期するためのすべての手立てが尽くされないうちは，アシュビー氏に刑を執行しないと伝えた事実を考慮すれば，信義誠実の原則に違反するとし，規約第6条1項および2項の違反を認定した。

　最後に，本章の主題である仮保全措置の不遵守（アシュビー氏の処刑）について，「委員会は，規約で保障された権利の違反があったかどうかは別にして，締約国が，規約違反の通報の検討を妨げ，もしくは委員会による検討の目的を消滅させ，あるいは委員会による見解の表明を無意味なものとする効果を有する行為をとるのであれば，選択議定書に基づく義務の重大な違反を犯すことになるというみずからの判例を想起する。本件における締約国の行為は，規約および選択議定書の締約国に求められている信義誠実という最も重要な要素を行使しなかったという点で衝撃的であると断じた。そして，委員会は，アシュビー氏に関する通報について，みずからが通報の検討を終え見解を表明する以前に，同氏が処刑されたことは，選択議定書に基づく義務に違反したと認定するとした。とりわけ，規則第86条に基づいて刑の執行を差し控えるよう締約国に要請した後に，締約国が処刑を強行したことは許しがたいとした。特に，申立の対象者に対して刑を執行するというような，回復不能な措置を行ない，委員会の手続規則を無視することは，選択議定書を通じての規約上の権利の保護を損なうことである(55)」と激しく非難した。そして，最終的に，委員会は，提出された事実から，規約第6条1項，2項と第14条3項(c)および5項の違反を認定するとともに，規約第2条3項に基づき，アシュビー氏には，何よりも生命の保持を始めとして効果的な救済を受ける権利があったとし，遺族に対して十分な補償が支払われなければならないと認定した(56)。

　上記のように，本個人通報事例で，トリニダード・トバゴは，委員会による死刑囚の通報者に対する死刑執行の延期を求める仮保全措置の要請を無視し，1994年7月14日に死刑執行を強行した。前述したように，委員会は，第36会期の1989年7月26日に採択された手続規則第86条に基づき，回復不能な損害を回避するために仮保全措置を通知できるとなっている。本事件は，死刑

(55)　*Ibid.*, paras. 10. 9-10. 11.

(56)　*Ibid.*, paras. 11-13.

第Ⅱ部　自由権規約委員会による解釈実践

囚に対するそうした仮保全措置が締約国によって遵守されなかった最初の事例である。そこで委員会は，かかる事態の再発防止は至上命題であるとして，次のような強い文言を用いた公開の決定を行った。すなわち，

「1　委員会の手続規則第86条に従った委員会による仮保全措置の要請に締約国の当局が従わなかったことに憤りを表明し（一部省略），

　2　締約国は，選択議定書を批准することにより，その手続の下で委員会と協力することを約束したことを想起し，そして締約国が選択議定書および規約の双方の義務に従わなかったことを強調した。

3・4（省略）

　5　締約国が，みずから利用できるすべての手段によって，アシュビー氏をめぐる事態と類似の事態が生じないよう確保することを強く要求し，とりわけゲレロおよびウォレン対トリニダード・トバゴ事件（通報番号575-576/1994），ならびに委員会に係属する類似の性質の他の事件で規則第86条を遵守するよう要求」したのである[57]。

　このように，委員会はICJやECtHRとは異なり，仮保全措置それ自体に法的拘束力があるとして，締約国にその遵守を求めたわけではない。これに代えて，委員会は，締約国は第1選択議定書を批准することにより，個人通報制度という手続の下で委員会と協力することを約束している。にもかかわらず，仮保全措置に従わないということは議定書，ひいては規約の義務違反を構成するという論理構成を採用したのである。

　しかし，トリニダード・トバゴからは委員会の期待したような反応を得ることはできなかった。たしかに，その後の事件で，死刑囚の処刑の中止という結果はもたらされたものの，トリニダード・トバゴは，委員会の仮保全措置に従うというのではなく，国内裁判所である控訴裁判所の処刑停止命令に従うという立場を採用したのであり，同国に関する限り，根本的な問題は解決されていない。たとえば，ブロック事件では，最終的に通報は不受理となったが，トリニダード・トバゴは，仮保全措置の段階でみずからが通報は不受理と考えるが故に，委員会の仮保全措置に従わず，国内の高等裁判所の執行の一時停止命令

---

(57)　*Ibid.*, para. 411.

116

第 4 章　個人通報制度における仮保全措置

に従うという態度をとった。これに対して，委員会は，「通報が受理可能であるかどうかを決定するのは委員会であって，締約国ではない。委員会は，締約国に通報の委員会審査に十分協力するよう要請[58]」した経緯がある。その意味で，委員会とトリニダード・トバゴの間には，見解や仮保全措置の実施をめぐって依然として意見の対立があるわけで，議定書脱退以前に違反認定されたその後の事例も含めて，その実施状況を見守る必要があるといえる[59]。なお，委員会による仮保全措置の通知が無視された事例は，これにとどまらない。シエラレオネからの最初の個人通報事例でも同様の事態が生じた。

(2)　マンサラジ，タンバおよびシセイほか対シエラレオネ
（通報番号 839/1998）

通報者らはすべてシエラレオネ共和国の軍隊または以前軍隊の構成員であった者である。通報者らは反逆罪と暴動鎮圧の失敗のかどで起訴され，フリータウンの軍事法廷で有罪とされ，1998 年 10 月 12 日，死刑を宣告された。同軍事法廷には，上訴の権利は存在しなかった。同月 13 日と 14 日，新規通報担当の特別報告者は，規則第 86 条に基づいて，通報が委員会によって審理されるまで，すべての通報者の処刑を延期するようシエラレオネ政府に要請した。しかし，18 名の通報者のうち 12 名が，同月 19 日，処刑されてしまった[60]。

同年 11 月 4 日，委員会は手続規則第 86 条の要請を尊重しなかったこの問題を検討した。委員会は，締約国が委員会の要請を遵守しなかったことを遺憾とし，選択議定書に基づく当該通報の検討を継続することを決定した[61]。

弁護人は，軍事法廷は有罪判決に対し上訴権を認めていないので，締約国は規約第 14 条 5 項に違反したとの主張を行った。一方，締約国は，委員会の度

---

(58)　Bullock v. Trinidad and Tobago (Communication No. 553/1993), U. N. Doc. CCPR/C/54/D/553/1993, para. 7. 2..

(59)　たとえば，Sandy Sextus v. Trinidad and Tobago (Communication No. 818/1998), U. N. Doc. CCPR/C/72/D/818/1998, Boodlal Sooklal v. Trinidad and Tobago (Communication No. 928/2000), U. N. Doc. CCPR/C/73/D/928/2000 などである。

(60)　Mansaraj *et al.*, ; Tamba *et al.* ; Sesay *et al.* v. Sierra Leone (Communication No. 841/1998), U. N. Doc. CCPR/C/72/D/841/1998, paras. 2. 1-2. 2.

(61)　*Ibid.*, para. 2. 3.

第Ⅱ部　自由権規約委員会による解釈実践

重なる招請にもかかわらず，この通報に関する情報を何ら提供しなかった[62]。

　こうした事態を踏まえて，委員会は，選択議定書に加入することによって，規約の締約国は規約に定められた権利のいずれかの違反の犠牲者であると主張する個人からの通報を受理し検討する委員会の権限を承認している（前文および第1条）。国による議定書の加入に含意されているのは，かかる通報を検討し，また検討の後，締約国と通報者にその見解を送付することを許し可能にするため誠実に委員会に協力するとの約束である（第5条1項および4項）。締約国が，委員会が通報を検討し審理すること，そして見解を表明することを妨げる行動をとるのは，これらの義務と両立しないと認定した。

　そして，通報者を処刑したことについて，先のアシュビー事件と同様の表現で，すなわち，「通報において規約で保障された権利の違反があったどうかは別にして，締約国が，委員会による規約違反の通報の検討を妨げ，もしくは委員会による検討の目的を消滅させ，あるいは委員会による見解の表明を無意味なものとする効果を有する行動をとるのであれば，選択議定書に基づく義務の重大な違反を犯すことになる。本通報に関しては，通報者は規約第14条5項に基づく権利を否定されたと弁護人は主張する。通報の受領後，委員会が通報の検討を終え見解を表明する以前に，犠牲者と主張する次の者らを処刑することによって，締約国は選択議定書に基づく義務に違反した。とりわけ，委員会が規則第86条に基づいて刑の執行を差し控えるよう締約国に要請した後に，処刑を強行したことは許しがたい[63]」とシエラレオネを非難した。アシュビー事件と異なる点は，「規約第39条に基づき採択された手続規則第86条に従う仮保全措置は，選択議定書の下での委員会の役割にとって不可欠なものである」ことを強調した点，さらに仮保全措置が，「とりわけ，犠牲者であると主張する者を処刑したり国から追放したりする不可逆的な措置によって」という表現で，死刑の場合のみならず国外追放の場合も当てはまることを確認している点である。そして，結論として，「手続規則を無視することは，選択議定書を通じての規約上の権利の保護を損なうことである[64]」との判断を示し，議

---

(62)　*Ibid.,* paras. 3. 1-4.

(63)　*Ibid.,* para. 5. 2.

(64)　*Ibid.,* para. 5. 3.

118

第 4 章　個人通報制度における仮保全措置

定書の違反にとどまらず，仮保全措置の不遵守が規約上の権利の保護を損なうことを強調した。

なお，本案については，委員会は，死刑を伴う事例で上訴権を認めないのは規約第 14 条 5 項に違反し，その結果として処刑を行ったことで生命権を保護する第 6 条に違反したと認定した。委員会のこれまでの判例が，上訴の権利を含むすべての公正な裁判の保障が遵守されたときのみ，規約第 6 条 2 項に基づき死刑を科しうるとしていることは明らかであるというのである。委員会は，委員会が通報の検討を終了する以前に通報者のうち 12 名を処刑することによって，締約国は選択議定書に基づく義務の重大な違反を行ったとの結論を繰り返した[65]。

前述のアシュビー事件と同様，シエラレオネが規則第 86 条に基づく死刑執行の延期を求める仮保全措置の要請を無視したことに対して，委員会は第 64 会期に開催された会合で，次のような決定を行なった。

「委員会は，

1　委員会の手続規則第 86 条に従って，委員会が行なった仮保全措置の要請に，シエラレオネ政府が従わなかったことに憤りを感じると同時に，今回の事例が，選択議定書がシエラレオネ政府に効力を有するようになってから委員会に提出された最初の事例であることから，同国政府の姿勢がまったくもって遺憾なものであったと考える（一部省略）。

2　選択議定書を批准した時点で，シエラレオネ政府は，手続に従って委員会に協力しなければならないことを想起し，同国政府が，選択議定書および人権規約に基づくみずからの義務を怠った事実を指摘する。

3・4（省略）

5　シエラレオネ政府に対し，できうる限りの手段を尽くして，今回のような事態の再発を防ぐよう強く要請する。とりわけ委員会は，手続規則第 86 条を遵守するよう求める（一部省略）。

6・7（省略）[66]」

との決定を採択した。先のトリニダード・トバゴの場合とほぼ同様の文言と

---

(65)　*Ibid.*, paras. 5. 1-6. 2.

(66)　U. N. Doc. CCPR/C/64/D/839/1998, pp. 1-2.

119

第Ⅱ部　自由権規約委員会による解釈実践

法論理が用いられており，仮保全措置の不遵守の問題に対して決して等閑視しないという委員会の強い決意が看て取れる内容になっている。しかし，こうした委員会の強い態度にもかかわらず，その後も，他の締約国による仮保全措置の不遵守の例が続いた。フィリピンの事例がそれである。

(3)　ピャンディオン，モラロスおよびバラン対フィリピン事件
（通報番号 869/1999）

通報者はフィリピン国民で，フィリピンによる規約第6条，7条および14条の違反の被害者であると主張する。弁護人によれば，ピャンディオン（D. Piandiong）氏とモラロス（J. Morallos）氏は1994年2月27日に逮捕された。逮捕理由は，同月21日にカローカン（Caloocan）市で発生した，ジプニーの乗客に対する強盗事件に対する共犯容疑であった。この事件では，乗客であった警察官が殺害された。両氏は，警察で下腹部を殴られ自白を強要されたものの，容疑を否認した。目撃者による面通しを行なったが，彼らを犯人だとする証言は得られなかった。しかし，警察は，目撃者に対して，両氏を犯人として証言するよう命じた。裁判では，ピャンディオン氏，モラロス氏およびブラン（A. Bulan）氏は宣誓を行ったうえで証言したにもかかわらず，裁判官はそれぞれの証言に裏づけがないとの理由から，それらを無視した。弁護人は，目撃者は被害者の親友で，彼らが証言する犯人像が，通報者らに似ていないことから，彼らの証言は信頼できないとした。また，裁判官が3人のアリバイを認めなかった点は問題があると主張した。

最後に弁護人は，死刑は憲法に違反しており，極悪非道な犯罪を除いては，適用されるべきではないと主張した[67]。

1994年11月7日，通報者らはカローカン市の地方裁判所で強盗殺人の罪で有罪とされ，死刑を宣告された。1997年2月23日，最高裁は上告を棄却した。処刑日は1999年4月6日とされた。大統領府は，同年4月5日，執行の3ヶ月延期を認めた。同年6月23日，そこで，委員会は，手続規則第86条に基づき死刑の執行停止を内容とする仮保全措置を通知した。ところが，同年7月7

---

(67)　Piandiong, Morallos and Bulan v. Philippines (Communication No. 869/1999), U. N. Doc. CCPR/C/70/D/869/1999, paras. 1. 1 and 2. 1-2. 4.

第4章　個人通報制度における仮保全措置

日，委員会は8日に死刑の執行令状が発給されるとの通知を受け取った。弁護
人は，最高裁に差止を求める請願を行ったが，同日却下された。そして，その
午後，通報者らの死刑が執行された。委員会は，フィリピン政府に説明を求め
た(68)。

　フィリピン政府は委員会の作業を妨害する意図はなかったとする一方(69)，
大統領に恩赦申請を行いこの申請が拒否された後に委員会に通報するのは適当
ではないとの議論を展開したが，当然のことながら委員会の受け入れるところ
ではなかった。そして，先の2つの不遵守の事例と同様に，フィリピンの行為
は議定書の重大な違反を構成すること，また，議定書を通じての規約上の権利
の保護を損なうことを指摘し，これを非難したのである(70)。

　ところが，仮保全措置の不遵守の事例はこれにとどまらず，オーストリアの
個人通報事例でも発生した。なお時系列的には，その間にシェドコ対ベラルー
シ事件（通報番号886/1999)(71)というベラルーシに関する個人通報事例がある。
本事件は，通報提出日（1999年1月11日）の時点では，死刑囚として抑留され
ていたが，同年10月28日，委員会が手続規則第86条に基づいて死刑の執行
停止の仮保全措置を通知した時点では，すでに死刑が執行されていた事件であ
る（なお，処刑日はベラルーシが同年7月16日と説明し，通報者である死刑囚の母
親は7月24日と主張し，食い違っている）。厳密には，締約国が仮保全措置の通
知を無視した事例とはいえないので，紙幅の関係もあり，省略する。そこで，
次に，委員会による手続規則第86条に基づく仮保全措置の通知に真正面から
挑戦した，ヴァイス事件を検討してみよう。

(4)　ヴァイス対オーストリア事件（通報番号1086/2002)
米国とイスラエルの二重国籍者である通報者は，詐欺，恐喝，マネーロン

----

(68)　*Ibid.*, paras. 1. 2-1. 6.

(69)　*Ibid.*, para. 3. 6.

(70)　*Ibid.*, paras. 5. 1-5. 4.

(71)　Natalia Schedko v. Belarus (Communication No.886/1999), U. N. Doc. CCPR/
　　C/77/D/886/1999, para. 同種の事例として，ステスロビッチ対ベラルーシ事件（通報
　　番号887/1997)がある。詳しくは, Cf. Mariya Staselovich v. Belarus (Communication
　　No. 887/1997), U. N. Doc. CCPR/C/77/D/887/1999.

121

第Ⅱ部　自由権規約委員会による解釈実践

ダリングなどの罪状でフロリダ地区裁判所で刑事訴追を受けていたが，1999年10月29日，陪審員の評議開始直前に裁判所より逃亡した。同年11月1日，全罪状につき有罪の評決を受け，2000年2月18日，地区裁判所は845年の禁固と24,800万ドルの罰金を言い渡した。通報者は控訴したが，第11巡回控訴裁判所は米国法上の逃亡者権利喪失理論（"fugitive disentitlement" doctrine）により控訴を棄却し，これにより米国での手続が確定した。米国は国際逮捕状を発給し，通報者はウィーンで逮捕された。これを受けて，同年12月18日，米国は犯罪人引渡条約に基づき引渡しを請求した。翌年2月2日，ウィーン地方刑事裁判所の予審判事は，ウィーン高等地方裁判所に引渡し相当との決定を勧告した[72]。

他方，2001年8月13日，通報者はヨーロッパ人権裁判所に条約第3条，第6条，第7議定書第2条違反などを理由に提訴した。翌月11日，ウィーン高等地方裁判所は，上訴の保障のない引渡し決定は第7議定書第2条違反として不引渡しを決定した。これに対して検察官が上告した（なお，オーストリア法では検察官のみが上告の権利を認められている）。ところが，2002年4月9日，同国の最高裁は，高等地方裁判所の決定を無効とし，破棄差戻した。同最高裁によれば，高裁は上訴の権利に基づいて審査する権限はなく，引渡法に定める不引渡事由（公正な裁判と残虐・非人道的取扱いまたは刑罰に該当するかどうかの審査）のみを審査できるとした。これを受けて，ウィーン高等地方裁判所は，一転して引渡しが相当と決定した。同月10日，法務大臣は引渡しを決定した[73]。

ところが，2002年5月10日，ヨーロッパ人権裁判所は，申立人の引渡し停止の仮保全措置を指示した。また，憲法裁判所も，同月17日，引渡し執行停止命令を発出したが，23日に同期限が終了した。通報者は，同日，ヨーロッパ人権裁判所に仮保全措置の要請を行ったが，却下された。翌日，通報者はヨーロッパ人権裁判所に申立撤回の意思を通告し，今度は自由権規約委員会に通報した[74]。これを受けて，委員会は手続規則第86条に従って通報者の引渡

---

(72) Shalom Weiss v. Austria (Communication No. 1086/2002), U. N. Doc. CCPR/C/77/D/1086/2002, paras. 1 and 2.1-2.4.

(73) *Ibid.*, paras. 2.5-2.8.

(74) *Ibid.*, paras. 2.9-2.11.

第4章　個人通報制度における仮保全措置

しを行わないように仮保全措置をオーストリアに要請した。しかし，同年6月6日，オーストリアの裁判所は通報者の米国当局への引渡しを命じ，同人の身柄はウィーンの米軍当局に引き渡され，米国へ移送された。なお，本事例で，通報者は，アシュビー事件での委員会の決定を引用するとともに，常設国際司法裁判所（PCIJ）のソフィア電気会社事件の判決，すなわち，「国際裁判への参加は，締約国に与えられる判決の執行を害するような行為を差し控える義務，また，一般的に紛争を悪化させたり，拡大させるような措置をとらない義務を含意している」との判例を引用し，また，ラグラン事件を引用しながら，「仮保全措置は拘束力がある」との主張を行った。そして，過去の委員会の判例，たとえばスチュアート対カナダ事件を引用し，みずからの引渡しは回復不能な危害をもたらすと主張した[75]。

　本事件で，委員会は，オーストリアに対して，仮保全措置に従わなかった説明を求めた。

　これに対して，同国は，2002年10月15日付けの文書で，「委員会の手続規則第86条は，国内裁判所の命令や独立した国内裁判所の裁判権を無効にできないとして，その指示に従うことを拒否した。さらに，同規則は仮保全措置に国内的効力を与えるように憲法の修正を締約国に義務づけていない。規則第86条は，『国際法上それ自体拘束力を有していない』。同規則に基づく要請は，墺米間の犯罪人引渡条約の義務に優先するものではない[76]」と主張した。これに対し，通報者は，前述したピャンディオン事件での委員会の見解を引用するとともに，引渡条約も国内の引渡法も人権による拒否事由を定めており，人権規約の強行的義務は対世的であって引渡条約に優先するとの主張を行った。そして，締約国が仮保全措置に従う義務は，規約第2条3項および選択議定書の加入によって，規約の違反を決定する委員会の権限の承認に由来すると主張した。そして，前述した各事件を引用しながら，引渡しは効果的救済の機会を奪うことになるとして，これを非難した[77]。

　これに対して，委員会は，規約上の権利に回復不能な損害が生じるという通

---

(75)　*Ibid.*, paras. 3. 8-3. 9..

(76)　*Ibid.*, paras. 5. 2-5. 3.

(77)　*Ibid.*, paras. 6. 1-6. 3..

123

第Ⅱ部　自由権規約委員会による解釈実践

報者の主張に委員会が見解を述べる前に締約国が通報者を引き渡したことで，締約国は選択議定書に基づく義務に違反したと認定した。特に本件では，委員会は回復不能な損害が生じうるとの認識に基づき直接仮保全措置を求めたというよりむしろ，規則第91条に基づいてまず締約国の意見を求めたのであるから，締約国は意見を述べることができたはずだということを強調した。そして，従前の事件でも繰り返された，「規約第39条に基づき採択された手続規則第86条は，選択議定書の下での委員会の役割にとって不可欠なものである。犠牲者であると主張する者を処刑したり，国から追放するという不可逆的な措置によって，手続規則を無視することは，選択議定書を通じての規約上の権利の保護を損なうことである[78]」との判断を示した。

しかし，残念なことに仮保全措置の通知を無視する事例は後を絶たず，2003年7月，委員会が審議中の個人通報事例（通報番号1170, 1166, 1165, 1162, 1150/2003）の6名の通報者を，ウズベキスタンが委員会の死刑の執行停止の仮保全措置の要請を無視して処刑する事態が発生している（なお，本事件については未だその内容は公表されていない）。委員会およびラムチャラン（B. Ramcharan）国連高等弁務官代理は，これまでの事例と同様に，「議定書の重大な違反」であると非難する記者声明を行った[79]。このような度重なる仮保全措置の不遵守の事例を前に，委員会は新たな対応を迫られているといえる。

4　おわりに

以上のように，自由権規約委員会は，個人通報制度における仮保全措置に対する締約国の不遵守という行為を，選択議定書に対する締約国の義務違反を構成するだけではなく，自由権規約に基づく義務それ自体にも違反するとの法論理を採用することで，これを非難している。たしかに，通報者の権利を保全する目的で要請される仮保全措置は，それが遵守されなければ，本案そのものの

---

(78)　*Ibid.*, paras. 7. 1-7. 2.

(79)　"UN human rights panel deplores executions in Uzbekistan", UN News Center, 24 July, "Uzbek execution 'grave breach' of international obligations – UN rights chief", *Ibid.*, 25 July. http://www.un.org/apps/news..

124

第4章　個人通報制度における仮保全措置

審理の意義を奪ってしまうことになる。換言すれば，委員会の権能の行使が妨げられることになる。委員会が仮保全措置の遵守を求めるにあたって採用しているのは，こうした論理であり，ICJ のラグラン事件や ECtHR のママクロフ事件の論理と重なるところがある。ところが，自由権規約委員会では，ICJ や ECtHR のように，仮保全措置それ自体の法的拘束力の明示の承認までには踏み込んでいない。これは，本案に対する「見解」それ自体に法的拘束力がないという制約から来ていると思われる。しかし，本案に対する「見解」が法的拘束力をもたないという問題と，本案の審理を確保するための仮保全措置の法的拘束力の問題は，常に論理必然的に結びつく問題ではない。両者を分けて考えることも可能である。そこで，仮保全措置を遵守させるために，1つには，実効性原則や信義誠実の原則という一般国際法上の原則に依拠して遵守を求める選択肢，あるいは，議定書や規約の義務違反を構成するという形で遵守を迫る選択肢がありうる。委員会は，一般国際法上の原則よりもさらに強固な基盤，すなわち，選択議定書や規約といった条約上の義務違反を構成するという論理で仮保全措置の遵守を促す道を採用した。こうして，自由権規約委員会が，不遵守の実行に対して折に触れ示してきた「見解」は，仮保全措置を遵守させるための法的論理操作と捉えることができる。そこで用いられているのは，委員会への誠実な協力義務である。たしかに，ヴァイス事件では規約第2条3項に違反するとの主張はあったものの[80]，そうした条文を特定する形で委員会が義務違反を論じているわけではないことに注目する必要がある。その点で，申立権の効果的な行使の確保を規定する条約第34条の違反を認定する ECtHR とも異なっている。

　ある意味で，委員会の論理は，仮保全措置の本旨とも，あるいは個人通報制度の本旨ともいうべきものにその遵守を迫る論理を見いだしている。しかし，委員会の論理構成がはたしてどれほど強固なものになっているか疑問なしとしない。意地悪くいえば，委員会に協力する義務があるという「見解」それ自体，法的には勧告の効力しかないという論理も成り立つからである[81]。さら

---

(80)　Weiss v. Austria, *supra* note 72, para. 6. 3.
(81)　北村教授は，自由権規約委員会による協力義務の指摘をもって，「同委員会の仮保全措置決定の拘束力を導いている」と評価される。「仮保全措置の拘束力」ではなく，

第Ⅱ部　自由権規約委員会による解釈実践

に，委員会に対してもっと厳しい見方をとれば，たしかに規約第39条が委員
会に手続規則を定めることを容認しているとしても，そもそも手続規則中に仮
保全措置に関する委員会の裁量権を定めるのは越権行為ではないかとの議論の
余地もないわけではない。しかし，委員会のこうした裁量権を認めたくない国
が，それを否定する留保を行ったとしても，すなわち，仮に委員会の仮保全措
置には従わないという留保を行ったとしても，委員会は，みずからの一般的意
見24(52)に従い，委員会の権能を奪うものだとして，規約または議定書の趣
旨および目的に反し無効であると宣言する可能性が高い。こうした混乱を避け
る上からも，女子差別撤廃条約の選択議定書が条約レベルで仮保全措置を要請
する権限を明記したことは賢明な選択であったと思われる。

　ともあれ，個人通報制度の結論たる「見解」それ自体に法的拘束力が認めら
れていないという状況の中で，ICJやECtHRとは異なる手法で，委員会が仮
保全措置を遵守させる論理の構築に腐心していることはたしかである。他方，
締約国の視点で考えれば，委員会による見解のフォローアップの実行ともあい
まって(82)，締約国が，見解や仮保全措置は勧告の効力しかもたないという形
式論理のみで，その不遵守を正当化することもむずかしい状況が生じているの
はたしかである。とくに，事柄が個人の生命権に関わる事例が多く，従わない
場合には，厳しい非難が不遵守国に向けられていることは前述したとおりであ
る。ただ，ヴァイス事件で提起されたように，仮保全措置それ自体の法的拘束
力が明確にされないままに，締約国に通知されても，その措置の国内実施はき
わめて困難な課題を背負うことになると思われる。なぜなら，仮保全措置の根
拠条文たる委員会の手続規則第86条は国内裁判所に直接的な法効果をもたな

　　　「仮保全措置決定の拘束力」とされている点で，筆者の評価とさほど隔たりはないと思
　　われる。北村泰三「国際人権法と領事関係条約の交錯について──外国人被拘禁者に対
　　する領事面会権の保障の意義──」『法学新報』第109巻5・6号（2003年）137頁。
(82)　委員会は，議定書第5条1項の「審査する（consider）」という文言を通報審査の
　　事例に限定するのではなく，委員会の見解の履行状況の審査にまで拡大し，委員会が
　　勧告した救済措置の遵守状況を確認している。佐藤文夫「自由権規約個人通報制度の
　　現状と若干の評価」『国際法外交雑誌』第98巻1・2号（1999年）80-82頁参照。委員
　　会は，1990年にフォードー（J. Fodor）委員を初代フォローアップ特別報告者に指名
　　し，翌年より締約国にフォローアップ情報の提供を求めている。詳しくは，本書第5
　　章132-135頁参照。

いとの立論が可能だからである。規約や議定書の締約国として，かかる措置の不遵守は条約義務の違反を構成すると立論されても，そこまで遡って国内的効力を引き出すのは，いかにもリモートな印象を与えるからである。締約国に死刑の執行停止，追放および引渡しの停止を求める仮保全措置が通知された場合，国内法上どういう根拠で手続の停止を決定するかという問題が残るように思われる。

　国内法上は，国内裁判所ですでに死刑の宣告，追放および引渡しは相当であるという判決が確定されているわけで（そこでは，一般に精緻な事実審理をもとに判決が下されているとの推定が働く），それとの調整をどう行うかという問題である。換言すれば，みずからが締約国である規約の準司法機関たる委員会が書面審理だけで行った仮保全措置の指示を国内司法上どう受け止めるかという問題である。この問題は，名宛国が国内の司法制度の整った国であればあるほど，困難な課題となるであろう。もっとも，こうした仮保全措置は規約第14条が定める公正な裁判を受ける権利を担保できないような国を対象とするので，司法先進国の場合には通常起こり得ないとの反論も予想される。しかし，ICJでは米国の司法制度すらチャレンジされているのであり，必ずしも杞憂ではないように思われる。そこには，国内法体系における国際法の受容という大きな課題が含まれている。将来，日本が選択議定書を批准した場合に，その対応に苦慮しそうな問題の1つである。

　他方で，どの紛争処理機関にも共通してみられる特徴がある。すなわち，本案判決の実効性を確保するために仮保全措置は遵守されなければならないという論理が，ICJやECtHR，さらには委員会でも一様に採用されていることである。しかし，よく考えてみれば，人権条約の実施機関による仮保全措置の指示あるいは通知には，ICJとは異なり，人権条約特有の性格が看て取れるように思われる。単に本案の決定の実効性を確保するということにとどまらない考慮である。人権条約の実施機関による仮保全措置を考えてみれば，ECtHRや委員会による仮保全措置の指示や通知は，それが行われる段階で，名宛国によって条約第3条や規約第7条の違反が生じているわけではない。そうすると，こうした人権条約の実施機関による指示および通知は，死刑の場合には締約国，追放または引渡しの事例の場合には他の締約国または第三国に条約または規約

第Ⅱ部　自由権規約委員会による解釈実践

の違反行為を行わせないようにそれを未然に防ぐという積極的な側面があることがわかる。さらなる人権条約の違反を生じさせないという考慮が，その指示や通知に見いだせるのである[83]。もちろん，申立人や通報者の立場から見れば，個人が本来享受すべき権利（たとえば，申立権や公正な裁判を受ける権利）を実効的に確保するために，当該個人に起こりうる回復不能な損害を回避することに主眼があるともいえる。

　本章の考察を閉じるにあたって，仮保全措置に絡んで生じている注目すべき国際法現象について付言しておきたい。1つは死刑制度の問題であり，もう1つは国際紛争処理機関の多元化がもたらす相互連関の問題である。

　まず，仮保全措置の対象となっている死刑の執行停止という問題に着目すれば，死刑問題に対する国際世論の分裂，すなわち，欧州などが支持する死刑廃止という国際的スタンダード（死刑廃止に関する規約第2選択議定書や条約第6議定書）の成立と米国など死刑存置国との対立という深刻な乖離現象がみられることである。実際，ICJのラグラン事件は，これまでの事件とは異なる様相をみせていた。なぜなら，通常の事件とは異なり，訴えられた米国は，みずからの領事関係条約の違反を当初から認めていたからである。「違反した，否違反していない」という通常の事件にみられる訴訟形態はとられなかったのである。外観上は，国家間紛争にフォーミュレートされた領事関係条約の問題，すなわち同条約の規定を米国に遵守させるという領事関係条約の実効性を確保する訴訟の形態をとったが，訴訟の真の目的は，死刑廃止国（パラグアイ，ドイツおよびメキシコ）[84]が死刑存置国（米国）[85]に死刑の執行停止を求める仮保全措置要請を行うことに主眼があったようにみえることである。すなわち，付随手続とされる仮保全措置自体が「独立手続化[86]」しているという

---

(83)　Letas, *supra* note 31, p. 534.

(84)　アムネスティ・インターナショナルの調査によれば，2016年12月末現在，あらゆる犯罪に対して死刑を廃止している国は現在104ヶ国，戦時犯罪についてのみ死刑を存置している国が7ヶ国，死刑が執行されておらず事実上の死刑廃止国は30ヶ国，そして死刑存置国は日本を含め57ヶ国である。

(85)　米国では，50州のうち38州で法定罰として死刑が認められている。アムネスティ・インターナショナルの調査によると，2002年において判明している世界の死刑執行数の81％が中国（1,060人），イラン（113件）および米国（71人）であるとされる。

(86)　こうした最近のICJの仮保全措置要請の機能を的確に指摘した論稿として，奥脇直

第 4 章　個人通報制度における仮保全措置

現象，それ自身が自己目的化しているという現象がみられるのである。そこには，規約第 2 選択議定書や条約第 6 議定書の影響，さらには委員会の「先例(jurisprudence)」にみられる生命の権利を保障した第 6 条と公正な裁判を受ける権利を保障した第 14 条を関連させる人権アプローチが色濃く反映されていた。ラグラン事件におけるドイツの主張には，この論理を基礎として接受国の領事通報義務を公正な裁判の一要素に組み入れるという論理操作が看て取れる。換言すれば，個人の領事通報を受ける権利を，公正な裁判を受ける権利の内在的要素として組み入れようとする動きである。しかし，こうした人権アプローチは，自由権規約委員会で積み重ねられてきた第 14 条の各条項に対する「先例」の解釈論とはややかけ離れた議論になっているように思える。その意味で，ICJ と人権条約の実施機関の 2 つのフォーラムの相互連関という点では，やや厳しい表現であるが，「つまみ食い」的と非難できる要素が残るように思われる。

　次に，国際紛争処理機関の多元化という現象について付言しておきたい。これまで，こうした多元化により，各国際紛争処理機関で同一の国際法規則（慣習法や条約）が異なって解釈されることで，「国際法の断片化（fragmentation of international law)[87]」をもたらすと危惧されてきた[88]。しかし，本章で取り上げた仮保全措置の問題を例にとれば，対象となっている条約は異なり，その意味で同一の国際法規則を解釈しているのではないが，条約法条約の解釈の一般規則たる第 31 条 3 項(c)の「当事国の間の関係において適用される国際法の関連規則」を媒介項として，同一の制度に対する他の国際紛争処理機関における解釈の発展を考慮して，みずからの条約制度に取り入れるという姿勢が見られる。それにより，当初，危惧された国際法の断片化の問題は生じていない。

　　也「武力紛争と国際裁判：暫定措置の法理と機能」村瀬信也・真山全編『武力紛争の国際法』（東信堂，2004 年）784-827 頁がある。特に，786-790 頁参照。

(87)　この問題は，2002 年から 2005 年にかけて国連国際法委員会の場で取り上げられた。Cf. Report of the International Law Commission Fifty-seventh Session (2005), *General Assembly Official Records Sixtieth Session*, Supplement No. 10 (A/60/10), pp. 83-91.

(88)　こうした問題意識で書かれた論稿としては，吉原司「国際紛争処理機関の並存に関する一考察──ラグラン事件を素材として──」『関西大学法学論集』第 53 巻 2 号（2003 年）131-173 頁がある。

第Ⅱ部　自由権規約委員会による解釈実践

この点は，前述した ECtHR のママクロフ事件判決に顕著である。それを可能にしているのは，ECtHR の判決に見られるように，「みずからがその一部を形成する国際法」という認識であろう。個々の紛争処理機関がみずからの判決や見解が国際法の一部を形成しているとの認識を共有することによって，いたずらに独自の判決を形成することが防がれている。それはまた，みずからの判例法の枠内にとどまることなく，参照の条件が整う限りにおいて，他の紛争処理機関の判例を参照する姿勢へと連なっている[89]。もっとも，こうした姿勢は，本章で取り上げた仮保全措置という，およそすべての裁判手続に内在する制度の問題であったから可能であったかもしれない。その意味で，こうした参照条件の確保が容易な例を，どれほど一般化できるかという問題は残る。

　たしかに，個々の条約に基づいて設置される国際紛争処理機関は，その適用法規を異にしており，同一の対象が管轄権の調整の問題をクリアして別の国際紛争処理機関に提起されるとき，異なる結論が下される可能性は必ずしも排除されていない。しかし，今や慣習法，すなわち一般国際法の性質をもつとされる条約法条約の解釈規則（その中には，「当事国の間の関係において適用される国際法の関連規則」も含まれる）という実定法上の基礎を得て，他のフォーラムの国際法の発展を条約解釈の際に考慮事項に含ませることが可能な体制が構築されている。ここでは，ICJ と人権条約の実施機関という２つの異なるフォーラム間の相互連関がみられる。もちろん，国際紛争処理機関の多元化が個々の紛争処理機関に及ぼす影響の問題は，本章で取り上げたような仮保全措置の拘束力を認める（委員会の場合には独自の困難を抱えており，事は単純ではない）方向に収斂するという調和的な事例ばかりではないと思われるが，個々の国際紛争処理機関が他の機関の実行を視野に入れながら，みずからの判例を発展させている合理的な一例と見ることができよう。

---

(89)　文献は異なるけれども，かつてボイル（A. E. Boyle）教授が指摘した，それぞれの裁判所の裁判官の自制と知恵の一端をみることができるように思われる。Cf. A. E. Boyle, "Dispute Settlement and the Law of the Sea Convention: Problems of Fragmentation and Jurisdiction", *ICLQ*, Vol. 46 (1997), Part 1, pp. 37-54.

第5章　個人通報制度のフォローアップ
——トリニダード・トバゴの死刑囚の通報事例を中心に

1　はじめに

トリニダード・トバゴは，すでに1997年10月に選択議定書から脱退したジャマイカとともに[1]，自由権規約委員会（以下，委員会）の個人通報制度の中で多くの違反認定を受けた国である[2]。そうした中で，同国は，1998年5月26日，個人通報制度を定めた第1選択議定書を廃棄した。しかし，トリニダード・トバゴは，同日，「自由権規約委員会は，死刑囚に関するもので，その訴追・拘留・審理・有罪の判決・刑または死刑の執行およびそれらいずれかの事項に関わる通報を受理し，かつ検討する権限を有さない[3]」旨の第1条に対する留保を伴い，再び同議定書に加入した。ところが，委員会が，トリニダード・トバゴの死刑囚による個人通報事例であるロウル・ケネディー事件[4]で，

---

(1) 第1選択議定書は，自由権規約本体とは異なり，その第12条で「いずれの締約国も，国際連合事務総長に対して書面による通告を行うことにより，いつでもこの議定書を廃棄することができる。廃棄は，同事務総長が通告を受領した日の後三箇月で効力を生ずる」（1項）と規定し，脱退そのものを禁じてはいない。薬師寺公夫・坂元茂樹・浅田正彦編集代表『ベーシック条約集2017』（東信堂，2017年）209頁。

(2) 本章がその分析対象とする事例は，1998年までに違反認定されたPinto事件（232/1987 and 512/1992），Soogrim事件（362/1989），Shalton事件（447/1991），Seerattan事件（434/1990），Neptune事件（523/1992），Elahie事件（533/1993），LaVende事件（544/1993），Matthews事件（569/1993），Smart事件（672/1995），Phillip事件（594/1992）およびHenry事件（752/1997）である。この他にも，Barry事件（471/1991），R. M.事件（476/1991），V. B.事件（485/1991），Holder事件（515/1992），Bullock事件（553/1993），Guerra and Wallen事件（575-576/1994）があり，必ずしも網羅的なものではない。

(3) Kennedy v. Trinidad and Tobago (845/1999), para. 4. 1. Human Rights Law Journal, Vol. 21, No. 1-3 (2000), pp. 18-23.

(4) 本事件の詳細については，薬師寺公夫「自由権規約選択議定書に付した留保の効果——規約人権委員会ロウル・ケネディー事件見解——」『立命館法学』第271・272号下巻（2001年）参照。

131

第Ⅱ部　自由権規約委員会による解釈実践

同国の第1選択議定書に対する留保を無効と判断したことを不満として，トリニダード・トバゴは再度，選択議定書を廃棄し，個人通報制度から脱退してしまった。違反認定事例の多い同国は，同時に通報事例の見解で示された委員会の勧告の実施に応じない事例を多く抱えており，1990年以降本格化したフォローアップ手続の対象国でもある。同国の議定書の脱退という事態が今後のフォローアップ手続にどのような影響を与えるのか予断を許さないが，違反認定されたトリニダード・トバゴの個人通報事例の検討を行う前に，まずはフォローアップ手続について概観してみよう。

　フォローアップ手続とは，一口で言えば，委員会の見解が締約国によってどのように受け入れられているか，換言すれば，勧告の遵守状況を調査・確認する手続であり，見解の実効性を確保しようとするものである[5]。実際，1979年の第7会期から2001年7月の第72会期までの間に，委員会は368の見解を採択し，そのうち268の事例につき違反認定を行っている。その違反認定の数からもわかるように，委員会がみずからの見解の履行状況に無関心であるわけにはいかない状況が生じている[6]。この問題は，通報事例が100に達し，そのうち85につき違反認定が行われていた第37会期に委員会で取り上げられた。それまでは，締約国で委員会の見解に対するフォローアップ状況に関する情報を寄せるのはわずかな国に限られており，逆に通報者からは委員会の見解にも

---

(5) フォローアップ手続に対する各国の対応については，cf. P. R. Ghandhi, *The Human Rights Committee and the Rights of Individual Communications*, (Ashgate, 1998), pp. 400-405.

(6) *Annual Report of the Committee to the General Assembly* (A/56/40), vol. I (2001), para. 175. 2016年3月末現在，89の締約国に対する2,474件の通報が登録され，自由権規約委員会は1,155件の見解を採択し，975件の事例につき違反認定を行っている。なお，通報が登録された上位10ヶ国は，カナダ（218件），ベラルーシ（205件），ジャマイカ（177件），デンマーク（168件），オーストラリア（151件），スペイン（124件），韓国（131件），ロシア（118件），オランダ（111件），ウズベキスタン（103件）であるが，違反認定された上位10ヶ国は，韓国（122件），ジャマイカ（100件），ベラルーシ（96件），ウルグアイ（49件），アルジェリア（39件），ウズベキスタン（34件），チェコ（29件），ロシア（28件），スペイン（24件），タジキスタン（22件）である。Statistical survey of individual complaints dealt with by the Human Rights Committee under the Optional Protocol to the International Covenant on Civil and Political Rights, March 2016.

第5章　個人通報制度のフォローアップ

かかわらず事態の状況に改善が見られないとか，適当な救済が与えられていないといった苦情が寄せられていた。そこで委員会は，フォローアップに関する措置を採択することを決定し，それらの措置を附属書 XI に記載した[7]。シャネ（C. Chanet）委員の後を受けて，2001 年 3 月以来，フォローアップ委員会の特別報告者を務めている安藤仁介委員によれば，その内容は以下の通りである。すなわち，

「⑴　委員会の見解が規約違反を認定した場合には，締約国がそれに対してとった措置に関する情報を 6 ヶ月以内に委員会へ寄せるよう，その見解自体の中で要請する。
⑵　6 ヶ月以内に情報が寄せられなかった場合，または救済が与えられなかった旨の情報が寄せられた場合には，その事実を委員会が国連総会へ提出する年次報告書のなかで公表する。
⑶　さらに，規約と選択議定書の双方の締約国は，規約第 40 条に基づいて委員会に提出する政府報告書のなかで，委員会が採択した見解について被害者のためにとった措置に関する情報を含めるよう要請される。そのような情報が政府報告書に含まれていない場合には，委員会が当該報告書を第 40 条のもとで審査する際に，その政府に対する『質問票』のなかにそのような情報を求める質問を加える」

というものである。そして委員会は，委員の中から「見解フォローアップ特別報告者」を選任し，

「(a)　すべての苦情につき，委員会が採択した見解に対して締約国がとった行為に関する情報を得るために，締約国または個人と連絡をとること，
(a)　委員会の報告者（年次報告書の作成にあたる Rapporteur のこと）を助けて，見解のフォローアップに関する詳細な情報を年次報告書に含めること，そして
(c)　フォローアップ手続をより実効的にすべき方策について委員会に勧告すること[8]」

をその任務としたとされる。その後，1990 年 7 月 24 日にフォードー（J. Fodor）委員が初代のフォローアップ特別報告者に指名され，翌年より締約国に対してフォローアップ情報を提供するように求めたのである[9]。

---

(7) *Annual Report of the Committee to the General Assembly* (A/45/40), vol. I (2001), paras. 632-634.
(8) *Ibid.*, Annex XI.

第Ⅱ部　自由権規約委員会による解釈実践

　佐藤（文）教授によれば，このフォローアップ手続の法的根拠については，委員会が1993年の世界人権会議に提出した文書の中で，次のように説明されているという(10)。すなわち，「フォローアップ活動は，委員会が選択議定書で委ねられた責任を果たすことを期待されるならば，その権限と両立するのみならず，本質的なものでさえある。選択議定書の前文は『〔規約〕の目的およびその規定の実施を更に達成するために』通報を受理し，審査することを宣言する。このことは確実に，委員会がその見解に対する当事国の対応に関し当事国と対話をおこなうことを認める」とし，「更に，選択議定書5条1項の『審査する』（"consider"）の語は最終決定の採択までのみの事件の審査を意味するものとしてとらえられるのではなく，規約規定の実施を確保するために必要とみなされる任務に従事するという意味での審査としてとらえられる必要がある。当然のこととして，一定の事情においては，委員会の勧告する救済措置を与えないことは，規約規定の新規の侵害に至りうる(11)」という法的構成をとるというのである。つまり，議定書中の「審査する」（"consider"）という文言を通報事例の審査に限定するのではなく，委員会の見解の履行状況の「審査」にまで拡大し，委員会が勧告した救済措置の遵守状況を確認しようというのである。

　こうした議定書解釈の上に立って，1995年7月に採択された年次報告書は，初めて国別に分けたフォローアップ活動に関する包括的な報告を公表した(12)。なお同報告書では，早速，ボリビア，ドミニカ共和国，赤道ギニア，フランス，ペルー，スリナム，ウルグアイおよびザイールが，回答を寄せていない国とし

---

(9)　*Ibid.*, para. 635.

(10)　佐藤文夫「自由権規約個人通報制度の現状と若干の評価」『国際法外交雑誌』第98巻1・2号（1999年）80-82頁。

(11)　A/CONF. 57/TBB/3（A/48/40, Vol. 1, annex Ⅹ・B），paras. 5-6. なお訳文は，佐藤（文）教授の訳に拠った。佐藤，同上，81-82頁。佐藤（文）教授は，こうしたフォローアップ活動の権限を，通報審査任務の目的達成に不可欠な委員会の黙示的権限論で捉えている。

(12)　*Annual Report*（A/50/40），chap. Ⅸ, paras. 544-565. 第54会期の時点で，委員会は208の見解を採択し，そのうち154の事例につき違反認定を行っていた。フォローアップ特別報告者も，1993年3月からマブロマティス（A. Mavrommatis）委員に交代していた。そして，81の見解につきフォローアップ情報を受領したものの，64の見解については未だ回答なしの状況であった。ただし，そのうち5件については回答期限が到来していなかった。

134

第5章　個人通報制度のフォローアップ

て国名を挙げて非難された[13]。第72会期の終了時までに，198の見解につき
フォローアップ情報が寄せられているものの，未だ75の事例につき未回答の
状況が続いている（ただし，そのうち10の事例については未だ回答期限が到来し
ていない）。回答のうち，およそ30％は，締約国が委員会の見解の履行に意欲
を示していたり，通報者に適当な救済を与える意欲を示しているという意味で，
満足のゆく内容となっている。しかし，他の回答は，委員会の回答にまったく
か，または一部しか対応しておらず，満足のゆくものではなかった。いくつか
の回答は，被害者が補償の請求を適切な時期までに行わなかったので，補償が
支払われなかったことを指摘するに止まっている。なかには，委員会の認定そ
のものを争うものすらあるとされる[14]。

　本章は，1998年までに委員会で違反認定されたトリニダード・トバゴの主
な個人通報事例を紹介し，併せて委員会と同国政府との間のフォローアップ手
続の実態を紹介することを目的とするものである。

2　違反認定された個人通報事例

　トリニダード・トバゴに関する個人通報事例は，注2で表記したように，か
なりの数に昇るが，ここではフォローアップ協議の対象となった違反認定事例
を中心に紹介したい。最初に，同国の通報事例の大半を占める死刑囚からの通
報で，公正な裁判や刑務所での抑留状況の問題などを扱ったトリニダード・ト
バゴに関する個人通報事例の中でも，典型例ともいうべきピント事件を紹介し
たい。

(1)　ピント事件 (Pinto case, No. 232/1987)[15]

　委員会は，第39会期の1990年7月20日に本事件に関する見解を採択し，
自由権規約第6条および14条3項(d)の違反を認定した。通報者はダニエル・

---

(13)　*Ibid.*, para. 563.

(14)　*Annual Report of the Committee to the General Assembly* (A/56/40), vol. I (2001),
　　chap. V, paras. 177-179.

(15)　Daniel Pinto v. Trinidad and Tobago (A/45/40).

第Ⅱ部　自由権規約委員会による解釈実践

ピント（Daniel Pinto）氏というトリニダード・トバゴ市民で，同国のポート・オブ・スペインの国立刑務所で死刑の執行を待っていた[16]。事件の概要は，以下の通りである。

（事件の概要）

通報者は，1982 年 2 月 18 日午前 1 時 20 分にアリマで逮捕された。逮捕容疑は，前日に起ったミッチェル・ゴンザレス（M. Gonzalez）という人物の殺害容疑である。彼の裁判は，1985 年 6 月 3 日から 14 日にかけて，ポート・オブ・スペインのアシーズ裁判所で行われた。その結果，1985 年 6 月 14 日，彼は有罪とされ死刑を宣告された。1986 年 7 月 18 日，控訴審での彼の訴えは棄却された。通報者によれば，1982 年 2 月 17 日の夜，彼は 5 人の男性に襲われ重傷を負った。襲われた時に，相手方の一人が，彼を刺そうとしたが，偶然仲間の一人を刺してしまい，その後刺された男は死亡した。他方，検察の主張によれば，犯行の夜，通報者は 5 人の男に近づき，その中のゴンザレス氏にナイフを振り回し，彼を二度刺したという。

通報者の主張によれば，彼を襲ったとされる 4 人が検察側の証人となったため，彼は公平な裁判を受けられなかったという。さらに，彼の弁護を命ぜられた弁護人が，十分な弁護活動を行わなかったとも主張する。弁護人は，公判に先立って彼の意見を聞こうともせず，公判中もメモをとらないし，何の意見も異議も表明せず，積極的な弁護を行わなかったというのである。さらに通報者によれば，判決が言い渡された後，公判記録が不当に書き換えられたという。公判中，彼はみずからの無罪を主張した。

委員会は，1987 年 7 月 22 日の決定で，情報の提供を求めて，この通報を締約国に送付した。また，手続規則第 86 条[17]に従って，同国に対し，通報の受

---

(16) *Ibid.*, para. 1.

(17) 規則第 86 条は，「委員会は，関係締約国に対して通報に関するその最終的意見を送付する前に，権利が侵害されたと主張する者に対する回復不能な損害を回避するために仮措置が望ましいかどうかについての委員会の意見を当該国に通知することができる。この場合，委員会は，関係締約国に対して，仮措置に関する委員会の意見の表明は通報の本案に関する決定を意味するものでないことを通知する」と規定している。松井芳郎・薬師寺公夫・坂元茂樹・小畑郁・徳川信治編『国際人権条約・宣言集〔第 3 版〕』（東信堂，2005 年）911 頁。

理可能性につき委員会が検討を行う前に，通報者の死刑を執行しないよう仮保全措置を要請した。通報者に対しては，手続規則第91条[18]に従って，詳細な情報の提供を求めた。通報者は，1987年8月18日付の文書で，枢密院司法委員会への上告のための特別許可を請願したことを明らかにした。彼はさらに，トリニダード・トバゴの司法手続の不備を主張した。彼によれば，1986年に枢密院司法委員会に対し特別許可を求めたにもかかわらず，2年たっても枢密院は同国の控訴審から必要な資料や記録を受理していなかった。その後，通報者は，1988年6月13日付の文書で，枢密院司法委員会への上告のための特別許可の請願が却下されたことを伝えてきた[19]。さらに1988年12月14日付の文書では，検事局，国家保安省，外務省などのトリニダード・トバゴの国内機関へ提出した申立に対して，何らの回答もないと述べた。枢密院司法委員会の特別許可申請却下の後，通報者は恩赦委員会への申請を行ったが，回答はなかったという[20]。

（受理可能性）

委員会は，検討中の問題につき締約国からの協力が全く得られなかったことに懸念を表明した。第1選択議定書第5条2項(b)が規定する国内的救済完了の要件について，締約国は一切の情報を提供しなかった。委員会は，入手した情報に基づいて，通報者には実効的な国内的救済手段はなかったと判断し，通報

---

(18)　規則第91条は，「委員会又は規則第89条1項に基づいて設置された作業部会又は規則第89条3項に基づいて任命された特別報告者は，関係締約国又は通報者に対して，通報の受理可能性の問題に関する追加の書面による情報若しくは見解を提出するよう要請することができる。不当な遅延を避けるために，この情報又は見解の提出のための期限を指定するものとする」（1項）と規定している。同上，912頁。

(19)　トリニダード・トバゴやジャマイカなど英国の植民地から独立したカリブ海諸国では，自国の最高裁判所の判断を仰いだ後，不満が残る場合に英国枢密院司法委員会に上告する道が開かれている。実際，死刑判決を受けた者は，一方で枢密院に上告しながら，他方で自由権規約委員会に通報することが多い。そこで，委員会としては，枢密院の上告が国内救済措置に含まれるかどうかを検討することを迫られた。委員会は，O. W. v. Jamaica 事件（No. 227/1987）で，「枢密院司法委員会への上告は，自由権規約選択議定書にいう国内的救済措置に含まれる」との判断を示した。この問題については，安藤仁介「B規約人権委員会の個人通報審査」『法学論叢』第128巻4・5・6号（1991年）91-92頁参照。

(20)　*Ibid.*, paras. 2.1-8.

第Ⅱ部　自由権規約委員会による解釈実践

は受理可能と決定した[21]。

（本　案）

本案に関する締約国の見解の提出期限は 1990 年 2 月 17 日だったが，何の回答も得られなかった。ただし，締約国は，1990 年 3 月 12 日付の公文で，当該事件の裁判所記録を提出した。この中には，証拠のメモ，裁判官による事件要点の指示，判決と量刑に対する控訴許可申請，控訴審裁判官の判決などがあったが，これらは，2 年前の受理段階で委員会が提出を求めていた文書であった。通報者は，通報が認められた後に提出した多くの資料のなかで，みずからの事例についてさらに詳しい情報を提供した。これらの資料から，主に三つの点が明らかになった。彼はまず，公正な裁判が受けられなかったこと，そして裁判官による陪審員への指示が十分でなかったことをあげた。通報者は，第 1審および控訴審で彼の弁護人が十分な弁護を行わなかったことを再度主張した。ポート・オブ・スペインのアシーズ裁判所で彼の弁護をした I. K 氏は，今回の事件にまったく興味を示さず，検察が提出した証拠に対して異議を申立てることもなく，公判中ずっと消極的な弁護しか行わなかったと主張した。さらに，この I. K 氏と控訴の準備について話し合ったこともなかった。通報者によれば，この弁護人は，1989 年春，死刑囚に対する迅速な刑の執行を要求するいくつかの声明を発表したとされる。また，通報者は，死刑の執行を待つみずからの抑留状況についても問題があったと指摘した。彼によれば，数年間にわたって歯の治療が必要だったにもかかわらず，刑務所当局は，治療費を支払う余裕がないと彼に対して繰り返し主張したという。もっと一般的なことをあげれば，刑の執行を待つ間，病気の治療もなかなか受けられなかったばかりでなく，このような事態を公言すれば，かならず刑務所当局からひどい仕打ちを受けたという。

本件通報の内容について，締約国から一切の情報提供はなかった。選択議定書第 4 条 2 項は，締約国に対し，同国およびその司法機関に対して主張された規約違反について誠実に調査すること，委員会に対して入手可能な情報をすべて提出することを求めている。こうした状況では，委員会は通報者の主張に重

(21)　*Ibid.*, paras. 9. 1-9. 4.

138

きを置かざるを得ない。

　委員会は，通報者が，陪審員に対して裁判官が偏見に満ちた指示を行ったことだけでなく，裁判官が証拠を十分に評価しなかったと主張している点に注目する。さらに委員会は，規約第14条が公正な裁判を受ける権利を保障しているものの，個々の事例で事実や証拠の価値を判断するのは国内の控訴審裁判所である点を再確認した。裁判官による陪審員への指示が明らかに恣意的であるか，あるいは裁判拒否である場合を除けば，原則として，当該指示の評価は委員会の任務ではない。委員会は，死刑が宣告される可能性のある事例において，裁判官の指示には特に高い程度の完全性と公平性が求められるものと考える。ましてや被告が正当防衛を主張している事例で，このことがあてはまるのは当然である。提出された資料を慎重に検討した結果，委員会は，1985年6月14日に裁判官が行った陪審員への指示は，恣意的でも裁判拒否にもあてはまらないと判断した。控訴審が判決で述べたように，裁判官は，検察側の主張も被告側の主張も完全かつ公正に陪審員に伝えた。それゆえ委員会は，裁判での証拠の評価は，第14条に違反していないと考える。

　控訴審での通報者の弁護人の任命については，死刑が宣告される事例では，弁護人が自由に任命できなければならない。このことは，第1審のみならず控訴審にも適用される。今回の事例で問題となるのは，控訴裁判所が任命した弁護人につき，その弁護人が第1審で不十分な弁護しかしなかったと考えた通報者が，拒否する権利があるかどうかという点である。通報者が，控訴の根拠を理解せず，これを承認していなかったこと，そして，弁護人と控訴審の準備のために話し合う機会が与えられなかった事実について異論はない。本件が死刑判決に関わる事例である点を考慮すれば，締約国は，たとえ裁判手続が遅れる事態になったとしても，控訴審での弁護のために別の弁護人を雇おうとする通報者の行為を受け入れるべきであった。委員会は，死刑が宣告される事例においては，十分かつ効果的に正義が実施されるような方法で，被告に対する法的扶助が与えられなければならないと考える。本件においては，こうした法的扶助が行われなかった。控訴審で，通報者が有効な弁護を受けられなかった点で，規約第14条3項(d)の要件は満たされていない。

　また，委員会は，規約の規定が遵守されなかった裁判で宣告された死刑判

第Ⅱ部　自由権規約委員会による解釈実践

決は，それについて控訴ができなかった場合，規約第6条違反になると考える。委員会が，一般的意見6 (16)で明らかにしたように，死刑判決は法律に従って，かつ規約に違反しない形で宣告されなければならないとの規則にいう手続上の保障には，「独立した裁判所による公正な裁判を受ける権利，無実の推定，防禦のための最小限の保障，および上級裁判所による再審理」が含まれており，これらは遵守されなければならない[22]。本件では，第14条に規定されている公正な裁判という要件が満たされないままに，死刑の宣告が行われたことから，規約第6条で保障されている権利が侵害されたと言わざるを得ない。

　委員会は，みずからが認定した事実から，同規約第6条および第14条3項(d)違反があったことは明らかだと認定する。委員会は，死刑が宣告される事例において，規約第14条に規定されている公正な裁判のためのすべての保障を締約国が厳格に実施しなければならないことは，絶対的な義務であると考える。委員会は，第6条および第14条3項(d)違反の犠牲者であるピント氏には，釈放を含む救済を受ける権利があると考える。委員会は，みずからの見解に関連して締約国がとった適切なすべての措置についての情報の入手を期待する[23]，との見解を示したのである。

　本事件は，トリニダード・トバゴの個人通報事例に多く見られる，不公正な裁判に基づいて死刑判決を受けたという事例である。委員会は，こうした不公正な裁判が「みずから出席して裁判を受け及び，直接に又は自ら選任する弁護人を通じて，防禦する」権利を認めた第14条3項(d)の違反を構成することはもちろん，こうした不公正な裁判に基づく死刑判決は恣意的に生命に対する権利を奪われないとした第6条の違反も同時に構成すると認定したのである。もっとも，こうした委員会の論理構成にヴェナーグレン委員（B. Wennergren）は反対する個別意見を付した。長くなるが，他の人権機関による本主題の考え方との比較がなされており，参考になると思われるので紹介したい。彼は，

　　「ウィーン条約法条約は，条約の規定は，条約の文言に与えられるべき，つま

---

(22)　この一般的意見の内容については，佐藤文夫「規約人権委員会の一般的意見」『成城法学』第28号（1998年）182-184頁参照。

(23)　Daniel Pinto v. Trinidad and Tobago（A/45/40），paras. 10-14. *Annual Report of the Committee to the General Assembly-Fourteenth Report*, pp. 405-407.

140

第5章　個人通報制度のフォローアップ

り条約の内容，条約の趣旨および目的に照らして与えられる通常の意味に従って解釈されなければならないと規定している。規約第6条2項の趣旨および目的は明らかである。すなわち，死刑の適用を限定することにある。準備作業は，死刑を科す権限をもつ国内法が従わなければならない判断基準として，これを位置付けている。この判断基準は多くの必要条件からなっているが，その中には，規約の他の規定でも明記されている保障を明らかにしたものもある。

　こうした必要条件は，(a)『最も重大な犯罪にのみ適用されなければならないこと』，(b)『犯罪が行われた時に効力を有していた法律にのみ従わなければならないこと』（第15条1項参照），(c)『権限ある裁判所による確定判決によってのみ下されたものでなければならないこと』（第14条1項参照）である。同様の要件は，米州人権条約第4条にも見られる。同条約によれば，死刑は，『最も重大な犯罪に対して，権限ある裁判所が下した最終判決によって，犯罪遂行時以前に施行された法律に従って科せられねばならない』。ヨーロッパ人権条約第2条は，ここまで完璧に規定していない。同条約は単に，『何人も，故意にその生命を奪われない。ただし，法律で死刑を定める犯罪について有罪の判決の後に裁判所の刑の言い渡しを執行する場合は，この限りではない』と述べるに止まる。その結果，ヨーロッパ人権条約は，他の諸規定に比べ，国家によるすべての意図的な生命の剥奪から個人を守るという目的に焦点をおいている。

　自由権規約第6条2項は，ヨーロッパ人権条約にも米州人権条約にもない必要条件を加えている。すなわち，(d)『この規約の規定及び集団殺害犯罪の防止及び処罰に関する条約の規定に抵触しない』ことである。後者の条約には，集団殺害という文言に含まれうるすべての殺戮行為——例えば死刑判決後の刑の執行も該当する——を禁止した規定がいくつかある。自由権規約第6条5項では，18歳以下の者による犯罪に死刑を適用することも禁止している。つまり，必要条件(d)が，何よりも自由権規約とジェノサイド条約にある死刑判決の適用および執行に関する諸規定に照準を置いているのは明らかである。しかし，規約の他の規定にも適用できるように理解されうる。つまり，死刑判決の適用そのものに関する規定だけに適用されるのではなく，たとえば第26条にも適用できるように理解されうることは，そうした一般的な文言が用いられていることからも明らかである。本件において，委員会はそのように解釈し，裁判で死刑の確定判決が出た場合，公正な裁判を保障した第14条に違反する行為は，第6条2項の違反としてもみなされなければならないと認定した。

　私は次のような理由から，委員会のこうした解釈の根拠を見出すことができない。すなわち，この必要条件が置かれた状況において——1項ではなく2項——，また同項の趣旨および目的に照らせば，その項の特定の目的（5項と第26条の遵守）以外に独立した重要性を付すべきであり，それは第6条5項ですでに明らかになっていることを強調しているとは考えにくいということである。準備作業に有益な指針を見出すことはできない。しかも，死刑を宣告された犯罪を

141

第Ⅱ部　自由権規約委員会による解釈実践

捜査し，そのような犯罪で個人を有罪とし，当該個人に対して裁判を行うこと
のできる国の権限は，個人に死刑を宣告することのできる権限のみを規定した
第6条2項の核心ではない。関連する権限は，1項の範疇に入る。その規定で
は，何人も恣意的に生命を奪われないとされ，準備作業によれば，この文言は，
『法の適正手続きなしに』という表現よりも好ましいとされた。私は，死刑が下
される場合に，第14条で規定されている公正な裁判のための保障措置の違反は，
第6条2項違反にも該当するとみなしえないと考える。ただし，死刑判決が下
される事例で生ずる不公正が最も深刻な事態を生むとする委員会の見解には賛
成する。人の生命が危険にさらされた場合，すべての可能な予防措置ならびに
保障措置が効果的に行使されなければならない。ゆえに，そのような場合に発
生する第14条違反は，特に重大な規則違反となる。しかし，それだからといっ
て，同じ行為が第6条2項違反を構成するとはいえない。仮に裁判が，真に公
正な裁判としての性格をもたず，むしろ裁判もどきのものであって，法の適正
手続の持つ崇高な性質が欠けている場合にのみ，規約第14条違反の行為が同時
に第6条にも違反しているという事態，すなわち，第6条1項の違反が発生する。
　　本件での裁判が極めて不十分であったことは明らかだが，私の意見では，当
該裁判が恣意的であったとするほどの不公正があったと判断できるだけの資料
は入手できなかった。これに関連して，不十分な裁判を理由にした上告の特別
許可の申請が通報者から枢密院司法委員会に届いていたものの，同委員会が許
可を出さなかったことを明らかにしておこう。ゆえに結論として，私は，米州
人権条約およびヨーロッパ人権条約に基づく場合と同じく，公正な裁判の保障
の侵害は，それ自身では，死刑の宣告に関する規定違反とはなりえないと考え
る[24]」

というのである。トリニダード・トバゴの国内裁判所の手続と内容が，第14
条違反と同時に第6条違反をも構成するような「裁判もどき」ではなかったと
いうのである。不十分なものであったかも知れないが，恣意的であったとする
ほど不公正なものではなかったというのである。つまり，「恣意的」の敷居を
どこに置くかの問題でもある。換言すれば，多数派との違いはトリニダード・
トバゴの国内裁判所の手続と実態に対する評価の相違に起因していると思われ
る。
　いずれにしろ，本件では第14条の公正な裁判の要件が満たされずに死刑宣
告が行われた場合には，同時に第6条違反を構成するという立場が委員会に
よって採用された。なお委員会は，第14条の訴訟手続上の権利が侵害された

(24)　*Ibid.*, Appendix, p. 407.

142

第5章　個人通報制度のフォローアップ

場合には，第14条の定める手続上の保障での新しい訴訟機会を付与するか，それができなければ釈放を命じる傾向にある[25]。釈放を命じた本事件も，そうしたものの一例とみなすことができる。同様の事例は，トリニダード・トバゴではたびたび個人通報の対象とされた。そうした例の1つとして，次にスーグリム事件を見てみよう。

(2)　スーグリム事件（Soogrim case, No. 362/1989）[26]

　委員会は，第47会期の1993年4月8日に見解を採択し，本通報事例につき，規約第7条および第10条1項の違反認定を行った。通報者バルキススーン・スーグリム（Balkissoon Soogrim）氏はトリニダード・トバゴの市民で，ポート・オブ・スペインの国立刑務所で刑の執行を待っていた。通報によれば，トリニダード・トバゴは，規約第7条，第9条2項，第10条および第14条1項・3項(g)に違反したとされる[27]。事件の概要は，以下の通りである。

（事件の概要）

　通報者は，1978年9月6日から7日の夜にかけて，カロニ郡のさとうきび畑で，ヘンダーソン・ヘンディー（Henderson Hendy）なる人物を殺害した容疑で，同月7日に逮捕された。通報者は殺害への関与を一切否定した。通報者および共犯とされるラメシュ・マラハジ（Ramesh Marahaj）はポート・オブ・スペインの高等裁判所により殺人罪で有罪を宣告された。しかし，控訴審はこの判決を覆し，差し戻しを命じたが，1984年6月29日，再び有罪とされ死刑が宣告された。1985年7月9日，控訴も棄却された。その後，枢密院司法委員会に提出した上告の特別許可の請願も，1986年5月22日に却下された。

　通報者は，1986年に憲法上の申立（constitutional motion）を行ったが，別の二つの事件が係属中であったため延期された。通報者は，これにより国内的救済の申請が無期限に延期されたと主張した。実際，彼の審議は1991年1月7日に無期限に延期された。

---

(25)　たとえば，同様の事例としては，R. Espionaza de Polay v. Peru（No. 577/1994）がある。

(26)　Balkissoon Soogrim v. Trinidad and Tobago, CCPR/C/47/D/362/1989.

(27)　*Ibid.*, para. 1.

143

第Ⅱ部　自由権規約委員会による解釈実践

通報によれば，通報者を有罪判決に導いたのは検察側の主要な証人である L. S. であるが，彼女は共犯または教唆した人物であり，裁判官は彼女の証言の信憑性につき陪審員に適切な指示を行わなかったという。また，通報者は逮捕後，警察署で暴行を受け，殺害現場にいたと記載された供述書に無理やり署名されたという。さらに通報者は，ポート・オブ・スペインの刑務所で非人道的な処遇を受けたと主張する。1987 年 2 月 2 日および翌 88 年 9 月 21 日，看守から暴行を受け，また別の日には 2 週間もの間，寒い独房に裸で放置された。また，十分な運動ができず日光を浴びることができなかったので，関節炎になったと主張した。さらに，10 年以上も死刑を待つ身であったために視力が低下し，医者から治療を勧められたが，刑務所長はこれを拒否した。また，家族との面会も制限されたとして，服役囚の処遇に関する国連の最低基準規則にも違反していると主張したのである[28]。

（受理可能性）

委員会は，裁判所の証拠の評価と裁判官の陪審員への指示に対する主張は，原則として国内の上告審が評価すべきものであり，通報のこの部分は許容されないとした。また第 9 条に基づく通報も許容性を立証できるほど堅固なものではなかったとした。結局，委員会は，第 7 条，第 10 条および第 14 条 3 項(g)に基づく通報を受理可能とした。その後，締約国により，通報者は弁護人からの法的扶助を受け，基本的な救済を受けている旨の報告があり，委員会はみずからの判断を覆し，第 14 条に関する通報についての受理可能性を否定した[29]。

（本　　案）

委員会は，上記に照らし，規約第 7 条および第 10 条に基づく主張について，本案の検討を行った。1992 年 2 月 11 日および 27 日付の文書で，締約国は，通報者の通報には根拠がないとした。この文書には刑務所長の報告書が添えられていた。1991 年 11 月 20 日付の同報告書は，1987 年 2 月 2 日と翌 88 年 9 月 21 日に規律違反を犯した通報者をおとなしくさせるために，刑務官が合理的な実力を行使したことは認めるが，通報者が 2 週間もの間，独房で裸のま

(28)　*Ibid.*, paras. 2. 1-3. 4.
(29)　*Ibid.*, paras. 4-9.

144

第5章　個人通報制度のフォローアップ

ま放置されたという事実はなかったとする。さらに，刑務所の状況については，規程により，囚人は1日1時間屋外に出ることが許されていると述べる。また，刑務所の健康記録では，通報者は慢性的な関節炎ではなかったし，高血圧を除けば健康であったとする。片方の視力が落ちたという通報者の主張についても，眼科で治療を受け，めがねをかけるようになったとする。

　これに対し，通報者は，刑務所規程があったとしても，人員不足を理由に，実際には1週間に1時間しか外にでられなかったと主張した。規律違反云々は，通報者に対する違法な暴力行為を隠すためのでっちあげにすぎないとした。また，独房の件も真実で目撃者もいると主張した。

　争点は2つある。(a)通報者は非人道的または劣悪な処遇を受けたかどうか，(b)通報者の置かれた状況は第10条違反にあたるかどうかである。委員会は，通報者と締約国の主張を検討し，各々の信憑性を判断せねばならない。通報者は正確に状況を述べ，暴行を働いた人物を特定した。委員会は，通報者が数回にわたって刑務官に殴られたという事実につき，規約第7条および第10条1項違反であると判断する。通報者は，適当な補償を含めた救済を受ける権利を有する。締約国は今後，同様の違反が二度と起こらないようにしなければならない。委員会は，締約国が委員会の判断に鑑みて，みずからがとった関連の措置について90日以内に報告するよう希望するとした。以上が勧告の内容である。

　勧告の最後の一文は，他の通報事例にも共通にみられるものである。このように違反認定事例では，委員会が，90日［最近では，180日］以内に締約国が委員会の見解に効果をもたせるためにどのような措置をとったか情報を求める例が増えている。その意味では，前述した6ヶ月以内という基準よりも短縮されていることがわかる。すなわち，違反認定を受けた事例では，「締約国は，通報者に適当な救済を与える義務があり，将来同様な違反が生じないように必要な措置をとる義務がある。委員会は，締約国が委員会の見解に効果をもたせるための措置についての情報を90日以内に提供することを希望する」というパターンの勧告が，当時は一般化していたといえよう。

　さらに，本事件で示されたように，第14条違反の通報に絡んで，国内の裁判所の証拠や証言の評価，あるいは裁判官の陪審員への指示の評価の問題が

145

第Ⅱ部　自由権規約委員会による解釈実践

提起された場合，委員会は一貫して，それは国内の上告審の役割であるとして，そうした通報の受理可能性を否定している。委員会が，国内裁判所に対するいわゆる「第4審」でない以上，当然の態度といえよう。本事件でも，委員会のそうした姿勢は堅持されている。同様の立場が，次のシャルト事件でも採用され，例外的に委員会が受理しうる場合の基準が示された。次に，この事件を見てみよう。

(3)　シャルト事件（Shalto case, No. 447/1991）[30]

委員会は，第53会期の1995年4月4日に見解を採択し，本通報事例につき，規約第9条3項および14条3項(c)の違反認定を行った。通報者は，レロイ・シャルト（Leroy Shalto）というトリニダード・トバゴ市民であり，通報時にはポート・オブ・スペインの国立刑務所で刑の執行を待っていた。通報者は，みずからが同国による規約違反の犠牲者であるという。しかし，どの規定に違反する行為があったかについては特定していない[31]。事件の概要は，以下の通りである。

（事件の概要）

通報者は，1978年9月28日，妻ロザリアの殺害容疑で逮捕された。1980年11月26日，彼は死刑判決を受けた。1983年3月23日，控訴審はこの判決を棄却し，差し戻した。しかし，通報者は，再び殺人罪で死刑を宣告された。1988年4月22日，控訴審は彼の控訴を棄却した。その後，枢密院司法委員会に提出された上告の特別許可の請願も，1989年11月9日に却下された。なお，1992年12月2日，通報者は死刑から終身刑に減刑された。

検察によれば，事件当日，通報者は妻が働いている店で夫婦喧嘩をし，逃げる妻に銃を発砲したとされる。裁判で，数人の目撃者がそうした証言を行った。他方，公判中の通報者の証言によれば，事件当日，別居中であった妻に子供の様子を聞きに行ったところ，妻は子供の父親は彼でないということ，また，当時店にいた「この警官」（妻が交際していたと通報者が考えるE巡査）の方が彼

---

(30)　Leroy Shalto v. Trinidad and Tobago, CCPR/C/53/D/447/1991.

(31)　*Ibid.*, para. 1.

146

第5章　個人通報制度のフォローアップ

よりましだといった。それを聞いた通報者は激昂し，銃を取り出した。これを取り上げようとする妻ともみあっているうちに，銃が暴発し妻は致命傷を負ったというのである。

通報によれば，裁判官は陪審員に指示を与える際，法的には「言葉だけでは挑発したことにはならない」と述べ，陪審員に予断を与えた。その結果，挑発された結果の故殺という判決が彼に下される可能性はなくなったという。いずれにしろ通報者は，具体的に規約のどの条文に違反する行為があったのかを明らかにしていないが，差戻審の遅延が第9条3項および第14条3項(c)に基づき問題になると思われた。

締約国は，1992年1月30日付の文書で委員会の管轄権に触れ，次のように述べた。すなわち，国内裁判所で明らかになった事実や証拠を評価し，裁判所による国内法の解釈を見直すのは委員会の仕事ではなく，締約国の控訴裁判所の仕事である。さらに，裁判官による陪審員への指示が明らかに恣意的または裁判拒否に相当する，あるいは裁判官が明らかに公平義務を怠った場合を除き，担当裁判官の指示の評価は委員会ではなく，控訴裁判所が行うべきだとの委員会の先例（jurisprudence）にも言及した。したがって，通報は受理できないと主張した。これに対し，通報者は，彼が刑務所で14年間過ごし，最後の6年間は死刑の執行を待つ身であったことを考慮するように委員会に求めたのである[32]。

（受理可能性）

委員会によれば，締約国は，差し戻しを命じた1983年3月23日の控訴審の判決から，1987年1月20日までの差戻審の開始までの遅延についてさらなる情報を提供しなかった。委員会は，この遅延は規約第9条3項および第14条3項(c)に関して問題になりうるとし，本案で検討されるべきであると考えた。この結果，1994年3月17日，通報のこの部分につき受理可能であると宣言した[33]。

---

(32) *Ibid.*, paras. 2.1-5.
(33) *Ibid.*, para. 6.

147

第Ⅱ部　自由権規約委員会による解釈実践

（本　　案）

　受理可能性の決定後，本通報の争点につき締約国は何らの情報も提供しな
かった。委員会は，選択議定書第4条2項は，締約国がみずからに対し提出さ
れた主張を誠実に検討し，入手可能な全ての情報を委員会に提供せねばならな
いことを規定していることを想起した。本件において，締約国が委員会に協力
的でなかった事実に照らし，通報者の通報の中で実証された限りにおいて，そ
れに相当な考慮が払われなければならない。

　1983年3月23日の控訴審で，通報者に対する有罪判決が覆され差し戻され
たが，差戻審は1987年1月21日に開始され，最終的には再び殺人罪で通報
者を有罪とした。規約第14条3項(c)によれば，すべての者は，その刑事上の
罪の決定について，「不当に遅延することなく裁判を受ける」権利を有してお
り，また第9条3項によれば，刑事上の罪に問われて勾留された者は，妥当な
期間内に裁判を受ける権利または釈放される権利を有する。結論として委員会
は，控訴審の判決から差戻審の裁判までのほぼ4年に及ぶ遅延——その間，通
報者は勾留されたままだった——について，これを正当なものと立証する締約
国からの説明がない以上，これは規約第9条3項および第14条3項(c)に違反
すると判断する。締約国は，通報者に対し効果的な救済を行わなければならな
い。委員会は，通報者が16年にわたって刑務所で過ごしている事実に鑑みて，
通報者の早期釈放を検討するよう締約国に勧告する，というものであった[34]。

　本事件では，事実や証拠の評価，さらには国内法の解釈の再検討は委員会の
仕事ではなく，締約国の控訴裁判所の仕事であるとの締約国の主張が認められ，
この点が確認された。さらに，裁判官の陪審員に対する指示の評価についても，
明らかに恣意的か裁判拒否に相当するものでなければ，あるいは裁判官が明ら
かに公平義務を怠った場合にしか，委員会の検討の対象とならないというこれ
までの判例が維持された。ここで示された基準に従えば，例えば，裁判官が陪
審員に明らかに有罪を示唆するような指示を行わない限り，委員会が国内裁判
所の裁判官の訴訟指揮に介入することはないということになる。この基準の敷
居は極めて高いことがうかがえる。こうした原則的立場は，先に紹介したピン

---

(34)　*Ibid.*, paras. 7.1-9.

第5章　個人通報制度のフォローアップ

ト事件でも確認されていたし，G．S対ジャマイカ事件で示された。すなわち，「委員会による，陪審裁判における裁判官による陪審員への特定の指示の再審理，または一般的な偏向の訴えは，第14条の適用範囲を超えている[35]」との見解が示されているのである。

　本件では，通報者が通報時に，トリニダード・トバゴのどの行為が規約のどの条文に違反するかを具体的に明示していなかった（いわば通報の形式的受理要件を満たしていない）にもかかわらず，委員会はこの通報を門前払いすることなく，通報が示す具体的な事実関係から，規約第9条3項および第14条3項(c)の違反の問題が発生すると認定した点で注目される。なお，先に紹介したピント事件と同様に，本件では，規約第14条違反，すなわち，公正な裁判を経ないで科せられた死刑判決に対する救済措置として，死刑待ちの形で16年間収容されたことに鑑みて，即時釈放が勧告されている。こうした委員会の姿勢は，次のシーラタン事件でも維持された。次に，この事件を概観してみよう。

⑷　シーラタン事件（Seerattan case, No. 434/1990）[36]
　委員会は，第55会期の1995年10月26日に見解を採択し，本通報事例につき，規約第14条3項(c)の違反認定を行った。通報者はラル・シーラタン（Lal Seerattan）というトリダード・トバゴの市民であり，現在ポート・オブ・スペインの国立刑務所に収監中で規約第14条違反の犠牲者であると主張している[37]。事件の概要は，以下の通りである。

（事件の概要）
　1982年12月27日，通報者は，前日に発生したモティ・ラモタール（Motie Ramoutar）殺害に関し逮捕された。翌28日，彼の容疑は謀殺とされた。1983年8月29日，8ヶ月続いた予審の後，予審判事は，彼の容疑を謀殺から故殺に変更し，彼は釈放された。翌年9月18日，彼は再逮捕され，謀殺の容疑で

---

(35)　G. S. v. Jamaica (No. 369/1989), para. 3. 2. cf. S. Joseph, J. Schultz, and M. Castan, *The International Covenant on Civil and Political Rights‒Cases, Materials, and Commentary,* (Oxford, 2000), pp. 297-298.

(36)　Lal Seerattan v. Trinidad and Tobago, CCPR/C/55/D/434/1990.

(37)　*Ibid.,* para. 1.

第Ⅱ部　自由権規約委員会による解釈実践

訴追された。裁判は，1986年3月6日から11日にかけてポート・オブ・スペインの高等裁判所で開かれ，通報者は死刑を宣告された。

　検察が依拠した被害者の息子の証言によれば，事件当日の午後7時頃，被害者の雇用人が酔って通報者の家に投石し，通報者や家族を脅していたところ，それをなだめようとしていた被害者を，通報者がもりのようなもので刺したと証言する。被害者の妻もこれを裏付ける証言をした。医師によれば，致命傷は同凶器によるとされた。他方，通報者のために証言した彼の妻は，まったく異なる状況を証言した。それによれば，通報者をからかい，彼の家に投石をしたのは被害者とその家族であるというのである。彼女の証言に照らし，裁判官は陪審員に挑発という点も考慮するように求めた。

　1987年3月9日，トリダード・トバゴの控訴裁判所は，控訴を棄却した。枢密院司法委員会に対する上告の特別許可の請願も，翌年5月26日に却下された。1992年12月3日，同月8日の死刑執行が許可された。その前日，弁護人は憲法上の申立を提出した。その根拠は，裁判遅延後の刑の執行は通報者の基本的人権を侵害するというものであった。なお，刑の執行は同様の争点で争われていた別の事件の憲法上の申立の結果が出るまで延期された。その後，1994年1月4日，大統領令によって死刑から終身刑に減刑された。この減刑は，プラットおよびモルガン対ジャマイカ事件の枢密院司法委員会の判決（1993年11月2日）[38]を受けて行われた。

　通報者は，彼の弁護人は十分な弁護を行わず，その結果，裁判は不公正であったと主張する。この公正な裁判でなかったと信ずるに足る要素として，本件では科学的証拠がないという事実がきわめて大きな意味をもつという。なぜなら，検察の主張の根拠は，暗くなりかけていた屋外で通報者が犯人だと特定した被害者の妻と息子の証言にある。ところが，この妻は近眼で当時めがねを

———————————

(38)　英国枢密院司法委員会は，本事件で，死刑判決後の死刑待ち現象を検討した結果，遅延の期間はすでに約14年に達しようとしており，この期間はヨーロッパ人権裁判所がヨーロッパ人権条約第3条違反とみなす期間の2倍の期間であり，現在に至っての死刑はジャマイカ憲法第17条1項の違反を構成する非人道的な処罰であるとして，終身刑に減刑することを勧告した。Pratt and Morgan v. the Attorney General for Jamaica et al., *Human Rights Law Journal*, Vol. 14, No. 9-10 (1993), pp. 345-346. 詳しくは，薬師寺・前掲注(4) 1608-1609頁参照。

第5章 個人通報制度のフォローアップ

かけていなかった。また，証人が被害者の身内であることや両家の家族の仲が
険悪だったことを考えれば，証言の信頼性には十分疑問の余地がある。このよ
うな状況下では，裁判官は陪審員に対し「注意深く検討するように」指示して
しかるべきであった。さらに，B，J，S．P といった重要な目撃者が法廷で証言
を求められず，通報者が逮捕され裁判にかけられるまで3年以上もかかってい
る。こうした裁判の遅延は，目撃者による犯人の特定が重要な争点である本件
では特に許されない。これらは規約第14条に違反すると主張するのである[39]。

（受理可能性）

1993年9月10日付の文書で，締約国は，通報者が本事件に関してすべての
国内的救済を尽くしたことを確認した。委員会は証拠の評価および裁判官の陪
審員に対する指示の主張は許容しえないと判断した。裁判官による陪審員に対
する指示が明らかに恣意的であったり，裁判拒否に相当するか，あるいは公平
義務に明白に違反する場合を除き，事実や証拠の評価および裁判官による指示
の妥当性の判断は，原則として委員会ではなく締約国の控訴審が行うべきであ
る。委員会に提出された資料からは，そのような問題はなかった。また，委員
会の見解では，通報者は第1審および第2審で弁護を担当した弁護人が十分な
弁護を行わなかったという主張を十分裏付けることができなかった。

委員会は，この事件の発端となった1982年12月27日の通報者の逮捕から
1986年3月11日に有罪判決が下されるまでの間は，規約第14条3項(c)の下
で問題になるとして，通報のこの部分については受理可能とした[40]。

（本　案）

委員会は，締約国からは死刑を減刑したとの報告（1995年4月19日付の文書）
があったのみで，本通報の争点を明確にするだけの情報が提出されなかった事
実に特に留意する。本件では，締約国が委員会に協力的でなかったため，通報
者の主張に相当な考慮が払われなければならない。

通報者は，1982年12月27日に逮捕され，予審終了後の1983年8月29日
に釈放され，翌84年9月18日に再逮捕，1986年3月6日に裁判が開始さ

(39) Seerattan, CCPR/C/55/D/434/1990, paras. 2.1-3.3.
(40) *Ibid.*, paras. 4-5.5.

第Ⅱ部　自由権規約委員会による解釈実践

れ，同月 11 日に死刑判決を受けた。委員会は，締約国から何の説明もない以上，逮捕から 3 年以上のちに裁判が開始されたという事実は，規約第 14 条 3 項（(c)）の違反にあたると考える。締約国は，規約第 2 条 3 項(a)に基づき，通報者に効果的な救済を与えなければならない。委員会は，同氏が 10 年以上も刑務所で暮らしており，しかもそのうち 7 年 9 ヶ月は死刑待ちの状態であったことに鑑み，同氏の即時釈放を勧告した[41]。以上が事件のあらましである。

　規約第 14 条 3 項(c)は，「不当に遅延することなく裁判を受けること」を保障しているが，委員会は「逮捕から 3 年以上のち」の裁判はこれに違反すると認定したわけである。この規定は，逮捕後，「妥当な期間内に裁判を受ける権利」を保障する第 9 条 3 項とオーバーラップするが，第 9 条 3 項がもっぱら裁判前の勾留期間の長さのみを規定するのに対して，第 14 条 3 項(c)は，その一般的意見 13（21）に従えば，「裁判の開始されるべき時に関係するのみでなく，裁判が終結しかつ判決が言渡される時にも関係する。すなわち，あらゆる段階が『不当に遅延することなく』行わなければならない[42]」のである。そこに，相違が存在する。さらに，不当に遅延したかどうかは単純に時間の長さによって計られるのではなく，事件の事情や複雑さに左右される。実際，ウォルフ対パナマ事件[43]では，詐欺事件における逮捕から判決言渡しまでの 4 年半の遅延が，第 14 条 3 項(c)の違反とは認定されなかった。委員会は，詐欺の主張の調査は複雑であり，通報者が裁判手続が不必要に長すぎることを立証できなかったとの見解を示したのである[44]。

　なお，本事件では，第 14 条違反に基づく死刑判決が大統領令によって終身刑に減刑されたが，委員会はそうした減刑では被害者の救済にならないとして，7 年 9 ヶ月もの間，死刑待ちの状態であったことに鑑みて，即時釈放を勧告した。同様の争点が，次のネプチューン事件でも取り上げられたので，この点に関する委員会の態度について，もう少し検討を加えてみよう。

---

(41)　*Ibid.*, paras. 6-10.

(42)　Human Rights Committee, General Comment 13, para. 10. 佐藤（文）・前掲注(22) 197-198 頁参照。

(43)　Wolf v. Panama（No. 289/1988）.

(44)　Joseph, Schultz, and Castan, *supra* note 35, pp. 312-313.

第5章　個人通報制度のフォローアップ

⑸　ネプチューン事件（Neptune case, No. 523/1992）[45]

　委員会は，第57会期の1996年7月16日に見解を採択し，本通報事例につき，規約第9条3項，第10条1項，第14条3項(c)および5項の違反認定を行った。事件の概要は，以下の通りである。

（事件の概要）

　1985年11月7日，通報者は殺人の容疑で逮捕され，1988年5月25日死刑を宣告された。有罪の決め手となったのは，通報者が，胸に血のようなものを付けたまま，バーを飛び出していくのを見たという警察官の証言であった。その時，通報者はナイフを握っていた。通報者の供述によれば，被害者にナイフで襲われた通報者が，身を守ろうとしているときに，偶然にも被害者を刺したという。通報者によれば，事件当時，彼はその6ヶ月前に起きたバイク事故で脚を骨折しており，走れなかったという。病院から怪我の記録を入手するために弁護人を依頼したが，この弁護人は記録の入手を拒否したという。通報者によれば，彼の裁判のために指名された弁護人は，彼に弁護料を要求し，彼に金がないとわかると，接見して裁判の打ち合わせをしようとはしなかったという。

　通報者は，担当の裁判官は事件当時検察庁長官の地位にあり，警察に対して通報者を殺人容疑で逮捕するよう命じており，公正な裁判を受ける権利を奪われたと主張する。裁判は1987年10月1日に始まる予定だったが，審理が18回も延期され，そのうち17回については，唯一の証人の行方がわからなかったため，検察官の要請で延期された。結局，1988年5月20日に審理がようやく開始された。通報者は，1985年11月の逮捕以降，裁判が開始されるまで身柄を拘束されていた。

　さらに通報者は，自分と同じ房にいた服役囚は，国家刑務所で非人道的な抑留状況に置かれたと主張した。服役囚は一日中狭い房（幅9フィート，長さ6フィート）に収容され，2，3週間に1度手錠をはめたまま30分だけ外にでることが許された。通報者は，自然光を浴びることができなかったため，失明したと申し出た。食事もひどく，服役囚に対する暴行は日常茶飯事であった。国内救済完了の要件に関して，通報者は，上訴審がみずからの事件を判決してい

(45)　Clyde Neptune v. Trinidad and Tobago, CCPR/C/57/D/523/1992.

第Ⅱ部　自由権規約委員会による解釈実践

ないと述べる。有罪判決の3ヶ月後，法律扶助の弁護人が再び上訴審での弁護人に割り当てられたが，通報者はこれを拒否した。3，4ヶ月後，新たな弁護人が選任されたが報酬を求めてきたので，3人目の弁護人を見つけた。しかし，2番目の弁護人が上訴審の書記から書類を受け取り弁護することを伝えてきた。そこで，通報者は，弁護人を選任するみずからの権利が否定されたと主張した。1993年7月，通報者は遅くとも同年11月までには彼の上訴につき聴聞が開始される予定であることを告げられた。しかし，1995年1月29日付の書簡で，通報者は未だこの聴聞が開始されていないことを伝えてきた[46]。

（受理可能性）

　第53会期において，委員会は通報の受理可能性を検討した。委員会は，この点につき締約国の協力が得られないことに留意した。委員会は，裁判官が最初の検察官であったことを理由とする不公正な裁判であるとの通報は，その受理可能性につき十分な立証を行っていないとして，これを非許容とした。抑留状況が品位を傷つけるものであるとの通報および裁判前の拘留は不合理に長期化しているとの通報，すなわち，第9条3項，第10条1項，第14条3項(c)および5項に基づく通報については受理可能とした[47]。

（本　　案）

　1995年11月24日付の書簡で，通報者の弁護人は，通報者の控訴が同年11月3日控訴裁判所によって棄却されたことを伝えてきた。なお，締約国の主張の提出期限は，1995年11月1日であった。同月10日に，締約国から期限を1ヶ月延長してほしいとの要請があった。1996年11月7日に，締約国に主張を提出するよう促したものの，何の主張も送られてこなかった。締約国からの情報が得られないため，通報の検討にあたっては，通報者の主張が立証されるかぎり，それに重きを置かざるを得ない。委員会によれば，通報者による抑留に関する情報はすべて真実であった。通報者が主張する抑留状態は，規約第10条1項に違反する。なぜなら，同条は，自由を奪われたすべての者は，人道的にかつ人間の固有の尊厳を尊重して取り扱われると規定しているからであ

(46)　*Ibid.*, paras. 1-3. 4.
(47)　*Ibid.*, paras. 4. 1-5.

154

第 5 章　個人通報制度のフォローアップ

る。委員会はさらに，通報者が 1985 年 11 月 17 日に逮捕され，いくども休廷になった後，ようやく裁判が開始されたが，その間ずっと身柄を拘束されていたことを指摘した。こうした裁判の遅延は，第 9 条 3 項および第 14 条 3 項(c)に違反する。さらに通報者は，死刑判決がでた後，直ちに控訴した。しかし，委員会が入手した情報によれば，上級審がこの控訴を取り上げ棄却するまでに実に 7 年 5 ヶ月が経過していた。第 1 審の判決から上級審の審理までにこれほど時間がかかったことは，第 14 条 5 項と併せ読み，第 14 条 3 項(c)と両立しないように思われる。委員会は，提出された事実により，規約第 9 条 3 項，第 10 条 1 項，第 14 条 3 項(c)および 5 項の違反があったと認定する。

　規約第 2 条 3 項(a)により，ネプチューン氏は効果的な救済を受ける資格がある。締約国は，通報者に対する死刑判決が終身刑に減刑されたことを明らかにした。委員会は，通報者が 10 年にわたって刑務所で暮らし，そのうち 5 年半は死刑の執行を待つ身であった事実を考慮して，通報者に対する十分な救済とは，彼の即時釈放と釈放されるまでの抑留状況の速やかな改善であると考えた。委員会は，同様の違反が二度と起こらないように，抑留状況全般を改善するよう締約国に勧告する。委員会は，90 日以内に，委員会の見解を実施するためにとられた措置に関する情報を締約国から受け取ることを希望する，と勧告した[48]。

　このように委員会は，先の事件と同様，第 14 条に違反して死刑判決が下されたとして，後に締約国が終身刑に減刑した場合であっても，こうした終身刑という代替措置を拒否し，被害者がなお不当に拘禁中であるとして締約国に即時釈放を求めている[49]。併せて，抑留状況全般の改善を求めている。また，このように違反認定された締約国には，将来の再発防止のための措置をとる義務があるという勧告をここでも一貫して行っている。

　ところで，前述したように，トリニダード・トバゴの国内裁判所にとって上訴機関として存在する英国枢密院司法委員会は，ジャマイカの個人通報事例であるが，プラットおよびモルガン対ジャマイカ事件で，「死刑宣告の後 5 年以上たって執行が行われた場合にはすべて，その遅延は『非人道的又は品位を傷

(48)　*Ibid.*, paras. 6-12.
(49)　同様の考えを示したものとして，cf. Dave Marais Jr. v. Madagascar（No. 49/1979）.

155

第Ⅱ部　自由権規約委員会による解釈実践

つける刑罰又は取り扱い』を構成すると信ずる強い理由がある[50]」と判決していた。薬師寺公夫教授によれば，5年という期限は国内手続2年，国際手続3年を想定しているとされるが，要は死刑を残すのであれば可及的速やかに執行されなければならず，上訴について迅速に審理し，早い段階で法的扶助を与えなければならないと要求するのである。ジャマイカ憲法第17条1項と同様，非人道的な処罰を禁ずる憲法第5条2項(b)の規定をもつトリニダード・トバゴとしては，死刑執行のための制度上の遅延の除去という観点から，本判決を上訴手続の迅速化の要請とみたわけである。トリニダード・トバゴは，こうした枢密院判決を人権に係る憲法上の制約として遵守しなければならず，また，他方で確定した死刑判決を執行する国の権限を維持したいとのジレンマに立たされた。そこで同国は，選択議定書の再加入に際して，自由権規約委員会の議長および事務局と協議し，死刑事件に関する個人通報の登録後8ヶ月以内の審査の完了の保証を求めたとされる。しかし，委員会が，これを拒否したといわれている。その結果が本章の冒頭の留保に連なったわけである。同国は，個人通報を認めれば5年以内に手続が完了する保証がないと考えたのである[51]。当該留保が無効とされたことで，これまで委員会の個人通報審査権を認めてきた同国が，結果的に個人通報制度から離れることになったのは誠に残念としかいいようがない。

　ところで，注目すべきは，英国の枢密院判決とは異なり，委員会は，公正な裁判の結果，通報者が死刑執行まで長期に拘留されていたという事実だけでは，第7条および第10条の違反を構成することにはならないという立場を採用していることである。そこで，違反認定された事例ではないが，トリニダード・トバゴの個人通報事例の中で，この問題に関する委員会の見解を詳しく説明した事例としてビッカルー事件が存在するので，次にこの事件を紹介してみたい。

　(6)　ビッカルー事件（Bickaroo case, No. 555/1993）[52]

　本件で争点になったのは，前述したように，通報者の死刑待ちの期間，す

────────────────

(50)　Pratt and Morgan, *supra* note 38, p. 346.

(51)　薬師寺・前掲注(4) 1608-1609 頁および 1619 頁参照。

(52)　Ramcharan Bickaroo v. Trinidad and Tobago, CCPR/C/61/D/555/1993.

第5章　個人通報制度のフォローアップ

なわち1978年4月から1993年12月という長期の拘留が，規約第7条および第10条の違反に該当するかどうかという問題である。委員会は，第61会期の1997年10月29日に次のような見解を明らかにした。まず，事件の概要と多数意見の見解を見てみよう。

（事件の概要と本案）

　弁護人は，通報者がポート・オブ・スペインの刑務所で死刑執行まで身柄を拘束された期間の長さだけを根拠に，規約違反があったと主張する。死刑執行まで，この事例ほど長く抑留された例は過去になく，それゆえ重大な問題であるというのである。しかし，委員会の先例では，死刑執行まで長い間拘束されたという事実だけでは，第7条および第10条違反とはならない。委員会の詳しい見解は，ジョンソン対ジャマイカ事件[53]での見解に明らかであるが，この問題の重要性に鑑みて，委員会は，みずからの見解を明らかにするのが適当であると考える。

　死刑執行まで長期間拘束されたというだけで規約第7条および第10条違反となるかどうかを判断するためには，次に述べる要素を考慮しなければならない。

(a)　規約では，死刑の適用に厳格な制限を課しているが，死刑そのものを禁止していない。死刑執行まで身柄を拘束することは，それがいかにむごく非人道的なことに思えても，死刑判決から生ずる必然的な結果であり，それ自体は第7条および第10条の違反とみなしえない。

(b)　規約では死刑は禁止されていないが，委員会の考えでは，第6条は，「死刑廃止が望ましいと強く示唆する表現で，全体として死刑廃止に言及して」おり，この委員会の考えは第2選択議定書に反映されている。それゆえに，死刑への依存を減らすことは，規約の趣旨および目的の1つと考えられる。

(c)　先に述べた規約の諸規定は，規約の趣旨および目的に照らして解釈されなければならない（条約法条約第31条）。規約の趣旨および目的の1つが，死刑の適用を減らすよう促すことであり，死刑を維持している締約国に死

(53)　Errol Johnson v. Jamaican（No. 566/1994），paras. 8.1-8.6.

157

第Ⅱ部　自由権規約委員会による解釈実践

　　刑の適用を促すような規約の規定の解釈は，可能ならば避けるべきである。こうした要素に照らして，我々は検討しなければならない。第1の，そして重要な意味合いは，締約国が死刑待ちで一定の期間を経過した死刑囚に死刑を執行した場合，この行為は規約違反にはならないが，そのままに放置したら規約違反になるということである。こうした結果をもたらす規約の解釈は，規約の趣旨および目的と合致する。死刑執行までの抑留期間を定めないままでは，先に述べた意味合いを避けることはできないだろうし，その背後には死刑執行までの身柄の拘束が残虐で非人道的な処罰だという考えがある。時間的要素を決定的要素とする，つまり期間が長ければ規約違反となることの持つ意味は，死刑を維持している締約国に対し，死刑を科した後はできるだけ速やかに死刑を執行しなければならないとのメッセージを伝えることである。このメッセージは，委員会が締約国に伝えたいと思っているメッセージではない。死刑執行を待つ生活は過酷ではあろうが，死ぬよりはましである。さらに経験から明らかなように，死刑執行の遅れはいくつかの要素が原因となった必然的結果であり，そうした要素の多くは締約国に責任がある。死刑執行まで長期間身柄を拘束すること自体は，規約に規定された残虐で非人道的な処遇または処罰とみなしえないというアプローチをとることで，委員会は，死刑執行まで何年も身柄を拘束することが死刑囚の処遇として許されるといった印象を与えたくないからである。しかし，死刑囚を長期間拘束することの残虐さは，規約で死刑が認められていることの結果である。こうした状況は，不幸な結果である。

　　死刑執行まで長期間身柄を拘束すること自体は第7条および第10条違反にあたらないとの点を容認することが意味するのは，死刑執行までの長期の抑留についての他の状況によって，こうした抑留が残虐な，非人道的なもしくは品位を傷つける取り扱いまたは刑罰とはならない場合が生ずるということではない。委員会の先例によれば，身柄の拘束に関するさらに過酷な状況があったと立証される場合，第7条および／または第10条1項違反となる。

　　本件の場合，弁護人は抑留期間が長かったことについて，そうした状況があったとは主張していない。委員会は，これ以上の要素に関する情報がない以上，先に述べた違反行為があったと認定することはできない。提供された事実から，トリニダード・トバゴに何らかの規約違反があったとは認められない。

158

第5章 個人通報制度のフォローアップ

委員会は，1993 年 12 月に，締約国当局が通報者に対する死刑の減刑を行ったことを歓迎する[54]，との見解を示したのである。

第 6 条の存在を考えれば，多数意見のこの立場は一定の説得力をもつように思えるが，ポカール委員が個別意見を表明し，5 名の委員がこれに賛成した[55]。その票決の結果からも明らかなように，委員会におけるこの問題に関する見解はまさに二分されているといえよう。その内容は，以下の通りである。

「委員会は今回も，死刑執行まで長期間にわたって身柄を拘束されること自体は，規約第 7 条違反にあたらないとの見解を繰り返した。この見解は柔軟性に欠けており，その結果，個別の事例において，死刑執行まで長期にわたって身柄を拘束されることが，当該規定のいう，残虐な，非人道的なもしくは品位を傷つける取り扱いにあたるかどうかを判断するうえで，委員会はそれぞれの事例の状況を検討できないことになる。こうしたアプローチをとれば，委員会は本件において，国内的救済を尽くした後，死刑執行までの間，ほぼ 16 年／18 年間にわたって身柄を拘束されたことが規約第 7 条違反にあたるとの認定は不可能との結論に達せざるをえない。我々はこの結論に同意できない。国内的救済が尽くされた後に，死刑執行までかくも長期間にわたって身柄を拘束し，その理由を締約国が明らかにしないままであったこと自体，残虐で非人道的な取り扱いである。締約国は，このような長期間の身柄の拘束について理由を明らかにすべきであった。しかし，本件において，こうした行為を正当化するだけの根拠を締約国は示していない。

委員会の多数の委員と同じく，死刑執行まで長期にわたって身柄を拘束すること自体は，規約第 7 条違反にあたらないと考えたとしても，本件での通報状況は，どのような場合でも当該規定違反となるであろう。通報者が提出し，締約国も争っていない通報時の事実関係によれば，『1993 年 9 月 30 日に，通報者の死刑を 1993 年 10 月 5 日に執行するとの許可が本人に対して読み上げられ……執行の延期が 1993 年 10 月 4 日の夜から 5 日にかけて認められた』。我々の見解では，このように長期間身柄を拘束した後に——死刑は執行されないの

---

(54) Bickaroo, *supra* note 52, paras. 1-7.

(55) 賛成した委員は，以下の 5 名である。P. H. N. Bhagwati, C. Chanet, P. G. de Pombo, J. P. Vallejo および M. Yalden 委員である。

第Ⅱ部　自由権規約委員会による解釈実践

ではないかという合理的な期待を締約国が死刑囚に抱かせていたときに――死刑囚に執行許可証を読み上げた上で，なおも死刑を執行しようとするのは，それ自体，規約第7条のいう残虐で非人道的な取り扱いにあたる。さらに，こうした行為があったということは，たとえこれまでの先例を再確認したいと望んだとしても，委員会は，本件において，死刑執行までの長期間にわたる身柄の拘束が規約第7条違反にあたると判断せざるを得ない状況である[56]」として，先の多数意見に反対する立場を表明した。

　いずれにしろ，薬師寺教授の指摘にあるように，死刑房での死刑待ちの恐怖現象を時間の経過によって判断し，一定の期間の経過後は死刑自体を残虐なまたは非人道的な刑罰にあたるとした枢密院判決やここに紹介した少数意見のアプローチと，単なる時間的経過だけでは死刑待ちの恐怖現象を残虐または非人道的な刑罰または取り扱いとはみなせないとする委員会の多数意見のアプローチとは相当な考えの開きがあるように思われる[57]。たしかに，多数意見と少数意見は12対6と依然として差はあるものの，いつ両者の立場が逆転するか予断を許さない状況である。その意味で，今回の少数意見の立場が委員の改選等により多数になった場合には，仮に日本が選択議定書の締約国になった場合を想定すれば，現在行われている長期間の拘留後の死刑執行という事態に鑑みれば，規約第7条違反の認定の可能性が排除されていないということになる。その意味で，この問題に関する委員会の判例の動向は今後とも注視する必要がある。

　なお，少数意見の中で「16年／18年」という表記がでてくるのは，死刑囚としての死刑待ちの期間が16年であったビッカルー事件とともに，その期間がさらに長く18年にも及んだラ・ヴェンデ事件でも委員会は同様の態度を採用したため，ポカール委員はこれを併せて批判しているからである。委員会の多数意見および少数意見には重複の部分が多いので，その部分は省略するとして，締約国が法的扶助を与えなかった点が規約第14条3項(d)の違反にあたるとされたラ・ヴェンデ事件を次に見てみよう。

---

(56)　*Ibid.*, Appendix.

(57)　薬師寺・前掲注(4) 1619頁。

第5章　個人通報制度のフォローアップ

(7)　ラ・ヴェンデ事件（La Vende case, No. 554/1993）[58]

　委員会は，第61会期の1997年10月29日に見解を採択し，本通報事例につき，規約第14条3項(d)の違反認定を行った。通報者は，ロビンソン・ラ・ヴェンデ（Robinson La Vende）というトリニダード・トバゴ市民で，通報時ポート・オブ・スペイン国立刑務所で刑の執行を待っていた。通報によれば，彼はトリニダード・トバゴによる規約第7条，第10条1項および第14条3項(d)違反の被害者であるという。1993年12月31日，通報者は，死刑から終身刑に減刑された。これは，プラットおよびモルガン対ジャマイカ事件で，同年11月2日に枢密院司法委員会判決に明記された指針に基づいて行われた[59]。事件の概要は，以下の通りである。

（事件の概要）

　通報者は殺人罪で裁判にかけられ，1975年7月，死刑を宣告された。1977年11月28日，控訴裁判所は控訴を棄却した。1978年始め，通報者は枢密院司法委員会に上告できるように，トリニダード・トバゴの国家安全保障大臣に法的扶助を申請した。しかし，通報によれば，彼は上告の特別許可の請願を行うことができなかった。

　1993年9月30日，10月5日に死刑の執行を行う旨が彼の面前で読み上げられた。同年10月1日，憲法上の申立が同国の高等裁判所に提出された。1993年10月4日の夜から5日朝の間に，刑の執行の延期が認められた。

　通報者は，1975年に死刑を宣告されてから，死刑囚として刑の執行を待つことは，残虐な，非人道的もしくは品位を傷つける取り扱いにあたると主張する。通報者は，1993年12月31日に減刑されるまでの間，実に18年間，死刑囚として過ごしてきた。彼の主張によれば，死刑囚として過ごした月日は，自由を奪われた者はすべて人道的にかつ人間の固有の尊厳を尊重して取り扱わなければならないと規定した第10条1項の規定に違反するという。また，これほど長期間身柄を拘束した後に死刑を執行することは，先の条文規定に反するとする。この主張の裏づけとして，弁護人は最近の判例を引用した。とく

---

(58)　Robinson La Vende v. Trinidad and Tobago, CCPR/C/61/D/554/1993.

(59)　*Ibid.*, para. 1.

161

第Ⅱ部　自由権規約委員会による解釈実践

に，ジンバブエ最高裁判所の判決（No. S. C. 73/93 of June 1993）やゾーリング事件でのヨーロッパ人権裁判所の判決，そしてプラットおよびモルガン対ジャマイカ事件で弁護人が行った主張も引用した。さらに，締約国が上告の特別許可を枢密院司法委員会に請願するための法的扶助を通報者に与えなかったのは第14条3項(d)の違反にあたると主張する。委員会の判例によれば，法的扶助は死刑宣告を受けた囚人に利用可能とされねばならず，それは刑事手続のすべての段階に適用されるとされているからである（レイド対ジャマイカ事件（No. 250/1987）の見解（para. 11. 4）およびヘンリー対ジャマイカ事件（No. 230/1987）の見解（para. 8. 3））[60]。

（受理可能性）

締約国は，1994年2月6日付の文書で，通報者が1993年12月31日に死刑から終身刑に減刑されたことを伝えた。締約国は，この減刑はプラットおよびモルガン対ジャマイカ事件の枢密院司法委員会の判決の結果だとした。委員会はこの情報を歓迎したものの，締約国がこの減刑によっては実際の意味を失わない通報者の請求の受理可能性につき何らの情報も見解も提供していないことに留意する。その結果，立証されている範囲において，通報者の主張に相当な重みを払わなければならない。1995年10月12日，委員会は，第7条，第10条1項および第14条3項(d)と5項の下での問題につき，通報を受理可能と宣言した[61]。

（本　　案）

締約国の情報と見解の提出期限は1996年5月16日だったが，締約国からは何の連絡もなかった。委員会は，締約国の非協力的な姿勢を遺憾に思う。委員会は，通報者からの情報に照らして検討を行う。最初に，委員会は，1975年7月から1993年12月までの18年間，死刑囚として身柄を拘束されていたことが規約第7条および第10条1項違反に該当するかどうかを判断しなければならない。結論として，死刑囚として拘束された期間の長さそれ自体は，規約第7条および第10条1項違反の対象にならないという見解は，委員会の判例と

---

(60)　*Ibid.*, paras. 2. 1-3. 2.

(61)　*Ibid.*, paras. 4. 1-4. 5.

162

第5章　個人通報制度のフォローアップ

して残ると判断する（筆者注―この後，委員会はビッカルー事件と同様，3つの要素を検討し，ほぼ同じ論理を展開した）。

第14条3項(d)に基づく主張について，通報者が枢密院司法委員会への上告の特別許可を請願するための法的扶助を拒否されたことを，締約国は否定していない。委員会は，次の点につき，注意を喚起する。すなわち，法的扶助は死刑囚が行使できるものでなければならない。そして，それは法的手続のすべての段階においてそうでなければならない。通報者は，憲法で保障された上告審での手続のための法的扶助を拒否された。委員会は，この拒否は規約第14条3項(d)に違反すると考える。同規定は，上訴審での救済のすべての段階に適用されるからである。第2条3項(a)に基づき，通報者は効果的な救済を得る資格がある。委員会は，1993年12月31日の締約国当局による死刑の減刑を歓迎する一方，本件での効果的救済にはさらなる寛大な措置が含まれるべきである，と勧告した[62]。

これに対してポカール委員が，先のビッカルー事件と同様，死刑待ちの期間が18年にも及んだ本件の場合は，それ自体規約第7条に違反するという見解をここでも繰り返した[63]。たしかに本件の場合，先の事件と同様，本人の面前で一度死刑執行の許可が読み上げられており，差し迫った執行への不安は決して小さいものではなかったと思われる。その後，委員会は，ペナント対ジャマイカ事件で，死刑執行許可後の「死刑待ちのための独房」（"a death cell"）での2週間に及ぶ拘留は第7条とは両立し得ないとの見解を採用しており，新たな進展として注目される[64]。また，前述したように，本件では死刑囚に対して法的扶助が与えられなければならないことが改めて確認されており，この点も見逃してはならないであろう[65]。

---

(62)　*Ibid.*, paras. 5. 1-7.

(63)　今回は，Bhagwati 委員，Chanet 委員，de Pombo 委員および Prado Vallejo 委員の4名がこれに賛同した。

(64)　Pennant v. Jamaica（No. 647/1997），para. 8. 6. Cf. Joseph, Schultz, and Castan, *supra* note 35, pp. 159-160.

(65)　第14条3項(c)の法的扶助はもっぱら刑事手続に適用されるが，カーリー事件（Currie v. Jamaica（No. 377/1989））で，委員会は，第14条1項が個人にある種の民事手続における法的扶助を受ける権利を与えると認定した。*Ibid.*, p. 322.

163

第Ⅱ部　自由権規約委員会による解釈実践

次に紹介するのは，トリニダード・トバゴの個人通報事例の中で，比較的多くみられる第9条3項絡みの通報である。すなわち，逮捕後の妥当な期間内に裁判が開始されなかったとして，規約違反が認定されたエラヒー事件である。

⑻　エラヒー事件（Elahie case, No. 533/1993）[66]

委員会は，第60会期の1997年7月28日に見解を採択し，本通報事例につき，規約第9条3項，第10条1項および第14条3項(c)の違反認定を行った。事件の概要は，以下の通りである。

（事件の概要）

通報者エラヒー（H. Elahie）は，トリニダード・トバゴの市民で，殺人とその他の容疑（殺人未遂等）で1986年7月6日に逮捕された。1986年10月15日，予審が始まったが，その直後に担当の裁判官が汚職により停職となり，新たな裁判官が指名されたのは1988年2月22日であった。そして彼の裁判は，同年5月25日に始まった[67]。

（受理可能性）

1995年3月20日付の文書で，締約国は，通報者が利用し得るすべての国内的救済を尽くしていることを確認した。委員会はこの点に留意した。さらに委員会は，通報者が，受理可能性の上で，裁判の遅延と保釈の機会のない勾留の継続が第9条3項および14条3項(c)の下で問題を生じさせていると十分に立証していると考える。同年10月12日，委員会は通報は受理可能であると決定した[68]。

（本　　案）

委員会は，受理可能性の決定後，締約国からの情報の提供がないことに留意する。締約国の協力が得られない以上，立証されている範囲において，通報者の主張に相当な考慮が払われなければならない。1990年11月1日に憲法上の

---

(66)　Harold Elahie v. Trinidad and Tobago, CCPR/C/60/D/533/1993.

(67)　*Ibid.*, paras. 1-3. 2.

(68)　*Ibid.*, paras. 4-6.

164

第5章　個人通報制度のフォローアップ

申立が出され，その結果，通報者の起訴が破棄され，新たな予審が1991年3月19日に始まった。1994年3月25日，通報者は殺人罪で有罪を宣告された。結局，通報者は殺人罪で有罪とされるまで7年8ヶ月間身柄を拘束されていた。通報者は重労働を伴う懲役4年を命ぜられたが，これは彼がすでに抑留されていた期間を考慮したものと思われる。委員会は，通報者が逮捕されてから裁判が開始されるまでの7年8ヶ月の期間について締約国から十分な説明がなかったことから，これは規約第9条3項および第14条3項(c)に違反すると考える。なぜなら，抑留された者に対する裁判が合理的な期間に開始されなかったばかりか終了もしなかったこと，そして裁判そのものに不当な遅延があったからである。抑留状態と不当な取り扱いについての通報者の主張については，委員会は，締約国がそれに対する反駁のための情報を提供していないことに留意する。そのため，本件を検討するにあたっては，通報者の主張に頼らざるを得ない。委員会の見解では，通報者は人道的にかつ人間の固有の尊厳を尊重して取り扱われなかった。これは，第10条1項に違反する。委員会は，提供された事実により，規約第10条1項，第9条3項および第14条3項(c)の違反があったと考える。

　規約第2条に基づいて，締約国は，その領域内またはその管轄下にあるすべての個人に規約で認められた権利を確保すること，そして規約違反があった場合には，効果的で実行可能な救済を行わなければならないことを約束していることを念頭に置いて，委員会は，90日以内に，委員会の見解を実施するためにとられた措置に関する情報を締約国から受け取ることを希望する，と勧告した[69]。

　規約第14条3項(c)の違反は，しばしば第9条3項の裁判官等の「面前に速やかに連れて行かれるものとし，妥当な期間内に裁判を受ける権利又は釈放される権利を有する」の違反を伴うが，本事件はその典型例といえる。第9条3項の解釈の鍵となるのは「速やかに」（"promptly"）という文言であるが[70]，委員会の一般的意見8 (16)によれば，「たいていの締約国では，より厳密な期限が法によって定められているが，委員会の見解では，遅延は2，3日（"a

---

(69)　*Ibid.,* paras. 8. 1-11.

(70)　Joseph, Schulz, and Castan, *supra* note 35, p. 222.

165

第Ⅱ部　自由権規約委員会による解釈実践

few days"）を超えてはならない[71]」とされている[72]。本件のように，最初の予審も3ヶ月後，その後7年8ヶ月も裁判を受けることができなかったというのは，まさに論外ともいうべき事例である。なお，本事件と同様の判断が次のスマート事件でも示された。

(9)　スマート事件（Smart case, No. 627/1995）[73]

委員会は，第63会期の1998年7月29日に見解を採択し，本通報事例につき，規約第9条3項と第14条3項(c)の違反認定を行った。通報者スマート（C. Smart）氏は，ポート・オブ・スペインの刑務所で死刑の執行を待っているトリニダード・トバゴ市民である。通報者は，規約第7条，第9条3項，第10条1項および第14条1項ならびに3項違反の犠牲者であると主張する[74]。事件の概要と本案の内容は，以下の通りである。

（事件の概要と本案）

1988年6月22日，通報者は殺人の罪で逮捕された。1992年2月14日，スカーボロの巡回裁判所で起訴され，死刑判決を受けた。彼の控訴は，1994年10月26日，控訴裁判所で却けられた。1995年12月11日，枢密院司法委員会は彼の飛躍上告を棄却した。

締約国は，1988年6月22日の通報者の逮捕から，1990年9月に裁判が開始されるまでの間，2年以上が経過していることを認めた。この遅延自体は，第9条3項および第14条3項(c)の違反である。通報者はさらに，裁判所に提出すべき控訴理由について，弁護人が通報者の指示に従わなかったことを理由に，第14条3項(d)の違反があったと主張した。しかし，提出された資料から

---

(71)　Human Rights Committee, General Comment 8, U. N. Doc. HRI/GEN/1/Rev. 1 at 8 (1994), para. 2.

(72)　委員会は，2014年に採択した「一般的意見35（112）」において，「委員会の見解としては，個人を移送して裁判所の審問に備えるには，通常，48時間で十分であり，48時間を超えての遅滞は，絶対的な例外にとどめられ，諸事情に照らして正当化されなければならない」とし，1982年に採択した「一般的意見8（16）」の「2，3日」から「48時間」へと変更している。CCPR/C/GC/35, para. 33.

(73)　Clive Smart v. Trinidad and Tobago, CCPR/C/GC/35, para. 33。

(74)　*Ibid.*, para. 1.

第 5 章　個人通報制度のフォローアップ

は，その控訴理由を弁護人が採用しなかったことが，弁護人の専門家としての判断以外に基づくものだということは立証されていない。弁護人の態度が恣意的または正義の利益に反するものだとの証拠はない。こうした状況において，規約第 14 条 3 項(b)の違反は存在しない。委員会は，提出された事実から，規約第 9 条 3 項と 14 条 3 項(c)の違反があったと判断する。

　規約第 2 条 3 項(a)に基づいて，締約国は，通報者に減刑，賠償を含む効果的な救済を与える義務を有する。さらに，同様の違反が将来生じないように確保する義務を負う。委員会は，90 日以内に委員会の見解を実施するためにとられた措置に関する情報を締約国から受け取ることを希望する，と勧告した[75]。

　エラヒー事件と同様，逮捕から裁判開始まで 2 年を要した本事例が，規約第 9 条 3 項および第 14 条 3 項(c)の違反を構成することにつき特段の説明は不要であろう。

　以上，すべての事件を紹介できなかったが，トリニダード・トバゴは，その他の事件を含め[76]，1998 年までの時点で合計 11 件の違反認定を受けた。しかし，同国からの委員会の見解に対する回答は，多くが未回答であったり，満足のゆく回答でないことから，委員会と同国との間でフォローアップ協議が継続中である。次に，この協議の内容を概観してみよう。

3　フォローアップ協議

　こうした多くの違反認定事例をもつトリニダード・トバゴと委員会との間のフォローアップ協議は，第 56 会期に初めて行われた。委員会の議長とフォローアップ特別報告者は，トリニダード・トバゴの国連代理大使と会談し，委員会が採択した 4 つの見解，すなわちピント事件，スーグリム事件，シャルト事件およびシーラタン事件の見解に対するフォローアップにつき話し合った。

　この協議において，代理大使は，1995 年末の新政権の発足により，人権問

---

(75)　*Ibid.*, paras. 2. 1-13.

(76)　たとえば，収監中の刑務所の抑留状態が規約第 10 条 1 項の違反にあたるとされたマシューズ事件（No. 569/1993）などがある。Cf. Patterson Matthews v. Trinidad and Tobago, CCPR/C/62/D/569/1993.

167

第Ⅱ部　自由権規約委員会による解釈実践

題に対する新しくかつより積極的なアプローチが期待できると述べた。特別報告者は，先の4つの事例，とりわけピント事件に対する委員会の勧告を実施するためにとられた特別措置について質問した。特別報告者は，これまでトリニダード・トバゴが委員会の勧告を遵守していない点に留意し，同国へフォローアップに関する特使を派遣する可能性を示唆した。

これに対し，代理大使は，事実調査のための特使派遣の可能性を検討することに同意し，最近政府内に生じた変化を考えれば，それは有効な選択肢だと回答した。代理大使はさらに，シーラタン事件に対する委員会の勧告は，すでにトリニダード・トバゴ恩赦諮問委員会に送付されたことを明らかにした。1996年6月21日付の口上書で，同国政府は，委員会に対して，近々開催される恩赦諮問委員会でシャルト事件の委員会の勧告について検討することを明らかにした(77)。

ところが，こうした積極的姿勢は必ずしも他の事件では堅持されなかった。先に紹介したネプチューン事件で，委員会は，トリニダード・トバゴ政府に対して，通報者の抑留状況を改善するために早急な措置を講ずるべきだとの勧告を行ったが，これに対する1997年1月15日付のトリニダード・トバゴの文書は，委員会を失望させるに十分であった。その文書で，同国は，抑留状況の改善の要求は刑務所長への注意に向けられるべきものだと指摘した。さらに，1997年2月6日付の文書で，同国は，刑務所長は，通報者の委員会への苦情申立は「まったくの誇張で」，通報者の抑留条件は規約第10条と両立するものだと考えていることを明らかにした。トリニダード・トバゴによるこの文書は，委員会の事実認定に実質上異議を唱えているのに等しく，通報が委員会により検討されている際に本来取り上げられるべき性質のものであった。委員会のこうした意見は，第59会期でのフォローアップに関する協議で，同国代表に伝えられた。

1997年4月7日，フォローアップ特別報告者はトリニダード・トバゴの国連代理大使と再び会談し，委員会が採択したいくつかの見解で示された勧告を同国が実施していない問題を話し合った。1996年3月に行われた同様の協議

---

(77)　A/51/40, para. 452.

168

第5章　個人通報制度のフォローアップ

の際，代理大使は，深刻な人権問題は外務省の管轄にあり，同省が国際的義務への対応が遅れたことを説明すると指摘していた。また，救済措置として，ロンドンに本拠を置く法律事務所が，最近，選択議定書に基づき現在係争中の事例に関して同国の主張を準備するよう委託されたことも明らかにした。

驚いたことに，代理大使は，ピント事件，スーグリム事件，シャルト事件およびシーラタン事件での委員会の見解に対する同国のフォローアップについて，直接何も知らなかった。この席上，委員会は，同国が，委員会の事実認定に基本的に異議を唱えたネプチューン事件に対する同国の回答に，遺憾の意を表明した。これに対し，代理大使は，特別報告者の懸念を本国政府に伝えると約束し，フォローアップに対する回答を第60会期に間に合うべく提出することに同意した[78]。

1997年10月21日，委員会のシャネ（C. Chanet）委員長，フォローアップ制度の特別報告者であるバグワティ（P. H. N. Bhagwatti）委員および新たな通報に関する特別報告者であるポカール（F. Pocar）委員は，見解のフォローアップを協議するためにトリニダード・トバゴのジュネーブ国連代表部大使と会談した。同国連大使は，シャルト事件に関して，同国が最近回答を送付し，その中で通報者が大統領恩赦によって釈放されたことを委員会に伝えたと発言したが，この回答は事務局に届いていなかった。そこで，この回答の写しが手渡された。会談の最後で，トリニダード・トバゴへの特使の正式な要請が，同国代表に行われることで合意がなされた。

さらに，1997年11月27日付の文書で，トリニダード・トバゴは，ピント事件に関する情報を提供した。同国は，彼の姿勢が釈放の妨げとなったとの更生福祉関係の官吏の報告に基づいて，恩赦諮問委員会はピント氏に即時釈放を勧告しなかったと委員会に伝えた。刑務所長は，2000年11月3日にピント氏の事件の再審を行うことを勧告した。

また，同日付の文書で，トリニダード・トバゴは，シーラタン事件に関する情報を提供した。それによると，シーラタン氏の事件は，恩赦について大統領に進言することができる治安担当大臣に送付されているとのことである。治安

----

(78)　A/52/40, paras. 550-552.

第Ⅱ部　自由権規約委員会による解釈実践

担当大臣は，恩赦諮問委員会とこの問題を協議したが，すでに同委員会は，自由権規約委員会からの勧告，刑務所長と保護監察官による心理鑑定と報告書を入手していた。十分な討議の結果，治安担当大臣は，現時点で恩赦を認めるべきとの勧告を行うことができなかった。刑務所規則に基づいて，シーラタン氏に対する死刑判決については，1998年1月にもう一度再審理の予定であることが伝えられた。

　加えて，1998年1月14日付の文書で，トリニダード・トバゴは，ネプチューン事件に関する委員会の見解に対するフォローアップについての情報を提供した。それによれば，ネプチューン氏を速やかに釈放せよとの委員会の勧告に従って，彼の案件はすでに治安担当大臣に送付されているとのことである。治安担当大臣は，恩赦諮問委員会と協議する予定であるが，同委員会には，自由権規約委員会からの勧告，刑務所長と保護監察官による心理鑑定と報告書が送付される予定であることが明らかにされた。ところが，同国は，ネプチューン氏の抑留状況の改善について，ネプチューン氏の主張には誇張があるとした。同国によれば，刑務所長は，委員会が留意した特定の苦情につき調査し，妥当な基準が満たされていることに満足したというのである。

　さらに，第9条3項，第10条1項，第14条3項(c)および5項違反が再び起こらないように，何らかの措置をとるという点について，トリニダード・トバゴは規約上の義務を履行するために必要とあれば，法律や手続を改めると約束した。これについて，同国は，公判前の手続に遅延がないようにするため，司法組織に追加的な人的資源を割り当てたことを説明した。つまり，治安判事のポストを新たに12増やし，高等裁判所に4人の陪席裁判官を増員したというのである。また，保釈が認められず，被告が身柄を拘束されたまま裁判を待つ場合に，手続の遅延が生じないように裁判運営担当班（case management unit）を創設したことも明らかにした。また，法律の改正が行われ，新たな立法が制定されつつあることも明らかにした。上告審での審理の遅れについては，同国は，プラットおよびモルガン対ジャマイカ事件での枢密院司法委員会判決に従って，さらに3人の上告審の裁判官を任命したことを報告した。迅速な上告審のために，裁判所記録がスピーディに準備できるようにコンピュータによる文書化を行う課が設置されたことも同時に明らかにした。このような措置がと

170

第 5 章　個人通報制度のフォローアップ

られた結果，残っていた問題はクリアされた。抑留状況については，トリニダード・トバゴは，恩赦を与えたり，長期刑に服している服役囚の刑を減刑したり見直したりすることで，過密となった刑務所の状況を改善するための措置がとられたことを併せて報告した。新しい厳戒刑務所の定員は，推定2,100名で建設されたことも明らかにされた[79]。

　本章の執筆段階での，委員会とトリニダード・トバゴのフォローアップ協議のやりとりは以上のとおりである。特定国とのこうしたやりとりを見ても，見解のフォローアップに対する自由権規約委員会の熱意が伝わってくる。また，こうした協議を通じて，不十分かもしれないが，トリニダード・トバゴにおいて人権状況の改善に役立つ施策が一部採用されていることもたしかである。しかし，それがすぐに満足のゆく効果をあげうるかどうかは楽観できない状況にある。最後に，この点について検討してみよう。

4　おわりに

　これまでの通報事例の紹介で明らかなように，トリニダード・トバゴは，みずからの管轄下にある個人の通報事例に対して，議定書第4条2項が要求する，規約違反について誠実に調査し委員会に入手可能な情報を提供するという義務を果たそうとしてこなかった。その結果，委員会の先例に従って，通報者の主張が立証されるかぎり，通報者の主張に相当な考慮が払われることとなり，結果的に違反認定がますます増えるという悪循環に陥ってしまった。さらに，委員会の見解に対する90日以内の情報提供についても，誠実に対応しない態度が，フォローアップ協議を必要とする状況を生み出してきた。その意味で，両者の間には，信頼関係を構築しづらい要素がたぶんに存在していた。

　実際，同国の死刑囚をめぐる個人通報事例の中で，両者の信頼関係を損なうような事態が過去に生じている。それが，アシビー事件である[80]。本個人通報事例で，トリニダード・トバゴは，委員会による通報者たる死刑囚の死刑

---

(79)　A/53/40, paras. 502-506.

(80)　Glen Ashby v. Trinidad and Tobago (No. 580/1994). Cf Ghandhi, *supra* note 5, p. 59.

第Ⅱ部　自由権規約委員会による解釈実践

執行の停止を求める仮保全措置の要請を無視し，1994 年 7 月 14 日に死刑執行を強行した経験をもつ[81]。委員会は，第 36 会期の 1989 年 7 月 26 日に採択された手続規則第 86 条に基づき，回復不能な損害を回避するために仮保全措置を要請できるとなっている。佐藤（文）教授の指摘にあるように，本事件は，死刑囚に対するそうした仮保全措置が無視された初めての事例である。委員会は，規則第 86 条に基づく委員会の要請に従わなかった理由を説明するようトリニダード・トバゴに求めたが，同国からは何の説明も得られなかった。そこで委員会は，1994 年 7 月 26 日に開催された公開の会合で，この問題に関する次のような公式の決定を行った[82]。

「1　委員会の手続規則第 86 条に従った委員会による仮保全措置の要請に締約国の当局が従わなかったことに憤りを表明し（一部省略），
　2　締約国は，選択議定書を批准することにより，その手続の下で委員会と協力することを約束したことを想起し，そして締約国が選択議定書および規約の双方の義務に従わなかったことを強調し，
　3・4（省略）
　5　締約国が，みずから利用できるすべての手段によって，アシビー氏をめぐる事態と類似の事態が生じないよう確保することを強く要求し，とりわけゲレロおよびウォレン対トリニダード・トバゴ事件[83]，ならびに委員会に係属する類似の性質の他の事件で規則第 86 条を遵守するよう要求[84]」したのである。

しかし，トリニダード・トバゴからは委員会の期待したような対応を得ることができなかった。たしかに，その後の事件で，死刑囚の処刑の中止という結果はもたらされたものの，トリニダード・トバゴは，委員会の仮保全措置に従うというのではなく，国内裁判所である控訴裁判所の処刑停止命令に従うという立場を採用したのであり，根本的な問題は解決されていない。たとえば，ブロック事件では，最終的に通報は不受理となったが，トリニダード・トバゴは，仮保全措置の段階でみずからが通報は不受理と考えるがゆえに，委員会の仮保全措置に従わず，国内の高等裁判所の執行の一時停止命令に従うという態度を

---

(81)　佐藤（文）・前掲注(10) 78 頁参照。
(82)　A/49/40, Vol. I, para. 411.
(83)　Lincoln Guerra and Brian Wallen v. Trinidad and Tobago (No. 575-576/1994), CCPR/C/53/D/575-576/1994.
(84)　A/49/40, Vol. I, para. 411.

とった。これに対して，委員会は，「通報が受理可能であるかどうかを決定するのは委員会であって，締約国ではない。委員会は，締約国に将来は通報の委員会審査に十分協力するよう要請[85]」した経緯がある。その意味で，委員会とトリニダード・トバゴの間には，見解や仮保全措置の実施をめぐって依然として意見の対立があるわけで，議定書脱退以前に違反認定されたその後の事例も含めて，その実施状況を見守る必要がある[86]。

　幸い，先に紹介したようにフォローアップ情報は国家報告書審査の際にも，報告書の中に盛り込む情報とされ，含まれていない場合は，「質問票」にその質問を加えるとの体制が構築されており，議定書の脱退がフォローアップの途を閉ざすわけではない。委員会は，この規約第40条の国家報告書審査で培ってきた粘り強い「建設的対話」の能力を生かして，国家報告書審査の場のみならず，個別のフォローアップ協議の場でも，トリニダード・トバゴに説得を試みるであろうと期待できる。本章で取り上げた個人通報事例に示されているように，同国の人権状況は決して楽観を許すものではないが，そうした状況にあるからこそ，「対決」ではなく「対話」を基調とする委員会が相応の役割を果たすものと期待できる。安藤委員が指摘するように，委員会の見解には厳密な意味では法的拘束力はなく，委員会の見解で示された勧告をどのように活かすかは締約国の裁量にかかっている[87]。フォローアップ協議が委員会の勧告を活かす途を開き，議定書の前文が定める「規約の目的並びに，その規定の実施をよりよく達成する」ことに貢献できるかどうか，今，試されようとしている。

---

(85)　Bullock v. Trinidad and Tobago (No. 553/1993), CCPR/C/54/D/553/1993, para. 7.2.

(86)　たとえば，Sandy Sextus v. Trinidad and Tobago (No. 818/1998), CCPR/C/72/D/818/1998, Boodlal Sooklal v. Trinidad and Tobago (No. 928/2000), CCPR/C/73/D/928/2000 などである。

(87)　安藤仁介「国際人権保障の展開と問題点」『国際法外交雑誌』第98巻1・2号（1999年）29頁。

第6章　人権条約の解釈の発展とその陥穽

1　はじめに

　国際人権規約自由権規約第53条は，「この規約は，中国語，英語，フランス語，ロシア語及びスペイン語をひとしく正文」とすると規定している。したがって，六法や条約集に掲載されている日本語の規定は公定訳と呼ばれる条約正文の翻訳にすぎず，翻訳に間違いがあれば訂正されることがあるし，用語の意味について解釈の争いがある場合には，正文に立ち返って意味を確認する必要がある[(1)]。

　たとえば，公正な裁判を受ける権利を定めた自由権規約第14条1項は，「すべての者は，その刑事上の罪の決定又は民事上の権利及び義務の争いについての決定のため，法律で設置された，権限のある，独立の，かつ，公平な裁判所による公正な公開審理を受ける権利を有する」と規定するが，同規定にいう「民事上の権利及び義務の決定（determination of his rights and obligations in a suit at law)」にいう「民事上の」の訳文の原語は，"suit at law"であり，ヨーロッパ人権条約第6条1項の「民事上の権利及び義務（civil rights and obligations)」という表現ほど明確ではない[(2)]。もっとも，フランス語の正文は，

---

(1)　この点については，薬師寺公夫・小畑郁・村上正直・坂元茂樹『法科大学院ケースブック国際人権法』（日本評論社，2006年）6頁（薬師寺担当）参照。

(2)　ヨーロッパ人権条約第6条における「適正手続（due process)」という英米法の原則の大陸法系への移入が，「民事上の権利及び義務」，「刑事上の罪」，「裁判所」又は「公正な裁判」という曖昧な用語の自律的な解釈に関して実質的な問題を生じさせたことについては，Cf. Manfred Nowak, *U. N. Covenant on Civil and Political Rights CCPR Commentary*, (N. P. Engel, 1993), p. 237. たとえば，1976年のエンゲル事件で，ヨーロッパ人権裁判所は，「刑事上の罪」という概念は，特定の法制度の分類から独立した自律的な概念であると認定した。本事件は，オランダ法上，「刑事上の罪」ではなく「懲戒」に分類されていた軍律に違反する罪で刑罰に服していた申立人が，公正な裁判のための手続的要件を規定するヨーロッパ人権条約第6条の違反を訴えた事

第Ⅱ部　自由権規約委員会による解釈実践

"de caractere civil" となっており，日本語の訳文はこのフランス語正文に依拠したものと思われる[3]。しかし，英語で "civil" という表現を用いていないことを考えると，"suit at law" にはそれとは異なる独自の意味があるように思われる。しかし，この規定それ自体からは，どのような裁判手続が "suit at law" に該当するかは，必ずしも明らかではない。この点について，自由権規約委員会（以下，委員会）は，1984年4月12日に採択された一般的意見13(21)の中で，「これらの事項を扱う法律と実務は，国ごとに大きく異なっている。こうした多様性があるため，『刑事上の罪』及び『民事上の権利及び義務の争い』の概念がそれぞれの法制度との関係でどのように解釈されているかについて，締約国[4]がすべての関連情報を提出し，より詳細に説明することが一層必要である」（2項）とする一方，「第14条の規定は，普通裁判所と特別裁判所を問わず，本条の範囲内にあるすべての裁判所に適用される」（4項）と述べている[5]。結局，"suit at law" がどのように解されているかは，委員会の解釈の実行をみ

　　件である。同裁判所は，「締約国の裁量により，ある犯罪を刑事上の罪ではなく懲戒と分類し訴追することが可能ならば，第6条及び第7条の基本条項の運用は締約国の主観的意思に従属することになろう」として，「刑事上の罪」という用語には自律的な解釈（autonomous interpretation）が与えられなければならないとした。Cf. The Engel case, *Series A*, No. 22, para. 8. 1. 詳しくは，拙稿「軍人に対する『懲罰』と条約上の概念としての『刑事上の罪』——エンゲル判決——」戸波江二・北村泰三・建石真公子・小畑郁・江島晶子『ヨーロッパ人権裁判所の判例』（信山社，2008年）139-143頁参照。

(3) 条約の解釈規則を定めた条約法に関するウィーン条約（以下，条約法条約）第33条は，いずれの正文も同一の意味をもつと推定されるとしながらも（同3項），各正文の比較によっても解消されない意味の相違がある場合には，条約の趣旨及び目的を考慮して最大限の調和が図れる意味が採用されるとしている（同4項）。この問題が争点となったラグラン事件では，国際司法裁判所は，もっぱらフランス語正文の表現に則り，仮保全措置の法的拘束力を認定した。*LaGrand Case (Germany v. United States of America), ICJ Reports 2001*, pp. 500-504, paras. 96-104.

(4) 条約法条約では，その定義において，「締約国」とは，「条約（効力を生じているかいないかを問わない。）に拘束されることに同意した国をいう」（第2条(f)項）とし，「当事国」とは，「条約に拘束されることに同意し，かつ，自国について条約の効力が生じている国をいう」（同条(g)項）と区別している。この区別に従えば，規約の公定訳は本来「当事国」と訳すべきところを「締約国」と訳している。そこで，本章でもそれに従い，規約の「締約国」という表現を用いることにする。本来は，「当事国」の意味である。

(5) General Comment 13, paras. 2 and 4.

第6章　人権条約の解釈の発展とその陥穽

る他はない。

　委員会は，何が第14条1項所定の "suit at law" に該当する裁判手続であるかを，その個人通報事例の中で次第に明らかにしてきた。たとえば，旧軍人の障害年金の受給申請を却下した紛争が争われた Y. L. 対カナダ事件（通報番号112/1981）で，カナダは，カナダの年金審査局（Pension Review Board）の手続は第14条1項にいう "suit at law" に当たらず，委員会は事項管轄（jurisdiction ratione materiae）を欠いており，通報者の通報を不受理とすべきであると主張した。これに対し，委員会は，年金審査局の決定が司法上の再審理の可能性があることを理由に（換言すれば，国内的救済を尽くしていないことを理由に），この主張を認め当該通報を不受理とした。その際，委員会は，ある手続きが "suit at law" に該当するかどうかの基準について，「第14条1項に基づく "suit at law" の概念は，当事者の一方の地位（政府機関か準政府機関か）よりもむしろ問題となっている権利の性質に基礎を置いている」との見解を示した。また，委員会は，公務員の解雇につき争われたカサノバ対フランス事件（通報番号441/1990）で，先の基準を繰り返した上で，「雇用の解雇に関する手続は，規約第14条1項の意味での "suit at law" における権利義務の決定を構成する[6]」との見解を示した。さらに，グラシア・ポンズ対スペイン事件（通報番号454/1991）では，社会保障給付の決定に関する手続を第14条1項違反とする主張を受理可能とした。他方で，コラノスキー対ポーランド事件（通報番号837/1998）で，単なる昇進の許否の検討手続は "suit at law" に当たらないとの判断を下した[7]。これらの通報事例は，必ずしも "suit at law" の定義につき明確な指針を提供しているとはいえないが，その判断の指針に用いられてきたのが，争点となっている権利の性質であることだけはたしかなように思われる[8]。

---

(6)　Casanovas v. France（441/1990）, para. 5. 2.

(7)　Kolanowski v. Poland（837/1998）, para. 6. 4. 委員会は，地方裁判所の裁判官に指名されなかったことで第14条1項違反を主張した事例で，裁判官の指名手続についても，同様に，"suit at law" に該当しないとの見解を与えている。Cf. Kazantzis v. Cyprus（972/2001）, CCPR/C/78/D/972/2001, para. 6. 5.

(8)　D. J. Harris, *Cases and Materials on International Law*, 5th ed., (Sweet & Maxwell, 1998), p. 672. なお，委員会は，ケネディ対トリニダード・トバゴ事件（通報番号845/1998）等において，行政機関による死刑の減刑の可能性の検討は，第14条にいう "suit at law" に該当しないことを確認した。Kennedy v. Trinidad and Tobago（845/1998）,

177

第Ⅱ部　自由権規約委員会による解釈実践

　また，委員会で，有効なビザなしに入国したエルサルバドル市民が外国の
諜報機関に関係しているとして抑留され国外退去命令を受けた V. M. R. B. 対
カナダ事件（通報番号 236/1987）において，カナダの国外退去手続が "suit at
law" に該当するかどうかが争われた。締約国であるカナダは，外国人の追放
に関する手続は第 13 条に規定されており，第 14 条違反はありえないとした。
特に，カナダは，第 14 条に含まれる保護は，「刑事上の罪」または「民事上
の権利及び義務」の決定に適用されるのであり，追放の手続はこの範疇に入ら
ないと主張した。むしろ，それは公法の領域に属するというのである。それゆ
え，通報は事項管轄を欠いており不受理とすべきであると主張した[9]。これ
に対して通報者は，何が "suit at law" に該当するかにつき広範な解釈を主張し
た。公法上の紛争も第 14 条の適用範囲に該当するというのである[10]。これら
双方の主張に対して，委員会は，「通報者が主張するように，たとえ追放手続
が規約第 14 条 1 項の意味での "suit at law" を構成するとみなされるとしても，
通報の詳細な検討は本条の違反の犠牲者であるとする通報者の主張を立証する
に足る事実を示していない[11]」という微妙な表現で，本件の結論はさておき，
追放手続が "suit at law" に該当するという可能性を排除していない[12]。この
ように，権利の性質如何では，"suit at law" は民事訴訟に限らず行政訴訟をも
含む場合があるといえよう。実際，後述するように，カナダに関する最新の事
例の中で，委員会は，第 7 条の拷問を受ける危険性の評価につき，第 13 条に
よる外国人の追放手続について，司法審査の厳格性を要求した。

　周知のように，わが国の逃亡犯罪人引渡法においては，引渡しが相当かどう
かを決定する機関として東京高裁が予定されている。このことについて，「東
京高裁がする右の決定は，性質上，裁判所がこれを行う必要があるものでは

---

　　　 para. 7. 4, Evans v. Trinidad and Tobago（908/2000），para. 6. 6 and Reece v. Jamaica
　　　（796/1998），para. 7. 7.

(9)　V. M. R. B. v. Canada（236/1987），CCPR/C/33/D/236/1987（1988），para. 4. 6.

(10)　*Ibid.*, para. 5. 2.

(11)　*Ibid.*, para. 6. 3.

(12)　Sarah Joseph, Jenny Schultz, and Melissa Castan, *The International Covenant
　　　on Civil and Political Rights Cases, Materials, and Commentary*, 2nd ed., (Oxford
　　　University Press, 2004), p. 394.

178

なく，例えば法務大臣その他の行政機関がこれを行うこととしても差し支えないものであるが，事柄が国際間の信義や引渡犯罪人の人権に関わるところから，公正感を保ちうる裁判所にこれを行わせるのが適当であるという立法的判断から，東京高裁にゆだねられているものである。すなわち，右の決定は，刑訴法上の決定でもなければ，民訴法上の決定でもなく，逃亡犯罪人引渡法上の特別な決定なのである。したがって，これに対し訴訟法上の抗告が許されないことは，明らかであろう[13]」と説明されている。実際，同法第10条1項3号に基づく東京高裁の決定に関し，最高裁第1小法廷は，「東京高裁決定に対する不服申立をすることは許されない[14]」（平成2年4月24日決定）との決定を行った。その解説によれば，この「東京高裁がする決定は，前述の通り，その性質上，純然たる司法権の行使として行う裁判ではなく，立法裁量に基づく非訟事件についての裁判である。このことが，最高裁決定の右判断を支える根本的な理由であろう。そして，その背後においては，いかなる条件，手続で逃亡犯罪人を引き渡すこととするかは，本質的にみて，立法裁量事項であり，権利義務事項ではないことが，考慮されているということができよう[15]」と述べている。この論理に従えば，引渡審査は規約第14条1項の対象外ということになる[16]。しかし，仮に日本が個人通報に関する第1選択議定書の締約国になっ

---

(13) 『判時』第1346号3頁。

(14) 『同上』4頁。

(15) 『同上』3頁。

(16) 日本の裁判所では，「問題となる裁判が，『性質上純然たる訴訟事件』，つまり『法律上の実体的権利義務自体を確定する純然たる訴訟事件』の裁判であるか，『本質的に非訟事件の裁判』であるかを判断する。そして，前者は，『固有の司法権の作用』であるところから，これに対しては，憲法上，公開対審の手続と最高裁への上訴を保障する必要があるが，後者は，性質上は行政機関等に判断させることもできる事柄であって，立法裁量により非訟事件として裁判所に判断を委ねているものであるから（裁判所法3条1項の『法律において特に定める権限』），これについては，公開対審の手続にするか否か，上訴を認めるか否かについても立法裁量に委ねられている」とする。そして，訴訟事件と非訟事件の区別については，「判例は，所与の権利義務（刑罰権を含む）を確定するため裁判をする場合が訴訟事件であり，権利義務その他の法律関係を形成するため裁判をする場合が非訟事件であると解している」とした上で，「いかなる権利義務を所与のものとして定めるかは，憲法上の制約に従う限り，立法府の裁量である。したがって，法律が，ある種の権利義務を所与のものとして定めず，行政上の処分によって権利義務が形成されるものと定めることも，立法府の権限の範囲内で

第Ⅱ部　自由権規約委員会による解釈実践

た場合には，通報者が引渡し決定について再審理の機会を与えられないことを
理由に第14条1項違反を主張した場合，国内裁判所で不服審査を求めること
ができない以上，国内的救済の完了という受理要件を満たし，引渡し犯罪人の
人権に関わるというその権利の性質を理由として，通報が受理される可能性が
ある。なぜなら，日本は，自由権規約の締約国として，第14条1項の義務を
引き受けるにあたって，日本語でいう「民事上の」という文言に拘束されてい
るのではなく，正文にいう "suit at law" に拘束されているからである。

　このように，規約において日本がいかなる義務を引き受けているかは，条約
正文とその正文の解釈をめぐる委員会の実行から判断せざるを得ない。実際，
すでに1,000を超える個人通報事例の「先例（jurisprudence）」の蓄積の中で，
規約の各条文の規範内容が確定され発展していることはたしかである。こうし
た意味からも，委員会による解釈実践は締約国として無視できないものである。
本章の目的は，委員会による規約解釈が何を準拠法として行われているかを明
らかにするとともに，カナダに対する最近の2つの個人通報事例を紹介し，そ
の解釈の発展とそれが内包する問題点について論じることにある。

2　条約の解釈と人権条約の実施機関

(1)　条約の解釈学説と準拠法としての条約法条約

　条約の解釈とは，条約の規範内容を確定する行為である。条約解釈について
は，これまでさまざまな解釈学説が存在していた。たとえば，締約国の意思を
重視する意思主義解釈がある。この解釈学説は，条約解釈の到達点を締約国の
意思を確かめ効果を付与することにあると考える。その背後にあるのは，条約
の起草者はさまざまな考慮をしていたはずだから，直面する条約解釈上の疑問

ある。また，行政上の処分にかわり，裁判所の裁判という形式によって権利義務が形
成されると定めることも，立法府の権限である。この後の場合の事件が非訟事件とな
る。右の憲法上の制約として最も重要なものは，憲法がある種の権利を所与のものと
して定めている場合には，法律がその権利性を否定し，これを非訟事件として処理す
ることは許されないという制約である」と説明する。逃亡犯罪人の引渡決定もそのよ
うなものと解されているということになる。（『法曹時報』第43巻3号（1991年）（香
城敏磨担当「最高裁判所判例解説」）237-238頁）。

180

第 6 章　人権条約の解釈の発展とその陥穽

は当該意思を発見することで解決できる，すなわち，条約解釈を締約国の意思の発見という事実の問題ととらえる立場である。その結果，この学説は，条約締結にいたる起草過程など条約の準備作業に依拠することに積極的である。これに対して，締約国の意思は条約本文に明らかであるとして，条約本文の「通常の意味」にしたがって条約をあるがままに解釈すべきであるとする文言主義解釈（文理解釈あるいは客観的解釈）がある。そこでは，条約解釈の目的は締約国の単独の「意思の発見」ではなく，締約国の合意した意思が表明された「文言の意味の確定」にあるとされる。この学説は，意思主義解釈とは異なり，条約の準備作業の援用に慎重であり，第二次的な地位しか与えていない。ということは，両学説とも，条約解釈の目的が締約国の意思の解明にあるという点では一致している。争われているのは，解明されるべき締約国の意思をどこに見いだすかという点である。条約の本文なのか条約の準備作業なのかという問題である。

　さらに，条約の目的を発見し，それに効果を付与することを解釈の機能とする目的論的解釈がある。この学説は，古い起草者意思の発見よりも，条約締結後の変化に対応すべく条約の目的から演繹して解釈者が妥当な結果を生むよう解釈することを促している。換言すれば，条約の目的を梃子に，「法の発見」（静態的側面）よりも時代状況に即した「法の加工」（動態的側面）を促す，つまり，社会あるいは法の発展に応じた条約の規範内容の変化の可能性をも視野に入れているという意味で，他の 2 つの解釈学説とは異なっている[17]。

　条約法条約の解釈規則は，こうした解釈学説が強調する要素を，程度の差こそあれ，すべて取り込んでいる。その意味では，従来の解釈学説の対立を終焉させたともいえる。同条約第 31 条 1 項の解釈の一般規則における「通常の意味」（文言主義解釈の手法）や「条約の趣旨及び目的」（目的論的解釈の手法）への言及，同条 4 項の「締約国の特別の意味の意図」（意思主義解釈の手法）という文言に，それははっきりと示されている。こうした条約法条約の解釈規則の特徴を一言でいえば，締約国の有権的表示としての条約本文の尊重を基礎とする解釈の一般規則と，条約の締結に先立つ条約の準備作業を解釈の補足的手

---

(17)　詳しくは，坂元茂樹『条約法の理論と実際』（東信堂，2004 年）173-175 頁参照。

181

第Ⅱ部　自由権規約委員会による解釈実践

段とする解釈規則を定めていることである。「補足的」とは，第32条は解釈の代替的，自律的手段を規定するものではなく，第31条の一般規則によって得られた解釈を補助する手段を定めるにすぎないという意味である。したがって，第31条の一般規則の適用によって規範内容の確定ができれば，あえて第32条の解釈の補足的手段に訴える必要はないことになる。国際司法裁判所は，1989年仲裁裁判判決事件（1991年）やリビア・チャド領土紛争事件（1994年）で，これらの解釈規則は多くの点で既存の慣習法の法典化とみなされると判示した[18]。その結果，条約法条約の締約国でない国が参加している条約の解釈についても，慣習法規則として，これらの解釈規則が適用されることになる。

　人権の実施機関による人権条約の解釈にあたっても，この条約法条約の解釈規則が準拠されている。ヨーロッパ人権裁判所は，1975年のゴルダー事件判決で，「裁判所は，条約法条約第31条から33条を参照すべきであると考える。この条約は未だ発効していないが（1980年1月27日に発効），その条文は，裁判所が折に触れ言及してきた一般に受容された国際法の諸原則を列挙している。ヨーロッパ人権条約の解釈に際して，当該条文を参照すべきである[19]」と判示し，ヨーロッパ人権条約の解釈にあたって，条約法条約の解釈規則へ準拠する姿勢を示した。このように同裁判所は，同規則にみずからの解釈の正当性の根拠を求めたのである。ただし，そこには人権条約の実施機関という性格が投影した独自の解釈手法がみられる。次にこの点を検討してみよう。

(2)　人権条約の解釈──「発展的解釈」の展開

　人権条約の解釈にあたっては，個人の人権の効果的な保護という条約目的の考慮から，条約法条約に依拠しながらも，先の目的論的解釈が比較的採用される傾向にある。実際，ヨーロッパ人権裁判所は，こうした目的論的解釈をさらに敷衍して，ヨーロッパ人権条約を「生きている文書（living instrument）」であると性格づけた。たとえば，拷問の禁止を定めた第3条の解釈が争われた

---

(18) *Arbitral Award of 31 July 1989 (Guines-Bissay v. Senegal) ICJ Reports 1991*, pp. 69-70, paras. 48 and 53, *Territorial Dispute (Lybian Arab Jamahiriyal/Chad) ICJ Reports 1994*, pp. 21-22, para. 41.

(19) *The Golder Case, Series A*, No. 18, para. 29.

182

第6章　人権条約の解釈の発展とその陥穽

1978 年のタイラー事件において，同裁判所は，「条約が，今日的条件に照らして解釈されるべき生きている文書であることを想起しなければならない。本件で，裁判所は，この分野での欧州評議会加盟国の刑事政策の発展およびそこで一般に受け入れられている基準に影響されざるを得ない[20]」と判示した。1950 年にヨーロッパ人権条約が採択された時に締約国が抱いていたであろう「何が品位を傷つける刑罰か」ではなく，条約を解釈する時点でのそれを考慮せざるを得ないというのである。つまり，人権条約は，社会的な変化など今日的条件に照らして解釈されねばならないというのである。さらに，同裁判所は，「発展的解釈」と呼ばれる手法を開拓した。1995 年のロイジドゥー事件において，ヨーロッパ人権裁判所は，条約が締結された 40 年以上前の起草者の意思に従ったのみでは条約解釈はできないとまで言い切った[21]。また，性転換を法的に承認されなかったことでさまざまな不利益が生じたとして，ヨーロッパ人権条約第 8 条（私生活の尊重）と第 12 条（婚姻の権利）の違反を訴え，その違反が認定された 2002 年のグッドウィン事件では，裁判所は，「現時点で，ヨーロッパ人権条約の何が適切な解釈・適用であるかを『今日的条件に照らして』（タイラー事件等）評価するために，締約国の内外の状況を考察する」ことを提案した[22]。いわゆる「発展的解釈」の表明である。こうした発展的解釈は，ヨーロッパ人権裁判所という地域的人権機関の判例の最も独創的な特徴であるが，やがてこうした解釈手法は普遍的人権機関である自由権規約委員会によっても後に採用されることになった。同委員会は，ヨーロッパ人権裁判所と異なり，当初はかなり文言主義的解釈にとどまっていたが，次第に発展的解釈を採用するようになった。

　この発展的解釈は，締約国によって合意されたはずの条約の規範内容の確定，換言すれば，締約国が引き受けた条約義務の内容を，申立や通報の審査時に実施機関によって変更することを意味している。通報の対象となった規約の条文の解釈が，人々の人権意識の発展の問題に還元できる問題であればともかく，国家の主権事項に関わる場合，事は重大である。締約国である国家にとっては

(20)　*The Tyler Case, Series A*, No. 26, para. 31.

(21)　*The Loizidou Case, Series A*, No. 310, para. 71.

(22)　The *Goodwin Case (Application No.28957/95)*, para. 75.

183

第Ⅱ部　自由権規約委員会による解釈実践

みずからが同意しない主権に関する制限を引き受けたことにもなりかねないからである。はたして，そうした実施機関の解釈は「司法立法」ではなく，条約解釈の枠組みの中にとどまるといえるのであろうか。こうした観点から，自由権規約委員会の最近の個人通報事例を基にこの問題を検討してみよう。

3　自由権規約委員会の従来の実行

　冒頭に述べたように，自由権規約の各条文に規定された条約上の概念は，国内法の概念から独立したものである。自由権規約においても，ヨーロッパ人権条約と同様に，自律的解釈（autonomous interpretation）の考え方が採用されている。仮釈放期間中の犯罪による仮釈放を取り消す新たな国内法の遡及的適用が問題になったドゥーゼン対カナダ事件（通報番号50/1979）では，規約第15条１項の「何人も，犯罪が行われた時に適用されていた刑罰よりも重い刑罰を科されない」の「刑罰」の解釈が問題となったが，委員会は，「規約の用語および概念は特定のいずれかの国内法体系およびあらゆる辞書的定義から独立している。……委員会はここではこれらの用語の意味を自律的意味をもつものとみなされなければならない。他方，カナダ法における『刑罰』という用語の意味は，それ自体としては決定的なものではない[23]」と述べた。

　ところで，自由権規約も多数国間条約の１つであり，委員会も，同規約の解釈において，条約法条約の解釈規則に準拠する姿勢を示してきた。カナダ・アルバータ州の州政府の労働組合職員がストライキを禁止するカナダの1977年公務員関係法が自由権規約第22条の結社の自由に違反すると訴えたJ.B他対カナダ事件（通報番号118/1982）で，委員会は，ストライキ権につき，条約法条約の解釈規則に言及しながら次のように論じた。すなわち，「第22条の範囲を解釈するにあたって，委員会は，文脈によりかつ条約の趣旨および目的に照らして，条文の各要素の『通常の意味』に注意を向けた（条約法条約第31条）。委員会はまた，解釈の補足的手段に依拠し（同第32条），自由権規約の準備作業，とりわけ人権委員会と国連総会第3委員会の議論を調査した。そして，

---

(23)　Cordon C. Van Duzen v. Canada（50/1979），para. 10. 2.

起草者がストライキ権を保障する意図があったと結論できない[24]」と述べた。ここでは，条約法条約第31条が基本に置く，いわゆる文言主義解釈の手法が採用されている。他方，この結論に反対した委員たち（ヒギンス，ララーやマブロマティス委員など）が，「準備作業は委員会が直面している問題にとって決定的ではない。起草者の意思が目前の争点との関連で完全には明らかでない場合には，条約法条約第31条はわれわれに条約の趣旨および目的に依拠することを指示する。このことは人権を促進する条約においては特に重要であるように思われる[25]」と述べて，目的論的解釈の必要性を強調した。もっとも，17歳から30歳までの者で徴兵義務を果していない者へのパスポートの発給拒否を定める旅券法を規約第12条違反で訴えたペルトーネン対フィンランド事件（通報番号492/1992）で，委員会は，「規約第12条3項の準備作業は，出国の権利は，特に国の役務などの義務を免れるために主張できないことにつき合意があったことを示す[26]」として，条約法条約第32条の解釈の補足的手段たる準備作業に依拠した。このように，委員会においても，条約法条約の解釈規則への依拠はしばしばみられるのである。

　たとえば，既婚女性の失業手当受給権の制限が争われたブレークス対オランダ事件（通報番号172/1984）では，規約第26条の解釈が争われたが，委員会は，「第26条の範囲を決定するために，文脈によりかつ条約の趣旨および目的に照らして，条文の各要素の『通常の意味』を考慮する（条約法条約第31条）[27]」という表現で，解釈規則への依拠の姿勢を堅持した。同様の表現が，同じく第26条の解釈が争われたツヴァン・デ・フリース対オランダ事件（通報番号182/1984）でも採用された[28]。本事件では，さらに委員会は，条約法条約第32条を根拠に，自由権規約の関連する準備作業，すなわち，1948年，1949年，1950年および1952年の人権委員会の議論と1961年の国連総会の第3委員会の議論を調査した。ダニング対オランダ事件（通報番号180/1984）でも，まっ

---

(24)　J. B. et al v. Canada（118/1982），para. 6. 3.

(25)　Individual opinion submitted by Ms. Rosalyn Higgins *et al.*, concerning the admissibility of communication No. 118/1982, J. B. et al., v. Canada, para. 5.

(26)　Lauri Peltonen v. Finland（492/1992），para. 8. 3.

(27)　Broeks v. Netherlands（172/1984），para. 12. 3.

(28)　Zwaan-de Vries v. Netherlands（182/1984），para. 12. 3.

第Ⅱ部　自由権規約委員会による解釈実践

たく同様の手法が採用された[29]。

　ところで，条約法条約の解釈規則への依拠は，委員会の各委員の個別意見にもしばしば現れる。たとえば，第5章で取り上げたピント対トリニダード・トバゴ事件（通報番号232/1987）で，ヴェナーグレン委員は，「条約法条約は，条約の規定は条約の文言に与えられるべき，つまり条約の趣旨および目的に照らして与えられる通常の意味に従って解釈されなければならないと規定している。規約第6条2項の趣旨および目的は明らかである。すなわち，死刑の適用を制限することにある。準備作業は，死刑を科す権限をもつ国内法が従わなければならない判断基準としてこれを位置づけている[30]」と述べて，条約法条約の解釈規則に依拠しながら，みずからの解釈論を展開している。また，コックス対カナダ事件（通報番号539/1993）で，ハンデル委員とサディ委員は，その個別意見の中で，「第6条1項を適用するにあたって，条約法条約第31条に従って，委員会はその文脈において文言に与えられる通常の意味に従って，この規定を誠実に解釈しなければならない」と指摘する一方で，「たしかに，人権条約の主たる受益者は国や政府ではなく個人であるので，人権の保護は多数国間条約の曖昧な規定の場合に通常適用可能なアプローチよりもより自由な（liberal）アプローチを求める[31]」ことを主張している。たしかに，自由権規約の解釈においても，起草時に想定されていなかった犯罪人引渡し後の人権状況について引渡し国の第7条（拷問または残虐な刑の禁止）違反を認定したウー対カナダ事件（通報番号469/1991）や，起草時の合意と異なり，犯罪人引渡しの場合にも外国人追放の手続的保障を定めた第13条の適用を承認したギリー対ドミニカ事件（通報番号193/1985）などのように，通常の多数国間条約とは異なり，委員会により条約の準備作業の結論と異なる，より自由な解釈アプローチが採用されていることは事実である。ただ，最近の委員会の個人通報事例の見解をみると，委員会のこうした自由な解釈が締約国との間に新たな緊張関係を生んでいるように思われる。とりわけ，生命に対する権利および拷問を

---

(29)　Danning v. Netherlands（180/1984），para. 12. 3.

(30)　Individual opinion by Mr. Bertil Wennergren concerning the view of communication No. 232/1987, Pinto v. Trinidad and Tobago.

(31)　Individual opinion by M. K. Herndel and W. Sadi concerning the view of communication N0. 539/1993, Cox v. Canada, Article 6.

186

第6章　人権条約の解釈の発展とその陥穽

受けない権利は規約の最も重大な人権カタログであるという規約の構造に根ざした委員会の解釈につき，締約国との間で対立が生じている。そこで，カナダをめぐる最近の2つの個人通報事例を基にいかなる問題が発生しているかを検討してみよう。

4　自由権規約委員会の最近の実行
——生命権および拷問禁止規範の優越性

(1)　ジャッジ対カナダ事件（通報番号829/1988）

本事件は，キンドラー対カナダ事件（通報番号470/1990）の判例を一部変更したものであるが，こうした判例変更を伴うことを意識したのか，委員会は，「規約は生きている文書（living instrument）として解釈されるべきであり，そこで保障されている権利は，今日的状況の文脈で，かつ今日的状況に照らして適用されるべきであると考える」と述べて，委員会としては初めて，ヨーロッパ人権裁判所と同様の発展的解釈を採用した。事件の概要は，次の通りである。

(a)　事件の概要

通報者は，米国市民であるロジャー・ジャッジ（Roger Judge）で，カナダによる規約第6条，第7条，第10条および第14条違反の犠牲者であると主張した。1987年6月，米国ペンシルベニア州の裁判所において殺人の罪で死刑を宣告されていた通報者は，脱獄しカナダに逃亡した。翌88年8月，通報者は，バンクーバーで犯した強盗の罪により，懲役10年を宣告された。1993年6月，カナダは通報者に国外退去を命じた。1997年11月，通報者は，カナダの市民権・移民相に対して退去強制の停止とともに，犯罪人引渡条約に基づく引渡しが行われる場合には，米国に対して死刑不執行の保証を求めるよう要請した。しかし，この要請は却下された。そこで，通報者は，大臣の却下決定を不服として連邦裁判所に提訴した。その際に通報者は，国外退去処分の執行停止と，カナダでの抑留および米国への国外退去処分がカナダ人権憲章に違反するとの認定を求めたが，1998年6月，理由を明示されることなく却下された。この決定には上訴が認められないため，通報者は，ケベック州最高裁判所に同

187

第Ⅱ部　自由権規約委員会による解釈実践

趣旨の請願を行ったが，同年 8 月 6 日に却下された。なお，ケベック州最高裁
判所の決定の翌日である同年 8 月 7 日に委員会に通報が行われたが，同日，通
報者は米国に退去強制された[32]。

(b)　通報者の申立と締約国の反論

　本事件において，通報者は，①カナダは，10 年にわたって同人の身柄を拘
束し，いつ死刑が執行されるかわからない状態に置くことで，残虐で非人道
的な，かつ品位を傷つける取扱いまたは刑罰を科し，通報者に精神的苦痛を与
えた。これは，規約第 7 条の違反を構成する。②カナダで抑留されている間に
「死刑の順番待ち現象（death row phenomenon）」にさいなまれた。このように
人道的かつ人間としての固有の尊厳を尊重した取扱いを受けなかったので，規
約第 10 条に違反する。③刑を満了すれば死刑が待っているという事実がある
にもかかわらず，同人の身柄を 10 年間も拘束し，今になって米国に追放する
のは，彼の生命に対する権利の侵害であって，規約第 6 条の違反に該当するな
どと申し立てた[33]。

　これに対して，カナダは，①「死刑の順番待ち現象」は，死刑囚が経験する
単なる精神的ストレスではなく，たとえば死刑執行日が決定した後の，刑の執
行延期，虐待，不十分な食事や隔離が行われたというような，他の条件が必要
である。また，死刑が執行されないという保証を得るまでは追放を延期してほ
しいとの要請に対しては，カナダは，②追放に先立って，引渡要求やかかる保
証が得られるまで待つ必要はない。市民権・移民相には，合理的に実行可能な
限り，速やかに追放命令を執行しなければならないという法律上の義務がある，
とした。第 6 条違反の主張やペンシルベニア州の裁判に過ちがあったとの通報
者の主張について，カナダは，③当該裁判が恣意的であったとか，あるいは裁
判拒否があったことを示す証拠がない限り，委員会が裁判の事実関係および証
拠を検討することはないとし，これに反論した[34]。

　こうしたカナダの反論は，次のような条約解釈論で構成されている。すなわ

---

(32)　Judge v. Canada（829/1998），CCPR/C/78/D/829/1998, paras. 1-2. 8.

(33)　*Ibid.*, para. 3. 1-3. 3.

(34)　*Ibid.*, paras. 5. 1-5. 5.

188

ち，規約第6条2項で，死刑存置国での死刑執行は認められている。第6条に明記された死刑執行に関する条件が満たされた場合，締約国は，死刑が宣告された国へ当該個人を引き渡し，または追放することができる。問題は，カナダが通報者に対する死刑を執行しないよう保証を求めなかったことが規約違反に該当するのではないかという点である。カナダによれば，規約第6条および同条に関する一般的意見14には，保証を求める問題について何も明記されていない。また，死刑廃止国が，国際法上の問題として，死刑不執行の保証を求めなければならないとの主張を支持する判例も存在しない。カナダは，こうした要件が第6条の要件に含まれるとの解釈は，条約解釈に関して受け入れられている規則——条約は，条約の文言に示されている締約国の意図に照らして解釈されるべきであるとの規則——からの重大な逸脱にあたると主張した[35]。条約法条約の解釈規則に照らして，そうした解釈には無理があるというのである。

　さらにカナダは，過去の先例を想起し，委員会は，これまで，規約を批准している死刑廃止国が必ず引渡しを拒否しなければならない，または死刑が適用されないよう保証を求めなければならないといった主張を認めていないと述べた。キンドラー事件での委員会の見解は，第6条の文言は，カナダに対し，引渡しを拒否しまたは死刑を執行しないとの保証を求めなければならないことを義務づけるものではないというのである。委員会は，ウー事件およびコックス事件でも同様の見解を表明している[36]。カナダは，自由権規約第2選択議定書では，死刑不執行の保証を求める義務があるかどうかも含め，死刑に直面する引渡しまたは追放という問題について何も定めていないと主張する。カナダは，本議定書が，死刑不執行の保証を求めることを義務づけていると解釈できるかどうかについては言及を避けたものの，現在，同国がこの議定書の締約国ではない点を強調した[37]。

　またカナダは，通報者が追放された1998年8月7日の時点で，カナダが，

---

(35)　カナダは「条約は，文脈によりかつその趣旨及び目的に照らして与えられる用語の通常の意味に従い，誠実に解釈するものとする」と規定する条約法条約第31条に言及した。*Ibid.*, paras. 8.2-8.5.

(36)　カナダに関するこれらの事例の検討については，徳川信治「自由権規約第6条と死刑問題（二・完）」『立命館法学』第240号（1995年）350-363頁に詳しい。

(37)　CCPR/C/78/D/829/1998, paras. 8.6-8.7.

第Ⅱ部　自由権規約委員会による解釈実践

通報者に死刑が執行されないとの保証を米国に求めなければならないとする国内法上の義務はまったく存在しなかったと主張する。カナダの最高裁判所は，キンドラー対カナダ（司法省）事件(38)およびウー引渡事件(39)において，死刑が執行されないとの保証を求めること，およびそうした保証がないままにキンドラーやウーの引渡しを決定することについて司法省に裁量権を与えることはカナダ憲法の違反には当たらないとの判決を下した(40)。

　さらにカナダは，規約締約国の行為は，規約違反があったとされる時点で適用可能な法に照らして判断されなければならないと主張した。つまり，通報者の追放が行われた時点で，カナダに対し，ロジャー・ジャッジに死刑が執行されないことの保証を得ることを要求する国際法は何ら存在しなかった。カナダは，この点を裏づける証拠として，キンドラー事件，ウー事件およびコックス事件における委員会の規約解釈を挙げた。また国連の犯罪人引渡しに関するモデル条約では，「死刑が執行されないとの保証がないこと」が個人の引渡しを拒否できる場合の義務的事由としてではなく，「引渡しを拒絶できる場合の選択的事由」として挙げられているにすぎないことを指摘した(41)。

　最後にカナダは，個人が死刑を宣告された国へ追放される場合，死刑廃止国は必ず，死刑が執行されないとの保証を求めなければならないかどうかという問題は，国の政策上の問題であって，規約に基づく法的要求ではないと主張した。保証を求めることなく追放することが，規約第7条に違反するかどうかという問題について，カナダは，委員会がかつて次のように判断したことを指摘した。すなわち，死刑宣告を受けた国への個人の引渡しまたは追放は，第6条2項の問題であって，それ自体は第7条違反に該当しない。さらに同国は，「通報者の個人的要素，死刑執行を待つ間の拘禁に関連する特殊な条件，さらに

---

(38)　［1991］2S. C. R. 779.

(39)　［1991］2S. C. R. 858.

(40)　CCPR/C/78/D/829/1998, para. 8. 8.

(41)　国連の犯罪人引渡しに関するモデル条約第4条(d)項は，「引渡しが求められている犯罪が，請求国の法律により死刑を伴う場合。ただし，被請求国が死刑は科されないか又は科されたとしても執行されないことにつき十分と考える保証を請求国が与える場合はこの限りではない」と規定する。薬師寺公夫・坂元茂樹・浅田正彦『ベーシック条約集2017』（東信堂，2017年）786頁。

第6章　人権条約の解釈の発展とその陥穽

刑の執行方法が特に残酷」といった条件によっては，死刑に関する第7条に基づいていくつかの問題が発生する可能性があるとした委員会の見解を指摘した（キンドラー事件）。カナダによれば，本件において唯一取り上げられたのは，カナダが，死刑を執行しないとの保証を求めなかったことが，第7条に基づく通報者の権利を侵害したことになるかどうかという点であった。カナダは，第6条2項に認められる範囲での死刑制度は第7条違反に該当せず，したがって死刑を執行しないとの保証を求めなかったことは第7条違反に当たらないと主張した[42]。

　また，カナダは，第6条とこれに関連する委員会の一般的意見は，死刑を宣告された国へ個人を追放するに先立って，国家は，当該個人がすべての控訴権を行使できるようにしなければならないかという点については規定していないと主張する。第6条に基づいてこうした要件が存在するのであれば，それは条約解釈について一般に認められた諸規則からの逸脱となるというのである。カナダの見解では，第6条4項および14条5項は，死刑を科そうとする締約国にとっては重要な保護手段となるものの，死刑を宣告された国に，当該個人を追放または引き渡そうとする規約締約国には適用されないという。カナダは，自国の入国管理法第48条によれば，追放命令は，法律または司法判決に基づいて追放が猶予される場合を除き，合理的に実行可能な限り速やかに行われなければならないと主張する。つまり，追放の実施について猶予がない場合，追放命令は絶対に行わなければならないのであって，担当大臣は，合理的に実行可能な限り速やかにこれを実施しなければならず，この点について裁量権はほとんど認められていないというのである。本件において，カナダの主張によれば，通報者に適用される入国管理法第49条および第50条に基づいて追放の猶予は認められず，しかも，司法判決に基づく猶予を求めた通報者の請求は，再審で却下された。あらゆるレベルでの控訴がすべて尽くされるまで，締約国は追放命令の猶予を認めなければならないのであれば，通報者のような重大な犯罪を犯した者は，かなり長期間カナダ国内にとどまることができることになり，その結果，通報者は，控訴手続が行われている期間中，長期間にわたって追放

---

(42)　CCPR/C/78/D/829/1998, paras. 8.9-8.11.

191

第Ⅱ部　自由権規約委員会による解釈実践

が延期されることになると主張した[43]。

　なお，2001 年 2 月 15 日，カナダ最高裁判所は，米国対バーンズ事件[44]で，カナダ政府は，例外的な場合を除いていかなる場合でも，個人が死刑を宣告された国へ，当該個人を引き渡す前に，死刑が執行されないとの保証を求めなければならないと判示した。カナダによれば，市民権・移民省は，移民の追放に対するこの判決の影響について，現在検討中であるという。カナダにおいては，この判決に素直に従えば，国内判例法の要請として，死刑存置国への死刑囚の引渡しにおいては，例外的な場合を除き，死刑が執行されないという保証を求めなければならないことが義務づけられることとなった。しかし，カナダによれば，本判決はジャッジ事件が委員会に通報された日以降の判決であって遡及的に義務づけられるものではないと主張した。

(c)　委員会の見解

　これに対し，委員会は，キンドラー事件における「先例」を変更し，カナダの第 6 条 1 項違反を認めた。すなわち，「委員会は，その先例の一貫性を確保すべきであることを認識している。しかし，他方で，規約が保護する権利の適用範囲の再検討が求められる例外的な事態がありうることに留意する。たとえば，侵害されたと主張されるものが最も基本的な権利，すなわち生命に対する権利に関するものであり，特に，提起されている問題について，事実および法の発展が顕著であり，国際世論の変化がみられるときはそうである。委員会は，前述の先例が約 10 年前に確立されたものであるという事実，その時以来，死刑の廃止に賛成する国際的コンセンサスが拡大し，死刑を維持する国においてはそれを執行しないとするコンセンサスが拡大しているという事実に留意する。意義深いことに，委員会は，キンドラー以来，締約国それ自身が，米国対バーンズ事件において，カナダから引き渡される者であって，追放先の国家において死刑判決を受けている者の保護を確保するために自国の国内法を改正する必要性を認識していることに留意する。この事件において，カナダの最高裁判所は，死刑に直面する国に個人を引き渡す前に，死刑が科されないとする

---

(43)　*Ibid.*, paras. 8. 14-8. 16.

(44)　*United States v. Burns*, 2001SCC7. [2001] S. C. J No. 8.

192

第6章　人権条約の解釈の発展とその陥穽

保証を求めなければならないと判示した。この判決の言葉によるならば，『他の死刑廃止国は，一般に，保証なしに引き渡してはいない』ことに留意することが適切である。委員会は，規約は生きている文書（living instrument）として解釈されるべきであり，そこで保護されている権利は，今日的状況の文脈で，かつ今日的状況に照らして適用されるべきであると考える」（10.3項）と述べた。このように委員会は，先例変更を意識してか，あえて規約を「生きている文書」と性格づけた。そして規約を取り巻く状況，すなわち10年前のキンドラー事件以後の死刑廃止を支持する広範な国際的コンセンサスの存在を指摘し，またカナダの国内判決の発展も睨みながら，ヨーロッパ人権裁判所で採用されている「発展的解釈」の手法を取り入れ，自らの「先例」の変更を正当化したのである[45]。

　さらに続けて，「第6条の適用を再検討する際，委員会は，条約法条約が求めるように，条約が，文脈によりかつその趣旨および目的に照らして与えられる用語の通常の意味に従い，誠実に解釈されるべきことに留意する」と述べて，みずからの解釈手法が，カナダが非難するような条約法条約の解釈規則からの離脱でないことを確認した上で，「『すべての人間は，生命に対する固有の権利を有する』と規定する第6条1項は一般規則であり，その目的は生命を保護することである。死刑を廃止した締約国は，同項に基づきあらゆる状況下でそのように保護する義務を負う。第6条1項が死刑そのものを廃止するものと解釈されることを避けるために，第6条の2項から6項までが挿入されたことは明らかである。この条文解釈は，2項の冒頭の文言（『死刑を廃止していない国においては』），および6項（『この条のいかなる規定も，この規約の締約国により死刑の廃止を遅らせ又は妨げるために援用されてはならない』）によって強化される。実際において，2項から6項までは，死刑に関して生命に対する権利の例外を設ける，およびこの例外の範囲の限界を定める，という二重の機能をもつ。一定の要素が存在するときに宣言された死刑のみが，この例外によって認められうる。これらの制限のなかには，2項の冒頭の文言に見出される制限がある。すなわち，『死刑を廃止していない』締約国のみが2項から6項に設け

---

(45)　CCPR/C/78/D/829/1998, paras. 10.2-10.3.

第Ⅱ部　自由権規約委員会による解釈実践

る例外を利用することができるという制限である。死刑を廃止した国について
は，個人を死刑の適用の真の危険に晒さない義務がある。したがって，個人に
死刑判決が下されることが合理的に予見される場合には，追放または引渡し
のいずれによる場合であっても，死刑が執行されないことを確保することなく，
当該個人を自国の管轄の下から排除してはならない」（10.4項）と述べて，引
渡しであれ追放であれ，委員会は死刑廃止国の特別の責務を認定した。すなわ
ち，死刑廃止国であるカナダが，死刑が執行されないことを確保することなく，
死刑存置国である米国へ通報者を国外退去させるのは第6条1項違反であると
認定したのである。この結論は，同じく規約の締約国でありながら，死刑廃止
国と死刑存置国において，第6条につき締約国が負う義務に区別を導入するも
のであるが，そのことを意識したのか，委員会は次のような見解を表明してい
る。すなわち，「委員会は，第6条1項および2項をこのように解釈すること
によって，死刑廃止国と死刑存置国が異なって取り扱われることになることを
認識している。しかし，委員会は，このことが規定そのものの文言からくる避
けがたい結果であると考える。この文言は，準備作業から明らかなように，こ
の規定の起草者のなかで妥協をうる努力において，死刑問題に関するまった
く異なった見解を調整したものである。……死刑は，起草過程に参加した多く
の代表団および団体によって，『変則（anomaly）』または『必要悪（necessary
evil）』と理解された。したがって，第6条1項の規則を広く解釈し，他方で，
死刑について規定する2項を狭く解釈することも，論理的であると思われる」
（10.5項）というのである。そして，「以上の理由により，委員会は，死刑を廃
止した締約国としてのカナダは，死刑廃止をめざす規約第2選択議定書を批准
しているかどうかにかかわりなく，通報者に死刑判決が下されている米国に
対し，死刑が執行されないことを確保することなく，通報者を追放すること
によって，第6条1項に基づく通報者の生命に対する権利を侵害したと考える。
委員会は，カナダ自身が通報者に死刑を科したものでないことを認める。しか
し，カナダは，通報者に死刑判決が下されている国に通報者を追放することに
よって，通報者への死刑の執行を可能にするという因果の連鎖の重要な連結点
を設けたのである」（10.6項）と述べた。委員会は国内の政策として死刑を廃
止しているカナダを，国際的に死刑廃止を約束した自由権規約の第2選択議定

194

書（死刑廃止議定書）の締約国と同様に扱い，死刑廃止国であるカナダが，死刑が執行されないことの保証を求めることなく，死刑存置国である米国へ通報者を国外退去させるのは第6条1項違反であると認定した（本事件後の2005年11月，カナダは第2選択議定書に加入し，2006年2月25日付で発効している）。

なお，カナダは，締約国の行為は，当該行為時に適用される法に照らして評価されるべきであると主張したが，委員会は，人権保護は日々進化しており，規約上の権利の意味は，行為時ではなく，委員会における検討時を基準として解釈されるべきであるとした。この点について，委員会はまた，次の事実に留意している。①通報者の米国への追放以前の段階で，死刑を廃止した締約国（および第2選択議定書締約国）に関する委員会の立場が，他国への追放の後に，規約違反の死刑が適用されるかどうかから，死刑それ自体の真の危険があるかどうかに進化していた（1978年7月28日のA. R. J. v. オーストラリア事件（通報番号692/1996）および1997年11月4日のG. T. v. オーストラリア事件（通報番号706/1996））というのである（10.7項）(46)。しかし，この見解は，いくつかの重要な問題を提起した。

(d) 提起された問題

まず，本見解は，次の点で注目される。委員会が規約を「生きている文書」として解釈することで，締約国が主張した，締約国が通報者を国外追放した時，いわば処分時にその行為が違法であったかどうかを解釈せず，人権観念は変化しうるとして委員会の審査時に当該処分の違法性を判断することを正当化したことである。本件の事実に照らせば，国外退去を確定したのは1994年（キンドラー事件の見解採択の翌年），実際の追放は1998年（カナダ最高裁の米国対バーンズ事件の2001年判決以前），そして委員会の見解採択は2002年である。このように，締約国の行為（国外追放）の違法性の判断（第6条違反かどうか）の基準時として，締約国の処分時ではなく委員会の審査時に求めたことは注目に値

---

(46) *Ibid.*, paras. 10. 4-10. 7. もっとも，本事件の当事者であるオーストラリアは自由権規約第2選択議定書の締約国であり，「死刑を廃止する国際的約束を行う」（前文）国であり，同議定書の締約国でなく国内政策として死刑を廃止しているカナダについて同列に論じることができるのかどうか疑問なしとしない。

第Ⅱ部　自由権規約委員会による解釈実践

する。薬師寺公夫教授の表現を借りれば，本見解においては，「どの時点を決定的期日とみるか，それにどの時点の規約義務を適用するかという時際法の問題が提起されている[47]」ことになるのである。しかし，こうした委員会の姿勢は，締約国にとって厄介な問題を提起する。なぜなら，締約国が自国管轄下にある個人に関してある決定を行い，その決定時に，その必然的かつ予見可能な結果として他の管轄下で当該個人の規約上の権利が侵害されることはないと判断したとしても，委員会の審査時に覆される可能性が生ずることになるからである。法的安定性の観点から，本見解の妥当性にはやや疑問が残る。

　周知のように，日本の行政事件訴訟法の解釈においては，「違法判断の基準時の問題については，従来からいわゆる処分時説と口頭弁論終結時説または判決時説とが唱えられているが，行政処分に対する司法判断の事後審査制という抗告訴訟の基本的性格から，違法判断は処分時を基準とすべきものとするのが通説・判例であって，最高裁判例（最判昭34・9・22民集13・11・1426，昭36・3・7民集15・3・381）も，この立場に立っている[48]」。もっとも，「伊方発電所原子炉設置許可処分の取消請求に関する最判平4・10・29民集46・7・1174は，原子炉施設の安全性に関する判断の基準としての科学技術水準につき，処分時のそれではなく，『現在の科学技術水準』によると判示[49]」したことがあるが，これは事柄の性質上，例外的なものと捉えられている。要は，生命権の関わる事例を，そのような例外的なものと捉えることができるかどうかであろう。委員会としては，生命権は規約が保障する最も高い価値の1つであるとして，こうした判断に踏み切ったのであろう。これに対し，カナダは，フォローアップのやり取りの中で，「規約上の権利の解釈は，規約違反とされる行為の実行時ではなく，委員会の検討時になされるべきであるとする委員会の立場に懸念を表明する。権利侵害があったとされる時には一般的ではなく，したがって，行為時に合理的に期待することができなかったような規約上の権利の解釈に照ら

――――――――――

(47)　薬師寺公夫「自由権規約個人通報手続における相対主義と普遍主義の法的攻防」松井芳郎他編『グローバル化する世界と法の課題――平和・人権・経済を手がかりに』（東信堂，2006年）322頁。

(48)　園部逸夫編『注解行政事件訴訟法』（村上敬一担当）（有斐閣，1989年）415頁。

(49)　南　博方・高橋滋編『条解行政事件訴訟法第2版』（石井昇担当）（弘文堂，2003年）451頁。

して規約との一致が評価されるべきではない[50]」として，見解の立場に強く異議を唱えている。

本見解により，カナダは，死刑を存置する隣国によって，死刑を科せられた逃亡犯罪人の生命権擁護という人権確保のために，自国で凶悪犯罪を行った者を，死刑不執行の保証なしには国外退去処分すらできない事態に立ち至っていることになる。本見解において，締約国における社会秩序の維持と個人の人権保護の均衡がはたして十分に確保されているといえるか，むずかしい問題を孕んでいるように思われる。生命権という至高の権利の擁護のために，締約国たるカナダは社会秩序の維持のための措置さえとれないのである。委員会の解釈の「発展」は，こうした国家主権の牙城にも影響を及ぼし始めているといえる。この問題は，アハニ対カナダ事件（通報番号 1051/2002）でさらに先鋭化した。本通報事例では，「テロリスト」とされる通報者を「国の安全を理由として」，拷問を受けるおそれのある国籍国（イラン）に追放しようとしたカナダの行為が規約違反と認定された。次に，本事件について検討してみよう。

(2) アハニ対カナダ事件（通報番号 1051/2002）

(a) 事件の概要

イラン国籍を有する通報者マンソール・アハニ（Mansour Ahani）は，通報時にはカダで抑留中であった（1.1 項）。なお，2002 年 1 月，委員会は規則第86 条に基づき，通報者の追放を差し控えるよう仮保全措置の要請を締約国に行ったが，同年 6 月，カナダは通報者をイランに追放した（1.2 項）。これより先，同人は，1991 年 10 月にカナダに入国し難民認定を申請し，翌 92 年 4 月に移民および難民委員会により難民認定が行われた（2.1 項）。ところが，カナダの訟務長官と雇用・移民相は，通報者がテロ活動に従事するおそれがあるとして，移民法に基づき，その旨の安全度証明書（以下，証明書）を発給し，連邦裁判所に提出した。通報者には写しが交付され，以後，追放までの 9 年間，通報者は強制抑留された（2.2 項）。1993 年 6 月，連邦裁判所は，証明書が「利

---

(50) *Report-HRC*, A/59/40, Vol. I, p. 151. なお，カナダは 2003 年 11 月 17 日のこのフォローアップ情報の中で，委員会の第 6 条 1 項の解釈は，人権委員会決議 2003/67 の文言を超えているとの見解を示した。

第Ⅱ部　自由権規約委員会による解釈実践

用可能な情報に基づいて合理的であるかどうか」を決定する手続を，通報者の出廷なしに非公開で行った。なお，通報者には情報の要約が提供され，反論の機会が与えられた（2.3項）。これに対し，通報者は，証明手続および抑留の合憲性を争って提訴したが，連邦裁判所は，この手続および抑留が合理的であるとして通報者の主張を退けた。通報者は控訴し，さらに連邦最高裁判所にまで上告したが通報者の主張は認められなかった（2.4項）。中断していた証明書の合理性判定手続について，連邦裁判所（第1審）は，その審査を再開し，1998年4月に証明書が合理的であると決定した。なお，カナダの司法制度では，合理性判定に関する連邦裁判所の決定は上訴または司法審査の対象とはならない制度が採用されている（2.5項）[51]。

　他方で，カナダ移民法第53条1項(b)は，人種，宗教，国籍，特定の社会集団の構成員や政治的意見のために生命や自由が脅かされる国に追放することを禁じている。移民裁定官（immigration adjudicator）はイランへ追放した際に通報者がその危険がないかどうかの評価を，1998年4月に実施した。市民権・移民相は通報者がカナダにとって危険であり，イランに追放することができる旨を決定した（2.6項）。通報者は，この決定の司法審査を求め，釈放を請求したが，翌99年3月，釈放請求は棄却され，控訴審もこれを支持した（2.7項）。通報者は，連邦最高裁判所に上告したが，2001年1月，大臣の決定には理由があるとして，却下された（2.9項）[52]。

　通報者は，追放前の通報において，カナダが規約第2条，第6条，第7条，第13条および第14条に違反すると主張した（3.1項）[53]。

(b)　委員会の見解

　本案審査における委員会の見解は，(i)証明書に基づく通報者の抑留および追放までの継続的抑留および第9条の問題と，(ii)通報者の追放に至る手続と第6条，第7条，第13条および第14条の問題に分かれている。

　(i)について，委員会は，証明書の合理性判定手続が第9条4項違反であるこ

---

(51)　Ahani v. Canada（1051/2002），CCPR/C/80/D/1051/2002，paras. 1.1-2.5.

(52)　*Ibid.*, paras. 2.6-2.9.

(53)　*Ibid.*, para. 3.1.

第6章　人権条約の解釈の発展とその陥穽

とを認定した。すなわち，締約国は，第9条4項に従い，抑留の司法審査（抑留の実質的正当化理由の有無の審査と十分な回数の審査）を適切に利用することができるようにしなければならない（10.2項）。委員会は，安全度証明書に基づく強制抑留の開始の後に迅速に行われる連邦裁判所による「合理性」審査が，原則として規約第9条4項の義務を満たす裁判所による抑留の合法性審査であると認める用意がある。しかし，抑留の合法性の決定を含む司法手続が長期に及ぶ場合には，締約国が，司法当局による抑留の暫定的許可が別個に求められるようにすることがない限り，司法上の決定が「遅滞なく」行われているかどうかの争点が生ずる。本件では，「合理性」審査の終結まで通報者の強制的抑留は4年10ヶ月継続したが，かかる別個の許可は存在しなかった。この遅延の相当部分は，連邦裁判所で安全度証明書の合憲性を争うことを選択した通報者の責任に帰するものである。しかし，1997年7月3日の安全度証明書の合憲性の確定の後，通報者に関する合理性判定手続は9ヶ月半に及んだ。委員会の意見では，この遅延だけでも，裁判所による遅滞のない抑留の合法性審査を求める規約上の義務の観点からみて，長すぎる。したがって，規約第9条4項に基づく通報者の権利の侵害があったというのである（10.3項）[54]。

　(ⅱ)について，委員会は，さらに合理性判定の段階と危険性評価の段階に分かれるとした上で，前段について，連邦裁判所による証明書の合理性判定過程に，不誠実,権限の濫用その他の恣意性の要素を認めることはできないとした（10.5項）。後段については，委員会は，通報者の追放決定後の事態と規約との適合性を審査した。その際，委員会は，同様の事案であるサレシュ（Suresh）対カナダ事件判決[55]において，最高裁判所が，影響を受ける個人が実質的な損害の危険を被るかどうか，および，国の安全を理由として追放されるべきかどうかを大臣が決定する過程に不公正という瑕疵があると判示したことに留意する。その理由は，①大臣の決定の基礎となるすべての資料が個人には提供されず，それについて書面でコメントする機会も提供されていなかったこと，および②大臣の決定の理由が示されていなかったことである。委員会はまた，規約が保護する最も高い価値の1つ，すなわち拷問を受けない権利が問題となっている

---

(54)　*Ibid.,* paras. 10.2-10.3.

(55)　[2002] 1SCR.

第Ⅱ部　自由権規約委員会による解釈実践

場合には，拷問を受ける実質的危険性の有無の決定手続の公平性には，最も綿密な精査という判断基準が適用されるべきであると考えた（10.6項）[56]。

　さらに，委員会は，生命に対する権利および拷問からの自由の権利は，締約国が拷問を差し控えることのみならず，第三者から拷問が行われる危険を回避するために相当の注意をもって措置をとることを求めていることを強調する（10.7項）。なお，委員会は，第7条が規定するものを含む拷問の禁止は，拷問禁止に対抗する考慮に服することがない絶対的なものであるとの性格づけを行った（10.10項）[57]。

　委員会は，第13条が，原則として，損害の危険性に関する大臣の決定手続にも適用可能であると考える。それが追放に導く決定であるからである。カナダの国内手続においては，自己の追放に反対する（限定的な）理由を提供すること，および自己の事案がある程度審査されることを認めている。このことに鑑みれば，第13条に基づく手続的保障の免除のために「国の安全のためのやむを得ない理由」が存在することを認めることはできない。委員会の見解によれば，通報者が損害の危険性を主張しなかったことを理由として，サレシュ対カナダ事件において被告に与えられた手続的保障を通報者に与えなかったことは，通報者が，行政当局の主張に照らして自己の追放に反対する理由を提示することを認め，当該理由が権限のある当局によって審査されることを認める第13条の義務を満たしていない。したがって，委員会は，第7条と併せ読んだ第13条違反を認定する（10.8項）[58]。

　なお，委員会は，第13条が本件に直接適用され，同条が規約第14条にみられる適正手続の観念を組み入れているから，第14条のより広範で一般的な規定を適用することは不適切である（10.9項）。そして，結論として，賠償を含む効果的な救済措置を提供する義務を勧告した（12項）[59]。

　この見解について，2004年9月3日に委員会が受領したカナダからのフォローアップ情報は，カナダは，委員会の見解に同意せず，規約違反はないと考

---

(56)　CCPR/C/80/D/1051/2002, paras. 10.5-10.6.

(57)　*Ibid.*, paras. 10.6-10.10.

(58)　*Ibid.*, para. 10.8.

(59)　*Ibid.*, paras. 10.9-12.

えるというものであった。また，委員会の仮保全措置の要請および委員会の見
解は拘束力を有しないという，先のジャッジ事件と同様に，委員会の見解を全
面的に否定するものであった[60]。

　本件の場合，第9条4項の違反については，手続の遅延の責任が通報者にあ
るかどうかという事実認定の相違に帰すべき問題であるのに対して，より深刻
なのは，締約国と委員会による第13条の解釈の相違である。第13条は「合法
的にこの規約の締約国の領域内にいる外国人は，法律に基づいて行われた決定
によってのみ当該領域から追放することができる。国の安全のためのやむを得
ない理由がある場合を除くほか，当該外国人は，自己の追放に反対する理由を
提示すること及び権限のある機関又はその機関が特に指名する者によって自己
の事案が審査されることが認められるものとし，このためにその機関又はその
者に対する代理人の出頭が認められる」と規定している[61]。村上正直教授が
指摘するように，カナダが，「国の安全のためのやむを得ない理由がある場合
を除くほか」と第13条が明記するように，同条所定の手続的保障の要請は緩
和されると解釈するのに対して，委員会は，生命に対する権利および拷問を受
けない権利は規約において最も重要な人権カタログであるという規約の規定構
造から出発して，こうした権利が侵害されるおそれがある場合には，第13条
が定める手続的保障の存否に関しては最も厳格な審査基準を用いるべきことを
主張する。委員会は，実際，拷問禁止は絶対的なものであると強調した。すな
わち，拷問禁止規範の例外は存在せず，「国の安全のためのやむを得ない理由」
ですら，拷問禁止規範の対抗価値となりえないというのである。他方，カナダ
からすれば，「国の安全のためのやむを得ない理由」は対抗価値として機能す
るし，実際，第13条はこうした考えに基づき，明示にそうした手続上の緩和

---

(60)　*Report-HRC*, A/60/40, Vol. II, pp. 499-501.

(61)　本条の起草過程では犯罪人引渡の問題はその対象外とされたが，前述したように，
　　ギリー対ドミニカ事件で，委員会は「通報者に対する措置が犯罪人引渡と呼ばれよう
　　と追放と呼ばれようと，委員会は［第13条］に関する一般的意見で確認したように，
　　第13条の文脈での『追放』は広く解釈しなければならず，犯罪人引渡は同上の適用範
　　囲に入ることを確認する」との判断を示した。Giri v. Dominican Republic (193/1985),
　　para. 5. 5. Cf. Joseph, Schulz, and Castan, *supra* note 12, pp. 378-379. なお，同条の起
　　草過程については薬師寺公夫「犯罪人引渡しと人権──自由権規約を中心に」田畑茂二
　　郎編『21世紀世界の人権』（明石書店，1997年）304-307頁参照。

第Ⅱ部　自由権規約委員会による解釈実践

を保障していると解するのである[62]。

　結局，自由権規約委員会という人権条約の実施機関による「解釈の発展」は，生命に対する権利や拷問禁止規範の絶対性を強調することで，規約の条文において明示に認められている例外ですら認めないという事態を生ぜしめていることになる。しかし，規約の締約国からすれば，規約の条文に従い条約上の義務を引き受けているにもかかわらず，その義務の範囲が当初の了解とは異なり，実施機関の解釈によって広げられている事態に直面していることになる。規約それ自体に即して考えれば，条約解釈が，規約を起草しかつ規約の文言上の義務を引き受けた締約国の意思からはたしてどれほど自由でいられるのか，さらに個別具体的に本件に即して考えれば，カナダがテロ対策と個人の人権の保護との調整をみずからの司法制度の中で構築しようとしている法状況を無視し，条約解釈と言う名の「司法立法」に踏み込んでいないかという懸念が生じる。これを「発展」と呼ぶか「陥穽」と呼ぶかは，論者によって分かれるであろうが，人権条約といえども条約であるという事実に立ち返った場合，特に規約の関連規定が個人の人権のみならず，「国の安全」という主権の領域に関わるときはより慎重な姿勢が求められるように思われる。条約を起草した締約国の意思を名目化しうるほど，人権条約の実施機関は解釈を自由にできるのかどうか，より慎重に考慮すべき事柄であるように思われる。多くの国が，規約の締約国になることによって「国の安全」を譲り渡したとは考えていないことが容易に想像できるだけになおさらである。国がみずからが引き受けたと考える条約上の義務とは異なる義務を，実施機関が「解釈」の名の下で押し付けることは，「拡大解釈」あるいは「司法立法」のそしりを受けることになるように思われる。

5　おわりに

いうまでもなく，条約の第1次的な解釈権限は締約国が有している。締約国

---

(62)　本章に示した問題意識は，2006年2月26日に㈶世界人権問題研究センターで開催された研究会における村上正直教授の報告に依拠したところが大きい。村上教授のご示唆に，この場を借りてお礼を申し上げたい。

第 6 章　人権条約の解釈の発展とその陥穽

たる日本の裁判所も，規約の解釈の際には条約法条約の解釈規則に依拠している。その全体の傾向を言えば，これまでの文理解釈の伝統で，条約の文言の「通常の意味」を重視した文言主義解釈を採用しており，目的論的解釈を採用することはあまりないといえる。日本の裁判所では，「司法立法」という非難を恐れてか，個人の人権の保護を広げる方向での解釈，すなわち目的論的解釈手法は採用されていない。実際，民法第 900 条 4 号ただし書前段が憲法第 14 条 1 項に違反するとの主張が争われた非嫡出子の預金払戻請求事件の最高裁判決（平 12・1・27）において，藤井正雄裁判官は，その補足意見の中で，「法の解釈に創造的機能があることは否定できないが，それは主として法の欠缺する分野においてである。明文の規定の存するところに法創造的機能を持ち込むことは，更に慎重な検討を必要とするものと思う[63]」と述べている。アハニ事件における委員会による第 13 条の解釈は，まさしく「明文の規定の存するところに法創造的機能を持ち込む」結果になっているように思われる。日本の裁判所は崔善愛事件の福岡地裁判決（平元・9・29）以来，規約の解釈にあたって条約法条約の解釈規則に依拠する姿勢を示している。しかし，規約第 12 条 4 項の「自国」の解釈で，日本の裁判所が「国籍国に限る」と解釈するのに対して，委員会は「定住国を含む」と解釈している例が示すように，同一の解釈規則に依拠して，同一の文言を解釈しながら，その帰結は際立った対照を示している[64]。

　なぜに，このような相違が生じるのであろうか。実は準拠法とされる条約法条約は，条約解釈に関するすべての問題を解決したわけではない。条約解釈における時際法の問題は未解決のまま残された。条約法条約の草案を起草した国際法委員会は，「時間的要素を包括的にカバーする規則を定めるのは困難だ[65]」との認識を示していた。かろうじて，条約法条約第 31 条 3 項(b)で「条約の適用につき後に生じた慣行であって，条約の解釈についての当事国の同意を確立するもの」を認めることによって，条約締結後の動きを文脈とともに考

---

(63)　『判時』第 1707 号 123 頁。

(64)　薬師寺・小畑・村上・坂元・前掲注(1) 171-172 頁（坂元担当）参照。

(65)　小川芳彦「国際法委員会条約法草案のコメンタリー㈢」『法と政治』第 19 巻 4 号（1968 年）128 頁。

第Ⅱ部　自由権規約委員会による解釈実践

慮するという形で，これに対応しようとしている。しかし，日本の司法は，実証主義的立場から，この「事後の実行」でさえも条約締結時の締約国の意思の確認に限定することで，条約の解釈を起草時の合意に縛り付けようとする。その結果，条約締結後に生じた社会構造の変化や法の発展という，条約を取り巻く状況の変化に対応できないことになる。他方，人権条約の実施機関は，条約解釈に時間の要素を持ち込み，「事後の実行」を積極的に採用し，人々の人権意識の変化を解釈面に反映させようとする。条約解釈において，「事後の実行」をどのような形で採用するかによって，解釈に大きな隔たりが生じるのはこのあたりに原因があるように思われる。日本の司法は，「司法立法」という非難を恐れてか，その点できわめて消極的な姿勢を維持しているといえる。しかし，どちらもみずからの解釈の正当性の根拠を条約法条約の解釈規則に求めており，その意味では，同解釈規則がもつこうした柔軟性こそが，「操作的解釈基準」と称される所以である。

　2001 年に米国で発生した同時多発テロである 9. 11 事件以降，各国で国の安全と個人の人権保護との間に緊張関係が生じている。これまで人権先進国とみられてきた国，たとえば本章で取り上げたカナダの 2 つの事例においても，委員会による，生命権や拷問を受けない権利を至高の権利とする解釈の帰結が，社会秩序の維持や国の安全という観点から締約国によって反発される事態が生じている。人権条約といえども条約であり，締約国は，国としてみずからが引き受けた義務の範囲が，実施機関により解釈の名の下でその範囲を拡大されることに警戒感を強めているといえよう。個人通報の対象となった人権規定が，主権の領域とされる国の安全保障に関係する場合はなおさらである。いわゆる「テロとの戦い」が長びくことが予想される今日，その「美名」の下に個々の人々の人権侵害がなされることを見過ごすことができないことは当然である。国連総会は，2002 年 12 月 18 日に「テロとの戦いにおける人権と基本的自由の保護」と題する決議を採択し，テロとの戦いにおいて国によってとられる措置は国際法に基づく義務，とりわけ国際人権法，難民法および国際人道法を遵守するものでなければならないことを強調した[66]。国連総会は国連人権高

---

(66)　U. N. Doc. A/57/219 (Dec. 18, 2002).

第 6 章　人権条約の解釈の発展とその陥穽

等弁務官にこの問題の検討を要請するとともに，国連事務総長に決議履行にかんする報告書の提出を求めた。これを受けて，国連事務総長は，2003 年 8 月 8 日に報告書を提出し，テロとの戦いにおいて尊重されるべき人権として，本章でも取り上げた生命に対する権利や拷問からの自由のみでなく，法の適正手続，庇護を求める権利，思想，良心および宗教の自由，表現および結社の自由，そして差別からの自由を挙げた[67]。安保理における国連事務総長の発言にあったように，テロとの戦いにおいて，テロに対する効果的な措置の名の下に人権の保護が犠牲になってはいけないし，長期的にみれば，民主主義と社会正義と並んで人権こそが，テロリズムに対する最大の予防であることも確かである[68]。

　しかし，人権の保護があらゆる場合に国の主権に優先すると考えるのも，国際社会の現実から遊離した解釈のように思われる。国の安全と人権の保護という両者が二項対立的に現れる事例の場合に，人権の実施機関としてどのように対処すべきかは，個人通報制度という条約制度の信頼性にも関わる問題であり，慎重に対応する必要があると思われる[69]。締約国が主張する国の安全の背後には，国民の生命権を保護するという人権の考慮に根ざした政府の立場があるからである。この問題は，個人通報の問題としてのみでなく，政府報告書審査のレベルでも生じうる問題である。本章で取り上げた 2 つの事例が，自由権規約委員会による解釈の「発展」なのかその「陥穽」なのか，われわれがその答えを手にするのはもう少し先のことのように思われる。

---

(67)　U. N. General Assembly, Protection of Human Rights and Fundamental Freedoms While Countering Terrorism – Report of the Secretary-General, U. N. Doc. A/58/266 (Aug. 8, 2003).

(68)　U. N. Doc. S/PV. 4453 (Jan. 18, 2002), p. 3.

(69)　憲法学の立場から，国の安全と人権の問題につき，イギリスにおける人権条約の国内適用を素材に，議会と裁判所の権限配分の観点から論じるものとして，江島晶子「『安全と自由』の議論における裁判所の役割」『法律論叢』第 81 巻 2・3 号（2009 年）61 頁以下参照。

第7章　紛争解決機能としての個人通報制度
――自由権規約委員会のフォローアップ制度を素材に

1　はじめに

　自由権規約第2条1項は，「この規約の各締約国は，その領域内にあり，かつ，その管轄の下にあるすべての個人に対し，人種，皮膚の色，性，言語，宗教，政治的意見その他の意見，国民的若しくは社会的出身，財産，出生又は他の地位等によるいかなる差別もなしにこの規約において認められる権利を尊重し及び確保することを約束する」と規定するとともに，同第1選択議定書第1条は，「規約の締約国であって，この議定書の締約国となるものは，その管轄の下にある個人であって規約に定めるいずれかの権利の右の締約国による侵害の被害者であると主張する者からの通報を，委員会が受理し及び検討する権限を有することを認める」と規定している。いわゆる個人通報制度である。2017年2月末現在，自由権規約の締約国169ヶ国の中，115ヶ国がこの個人通報制度を受け入れている[1]。この制度の下，個人は管轄を有する締約国による規約違反の有無を争うとともに，国内的救済が得られなかった権利の救済を自由権規約委員会（以下，委員会）に求める仕組みが形成されている。委員会は，通報の対象となった関連する規約条文の解釈を明らかにするとともに，被害者の権利を回復せず救済を与えない締約国との紛争解決のために勧告を行うことになる。つまり，個人通報制度において，委員会は，規約の解釈・適用機能と紛争解決機能の双方の機能を果たしていることになる。

---

(1)　2001年7月27日までに，69の締約国に対する1,004件の個人通報が登録されているとのことである。Abdelfattah Amor, "Le Comité des Droits de l'Homme des Nations-Unies‐Aux confins d'une juridiction internationale des Droits l'Homme", *in* Nisuke Ando (ed.), *Towards Implementing Universal Human Rights: Festschrift for the Twenty-Fifth Anniversary of the Human Rights Committee*, (Martinus Nijhoff, 2004), p. 52. 2016年3月末現在，89の締約国に対する2,474件の通報が登録されている。詳しくは，第5章注(6)参照。

第Ⅱ部　自由権規約委員会による解釈実践

　ところで，委員会による通報事例に関する結論は，「見解（views）」の形で示される。ただし，ヨーロッパ人権条約におけるヨーロッパ人権裁判所の判決とは異なり[2]，この個人通報に対し委員会が採択する「見解」の法的拘束力については明文の規定がなく，一般には勧告的効力しかないと解されている[3]。こうした状況の中で，委員会がみずからの「見解」の実効性を確保するために発展させてきたのがフォローアップ手続である[4]。すなわち，個人通報事例において，委員会が締約国による規約違反の認定を行い，通報者に対する救済措置を命じた事案について，その内容が締約国によって実施されているかどうかを追跡・確認しようというものである。委員会の立場からみれば，みずからの「見解」が履行されているかどうかという個人通報制度の実効性確保のために同手続は存在するといえようが，通報者の立場からみれば，違反認定を受け

---

(2) ヨーロッパ人権条約ではその第46条で，ヨーロッパ人権裁判所の判決に対し，「締約国は，自国が当事者であるいかなる事件においても，裁判所の終結判決に従うことを約束する」（1項）と規定するとともに，「閣僚委員会は，その執行を監視する」（同2項）制度がとられていたが，2004年の第14議定書第16条によって，3項に「終結判決の執行の監視が判決の解釈の問題によって妨げられると閣僚委員会が考える場合，閣僚委員会は，解釈問題の判断を求めるため，事案を裁判所に付託することができる」を付け加えるなど，裁判所の役割が増大している（ほかに4項・5項が加わった）。

(3) たとえば，オーストリアは明確に「見解」は勧告としての効力しかないとする。*Report of the Human Rights Committee (hereinafter Report-HRC)*, United Nations, GAOR, 55 th Session, Supplement, A/55/40, vol. I, p. 97, para. 606. 詳しくは，安藤仁介「チェコの没私有財産返還・補償措置と規約人権委員会の対応──委員会の『見解』と『フォロー・アップ』の問題点──」『同志社法学』第57巻6号（2006年）26頁参照。委員会全体としては勧告であり法的拘束力はないとの立場が一般的であるが，「見解」に法的拘束力があるとの意見をもつ委員も存在する。Cf. Elizabeth Evatt, "Reflecting on the Role of International Communication in Implementing Human Rughts", *Australian Journal of Human Rights*, vol. 5 (1999). ヤングも，ブラッドショー対バルバドス事件（通報事件489/1992）における委員会の見解の "It is an obligation for the State Party to adopt appropriate measures to give *legal effect* to the views of the Committee as to the interpretation and application of the Covenant in particular cases arising under the Optional Protocol." を強調し，それを示唆している。Cf. Kristen A. Young, *The Law and Process of the U. N. Human Rights Committee* (Transnational Publishers, 2002), p. 179.

(4) 安藤仁介「自由権規約選択議定書に基づく『見解』の実効性確保について──規約人権委員会による『見解』のフォローアップ手続の発展──」『同志社法学』第54巻3号（2002年）2頁。

第 7 章　紛争解決機能としての個人通報制度

て勧告された救済措置が締約国によってとられるかどうか，いわば侵害された
権利の救済，換言すれば，国際的な救済申立機関の勧告によって締約国との紛
争が解決されるのかどうかという，紛争解決のためにこそ同手続はあるといえ
よう。本章の目的は，後者の紛争解決機能としての個人通報制度を，フォロー
アップ手続の実践を通して検討することにある。

　ところで，委員会が個人通報の審査に初めて着手したのは 1977 年 8 月の第
2 期会合からである。しかし，当初は通報の受理可能性の決定に追われ，通報
の本案審査に進むのはようやく 1979 年の第 7 期会合になってからである。し
かし，この個人通報制度につき，当初からフォローアップ手続が用意されてい
たわけではない。同手続が導入されたのは，比較的遅く 1990 年である。フォ
ローアップ特別報告者を務めていた安藤仁介委員によれば，「委員会が最終見
解により当事国の規約違反を認定したけれども状況はまったく変わらず，委員
会の勧告した救済が与えられていない，という苦情が多くの通報者から委員会
に寄せられた(5)」ことがその契機であるとされる(6)。また，佐藤文夫教授に
よれば，このフォローアップ手続の法的根拠は，委員会が 1993 年の世界人権
会議に提出した文書の中で，次のように説明されているという(7)。すなわち，
「フォローアップ活動は，委員会が選択議定書で委ねられた責任を果たすこと
を期待されるならば，その権限と両立するのみならず，本質的なものでさえあ
る。選択議定書の前文は『〔規約の〕目的およびその規定の実施を更に達成す
るために』通報を受理し，審査することを宣言する。このことは確実に，委員
会がその見解に対する当事国の対応に関し当事国と対話をおこなうことを認め
る」とし，「更に，選択議定書 5 条 1 項の『審査する』("consider") の語は最
終決定の採択までのみの事件の審査を意味するものとしてとらえられるのでは
なく，規約規定の実施を確保するために必要とみなされる任務に従事するとい
う意味での審査としてとらえられる必要がある。当然のこととして，一定の事
情においては，委員会の勧告する救済措置を与えないことは，規約規定の新規

(5)　*Report-HRC*, A/45/40, Vol. Ⅱ, p. 145, para. 633.

(6)　安藤・前掲注(4) 9 頁。

(7)　佐藤文夫「自由権規約個人通報制度の現状と若干の評価」『国際法外交雑誌』第 98
　　巻 1・2 号（1999 年 6 月）80-82 頁。

第Ⅱ部　自由権規約委員会による解釈実践

の侵害に至りうる[8]」という法的構成をとるというのである[9]。つまり，議定書中の「審査する（"consider"）」という文言を通報事例の審査に限定するのではなく，委員会の見解の履行状況の「審査」にまで拡大し，委員会が勧告した救済措置の履行状況を確認しようというのである。

　こうした考えに基づき，委員会はみずからの「見解」の実効性を高める方策について検討を重ね，1990年7月の第39期会合で次のように決定した。すなわち，「①委員会の見解が規約違反を認定し救済措置を勧告した場合には，締約国がそれに対してとった措置に関する情報を6ヶ月以内に委員会へ寄せるよう，その見解自体のなかで要請する。②6ヶ月以内に情報が寄せられなかった場合，または救済が与えられなかった旨の情報が寄せられた場合には，その事実を委員会が国連総会へ提出する年次報告書のなかで公表する。③さらに，規約と選択議定書の双方の締約国は，規約第40条に基づいて委員会に提出する政府報告書のなかに，委員会が採択した見解について被害者のためにとった措置に関する情報を含めることが要請される。そのような情報が政府報告書に含まれていない場合には，委員会が当該報告書を第40条のもとで審査する際に，その政府に対する『質問票』のなかにそのような情報を求める質問を加える[10]」こととしたのである。同時に，委員の中からフォローアップ特別報告者を選任し，「見解」採択後の動きについて情報を収集し，必要なフォローアップ手段について勧告する任務を付与したのである[11]。

---

(8)　A/CONF. 57/TBB/3 in *Report-HRC*, A/48/40, Vol. I, Annex X-B, paras. 5-6. なお訳文は，佐藤教授の訳に依った。佐藤「同上論文」81-82頁。佐藤教授は，こうしたフォローアップ活動の権限を，通報審査任務の目的達成に不可欠な委員会の黙示的権限として捉えている。

(9)　同様の立場をとる見解としては，Cf. Alfred de Zayas, "The Examination of Individual Complaints by the United Nations Human Rughts Committee under the Optional Protocol to the International Covenant on Civil and Political Rights", *in* Gudmundur Alfredson *et al.* (eds.), *International Human Rights Monitoring Mechanisms Essays in Honour of Jakob Th. Möller*, (Martinus Nijhoff, 2001), pp. 118-119.

(10)　安藤・前掲注(4) 9頁。もっとも，最近の「見解」では締約国に対し90日［現在は180日］以内のフォローアップ回答が求められている。

(11)　フォローアップ特別報告者の任務は次の3点とされる。すなわち，①締約国または通報者と連絡をとること，②見解のフォローアップに関する詳細な情報を年次報告書に含めること，③フォローアップ手続をより実効的にする方策を委員会に勧告す

第7章　紛争解決機能としての個人通報制度

　これを受けてフォローアップ制度は開始された。そこで，次に規約違反の認定がなされた事例に関する個人通報フォローアップの実態を検証し，そこにおいて個人の救済の実現がどのように図られたのかを検討するとともに，また実現されない事例の場合にはどのような障壁があったのかを探ってみたい。なお，検討にあたっては，まず，「見解」に示された救済措置に積極的に対応した事例と消極的に対応した事例に大別して行いたい。前者の事例の中には，委員会の「見解」に従って国内法の改正を伴ったものが含まれる。実際，委員会の「見解」の中には，通報された事例が規約違反の国内法に起因している場合には，通報者個人の救済はもとより，問題となった国内法の改正を要請するものがある。また，締約国の側も，この委員会の要請に応えて，国内法の改正に踏み切った例がある。まずは，こうした例を概観してみよう。

2　積極的に対応した事例
──国内法改正を伴ったものを中心に

　タスマニア州刑法による成人男性間の私的な場所における性交渉の刑罰を伴う禁止は，規約第2条1項と結合した第17条1項違反であると認定したトゥーネン対オーストラリア事件（通報番号488/1992）で，委員会は，効果的な救済はタスマニア州刑法第122条(a)号と(c)号および第123条を廃止することであると指摘した[12]。これに対し，締約国であるオーストラリアは，1995年5月3日に提出したフォローアップ回答の中で，タスマニア州政府に廃止の意思がないことを伝えた。そこで，連邦政府は，同国の人権保護を規約に適合させるべく，成人間の合意による私的性行為がコモンウェルス，州または領域において法律上犯罪とならないとする「人権（性行為）法」を1994年に制定した[13]。

　ることである。なお，初代特別報告者にはフォードー委員が選ばれた。*Report-HRC,*
　A/45/40, Annex XI.

(12)　タスマニア州は，主に HIV/AIDS の拡大の防止および道徳の保護を理由として規
　約違反はないと主張した。委員会は，本件刑罰規定と HIV/AIDS の拡大防止との間に
　合理的連関性や均衡性はみられず，また刑罰規定が道徳の保護のためには必要である
　とはいえないとして，私生活に対する恣意的干渉にあたると判断した。Cf. Toonen v.
　Australia（488/1992），CCPR/C/50/D/488/1992, paras. 6. 5-6. 8 and paras. 8. 3-9.

211

第Ⅱ部　自由権規約委員会による解釈実践

同法は，私生活への干渉からの自由という権利が絶対的または無制限ではないという立場に立っている[14]。同法の成立を受けて，通報者であるトゥーネン（Nicholas Toonen）は，タスマニア州刑法第122条および第123条は1994年人権（性行為）法に抵触するとして，高等裁判所に提訴した。なお，委員会は，オーストラリアの第3・4回政府報告書審査の「総括所見（concluding observations）」において，締約国がとった措置を歓迎した[15]。自由権規約委員会の「見解」の実施という観点からは，理想的な対応といえる。しかし，それを可能にしたのは，村上正直教授によれば，「国内において，国内法の改正が既に日程にのぼっていた他の諸事例（例えば，Lovelace事件の見解に対するカナダの対応）と同様に，締約国の側で規約人権委員会の勧告に従う素地があった[16]」からであるとされる。つまり，タスマニア州を除く他の州では，男性間の私的性行為を処罰する刑法規定が次々と廃止される状況にあったからだとされる。

　次に初期の事例であるが，非インディアンと結婚した男性はインディアンとしての地位を喪失しないにもかかわらず，同様の立場にある女性はその地位を奪われ，居留地における居住権を喪失するというインディアン法の規約適合性が争われたラブレス対カナダ事件（通報番号24/1977）で，委員会は第27条違反のみを認定し，具体的な勧告を行わなかった。フォローアップ制度以前の事

---

(13)　注目されるのは，同法「1994年人権（性行為）法（Human Rights (Sexual Conduct) Act 1994)」の正式名称である。それは，「自由権規約第17条に基づくオーストラリアの国際的義務を実施する法律（An Act to implement Australia's international obligations under Article 17 of the International Covenant on Civil and Political Rights)」と称されている。締約国であるオーストラリアは，少なくとも第17条につき委員会の「見解」を実施するための国内実施法を制定したことになる。上田正昭研究代表『多文化社会における国際人権規約B規約のフォローアップに関する体系的研究』（科学研究費（15330012）研究成果報告書）平成18年3月（村上正直担当）418頁。なお，本章の記述にあたっての翻訳は，村上教授の訳に依った。国によっては，予め見解の国内的効力を認めることを法制化している国がある（たとえば，ペルーの法律第23506号）。阿部浩己・今井直・藤本俊明『テキストブック国際人権法〔第2版〕』（日本評論社，2002年）147頁参照。

(14)　*Report-HRC*, A/51/40, para. 456.

(15)　*Report-HRC*, A/55/40, vol. I, para. 502.

(16)　上田・前掲注(13) 418頁（村上担当）。

第 7 章　紛争解決機能としての個人通報制度

例にもかかわらず，カナダ政府は，1985 年 7 月 5 日に自発的に追加情報を提出し，旧インディアン法第 12 条(b)項を廃止する改正インディアン法が 1985 年 4 月 17 日に効力を発生し，非インディアン男性と婚姻したことによりその地位を喪失したインディアン女性は，改正法第 6 条 1 項(c)によって再度インディアンとして登録できることを伝えてきた[17]。こうした対応の背景には，本件通報が審議されている時点で，すでにインディアン法の改正が日程に上っており，締約国が通報者の主張を徹底的に争う環境になかったことが理由として挙げられる[18]。

　同様に初期の事例であるが，モーリシャス国民である未婚と既婚の女性である通報者ら（20 名）が，モーリシャス人女性の外国人夫に対し同国での在留資格を奪い，居住許可の申請を義務づけた 1977 年の改正移民法および退去強制法は規約違反であると通報したオウメルディーツィフラ対モーリシャス事件（通報番号 35/1978）で，委員会は，規約第 23 条 1 項に関連して規約第 26 条違反を認定するとともに，改正移民法および退去強制法の修正を勧告した。これを受けて，フォローアップ手続開始以前の事例ながら，モーリシャス政府は 1983 年 6 月 15 日の回答で，性に基づく差別的効果を除去するために 1977 年の改正移民法および改正退去強制法を規約に適合するよう，1983 年 3 月 8 日の女性の日に議会で可決修正したと伝えてきた[19]。

　さらに，外国元首の訪問に際し，当該国の人権状況を批判する横断幕を掲げたことによって有罪判決を受けた通報者が，規約第 19 条や第 21 条などの違反を争ったキヴェンマ対フィンランド事件（通報番号 412/1990）において，委員

---

(17)　Lovelace v. Canada（24/1977），*Report-HRC*, A/40/40, para. 704. 本事件の詳しい内容については，宮崎繁樹編集代表『国際人権規約先例集──規約人権委員会精選決定集第 1 集──』（東信堂，1989 年）131-142 頁（金東勲担当）参照。なお委員会は，カナダの第 4 回政府報告書審査後の「総括所見」の中で，「この改正は女性とその子どもにのみ影響を及ぼすものである。その後の世代にはそうではなく，それらの者はなお共同体の構成員資格を否定されるおそれがある」として，未解決となっている問題であることを指摘している。上田・前掲注(13) 384 頁（村上担当）。

(18)　上田『同上』384 頁（村上担当）。

(19)　Aumeeruddy-Cziffra *et al* v. Mauritius（35/1978），Selected Decisions, Vol. 2, Annex I, p. 226. 本事件の詳しい内容については，宮崎・前掲注(17) 106-116 頁（金東勲担当）および上田『同上』258-261 頁（坂元茂樹担当）参照。

第Ⅱ部　自由権規約委員会による解釈実践

会は，人権問題に関する意見を含む政治的意見を表明する権利は，第19条が
保障する表現の自由の一部を構成するとして，第19条3項(a)および(b)に違反
するとの「見解」を採択した[20]。フィンランド政府は，1999年4月20日の
フォローアップ回答で，集会の自由に対する新たな法律が1999年2月に議会
で可決され，同年秋に発効予定であることを伝えてきた[21]。

　なお，国内法の改正という形をとらなかったものの，国内法の解釈を委員会
の「見解」を受けて変更したと思われる事例がある。イタリアが当事者となっ
た本事例では，委員会の「見解」を実現すべく，締約国は，みずからが国内法
との絡みで行った宣言を撤回した。その事例とは，麻薬密輸の罪でイタリアに
おいて服役中の通報者が，欠席裁判による有罪判決は公正な裁判を受ける権利
を保障した規約第14条に違反するとして通報したマレキ対イタリア事件（通
報番号699/1996）であり，委員会は，本件でイタリアによる規約第14条1項
違反を認定した。そして効果的な救済措置として，即時の釈放または出廷して
の再審理を勧告した。本件で注目されるのは，イタリアが「みずから出席して
裁判を受ける権利」を保障した第14条3項(d)につき，批准時に，「第14条3
項(d)の規定は，容疑者が出席しての裁判を規律し，容疑者が自己の弁護のため
に出席しえた裁判および法的扶助が求められる裁判を行う現行イタリア法と両
立しうるとみなす」との宣言を行っていたことである。イタリアは，同宣言は
留保を構成し，締約国の法律に従った欠席裁判は，規約の下での締約国の義務
に違反するとの委員会の認定を排除すると主張した。通報はそれゆえ不受理と
宣言されるべきであるというのである。しかし，委員会は，宣言は第14条3
項(d)のみを扱っており，第14条1項の要求には関係していないとした。すな
わち，公正な裁判の基本的な要件は維持されなければならず，これらの要件の
中には，容疑者が適時に召喚されることおよび本人に対する訴訟手続が通知さ
れることが含まれるとした[22]。欠席裁判についても，これらの要件が維持さ
れていなければならないというのである。そして，締約国であるイタリアはこ

---

(20)　Kivenmaa v. Finland (412/1990), CCPR/C/50/D/412/1990, para. 9. 3.

(21)　*Report-HRC*, A/54/40, Vol. I, para. 468. 本事件の詳しい内容については，上田・前
　　掲注(13) 106–108頁（中井伊都子担当）参照。

(22)　Committee's View on Communication No. 16/77 (Monguya Mbenge *et al* v. Zaire).

れらの要件を充たしていたことを立証できなかったと認定したのである。これ
に対して，イタリア政府は，委員会の見解に異議を申し立てながらも，委員会
の高い道徳的価値を認め，通報者に恩赦を与えるなど適当な措置と宣言の撤回
を検討している旨回答した[23]。

　上記のように，委員会の「見解」を受けて，締約国が国内法の改正を伴う形
をとってでも，通報者の救済を追求する積極的対応の事例がある一方，「見解」
に従わない消極的事例もある。これには，締約国の側に委員会の違反認定に不
満がありこれを遵守しない場合と，「見解」を実施する国の意思はあるものの
国内法の障壁があり（とりわけ連邦憲法における中央政府と州政府の権限配分の問
題など），委員会の「見解」を履行できない場合がある。次に，こうした消極
的に対応した事例について概観してみよう。前者の場合には，「見解」が勧告
的効力しかもたないことが，個人の救済という観点から障壁となって立ち上が
る。

3　消極的に対応した事例

(1)　勧告的効力の障壁

　庇護申請者の長期にわたる入管収容が規約第9条に違反するとして通報され
たA対オーストラリア事件（通報番号560/1993）で，委員会は，拘留に関す
る決定は定期的に審査されなければならず，拘留は適正な正当化事由が存続
する期間に限定されることを指摘し，4年にわたる継続的拘留は第9条1項に
いう恣意的拘留に該当するとし，併せて通報者が拘留の正当性を裁判所により
審査される権利を侵害されたとして第9条4項違反を認定した。そして，委員
会は，通報者は効果的な救済を受ける権利があるとして補償を勧告した。しか
し，通報者の代理人は，1997年9月4日付けの書簡で，締約国が委員会の勧
告を履行するいかなる措置もとっていないと訴えた[24]。これに対し，同年12

---

(23)　Maleki v. Italy (699/1996), *Report-HRC*, A/54/40, vol. I, para. 610.　本事件の詳し
　　い内容については，上田・前掲注(13) 127-132頁（西井正弘担当）参照。本章の記述
　　にあたっての翻訳は，西井教授の訳に依った。

(24)　A. v. Australia (560/1993), CCPR/C/71/R. 13, p. 5.

第Ⅱ部　自由権規約委員会による解釈実践

月16日のフォローアップ情報で，締約国であるオーストラリアは，Aの拘留が恣意的だという点および政府が十分な正当化理由を提供しなかったという点についての委員会の見解を受け入れないとして，補償を支払うようにという委員会の勧告を拒否すると回答した。特に注目されるのは，村上正直教授が指摘するように，「締約国が，規約第9条4項にいう『合法性（lawfulness）』は，国内法上の合法性のみを意味するとし，『国際法上合法である（lawful at international law）』こと，または『恣意的ではない（not arbitrary）』ことを意味する委員会解釈は認められない[25]」と反発した点である[26]。これに対し，委員会は，「委員会の規約解釈が，締約国が委員会に提出した文書において締約国が提示した解釈と一致しない場合に，委員会解釈を拒否することは，選択議定書に基づき通報を審査する委員会の権限を締約国が承認したことを根底から覆す[27]」とし，「委員会の『見解』の完全な実施を実現するため，締約国がその解釈を再考することを勧告[28]」した。委員会は，オーストラリアのフォローアップ回答を委員会の認定に対する重大な挑戦とみなしたのである[29]。オーストラリアの当時の政権は，日本と同様に，庇護申請者に対する全件収容措置という国内政策をとっており[30]，村上教授の指摘にあるように，その回答は「委員会の勧告が重要な国内政策の変更を求めるものである場合には，これを変更する意思のないことを国際的に示したものである[31]」といえよう。しかし，このような委員会の「見解」に対する挑戦は，他の事例でも見られる。

---

(25) *Report-HRC*, A/52/40, para. 491, CCPR/C/71/R. 13, p. 4.

(26) 上田・前掲注(13) 420頁（村上担当）参照。

(27) *Report-HRC*, A/55/40, vol. I, para. 520.

(28) *Ibid.*, para. 521.

(29) CCPR/C/71/R. 13, p. 5. なお，本章の記述にあたっての翻訳は，村上教授の訳に依った。上田・前掲注(13) 421頁参照。

(30) 村上教授によれば，当時の政権は1990年の総選挙において，前政権（労働党政権）のルーズな入管行政を批判し，公正な出入国管理政策を公約として掲げて政権に就いた経緯があり，全件収容主義をその政策の中心に位置づけていることを考えれば，「見解」に対する反発はある意味，当然である。上田『同上』422頁。

(31) 『同上』422頁。規約第9条1項は行政手続にも適用されるという委員会解釈に基づけば，全件収容主義が規約違反のおそれがあることについては，薬師寺公夫・小畑郁・村上正直・坂元茂樹『法科大学院ケースブック国際人権法』（日本評論社，2006年）109頁参照。

第7章　紛争解決機能としての個人通報制度

　締約国が委員会の「見解」に真正面から異議を唱えたもう1つの事例は，ポ
ウガー対オーストリア事件（通報番号 415/1990）である[32]。本事件は，遺族年
金の支給額が，夫が遺族となった場合には，妻が遺族となった場合よりも少な
いと定めた年金法は，合理性や客観的基準を欠き，第 26 条違反にあたるとし
て争われた事例である。本事件において，委員会は，寡夫に対する年金支給が
寡婦と異なり完全な年金給付を否定しているのは，合理的かつ客観的な区別と
はいえないとして第 26 条違反を認定した。しかし，締約国は，1992 年 8 月 11
日のフォローアップ回答の中で，補償支払いを可能にする法律の不存在を理由
に補償の支払いを拒否した[33]。その後，通報者は性に基づく減額年金給付は
第 26 条違反だと新たな通報を行った。これに対し，委員会は完全な年金給付
を基礎とした総額を支払うよう勧告した[34]（通報番号 716/1996）。しかし，締約
国は，2000 年 2 月 23 日の回答で，同国の年金法上の措置は差別的ではないと
して，委員会の「見解」に従わないとした[35]。さらに，2002 年 1 月 21 日の
口上書により，1995 年以降，寡婦（夫）年金は平等な待遇を保障してきたが，
税制上の理由から，改正年金法を遡及適用できないし，また，通報者と同様の
立場にある寡夫と通報者の待遇に差を設けることになるので実施できないと伝
えてきた[36]。当然，通報者も，またその代理人も，効果的救済が与えられて
いないことを訴えた[37]。ここで注目されるのは，委員会が自由権規約第 26 条
を梃子に，本来，社会権規約の規律対象と思われがちな年金問題に踏み込んで
いることである。

　こうした委員会の姿勢は，失業給付において女性にのみ「家計の担い手」で

---

(32)　Pauger v. Austria, Communication No.415/1990, CCPR/C/44/D/415/1990.

(33)　*Report-HRC*, A/52/40, para. 524.

(34)　Pauger v. Austria, Communication No. 716/1996, CCPR/C/65/D/716/1996. 本通報
　　において，通報者はみずからが受け取った年金 500,612AS は，70 ヶ月すべてを満額で
　　受け取った時の年金額よりも 133,946AS 少ないと主張した（5 項）。これに対し，委
　　員会は第 26 条違反を認定するとともに，満額の年金月額を基礎に一括支給を勧告した
　　（12 項）。

(35)　CCPR/C/69/CPR.1/ADD. 6, para. 11.

(36)　*Report-HRC*, A/57/40, vol. I, para. 233.

(37)　*Report-HRC*, A/58/40, vol. I, para. 226. 詳しくは，上田・前掲注(13) 68-75 頁（前
　　田直子担当）。なお，本章の記述にあたっての翻訳は，前田訳に依った。

217

第Ⅱ部　自由権規約委員会による解釈実践

あることを支給要件とする失業保険給付法により支給を打ち切られた女性が，性に基づく差別であるとして規約第26条違反として通報したブレークス対オランダ事件（通報番号172/1984）に遡ることができる。本通報事例で，委員会は，このような要件は婚姻している男性には適用されておらず，女性を男性に比べて不利に扱っているとして，規約第26条の違反を認定した[38]。本事件で，委員会は，その適用範囲が「この規約において認められる権利」に限定されている規約第2条1項や同3項とは異なり，第26条はそうした限定を設けてはおらず，それ自体独立した「無差別・平等原則」を定める規定であると認定した[39]。一般的意見18(37)の表現を借りれば，「規約第26条は，すべての人は法の下に平等でありかつ差別なく法によって平等に保護されることを，ならびに列挙されたどのような理由による差別に対してもすべての人は平等かつ効果的な保護が法によって保障されていることを規定している。委員会の見解によれば，規約第26条は，すでに規約第2条で規定されている保障を単に重複して保障するものではなく，この第26条はそれ自体，自律的な権利を規定している。公的機関が規律しかつ保護するいかなる分野においても，第26条は，法律上もまたは事実上も，差別することを禁止するものである。それ故，第26条は，立法上ならびにその適用上の義務と関係を有する。かくして，ある立法が締約国によって採択されたとき，当該立法はその内容において差別的であってはならないという第26条の要請に一致しなければならない。換言すれば，規約第26条に規定されている無差別原則の適用は，規約に定められた権利に限定されない[40]」というのである。つまり，規約第26条の「無差別・平等原則」は，およそ公権力が規律し保護するすべての分野に適用され，その

(38)　Broeks v. Netherlands (172/1984), *Report-HRC*, A/51/40, p. 68, para. 429. 委員会は，通報者に適当な救済措置を勧告したが，この勧告に対するオランダの回答は公表されていない。しかし，委員会にとっては満足のいく回答だったといわれている。なぜならオランダが，委員会が見解を出す前に失業給付保険法を改正して差別条項を取り除き，差別されていた期間における給付の差額支給も行ったからだとされる。安藤仁介「B規約人権委員会の個人通報審査」『法学論叢』第128巻4・5・6号（1991年）98頁参照。

(39)　第26条の起草過程の詳しい分析は，徳川信治「自由権規約無差別条項の機能(1)」『立命館法学』第230号（1993年）761-774頁参照。

(40)　General Comment 18 (37), adopted on 10 November 1989, para. 12.

なかに差別的な要素があれば，それはこの原則の違反となると認定したのである[41]。その結果，第26条は社会権にも適用されることになり，本来，社会権規約の対象である社会保障や年金制度をもその規律対象とすることになったのである[42]。

　しかし，本事件の締約国であるオランダは，国際人権規約の締結過程に言及しながら，委員会に慎重な姿勢を要請した。すなわち，世界人権宣言という1つの人権文書に規定されたさまざまな人権が，法的拘束力のある条約に法典化される過程において，まず自由権規約と社会権規約に分けられ，個人の通報権を承認した選択議定書は自由権規約にのみ付されたこと，また，社会権規約第2条1項が，「この規約において認められる権利の完全な実現を漸進的に達成する」と規定している以上，仮に自由権規約第26条が国家のすべての行為に適用されるとしても，即時実施を建前とする自由権規約の規定を社会権に適用するにあたっては，権利の性格に十分な考慮を払い，慎重に適用する必要があることを指摘したのである[43]。実際，こうした委員会の「拡大」解釈に懸念を示す国（ドイツ，スイス，リヒテンシュタイン）は，第26条で保障されている権利は，本規約に含まれる他の権利についてのみ関連しているとの留保を行っている[44]。

---

(41)　安藤仁介「規約人権委員会による自由権規約第26条の解釈・適用とその問題点」『(財)世界人権問題研究センター研究紀要』第7号（2002年）16頁。併せて，Cf. Nisuke Ando, "The Evolution and Problems of the Jurisprudence of the Human Rights Committee's View concerning Article 26", *supra note* 1, pp. 205-224.

(42)　トムシャット元委員は，今日でさえ，この委員会の原理的説明は必ずしも説得的ではないように思えるとの評価を下している。Christian Tomuschat, "The Human Rights Committee's Jurisprudence on Article 26 – A Pyrrhic Victory?", *supra note* 1, p. 226. 本論文で，トムシャット元委員は，こうした委員会の適用範囲の拡大は，非常な犠牲を払って得た引き合わない勝利かもしれないとの見解を示している。逆に積極的に評価するものとしては，Cf. B. G. Ramcharan, "Equality and Non-discrimination", in : Louis Henkin (ed.), *The International Bill of Rights, The Covenant on Civil and Political Rights*, (New York, 1981).

(43)　安藤・前掲注(3) 20-21頁。オランダ政府は，この「見解」を受けて，議定書のみでなく規約からの脱退さえも真剣に考慮したといわれる。Cf. Carla Edelenbos, "Article 26, the Human Rights Committee's Views and Decisions:the Way of the Future?", *supra note* 9, p. 123. なお，2008年に社会権規約においても，個人通報制度を定める社会権規約選択議定書が採択され，2013年に発効している。

219

第Ⅱ部　自由権規約委員会による解釈実践

　ところで，社会主義政権崩壊後の1991年，当時のチェコ・スロバキア連邦政府は，社会主義政権下で没収された私有財産を原所有者に返還し，それが不可能な場合は補償を与える立法を制定した。ただし，その前提条件として，原所有者が，①チェコないしスロバキア国籍を保持していること，および②いずれかの共和国の定住者であることが要件とされていた。そのため，返還請求が認められない者が少なくなかった。そこで，この要件を充たさない者が，等しく私有財産を没収されているのに，条件を充たす者とそれを充たさない者を区別し，後者の請求権を否定する措置は，第26条が規定する「平等・無差別原則」に違反するとして訴えたのが，シマネクほか対チェコ事件（通報番号516/1992）である[(45)]。本事件の「見解」において[(46)]，委員会は，通報者らが出国せざるを得なかった責任はチェコ側にあり，没収された財産の原所有者は恣意的な差別なく救済されるべきであるとした。そして，もともとの所有権が所有者の国籍やチェコ領域内の定住を要件とされていなかったことに鑑みると，財産の返還・補償の請求権の前提として，先の2要件を求めることは不合理であり，規約第26条に違反すると認定した。そこで，委員会は，締約国に対し

---

(44) Tomuschat, *supra* note 42, p. 229.1992年9月18日の加入時になされたスイスの留保は次の通りである。"L'égalité de toutes les personnes devant la loi et leur droit á une égale protection de la loi sans discrimination ne seront garanties qu'en liason avec d'autres droits contenus dans le présent Pacte", UN doc. CCPR/C/2/Rev. 4, 24 1994, p. 44.

(45) Simunek *et al.* v. Czech (516/1992), *Report-HRC*, A/50/40, Vol. II, p. 89ff. 詳しくは，安藤・前掲注(3) 1-2頁参照。1993年にチェコ・スロバキア連邦はチェコとスロバキアの両共和国に分裂したが，同法律は継承された。この点については，安藤仁介「条約承継条約と最近の国家実行──とくに自由権規約の承継に関連して──」田畑茂二郎先生追悼記念論文集『国際社会の法構造：その歴史と現状』（東信堂，2003年）251-254頁参照。なお，同種の通報として，アダム対チェコ事件（通報番号586/1994），ブラゼークほか対チェコ事件（通報番号857/1999）およびマリク対チェコ事件（通報番号945/2000）がある。詳しくは，安藤・前掲注(3) 8-17頁参照。

(46) 通報の原因となっている私有財産の没収は，チェコについて選択議定書が発効する以前に生じているが，発効後も違法行為の効果が継続していることを理由に，委員会は通報を受理した。「同上論文」6頁。時間的管轄の問題については，前田直子「時間的管轄における『継続的侵害』概念──規約第26条との関係についての一考察──」『京都大学大学院人間・環境学研究科社会システム研究』第6号（2003年）129-143頁参照および徳川「国際人権規約実施過程にみる時間的管轄」『国際法外交雑誌』第103巻1号（2004年）1-31頁参照。

第7章　紛争解決機能としての個人通報制度

て，通報者に財産を返還するか，不可能な場合には補償を支払うよう勧告した[47]。これに対して，チェコは，「没収財産の返還・補償はきわめて複雑かつ前例のない措置であって，すべての被害者のあらゆる損害を回復することは不可能である」と反論している。2002年1月のジュネーヴでの協議で，チェコ代表団は委員会の「見解」を参考に国内法を検討中であると説明した[48]。なお，通報者から委員会の勧告が履行されたとの連絡は来ていないとのことである[49]。

　いずれにしろ，「見解」の実施には締約国の経済的負担が伴い，またその財政状況により実施が困難な場合も容易に想定される。その意味では，「見解」に対する締約国の態度を非難しがたいところもあるといえよう。他方で，フランス軍退役セネガル人の軍人恩給がフランス人のそれと比べて差別的であることを訴えたゲイほか対フランス事件（通報番号196/1985）で，委員会はこうした取扱いの差異が合理的かつ客観的な基準に基づいていないとして第26条違反を認定したことがある。本通報はフォローアップ制度導入以前の事例であるが，フランス政府は，1996年1月30日に自発的にフォローアップ回答を提出し，セネガル人退役軍人について，年金の差異をなくすべく数次にわたって調整を行ったことを伝えてきた[50]。したがって，年金問題といっても，締約国の対応は必ずしも一様ではないといえる。また，同一の締約国であっても，本章で紹介したオーストラリアの2つの事例にみられるように，「見解」を積極的に実施する場合と正面から拒否する場合とがあり，政権の性格や紛争の対象事案によって異なる対応がみられることがわかる。突き詰めて考えれば，こうしたことを許しているのは，国際裁判所の判決とは異なり，締約国が委員会の

---

(47)　安藤・前掲注(3) 8頁。

(48)　*Report-HRC*, A/57/40, vol. I, p. 133, para. 238.

(49)　安藤委員は，1917年のロシア革命後に私有財産を没収された人々の国籍国との補償
　　　交渉では「一括補償支払協定」（原所有者の主張する「即時・十分・有効な補償」とは
　　　ほど遠い内容であった。）の方式で処理されたことを念頭に置き，委員会はチェコに勧
　　　告する際には，支払うべき補償の内容や財源について配慮する必要があったのではな
　　　いかと指摘する。安藤・前掲注(3) 28-29頁。

(50)　Gueye *et al*. v. France (196/1985), *Report-HRC*, A/51/40, Vol. I, para. 459. 詳しく
　　　は，上田・前掲注(13) 109-113頁（西井正弘担当）参照。本章の記述にあたっての翻
　　　訳は，西井訳に依った。

221

第Ⅱ部　自由権規約委員会による解釈実践

「見解」は勧告的効力しか有しないとの立場を取っているからである[51]。しかし，「勧告」にすぎないとして無視する態度は，みずから自発的に議定書の締約国となり，委員会の審査権限を認めた個人通報制度そのものを否定することにも繋がりかねず，また，みずからが約束した「効果的な救済措置を受けることを確保する」との規約第2条の違反の問題も生じさせかねないともいえる[52]。安藤委員が指摘するように，締約国が「少なくとも誠意をもってそれ〔見解〕を尊重すべき[53]」であることはいうまでもない。

　次に，「見解」を実施する国の意思はあるものの，国内法の障壁によって実施できなかった事例を概観してみよう。

(2)　国内法の障壁

　カナダのオンタリオ州では，その州法によってローマ・カトリック教系の学校に公的助成が行われている。同州でユダヤ教系の私立学校に子どもを通わせている通報者が，宗教による差別に当たるとして争ったのが，ワルドマン対カナダ事件（通報番号694/1996）である。委員会は，本事件で規約第26条の違反を認定し，差別を撤廃する効果的救済措置を勧告した。しかし，肝心のオンタリオ州政府は，「私立の宗教学校またはそのような学校に子どもを通わせている父母に助成を拡大する計画はなく，ローマ・カトリック教系の学校に助成するという憲法上の義務を忠実に遵守するつもりである旨を連邦政府に通知した」。そこで，締約国であるカナダは，オンタリオ州のカトリック教系の

---

(51)　シャイニン委員は，「拘束力ある判決と拘束力のない勧告という形式的な区別は，この問題に対する適切なアプローチとはいえない」との見解を表明している。Cf. Martin Scheinin, "The Human Rights Committee's Pronouncements on the Right to an Effective Remedy – An Illustration of the Legal Nature of the Committee's Work under the Optional Protocol", *supra note* 1, pp. 103-104.　シャイニン委員は，「見解」の法的性質についていえば，ポカール元委員やエヴァット元委員らに近い立場にある。

(52)　こうした立場を採用し，「見解」に法的効果を付与しようというのが，ポカール元委員であり，エヴァット元委員である。Cf. Fausto Pocar, "Legal Value of the Human Rights Committee's Views", *Canadian Human Rights Yearbook*, 1991 – 1992, p. 120; Elizabeth Evatt, "The Impact of the International Human Rights on Domestic Rights Law", *in* Grant Huscroft and Paul Risworth (eds.), *Litigating Rights – Perspectives from Domestic and International law*, (Oxford, 2002), pp. 300-301.

(53)　安藤・前掲注(3) 26 頁。

第7章　紛争解決機能としての個人通報制度

私立学校への公的助成は1867年カナダ憲法第93条に基づくものであり，カナダ連邦政府が州の排他的管轄権に服する問題に法的に介入できないという立場をとり，2000年2月3日付けのフォローアップ回答でこの点を強調した。なお，委員会は，カナダの態度に不満を示し，2005年の政府報告書の「総括所見」において，「オンタリオ州における学校の助成に関する宗教に基づく差別を撤廃するための措置をとるべきである」と指摘した。

しかし，村上教授が指摘するように，「実際的には，カナダ連邦政府としては，オンタリオ州に対して自発的な差別是正措置を求める他はないが，オンタリオ州がこれを拒否しているから，当面，オンタリオ州による是正措置を期待することはできない」ことになり，当分の間，「規約違反の状態が継続すること」になる。他方で，規約はその第50条で「この規約は，いかなる制限又は例外もなしに，連邦国家のすべての地域について適用する」と規定しており，ここに規約上の義務の履行をめぐって連邦政府と州政府の間に緊張関係が生ずることになる。通報の対象となった問題は，「連邦と州の関係という，カナダの政治制度の根幹に触れる問題を含むだけに」解決は容易ではない[54]。

なお，委員会の「見解」の実施のための国内実施法（enabling act）を有している国であっても，「見解」の実施に難色を示すケースがある。次に，こうした事例を検討してみよう。

(3)　その他の障壁

犯罪行為が行われた時点に設置されていなかった機関による裁判手続および裁判手続法の適用が規約第14条に違反するかどうか（いわゆる覆面裁判官制度）が争われたオレジュエラ対コロンビア事件（通報番号848/1999）は，規約違反を承知しながら，違反を犯さざるを得ない具体的な社会状況の中で締約国が選択した行為を，単に規約違反と認定したところで，容易に問題は解決しないことを示した事例といえるかもしれない[55]。通報者は1990年5月に麻薬密輸の

---

(54)　Waldman v. Canada (694/1996), *Report-HRC*, A/55/40, Vol. I, para. 608. 上田・前掲注(13) 395-397頁（村上担当）参照。

(55)　本件については，上田『同上』309-312頁（前田直子担当）に詳しい。本章の記述にあたっての翻訳は，前田訳に依った。

223

第Ⅱ部　自由権規約委員会による解釈実践

罪で起訴され，有罪が確定し拘留中のコロンビア国民である。彼は，麻薬密
輸の罪によりボゴダ地方裁判所で懲役23年と罰金刑が言い渡された。通報者
が国家裁判所に控訴したところ，懲役が21年に短縮され罰金の減額がなされ
たが，有罪判決は支持された。1997年10月に最高裁に上告したものの，2001
年1月刑が確定した。なお，コロンビアでは，1991年の命令2266号によって
麻薬犯罪に関する管轄権は，「覆面裁判所」として知られる地方裁判所に与え
られた。実際，1997年2月の地方裁判所での手続は，通報者欠席のままの秘
密裁判であり，控訴審の裁判所でも覆面裁判官と対面することはなかった。そ
こで通報者は，みずからの裁判は，1992年7月1日発効の刑事訴訟法に定め
られている，公開裁判，弁護人および検察官の義務的出席という裁判要件が充
たされておらず，犯罪行為時よりも後に公布された制限的な裁判手続が適用さ
れるのは規約第14条違反であると主張した(56)。こうした主張につき，委員会
は，新たな裁判手続が発効時から適用されることがなぜに第14条1項違反に
なるのかについて通報者の主張は説得的ではないとして，これを退ける一方，
裁判において欠席かつ非公開の手続で判決が出されたことは，第14条3項(d)
および(e)の要件を満たしていないので，通報者に公正な裁判手続が付与されな
かったという意味で第14条違反であると認定した。そして規約第2条3項(a)
に従って，締約国は通報者に効果的な救済を与える義務があると勧告した(57)。

　これに対して，2002年11月5日，コロンビア政府は委員会に対し「見解」
の再考を要請した。コロンビアは委員会の「見解」を実施するための国内実施
法を制定している国だけに，この再考要請は異例である。同国としては，麻
薬マフィアが横行する社会情勢の中で，裁判官を暗殺の危機から守り，裁判を
公正・中立に行おうとすると，この「覆面裁判官」制度以外に選択肢はなかっ
たといいたいのであろう。他方，通報者は，2002年11月25日および12月16
日付けの書簡によって，締約国が委員会の「見解」を実施していないと訴えた。
2002年4月裁判官が仮釈放を認める決定を出したが，通報者によれば未だ実
施されていないとのことである(58)。

---

(56) Rodriguez Orejuela v. Columbia (848/1999), CCPR/C/75/D/848/1999, paras. 2.2-
4.3.

(57) *Ibid.*, paras. 7.2-9.

第7章　紛争解決機能としての個人通報制度

　以上，われわれは個人通報フォローアップ制度につき，締約国が積極的に対応した事例と消極的にしか対応しなかった事例を概観してきたが，安藤委員によれば，フォローアップ制度の実施によって，委員会が締約国によるフォローアップ回答に満足を表明するのは，全体の3分の1程度といわれる。そこには，「見解」で表明された救済措置の実施を迫ろうにも，「見解」の非拘束性，すなわち，「勧告」にすぎないという法的障壁があるように思われる。換言すれば，締約国によるフォローアップ回答の3分の2は，委員会にとって満足できない状態にあるということになる。そうした締約国に対しては，この事実を委員会が国連総会へ提出する年次報告書のなかで公表するという制裁がとられる[59]。しかし，こうした制裁が有効に機能するのは，国際世論に敏感な諸国のみである。委員会の「見解」の公表さえ差し控えるような国にあっては，こうした「制裁」が制裁として機能しないのが実情である[60]。実際のところ，多くの途上国がこうした状況にあるといわざるを得ない[61]。他方，通報者の立場からみれば，違反認定を勝ち取った事件であっても，救済がなされるのはわずかに全体の3分の1にすぎないということになる。しかし，その実態を仔細に見れば，委員会の「満足」と通報者の「満足」は必ずしも一体のものではなく，両者には，時折，乖離がみられる。次に，こうした乖離がみられたアイルランドに関する個人通報事例をみてみよう。

---

(58)　*Report-HRC*, A/58/40, para. 232.

(59)　委員会は，1997年7月に採択された年次報告書で，初めて国別に分けたフォローアップ活動に関する包括的な報告を公表した。なお，同報告書では，ボリビア，ドミニカ共和国，赤道ギニア，フランス，ペルー，スリナム，ウルグアイおよびザイールが，回答を寄せていない国として国名を挙げて非難された。*Report-HRC*, A/50/40, Vol. I, paras. 544-565.

(60)　先進国であるオーストラリアにおいてさえ，家族に対する保護に関する規約第23条の重要な事例であるウィナタ対オーストラリア事件（930/2000）は，国内において関心の高い主題でありながら，委員会の見解はオーストラリアの主要な新聞で一切報じられなかったという。Cf. Sara Joseph, Jenny Schultz, and Melissa Castan, *The International Covenant on Civil and Political Rights Cases, Materials, and Commentary*, 2nd ed., (Oxford University Press, 2004), p. 49.

(61)　前述したように，フォローアップ手続に回答を寄せていないとして国名を挙げて非難された国には，ボリビア，ドミニカ共和国，赤道ギニア，ペルー，スリナム，ウルグアイおよびザイールなどの途上国が多かった。*Report-HRC*, A/50/40, Vol. I, para. 563.

第Ⅱ部　自由権規約委員会による解釈実践

4　紛争解決機能としてのフォローアップ制度
──誰に対する「満足」か

　司法長官の裁量的判断により通常裁判所よりも手続的保障の劣る特別刑事裁
判所の裁判に付された通報者が，規約第14条と第26条違反を争ったカバナフ
対アイルランド事件（通報番号819/1998）は，通報者にとっての紛争解決機能
としての観点からのフォローアップ制度の限界を露呈させた事件であるといえ
る[62]。

　アイルランド憲法第38条3項は，通常裁判所が「司法の効果的な運営なら
びに公の安寧および秩序の維持を確保するのに不適切」な場合に法律（1939年
国家に対する犯罪法）により特別裁判所を設置できる旨を定めている。アイル
ランド政府は同法第35条2項に基づく布告により1972年5月に特別刑事裁
判所を設置した。その管轄は，指定犯罪（1972年国家に対する犯罪（指定犯罪）
令により特定される。）と非指定犯罪に及ぶ。なお，特別刑事裁判所での訴追は，
いずれの犯罪類型についても司法長官（実務上は，検察庁長官（DPP）に権限委
任。）の裁量的判断によるとされるが，通常裁判所とは異なり，陪審制は利用
できず，証人の予備的尋問の機会も与えられない。

　通報者は，銀行頭取一家の不法監禁・暴行事件に関与した疑いで逮捕され，
6つの非指定犯罪と1つの指定犯罪の容疑で特別刑事裁判所に起訴された。通
報者は，高等裁判所にDPPの判断の取消を求めたが，訴えは退けられた。最
高裁への上告も棄却された。その後，通報者は，特別刑事裁判所において有
罪判決を受け，刑事控訴裁判所への控訴も却下された。そこで，通報者は，特
別刑事裁判所では陪審制も利用もできず予備的尋問もできないという不利益を
被り，また，同裁判所への事件の付託自体が通報者を犯罪人視しているとして，
第14条1項および3項（公平原則・武器平等・公開審理・無罪推定）違反を主張
し，また，同様の容疑により通常裁判所で起訴された者が利用できる重要な法

---

(62)　Kavanagh v. Ireland（819/1998），*Report-HRC*, A/57/40, para. 241. 本事件の詳し
　　い内容については，上田・前掲注(13) 122-126頁（阿部浩己担当）参照。なお，本章
　　の分析視角と記述における翻訳はすべて阿部教授の訳に依った。

第 7 章　紛争解決機能としての個人通報制度

的保障措置（陪審制と予備的尋問）を客観的理由なく剥奪されたとして第 26 条
違反を主張した。

　これに対して，委員会は，通常裁判所以外での裁判がそれ自体として不公正
な裁判に該当するわけではなく，また特別刑事裁判所での裁判に付すことそ
れ自体も無罪推定原則に反するわけではないとして，第 14 条違反は認定しな
かった。他方で，委員会は特別刑事裁判所において同様の犯罪で訴追された者
に提供される保障（陪審員による裁判など）を通報者から奪うことから，こう
した区別は第 26 条が求める「合理的かつ客観的理由」に依らなければならな
いとした。しかし，その決定についての理由が明示されておらず，当該決定が
「合理的かつ客観的理由」に基づいていたことを締約国は立証していないとし
て，第 26 条違反を認定した。そして，委員会は，通報者に効果的な救済を与
えること，また再発防止措置を勧告した[63]。

　締約国は，2001 年 8 月 1 日と 13 日にフォローアップ回答を行い，通報者に
1,000 ポンド提供したことと，特別刑事裁判所制度の修正案を含む「国家に対
する犯罪法再検討委員会」暫定報告書を提出した[64]。

　しかし，2001 年 8 月 22 日，通報者の代理人は，1,000 ポンドの提供は不十
分で効果的な救済にはあたらないとして拒否する旨のフォローアップ情報を寄
こした。また，通報者は，2002 年 2 月 21 日に，締約国が関係法や手続を改正
する行動をなんらとっていないことを伝えてきた。同年 5 月 21 日，代理人は，
政府の支払い申し出を拒否した後に政府から応答がないこと，また DPP が依
然として理由を示すことなく特別刑事裁判所へ事件送致を行っていることを伝
えてきた。2003 年 2 月 25 日付けの書簡で，代理人は，国家に対する犯罪法の
改正案が議会に上程されたものの，本件に関わる修正は何ら行われていないこ
と，また「見解」を広報する手続が一切とられていないことを伝えてきた。同
年 6 月 25 日と 10 月 7 日，代理人は，刑期を終え通報者が釈放されたことを通
知してきた[65]。

---

(63)　トムシャット元委員は，第 2 条 1 項への言及がなされるべき事案だったとの評価を
　　行っている。Cf. Tomuschat, *supra note* 41, p. 228.
(64)　CCPR/C/80/FU/1, 28 April 2004, p. 21.
(65)　*Ibid.*.

第Ⅱ部　自由権規約委員会による解釈実践

　2003 年 11 月 4 日，フォローアップ特別報告者はアイルランド常駐代表と面談した。その席上，同代表は，締約国から提供済みの情報を再述した。これに対し，特別報告者は，締約国の申し出た救済措置に通報者が満足していないことに留意するものの，委員会はフォローアップ手続の下でこれ以上は検討しないことを決定したのである[66]。前述したように，委員会は，個人通報制度において，規約の解釈・適用機能と紛争解決機能（国内的救済を得られない個人と締約国間の紛争解決）の双方の機能を果たしているのであるが，本事例は場合によっては，両者の間に相克が生ずることを示している。軽々しい推測は慎むべきであるが，国内裁判所に対する上訴審あるいは第 4 審ではないというその性格上，委員会はその比重を後者よりも前者に置いたのかもしれない。換言すれば，規約解釈の番人としての任務[67]と個人の権利の救済機関としての任務とを比較した場合，委員会は前者を選択したといえるかもしれない。おそらく，規約第 6 条（生命権）や第 7 条（拷問禁止）に関する事例を除いて，今後，個人通報の事例が増せば増すほどその傾向は強くなると思われる[68]。

　本事例で，委員会は「見解」において締約国に効果的な救済を提供するよう求めたものの，具体的な内容までは明示しなかった。実際，各国の経済事情の多様性や法制度の相違により，委員会として具体的な内容（特に賠償額の金額等）に踏みこむことは困難である。他方で，締約国は通報者に 1,000 ポンドの

---

(66)　*Report-HRC*, A/59/40, para. 244.

(67)　国際司法裁判所は，パレスチナ占領地域における分離壁建設の法的帰結事件の勧告的意見において，規約第 2 条 1 項や第 12 条 1 項の意味を確認するために，委員会の「見解」や委員会の国家報告に対する「総括所見」，さらには「一般的意見」に言及しつつ判断した。同裁判所のこうした態度は，「見解」の拘束力の問題と解釈手段としての価値は別個のものであることを明らかにしたといえよう。*Legal Consequences of the Construction of a Wall in the Occupied Palestinian Territory, ICJ Reports 2004*, pp. 178-180, paras. 108-111 and pp. 192-193, para. 136. 詳しくは，徳川信治「自由権規約実施過程における個人通報審査手続きの実相」『法律時報』第 77 巻 12 号（2005年 11 月）35 頁および松井芳郎ほか編『判例国際法〔第 2 版〕』（東信堂，2006 年）630-635 頁（藤田久一担当）参照。

(68)　ヨーロッパ人権裁判所におけるこうした問題の図式については，江島晶子「人権保障におけるヨーロッパ・システムと国内システムの『共生』──ヨーロッパ人権裁判所における『私権保障』と『憲法保障』」『明治大学社会科学研究所紀要』第 41 巻 2 号（2003 年）201 頁。

第 7 章　紛争解決機能としての個人通報制度

支払いを申し出た。しかし，阿部浩己教授が指摘するように，この金員の性格については必ずしも明確ではない。賠償金なのか他の目的をもつものなのか不明である。その意味で，通報者が，当該金員の提供は「まったく不十分でいかなる意味においても効果的ではない」として，送られてきた小切手を担当大臣に返送したのは理解できないわけではない。通報者にとって最も効果的な救済措置は，有罪判決の破棄と通常裁判所での再審理であったと思われるが，すでに刑期の大半を終えていたこともあり，実際に求められたのは釈放であった[69]。しかし，実際には，その釈放は実現しなかった。いずれにしろ，通報者が締約国が示した救済措置に「満足」しなかったことはたしかである。しかし，委員会は締約国による 1,000 ポンドの支払い提供の申し出に「満足」したのである。「見解」が何らかの形で実施されたという意味では，条約制度の実効性向上に資するものとして委員会として「満足」したのかもしれない。しかし，個人通報制度のもう 1 つの側面，すなわち紛争解決の機能に着目したとき，通報者自身の行動が示すように，いかなる「満足のゆく救済」も得られていないといわざるを得ない。ここでは，フォローアップ特別報告者による満足が誰のための「満足」であるかが問われているように思われる。自由権規約の締約国の管轄下にある個人は，規約に定められた権利が確保されることを期待しているし，その実現を求める権利が保障されている。締約国の国内裁判所で権利侵害に対して実効的な救済が与えられなかった個人は，第 1 選択議定書の締約国の管轄下にある場合，委員会に救済を求めることができる。たしかに，「見解」が勧告的効力しかもたないので，当該制度の実効性は締約国の誠実さに依拠するところが多い。しかし，それ故にこそ委員会はみずからフォローアップ制度を導入したのである。フォローアップ制度の導入が，前述したように，「委員会の勧告した救済が与えられていないという苦情が多くの通報者から委員会に寄せられたことが契機である」ならば，委員会は，規約の解釈・適用機能のみに満足することなく，紛争解決機能にも応分の関心を払うべきではないかと思われる。

---

(69)　上田・前掲注(13) 125 頁（阿部教授の分析による）。Cf. CCPR/C/28, para. 2. 8.

第Ⅱ部　自由権規約委員会による解釈実践

5　おわりに

　ヨーロッパ人権裁判所がヨーロッパ人権条約の実施機関として，もっぱら同条約が保障する権利および自由が侵害された個人の救済のための紛争解決機関として機能するのに対して，自由権規約委員会は自由権規約の実施機関として，国家報告書審査と個人通報審査という二重の機能を果たしている。前者は，規約の締約国が規約の保障する権利をどの程度実現しているかを逐条ごとに定期的に報告書審査によって行うものである[70]。報告書審査の場における委員会と当該締約国の「継続的対話[71]」によって，同制度は規約で保障された権利の締約国における実現を促進する機能を果たしているといわれている[72]。後者は，個人通報制度を規定した第1選択議定書の締約国の管轄下にある個人で，規約が保障する権利を侵害され国内的救済を求めたものの救済を受けられなかった者が，みずからの権利の救済のために締約国を相手取って訴える制度である。対審構造をとるという意味では，ヨーロッパ人権裁判所と異ならないが，もっぱら書面審査のみで行われ，その結論たる「見解」も法的拘束力をもたないという意味では，他の地域的人権裁判所の審理や判決とは大きく異なっており，あくまで準司法機関としての機能にとどまるにすぎない。こうした個人通報制度は，前述したように，これまた二重機能－規約の解釈・適用機能と紛争

---

(70)　なお，国家報告書審査手続についても，2002年の「総括所見フォローアップ特別報告者」が指名され，次回の定期報告を待つことなく，総括所見の採択日から1年以内に緊急を要する懸念事項・勧告について締約国に回答を要請する国家報告書フォローアップ制度が開始された。この点については，安藤仁介「規約人権委員会による国家報告審査方法の進展──審査の実効性向上を目指して──」『同志社法学』第56巻6号（2005年）16-17頁。

(71)　この国家報告書審査における「継続的対話」は，個人通報が違反または違反でないという形で終わるのに比べて，手がかりを絶えず残せるという利点があるといえよう。足木孝ほか「〔座談会〕国際人権救済申立手続の現在」『法律時報』77巻12号（2005年）6頁（安藤発言）参照。

(72)　こうした国家報告書の審査手続が，人権の保護のための手続であると同時に人権の促進のための手続であり，両者が組み合わされたものであることについては，小畑郁「国家報告書審査制度における自由権規約委員会の複合的機能」香西茂古稀記念論文集『21世紀の国際機構：課題と展望』（東信堂，2004年）456頁参照。

230

第7章　紛争解決機能としての個人通報制度

解決機能－を有している。後者についていえば，委員会が規約の違反認定を行い，通報者が被った被害の救済措置を「見解」において勧告した場合，その措置の履行状況は通報者の救済にとってはもちろん，個人通報制度という条約制度の実効性確保の観点からも重要な問題となる。その意味で，1990年代以降に開始された個人通報のフォローアップ制度は，重要な役割を担っているといえよう。

　ところで，規約第2条3項(a)は，「この規約において認められる権利又は自由を侵害された者が，公的資格で行動する者によりその侵害が行われた場合にも，効果的な救済措置を受けることを確保すること」を締約国に義務づけている。実際，委員会は，「見解」の最後の部分で，「選択議定書の締約国となったことにより，締約国は，委員会が規約違反の有無を決定する権限を有していることを認めたこと，また，規約第2条に従って，領域内にあり，かつ，その管轄の下にあるすべての個人に対し，この規約において認められる権利を確保し，違反が認定された場合には，実効的な救済を与えると約束したことに留意し」との定型句を挿入している。つまり，議定書の締約国は，委員会の見解および勧告を履行する義務を負っていると言いたいのであり，こうした委員会の立場からすれば，「見解」それ自体の法的拘束力の有無はさほど重要な問題ではないということになる(73)。ある論者の表現を借りれば，「見解の履行を拒否することは，議定書の精神と目的に明らかに両立しない(74)」ということになる。実際，安藤委員は，「委員会の見解に法的拘束力がないとしても，当事国の国内世論が強力なところや，政府が国際世論に敏感なところでは，それが事実上の拘束力を発揮する余地は十分に存在する。そして，そのような世論の形成に対して，委員会の見解はかなりの影響力を持ちうるであろう(75)」と述べている(76)。あるいは，別の見方をすれば，こうした「見解」は，締約国に救

---

(73)　薬師寺公夫ほか・前掲注(31) 21頁（薬師寺担当）。

(74)　Anne F. Bayefsky, *How to Complain to the UN Human Rights Treaty System* (Transnational Publishers, 2002), p. 176.

(75)　安藤・前掲注(4) 14頁。

(76)　前述のブレークス対オランダ事件（通報番号172/1984）において，オランダ政府は委員会の見解には法的拘束力がない旨を明言したが，それにもかかわらず政府は差額支給に踏み切った。安藤委員は，その背景には，「当事者の要請もさることながら，そ

231

第Ⅱ部　自由権規約委員会による解釈実践

済を求める強力な圧力となろう(77)。しかし，残念ながら，あくまで勧告の効力しかないということが，締約国にとっての「最後の砦」になっていることだけはたしかである。

　さて，本章で取り上げた事例に限ってみても，委員会の「先例」として十分に固まっているとは思えない問題がある。それは，通報事例の対象となった関連国内法に対する委員会の態度である。委員会は，違反認定を行ったみずからの「見解」において，通報者の権利の救済のみならず再発防止措置をとることを勧告する場合が多い。しかし，その際に，委員会の姿勢は必ずしも一貫しているとはいえない。再発防止のためには関連国内法の改正が必要と思われる場合でも，締約国の裁量に委ねる場合（カバナフ対アイルランド事件）もあれば，具体的に関連国内法の改正を勧告する場合（トゥーネン対オーストラリア事件やオウメルディーツィフラ対モーリシャス事件など）もある。委員会の中で，両者の線引きがどのような形でなされているのかは，通報事例を読む限りにおいては必ずしも明らかでない。本来，委員会がこうした問題に対して自制的であろうとする基本姿勢をもっているであろうことは容易に推測されるが，踏み込む場合と踏み込まない場合の基準の形成は必ずしも明確ではないように思われる。

　他方，準司法機関による法的拘束力のない「見解」への対応という問題は，締約国にとっても難題であることはたしかである。選択議定書の締約国として「見解」の実施に積極的に対応したいと思いながらも，規約違反はないとした国内の確定判決を覆すことなく，「見解」で命じられた救済の実施をいかに確保するかという難題を背負うことになるからである。1992年，議定書の締約国となったベラルーシは，この点を率直に認めている。初めての違反認定を受けたラプセビッチ対ベラルーシ事件（通報番号780/1997）で，ベラルーシは，「国際機関からベラルーシが受け取った最初の決定なので，どのようにして司法に干渉しない義務を侵すことなく『見解』に一致させるかを検討しなければ

の要請を支持する世論があったからである。この事実は，法的拘束力の無い国際的な手段であっても，それを支える国際世論や国内世論があり，政府がそれに応える用意のある国家においては，当該手段は事実上の拘束力を持ちうることを示している」と分析する。安藤仁介「国際人権保障の展開と問題点」『国際法外交雑誌』第98巻1・2合併号（1999年）34頁。

(77)　Bayefsky, *supra note* 74, p. 177.

第7章　紛争解決機能としての個人通報制度

ならない(78)」と述べた。本事件は，定期公刊物の公刊に際して法律で定めた記載事項の表示義務を定めたベラルーシの国内法に違反してリーフレットを配布したことを理由に，リーフレットの没収と罰金を科すことが規約第19条2項違反と認定された事件である。先の言明は，ベラルーシとしては，有罪宣告をした国内裁判所の判決自体を変更することなく，見解の違反認定と国内法を整合させる方策を探りたいという方針表明に他ならない。

　実際，委員会は国内裁判所の「第4審」ではないので，国内裁判所の判決と異なる解釈が委員会によって採用されたからといって，締約国として，国内判決を無効にしたり取り消したりする必要はない。しかし，他方で，第1選択議定書を批准・加入することによって，任意にこうした委員会の権限を認めた個人通報制度を受け入れたのであるから，「見解」を尊重する義務がある。そのためには，理想的には，締約国は同議定書の批准・加入時に「見解」の実施に関する国内法体制を整備しておく必要がある。しかし，そうした国内実施法は多くの国で制定されていないのが実情である。そうなると，対応に苦慮する事例の場合には，締約国は，「見解」の法的性質（換言すれば，勧告的効力）に着目し，命じられた救済措置には法的拘束力がないとしてこれを無視する態度にでることになる。

　このことは，将来，日本が選択議定書を批准した場合にもおそらく発生する問題である。最高裁や高裁で規約違反はないとの確定判決が出された事例において，個人通報により委員会で規約違反の認定がなされた場合であっても，ただちに判決が無効になるとか再審理が必要になるわけではない。もちろん，訴訟法上，委員会の「見解」は再審事由ではない(79)。そうなると，実際，確定判決を変更する方法はない。また，委員会が通報者に賠償や補償を命じたとしても，国内裁判所で国家機関の行為による人権侵害につき，国に賠償を請求する際には，国家賠償法を根拠にするしかない。しかし，同法第1条1項は，国または公共団体の公権力の行使に当たる公務員が，その職務を行うについて，故意または過失によって違法に損害を与えた場合に，国または公共団体が当該公務員が負うべき損害賠償責任を代位するという法的構成をとる。そこでいう

(78)　*Report-HRC*, A/56/40, Vol. I, p. 142, para. 185.
(79)　民事訴訟法第338条および刑事訴訟法第435条の再審の事由には含まれていない。

233

第Ⅱ部　自由権規約委員会による解釈実践

違法とは，職務上の法的な注意義務違反である。委員会の解釈と異なる解釈を行ったことがストレートにこうした注意義務違反に結びつくとは思われない。そうすると，第1選択議定書を批准する際には，「見解」を実施するための国内法上の仕組みを整備することが必要になる。つまり，規約の権利を侵害されたと主張する通報者（被害者）を救済するためには，単にフォローアップ手続という実施機関による手続の充実のみならず，「見解」を実施するための国内法体制の整備が必要となる。日本より一足先に第1選択議定書を批准した韓国で，この問題が発生している。第三者による労働争議への介入を禁止した韓国の労働紛争調整法第13条2項が表現の自由を定めた規約第19条2項に違反すると認定したソン対韓国事件（通報番号518/1992）で，委員会は通報者に適当な補償を含む効果的救済とともに，再発防止のため同法13条2項の見直しを命じた[80]。こうした「見解」を受けて，韓国政府は，1997年3月に新たに労働組合および労働関係調整法を制定し，労働紛争調整法の関連条文を無効とした。他方で，通報者は「見解」を根拠に国家賠償を求めたものの，政府は労働紛争調整法に違反し有罪とされているので，通報者は刑事補償法に基づき補償を求める資格は有しないとの態度を崩さず，また韓国最高裁も1999年3月26日，「見解」に基づく国家賠償訴訟につき，政府は国家賠償法の下で通報者に賠償を提供する義務はないと判示した[81]。2011年11月6日に開催された国際人権法学会において，当時，ソウル中央裁判所部長判事であり，韓国国家人権委員会の常任委員であったキムヨンヘ氏が講演を行ったが，その中で，自由権規約委員会の補償を命ずる勧告に対する対応として，2つの方法があると提示した。1つは再審手続を利用する方法であり，もう1つは再審を経ずに補償金を支給する方法である。後者はさらに，①特別法を制定した支給の方法と②国家賠償法に特別規定を新設する方法があるとする。その際，キム氏は，これらの方法をとる場合の問題点を次のように指摘した。

　再審手続をとる場合，自由権規約委員会の「見解」を受けたからといって，無条件で無罪判決を下すことはできない。通報の対象となった国内法に関する

(80)　事件の詳しい内容については，Cf. Sohn v. Korea (518/1992), CCPR/C/54/D/518/1992.

(81)　*Report-HRC*, A/60/40, Vol. Ⅱ, p. 508.

234

第7章　紛争解決機能としての個人通報制度

裁判所の解釈が変わらない限り，再審したとしても結果は同一であって，再審事由として追加することに大きな意味はないとする。また，書面審理を採用している自由権規約委員会には，厳格な証拠裁判主義が適用されておらず，徹底した審理が尽くされないままの「見解」を再審事由とすることは，国内の裁判所の権威を弱める懸念がある。

　他方，再審を経ずに特別法の制定によって補償金を支払う方法も考えられる。行政府の中に補償審議委員会を設置して，委員会の決定によって補償金を支払う方法である。この方法は，自由権規約委員会の「見解」を尊重することにはなるが，国内裁判所で有罪と認められた事案の被告人に対して補償金を支払うわけで，国内法体系と矛盾するばかりでなく，司法府の権威を傷つけることになる。この方法だと，国内で依然として刑事処罰を行いつつも，個人通報を利用し，自由権規約委員会で救済の勧告を受けた者に対しては特別法に従い補償金を支給するが，個人通報を行わない者に対しては依然として救済する方法がないという事態が生ずることになる。

　国家賠償法に特別規定を新設する方法も考えられる。国家賠償法では，公務員の故意・過失によって違法に損害を与えたことが必要であるが，確定力のある有罪判決における裁判官の解釈に故意・過失を認めることは困難であり，国家賠償法体系と合わないという問題が生ずるとの指摘がなされた。キム氏によって提起された論点は，日本が個人通報制度を批准した際に直面する国内法上の対応の困難さを示しており，傾聴に値する。

　厳格な証拠裁判主義をとる日本の裁判所が，厳密な事実審理に基づいたと彼らが考える結論（いわゆる判決）を覆す「見解」，しかも単なる書面審理でこうした結論を形成する準司法機関たる委員会の「見解」に，積極的に対応するとはやや想像しがたいところがある。他方，こうした日本の司法の考え方が国際社会の動向からやや乖離していることもたしかである。なぜなら，同じく厳格な証拠裁判主義をとる，ドイツやフランスであっても個人通報制度における委員会の権限を受け入れているからである。そうすると，日本の司法の国際人権システムへの消極姿勢には，別の理由があるといわざるをえない。

　いずれにしろ，日本の司法も，人権保障における国連システムと憲法による人権保障システムの「共生」の道を真剣に探る時が近づいているといえよう[82]。

235

第Ⅱ部　自由権規約委員会による解釈実践

人権理事会の理事国となった人権尊重国としては，なおさらである。言うまでもなく，自由権規約の主要な目標は，国内における条約義務の実現である[83]。自由権規約の締約国として，同規約が定める人権保障を日本の管轄下にあるすべての個人に保障する責任が，日本政府にはある。なぜなら，規約の人権保障は，最終的には締約国によって実現されるほかないからである。自由権規約は，そこに定められた人権の保障を国際社会の普遍的要請としながらも，その実施を時には人権侵害者となる締約国に委ねている。したがって，両者の関係は単なる対抗関係ではない。一見，対抗関係にみえる両者を結びつけるのは，主権の担い手たる国民の意思である。つまり，「その国の人々が人権条約の存在を知り，それが時に国内の人権状況の改善に有用であるとの認識をもつこと[84]」が重要である。そうした国民的理解の下に，議定書の前文が定める「規約の目的並びに，その規定の実施をよりよく達成する」ことが可能となるであろう。そのためには，政府が率先してその有用性をアピールしていく必要がある。本章で取り上げた紛争解決機能のみでなく，こうした観点からも，個人通報制度の「先例（jurisprudence）」およびフォローアップ制度の研究は不可欠な作業のように思われる。そうすれば，遠からず日本が第1選択議定書の締約国となる日が訪れるであろう。

---

(82)　阿部浩己教授は，「国際人権保障システムの発展により，憲法を頂点とする日本の人権保障はもはや自己完結的ではなくなっている。『一国人権主義』の時代はすでに過ぎ去っているのである」と指摘する。阿部浩己「日本国憲法と国際人権法──『一国人権主義』の打開にむけて」『世界』第609号（1995年6月）77頁。他方，松本和彦教授は，「複数の解釈主体の相互作用，そして国内・国際の二つの法システムの『共生』が，直線的ではないとしても，究極的には人権保障の水準の引き上げにつながるとの見解もある。共感するところの多い見解であるが，解釈主体の多元化が何をもたらすのかは，予測の限りでないし，杞憂に過ぎないものの，ひょっとすると法の混迷状態かもしれない。そういう場合にこそ『規整的理念』としての人種に出番が回ってくるのだともいえる」と指摘する。松本和彦「憲法上の権利と国際人権」『国際人権』第22号（2011年）60頁。

(83)　Elizabeth Evatt, "Ensuring Effective Supervisory Procedures: the Need for Resources", in Philip Alston and James Crawford (eds.), *The Future of UN Human Rights Treaty Monitoring,* (Cambridge University Press, 2000), p. 464.

(84)　村上正直「オーストラリアに対する人権条約の影響──同国裁判所の動向を中心に──」『国際法外交雑誌』第98巻1・2合併号（1999年）216頁。

第Ⅲ部

日本の国内裁判所による
解釈実践

第8章　日本の裁判所における国際人権規約の解釈適用
―― 一般的意見と見解の法的地位をめぐって

1　は じ め に

　自由権規約委員会は，自由権規約の履行を監視する機関として，国家報告審査や個人通報審査を通じて，規約の解釈を行ってきている。その役割は，規約が定める人権基準を同定し，規約の条約としての一体性を確保することにある。同規約第40条に基づき，委員会は，国家報告審査の後には「総括所見（concluding observations）」を出し，審査の対象となった締約国の人権状況について評価し勧告を行っている。また，個人通報制度を定めた第1選択議定書の締約国の管轄下にある個人からの通報を規約に照らして審査し，同議定書第5条4項に基づき，規約違反の有無を判断する「見解（views）」を出している[1]。

　自由権規約委員会が規約の履行監視の中で発展させてきた実行の一つに「一般的意見（general comments）」がある。自由権規約や選択議定書上の義務一般に関する問題（たとえば，規約第40条に基づく報告義務や選択議定書の下での締約国の義務，さらに留保の問題）や規約の特定の条文の解釈について一般的意見を準備する実行は，国家報告制度における政府報告書審査について，かなりの経験を積んだ1981年から始まった[2]。規約第40条4項は，「委員会は，委員会の報告及び適当と認める一般的な性格を有する意見（general comments）を締約国に送付」するとともに，5項で「この規約の締約国は，4の規定により送付される一般的な性格を有する意見に関する見解（observations）を委員会に提示することができる」と規定する。

　実際，1994年に委員会が採択した，規約に対する留保に関する一般的意見

---

(1) 岩沢雄司「自由権規約委員会の規約解釈の法的意義」『世界法年報』第29号（2010年）51頁。

(2) P. R. Ghandhi, *The Human Rights Committee and the Right of Individual Communication Law and Practice*, (Ashgate, 1998), p. 25.

第Ⅲ部　日本の国内裁判所による解釈実践

24 号では，「人権条約の特殊な性格ゆえに，留保と規約の趣旨および目的との両立性は客観的に確立されなければならず，委員会はこうした作業を行うのにとりわけ適当な立場にある[(3)]」（18 項）との留保の許容性に関する判定権を委員会に認めさせようとする一般的意見が採択された。しかし，英国，米国およびフランスなどが反対の見解（observations）を提出した[(4)]。最近では，2009 年の国連総会第 3 委員会の場で，「総会の第 63 会期および第 64 会期に提出された自由権規約委員会の年次報告を歓迎し，最も直近の選択議定書の下での締約国の義務に関する一般的意見第 33 号を含め，委員会が採択した一般的意見に留意する」との決議案 9 項が提出されたが，これを問題視する事態が生じた。一般的意見 33 号は「自由権規約選択議定書に基づく締約国の義務」と題するものであるが，自由権規約委員会は，この中で，「個人通報を検討するにあたっての委員会の機能は，それ自体，司法機関の機能ではないけれども，選択議定書に基づいて委員会が発出する見解は，司法的決定のいくつかの重要な特徴を示している。見解は，委員の公平性および独立性，規約の文言の考え抜かれた解釈，および結論の確定的な性格を含む，司法的な精神でもって得られる[(5)]」（第 11 項）とした上で，「選択議定書に基づく委員会の見解は，規約自身に基づいて設置され，みずから規約の解釈に責任を負う機関による権威ある決定（an authoritative determination）である[(6)]」（第 13 項）と性格づけた。ザンビアは，アフリカ・グループを代表して，一般的意見第 33 号の内容が条約法に関するウィーン条約（以下，条約法条約）に反するとして，一般的意見第 33 号を含む一般的意見への言及の部分を削除する提案を行い，投票の結果，

---

(3) CCPR/C/21/Rev. 1/Add. 6, General Comment No. 24, para. 18.

(4) もっとも，委員会は，ロウル・ケネディ事件において，トリニダード・トバゴが行った選択議定書第 1 条に対する「委員会は，死刑宣告を受けた受刑者の通報を受理しおよび検討する権限を有しない」との留保を無効にしており，実務上はこの一般的意見は維持されている。ちなみに自由権規約委員会は，トリニダード・トバゴの選択議定書の脱退が効力を発生する前に通報がなされたとして，本案の審理を行い，トリニダード・トバゴの第 6 条 1 項，第 7 条，第 9 条 3 項，第 10 条 1 項，第 14 条 3 項(c)，5 項，第 14 条 1 項および 3 項(d)の違反を認定した。Rawle Kennedy v. Trinidad and Tobago, Communication No. 845/1998, CCPR/C/74/D/845/1998, para. 8.

(5) General Comment 33(94), CCPR/C/GC/33, 5 November 2008, para. 11.

(6) Ibid., para. 13.

第 8 章　日本の裁判所における国際人権規約の解釈適用

採択される事態が生じている[7]。一般的意見に対するこうした反対はこれま
でに例がなく，集団的な見解表明の形と理解すべき実行なのかどうか，議論を
要する問題である。

　一般的意見は，国家報告審査の経験のみならず，個人通報審査における委員
会の「見解（views）」の蓄積に基づく各条文のコメンタリーとしての性格も有
している。第 1 選択議定書については，自由権規約の 169 の締約国の三分の二
を超える 115 ヶ国が締約国となっている[8]。同議定書第 5 条 4 項は，受理し
た通報の検討の後に，「委員会は，その見解を関係する締約国及び個人に送付
する」と規定する。委員会の検討の方法は，書面審理に限られているものの，
事件の事実の正確な記述や結論に至る法的理由の提示など，司法機関による判
決と内容上はさほど異なる点はないが，法的拘束力はなく，勧告としての効力
しかもたない。しかし，委員会によるこれまでの公平で，客観的な，そして理
性的な判断という実践も手伝って，権威ある勧告の地位を得ている[9]。個人
通報の対象となった事案で取り上げられた自由権規約の関係条文に対する委員
会の解釈は，前述したように，「考え抜かれた解釈」であり，「権威ある決定」
とみなされている[10]。実際，国際司法裁判所（以下，ICJ）は，パレスチナ占
領地域における分離壁建設の法的帰結に関する勧告的意見（2004 年）で，自由
権規約第 2 条 1 項の意味を確認するために，委員会の見解に依拠した。薬師寺
公夫教授は，こうした実行を捉えて，「見解がその拘束力とは独立して規約解
釈の補足的手段として機能することを示唆[11]」していると評価する。しかし，

---

(7)　Promotion and Protection of Human Rights: Implementation of Human Rights
　　 Instruments: Report of the Third Committee 3-6, A/64/439/Add.1（7 Dec. 2009）.
　　 詳しくは，岩沢・前掲注(1) 76-78 頁参照。
(8)　残念ながら，日本はいまだ同議定書を批准していない。民主党政権下において，外
　　 務省総合外交政策局人権人道課内にタスクフォースのチームが結成され，本格的な検
　　 討作業が始まったが，批准するに至らなかった。
(9)　Christian Tomuschat, "Evolving Procedural Rules: The United Nations Human
　　 Rights Committee's First Two Years of Dealing with Individual Communications",
　　 Human Rights Law Journal, Vol. 1（1980）, p. 255.
(10)　詳しくは，第 2 章参照。
(11)　薬師寺公夫・小畑郁・村上正直・坂元茂樹『法科大学院ケースブック国際人権法』
　　 （日本評論社，2006 年）21 頁（薬師寺担当部分）。

241

第Ⅲ部　日本の国内裁判所による解釈実践

ICJ のこうした柔軟な姿勢とは異なり，後述するように日本の裁判所では，見解や一般的意見の法的拘束力の欠如を理由に，規約の解釈基準として用いることを否定する傾向が強い。

　日本における国際人権訴訟においては，見解や一般的意見が，当該事件に関する関係条文の権威ある解釈として，しばしば援用される。自由権規約委員会に対する個人通報の事例はすでに 1,500 件を超えているが，その中で蓄積してきた「先例（jurisprudence）」の数も，550 件を超えている。一般的意見の数も 35 に達している。しかし，日本はこうした個人通報制度を定める第 1 選択議定書の締約国ではない。自由権規約委員会による規約違反の認定は，司法の独立を脅かすおそれがあるというのが，日本が締約国にならない理由である。同議定書第 5 条 2 項(b)で個人通報の受理要件として国内的救済の完了が求められており，国内で確定された判決における規約の解釈が覆されることを恐れているのである。そこで規約の解釈にあたって，日本の裁判所におけるこうした見解（日本以外の締約国が関わった事件の見解）や一般的意見の法的地位が問題となる。

　いうまでもなく，日本は自由権規約の締約国として，日本国民であろうが外国人であろうが，日本の管轄下にある個人に対して規約上の権利を確保する義務を負う（第 2 条 1 項）。それは，条約遵守義務を定めた憲法第 98 条 2 項の要請でもある。仮に日本の行政府・司法府による規約の条文の義務内容の理解が，規約の履行監視機関である自由権規約委員会との間で異なっておれば，通常の条約とは異なり，それは規約第 40 条に基づく国家報告制度の場で問われることになる。つまり，こうした日本の解釈が，政府報告書審査という国際場裡であらためて問われることになる。それは，本規約の構造上不可避である。そこにおいて，日本は，自国の裁判所の判決が規約の解釈として正当であることを証明する必要に迫られるのである。

　日本の検察がかつて主張したように，「条約の第 1 次的な解釈適用権限は，締約国が有するものであり，そうである以上，各国で条約の解釈が区々に分かれることは不可避的に生じ得る事態である(12)」とは，規約の履行監視機関で

---

(12)　東京地裁判平成 10 年 7 月 31 日『判時』第 1657 号 50 頁。

ある自由権規約委員会は考えないからである[13]。こうした考えをそのまま認めたら，規約が定める人権基準の確立はおろか，条約としての一体性の確保すら維持できなくなってしまう。たしかに，厳密に言えば，規約の文言上，委員会を規約の有権的解釈機関と認めた条文は存在しない。また，個人通報における見解もあくまで当該通報にのみ関連し，一般性を有さない。したがって，形式的には自由権規約委員会の解釈が日本に対して法的拘束力をもつことはない。しかし，個々の締約国における規約の適用に対して，その履行監視機関である委員会が無関心であるとはおよそ考えられない。規約が定める普遍的な人権基準の達成こそが委員会の職務であり，その職務遂行の過程で生まれた見解や一般的意見の解釈と異なる締約国の解釈を容認することは，規約の目的の実現を妨げることになるからである。実際，1998 年 11 月 5 日に採択された日本の第4 回政府報告書審査の「総括所見」において，自由権規約委員会は，「委員会の一般的な性格を有する意見および選択議定書に基づく通報に関する委員会の見解は，裁判官に提供されるべきである[14]」(32 項) ことを指摘し，日本の裁判官に委員会の規約解釈に精通するよう求めた。

　他方で，薬師寺公夫教授が指摘するように，本来，人権は憲法の規律対象であるから，もっぱら国際法が適用される他の領域とは異なり，自由権規約の解釈適用は，国内での最高法規たる憲法との緊張関係の中で行わざるを得ないと

---

(13)　なお，外務省設置法第 4 条は，外務省の所掌事務として，「条約その他の国際約束及び確立された国際法規の解釈及び実施に関すること」を挙げている。実際，未承認国家北朝鮮の地位が問題になったベルヌ条約事件で，知的財産高等裁判所は，2008 (平成 20) 年 12 月 24 日の本事件判決で，「当裁判所は，日本国憲法上，外交関係の処理及び条約を締結することが内閣の権限に属するものとされている（憲法 73 条 2 号，3 号）ことに鑑み，国家承認の意義及び我が国と未承認国である北朝鮮との国際法上の権利義務関係について，上記の政府見解を尊重すべきものと思料する。そうすると，未承認国である北朝鮮は，我が国との関係では国際法上の法主体であるとは認められず，国際法上の一般的権利能力を有するものとはいえない」と判示し，外務省の解釈を尊重する姿勢を示した。濱本正太郎「未承認国家の地位——ベルヌ条約事件」小寺彰・森川幸一・西村弓『別冊 Jurist 国際法判例百選〔第 2 版〕』(有斐閣，2011 年) 34 -35 頁参照。もちろん，このように，多くの場合に外務省の解釈に従うとしても，裁判所が独自に条約の解釈を行うことは，法制度上，排除されているわけではない。

(14)　Concluding observations of the Human Rights Committee: Japan 1998/11/19, CCPR/C/79/Add. 102, para. 32.

第Ⅲ部　日本の国内裁判所による解釈実践

いう側面がある[15]。また，国内法の効力順位でいえば，条約たる国際人権規約は，法律より上位にあるものの，憲法よりは下位にある。

　この点に関して，棟居快行教授による次の指摘は，これまで十分に自覚的に議論がなされてこなかった問題を指摘しており，一考に値する。すなわち，「条約を憲法と法律の中間に位置づけるとして，条約は憲法の人権規定と同質（規範としてはあいまいな『価値』の保障）か，それとも法律の規定と同質（規範として明確な『準則』の保障）であるのか」という指摘である。たしかに，棟居教授が指摘するように，「自由権規約は『価値』の保障としては詳細でありすぎる[16]」かもしれないが，憲法とともに人権という基本的価値を共有しながらも，その価値が並列的に規定されるのではなく，その実体規定の条文の序列からも明らかなように，憲法とは異なり，生命に対する権利（第6条）や拷問や残虐な刑を受けない権利（第7条）を他の権利よりも上位に置く価値の保障体系である。同時に，多くの規定はその権利義務関係が明確で準則として直接適用が可能な内容を備えている。それゆえにこそ，国内法秩序における規約の解釈適用が問題になるのである。

　さらに，佐藤幸治教授は，「『国際人権』条約が法律に優位するとしても，その条約が憲法に融解せしめられてしまえば，結局のところ，憲法と法律との関係の問題に解消されてしまうことになる。換言すれば，条約が法律に優位するということの具体的な法的意味はどこにあるのか[17]」という問題提起をされる。しかし，日本の憲法秩序における「国際人権」の意義を考えたとき，「憲法への条約の融解」といっても，「憲法による条約の吸収」と「憲法への条約の浸透」という二通りの道が残されているように思われる[18]。後述するよう

---

(15)　薬師寺公夫「国際人権法の解釈と実施をめぐるわが国の課題」『法律時報』第80巻5号（2008年）48-49頁。

(16)　棟居快行「国際人権規約の私人間適用」『国際人権』第14号（2003年）48頁。

(17)　佐藤幸治「憲法秩序と『国際人権』に対する覚書」『国際人権』第16号（2005年）4頁。

(18)　棟居教授は，「仮に，人権規約＝『価値』の実定化であるとしても，それが憲法による人権価値の実定化にどう接合されるか。憲法と矛盾がなければそれに吸収され，矛盾があれば価値体系のなかに居場所を見いだすことができない（わが国の裁判所が人権規約の理由に消極的なのはこの理由によるところが大きい）」と指摘される。棟居・前掲注(16)48頁。

244

第 8 章　日本の裁判所における国際人権規約の解釈適用

に，佐藤教授のいう「憲法への条約の融解」には，この二通りの道が包含されている。

　憲法にない人権カタログである少数民族［少数者］の権利を規定した規約第27条が争点となった，二風谷事件を例にこの問題を考えてみよう。札幌地裁は，「B規約は，少数民族に属する者に対しその民族固有の文化を享有する権利を保障するとともに，締約国に対し，少数民族の文化等に影響を及ぼすおそれのある国の政策の決定及び遂行に当たっては，これに十分な配慮を施す責務を各締約国に課したものと解するのが相当である。そして，アイヌ民族は，文化の独自性を保持した少数民族としてその文化を享有する権利をB規約27条で保障されているのであって，我が国は憲法98条2項の規定に照らしてこれを誠実に遵守する義務があるというべきである」と述べた後，「憲法による条約の吸収」を次のような形で行う。「もっとも，B規約に基づく権利といえども，無制限ではなく，憲法12条，13条の公共の福祉による制限を受けることは被告らの主張のとおりであるが，前述したB規約27条の趣旨に照らせば，その制限は必要最小限度に留められなければならないものである[19]」と判示した。裁判所は，少数民族［少数者］が自己の属する民族の文化を享有する権利は，憲法第13条に基礎を置く人格的生存権であるとした上で，公共の福祉による制限に服するとしたのである。

　しかし，注意すべきは，自由権規約の場合には，権利の一般的制限をもつものはあるものの（第4条および第5条），第18条，第19条，第21条，第22条などの規定にみられるように，制限事由は「法律で定める制限であって公共の安全，公衆の健康若しくは道徳の保護」というように個別的制約事由を特定する方法がとられている。他方で，規約第27条にはこのような制限事由が明示されていない。規約が定める人権の制限は，規約が認める制限事由によってのみ正当化される。なぜなら，「公共の福祉」といった一般的制約を認めてしまえば，規約の個々の条文による制約の趣旨は損なわれてしまうからである。したがって，規約に制限事由が明記されていない場合には，権利濫用や他の権利との衝突の場合だけが制限事由として考慮されるべきであり，公共の福祉と

───────────

(19)　札幌地判平成9年3月27日『訟月』第44巻10号1798頁，『判時』第1598号33頁。

245

第Ⅲ部　日本の国内裁判所による解釈実践

いった抽象的，一般的な制限事由を規約に導入すべきではないといった「憲法への条約への浸透」の考え方がありうる[20]。

　日本が自由権規約を批准している意義が生ずるのは，憲法や法律の解釈に当たっていかに条約の趣旨を反映するかという「憲法への条約の浸透」のように思われる。しかし，現実は，「憲法による条約の吸収」という事態が生じている。

　本章は，こうした状況下での，日本の裁判所における規約の解釈にあたって，見解や一般的意見がどのように位置づけられているのを，判例を通して探ることをその目的としている。

2　日本における判例の動向

　日本における国内人権訴訟において，訴訟当事者が，自由権規約違反として，該当条文に関する「見解」や「一般的意見」で示された自由権規約委員会の解釈を援用し，相手方の違反を主張する実行は次第に定着してきている。しかし，これに対する裁判所の対応はまちまちである。当然のことながら，自由権規約が裁判規範として機能するためには，その前提として，まず，自由権規約それ自体が国内的効力をもち，しかも自動執行性（または直接適用可能性）を有しなければならない[21]。

---

(20)　もっとも高橋和之教授は，「条約は国内法の解釈基準となると思われる。ただし，国内法への充塡といっても，憲法への充塡解釈ということを言っているのではない。法律以下については充塡解釈ということでよいが，憲法について充塡解釈と表現することは，ミス・リーディングであろう。憲法優位説に立つ限り，条約を憲法に充塡するということは許されない」と主張する。高橋和之「国際人権論の基本構造——憲法学の視点から——」『国際人権』第17号（2006年）54頁。他方で，憲法学の立場から条約適合的解釈の可能性を論じるものとして，齋藤正彰『憲法と国際規律』（信山社，2012年）96頁がある。

(21)　岩沢教授は，自動執行性という概念は，国内的効力との混同がみられることなどから混乱を招くとして，国際法が国内においてそれ以上の措置なく適用されうるかという問題であることを明確にすべく，国内適用可能性（国内における直接適用可能性）という概念で捉えるべきだという。岩沢雄司『条約の国内適用可能性』（有斐閣，1985年）114-115頁。なお，樋口陽一教授や佐藤幸治教授の例外はあるものの，憲法学界においても，国内的効力の問題と自動執行性の問題について，後者の問題が前者の問

第8章　日本の裁判所における国際人権規約の解釈適用

　徳島地裁は，受刑者接見交通妨害事件において，「B規約は，自由権的な基本権を内容とし，当該権利が人類社会のすべての構成員によって享受されるべきであるとの考え方に立脚し，個人を主体として当該権利が保障されるという規定形式を採用しているものであり，このような自由権規定としての性格と規定形式からすれば，これが抽象的・一般的な原則にとどまるものとは解されず，したがって，国内法としての直接的効力，しかも法律に優位する効力を有する(22)」と判示し，その国内的効力を承認した。また，東京高裁は，無料の通訳の援助を受ける権利が争われた事件の判決において，「通訳の援助を受ける権利は，わが国内において自動執行力を有するものと解される国際人権規約B規約によって初めて成文上の根拠をもつに至ったものであって，これまでのわが国内法の知らないところである(23)」との表現でその自動執行性を承認した。大阪高裁もまた，京都指紋押捺拒否国賠訴訟控訴事件において，「同〔B〕規約はその内容に鑑みると，原則として自力執行的性格を有し，国内での直接適用が可能であると解せられるから，B規約に抵触する国内法はその効力が否定されることになる(24)」と判示した。このように，多くの判決において自由権規約の国内的効力と自動執行性は確認されているといえよう(25)。

　　　題の一部をなすと混同し，自動執行性があるもののみが国内的効力を有すると説明する論者が多いことについては，山田哲史『グローバル化と憲法──超国家的秩序との緊張と調整』（弘文堂，2017年）215-220頁参照。
(22)　徳島地判平成8年3月15日『判時』第1597号115頁。
(23)　東京高判平成5年2月3日『東高刑時報』第11巻1号–12号11頁。
(24)　大阪高判平成6年10月28日『判時』第1513号86頁。
(25)　もっとも同じ大阪高裁が，国際理解教育事業の縮小・廃止によりマイノリティの教育を受ける権利を侵害されたとして，自由権規約第27条等の違反を訴えた地位確認等請求控訴事件で，「各締約国が，その選択により，(1)裁判所又は行政機関において直接援用，適用しうる自力執行力を有するものとするか，又は，(2)あらためて国内法を制定しなければ裁判所又は行政機関において直接援用，適用できないものとするかを決定することが可能である。」としており，また，「憲法98条2項は上記のとおり定めるものの条約の直接適用，自力執行について定めていないことなどからすると，自由権規約は自力執行力を有するものではないと解するのが相当である」と判示した。大阪高判平成20年11月27日『判時』第2044号86頁。この判決は，条約の国内実施について一般的受容体制をとる国（(1)に相当）と変型方式をとる国（(2)に相当）に分かれている現状（たとえば，日本は前者，英国は後者）を前提に，各国の憲法体制に沿って選択ができると述べていることを誤解したものにすぎず，日本の裁判官の国際法理解の不十分さを露呈した内容になっている。

247

第Ⅲ部　日本の国内裁判所による解釈実践

　実際，国家報告審査において，日本政府は，規約の国内的効力を認めるとともに，法律に対するその優位性を承認している。たとえば，1981年の第1回日本政府報告書審査において，日本政府代表は，「実際，諸条約は長い間日本の法律枠組みの一部を構成するものとみなされてきたし，適切な効力が与えられてきました。換言すれば，行政当局および司法当局は条約規定との一致を確保するように義務づけられています。諸条約は国内法より高い地位をもっているとみなされます。それは裁判所によって条約と抵触していると認定された法律は無効となるか又は改正されなければならないことを意味します。もし個人が政府を相手として政府は条約に違反したという理由で訴訟を提起した場合には，裁判所は通常その個人の請求に関連した国内法を見つけだしてその国内法に基づいて判決を出します。稀な場合ですが，関係する国内法が存在しない場合には，裁判所は直接条約を援用して条約の規定を基礎として判決を出します。もし裁判所が国内制定法と条約の間に抵触を認定した場合には，条約が優位します[26]」と説明していた。こうした条約の法律に対する優位性を前提に，小畑郁教授の調査によれば，日本が国際人権規約を批准した1979年9月以降の1980年代は同規約が援用された事件は58件にとどまったが，1990年代には158件に急増している[27]。

　これを反映するかのように，札幌地裁は，二風谷ダム事件で，「B規約は，少数民族に属する者に対しその民族固有の文化を享有する権利を保障するとともに，締約国に対し，少数民族の文化等に影響を及ぼすおそれのある国の政策の決定及び遂行に当たっては，これに十分な配慮を施す責務を各締約国に課したものと解するのが相当である。そして，アイヌ民族は，文化の独自性を保持した少数民族としてその文化を享有する権利をB規約27条で保障されているのであって，我が国は憲法第98条2項の規定に照らしてこれを誠実に遵守する義務があるというべきである[28]」と述べて，自由権規約第27条を直接適用

---

(26)　CCPR/SR, 324, paras. 4-5.

(27)　小畑郁「国際人権規約——日本国憲法体系の下での人権条約の適用」『ジュリスト』第1321号（2006年）11頁。もっとも，小畑教授は，「人権条約規定を根拠に既存の法律が用意していない訴訟類型を造り出すことはできないと考えられているから，その意味では，人権条約に適用可能性があるといっても，既存の訴訟類型の枠内の話である」ことに注意を喚起している。「同上」13頁。

第 8 章　日本の裁判所における国際人権規約の解釈適用

した[29]。

　1993 年の第 3 回日本政府報告書審査において，日本政府代表は，「わが国の
最高法規である憲法は，日本国が締結した条約及び確立した国際法規は，これ
を誠実に遵守することを必要とすると定めています。これは憲法第 98 条 2 項
にある文言です。この趣旨から一般にわが国が締結した条約であって，そのま
ま国内に適用できるものは国内法としての効力を持つと考えられています。条
約の締結に当たっては，現存の国内法との間にくいちがいがあるかどうかを厳
密に調べ，くいちがいがあれば，国内法の整備をはかることとなります。B 規
約についても以上の考えと同様であります。」「かりに国内法が裁判所において
規約違反とされた場合には，当然に規約が優先するものと考えております[30]」
と説明した。

　この第 3 回日本政府報告書の審査において，サディ委員は，「裁判所が規約
を解釈する場合に，自由権規約委員会の先例に導かれるのか。規約の各条文に
ついて本委員会が述べたことは尊重されるのか」と，日本の裁判所における
規約解釈の際の委員会の「見解」や「一般的意見」の取り扱いについて質問し
た。これに対して，日本政府代表は，「ある国内法が規約に違反しているかど

---

(28)　札幌地判平成 9 年 3 月 27 日『訟月』第 44 巻 10 号 1798 頁，『判時』第 1598 号 33 頁。

(29)　岩沢教授は，「本件事業認定が違法とされたのは，国が自由権規約 27 条に規定され
た少数民族の文化享有権を十分に尊重しなかったからである。つまり実際には，規約
は本件判断の中心的な根拠とされているのである。従って裁判所は，本件では自由権
規約の国内適用可能性を明示的に認めてはいないが，同規約を直接適用したといって
よいであろう」と評価する。岩沢雄司「二風谷ダム判決の国際法上の意義」『国際人
権』第 9 号（1998 年）56 頁。これに対して今井教授は，「形式的には自由権規約を直
接適用したとはいいがたい」と批判する。今井直「先住少数民族の権利——二風谷ダム
事件」『国際法判例百選』（有斐閣，2001 年）99 頁。寺谷教授は，こうした対立は，直
接適用の概念を形式的に把握するのか，実質的に把握するのかの違いに過ぎないと整
理する。寺谷広司「『間接適用』論再考——日本における国際人権法『適用』の一断面」
坂元茂樹編『国際立法の最前線』（有信堂，2009 年）179 頁参照。「間接適用」という，
直接適用と相互排他的な対概念を思わせる用語を用いることに問題があるとして，国
際法適合的解釈と呼ぶ可能性を示唆するものとして，山田・前掲注(21) 249-250 頁が
ある。このほか，直接適用・間接適用の二分論の批判としては，松田浩道「憲法秩序
における国際規範：実施権限の比較法考察(1)」『国家学界雑誌』第 129 巻 5・6 号（2016
年）がある。

(30)　CCPR/C/70/Add. 1, paras. 12-18.

第Ⅲ部　日本の国内裁判所による解釈実践

うかについての裁判所での判決，そしてこのような判決において我々がこの委員会で出された解釈又は『一般的意見』を考慮するかどうかという質問がなされました。あらゆる事件でこの一般的意見が考慮されているかどうかを一般的に述べることはかなり困難です。なぜなら私たちは，それについて述べるためにはすべての個々の事件を見なければならないからです。しかし，一般的に言えば，請求者は裁判所でこの委員会が出した一般的意見を引用することはできるでしょう。そのような場合には，これらの意見は法的な拘束力を有していない，ただし，これらの意見が実際に裁判所の判決で考慮に入れられることは十分ありうることだという理解です[31]」と回答している。「一般的意見」の法的拘束力は否定するものの，その援用可能性については否定していない。問題は，日本の裁判所における規約の解釈にあたって，こうした「見解」や「一般的意見」がどの程度反映されているかである。

　しかし，実際には，日本の裁判所は規約を真正面から取り上げ解釈することに及び腰であり，その解釈にあたっても，自由権規約委員会の「見解」や「一般的意見」の援用に対しては，多くの場合，その法的拘束力の欠如を理由に，否定的態度を維持している。なお，日本の裁判所において，条約をどのように解釈すべきかを正面から論じた判例は見当たらないが，一応，条約法条約の解釈規則（第31条および第32条）に準拠する姿勢がみられる[32]。条約法条約が日本について効力を生ずるのは1981年8月1日であるのに対して，自由権規約のそれは1979年9月21日である。条約法条約は，遡及効をもたないが，解釈に関する慣習法規則として適用する場合は別であり，慣習法規則たる解釈規則第31条および第32条が適用されるという理論構成をとって，規約の解釈にも条約法条約の解釈規則が用いられている[33]。

(1)　「見解」や「一般的意見」の援用に否定的な判例
　たとえば，平成11年の通信傍受法成立以前の事件であるが，覚せい剤の

---

(31)　Report, p. 80, para. 349. 日本弁護士連合会編『ジュネーブ1993　世界に問われた日本の人権』（こうち書房，1994年）130頁。
(32)　福岡地判平成元年9月29日『訟月』第36巻5号756頁。
(33)　条約法条約第4条但し書参照。

第 8 章　日本の裁判所における国際人権規約の解釈適用

事案に関する電話傍受等が自由権規約第 17 条に違反すると訴えられた事件
で，自由権規約委員会の「一般的意見」を援用する被告に対して，札幌高裁は，
「右規約が国内法としての効力を有するとの立場に立っても，何人も通信等に
対する恣意的又は不法な干渉や名誉等に対する不法な攻撃から法律上保護され
る旨を規定した同 17 条が，組織的な重大犯罪についての捜査上の必要に基づ
く，前記の要件の下でなされる電話傍受等の場合にまで，被疑者を法律上保護
する旨を唱えたものと解されない上，所論国連の規約人権委員会の解釈は公式
なものといえ規約本文とは別であり，条約として批准されたものではないから，
その解釈の如何にかかわらず，右電話傍受等が同条に違反するとの主張は採用
できない(34)」と判示した。たしかに，個人通報制度を定めた第 1 選択議定書
の締約国でない日本にとって，このような形式論理で，「一般的意見」を裁判
の場で排除しようとして，排除できないわけではないが，規約の関連条文を積
極的に解釈しようとする姿勢に欠けることはいうまでもない。

　未決勾留によって拘禁されている被告人が弁護人との間で発受する信書の検
閲が争点となった，損害賠償請求控訴事件において，控訴人は，「B 規約 14 条
3 項，17 条には，その権利を制限する文言は明示されていない。とくに，14
条 3 項については，最小限の保障として右権利を保障していることからして
も，それが更に制限されるとすることは背理である。……仮に，B 規約の規定
上は，権利の制約が許されていると解釈されるとしても，権利の制約を許さな
いとの国際慣習法が成立しているとすれば，国家はその慣習法に法的に拘束さ
れるから，当該権利は不可侵のものとして保障されていることになる」として，
「『ピンキー対カナダ事件』等の規約人権委員会の意見等を指摘」した。しかし，
東京高裁は，「刑事訴訟法規則 39 条 2 項，監獄法施行規則 127 条 2 項が憲法に
違反しないこと及び B 規約 14 条 3 項(b)，(d)及び 17 条による権利も絶対，かつ，
無制約の権利でないこと及び一審原告主張の自由かつ秘密のコミュニケーショ
ンの権利が絶対，かつ，無制約の権利として国際慣習法上成立しているとは認
め難いことは，原判決が理由の第三の一の 2 (四)及び(六)で説示するところと同じ
であるから，これを引用する(35)」と判決し，控訴人の主張を認めなかった。

(34)　札幌高判平成 9 年 5 月 15 日判例集未登載。
(35)　東京高判平成 9 年 11 月 27 日『訟月』第 51 巻 12 号 3268 頁。

第Ⅲ部　日本の国内裁判所による解釈実践

　前述のように，日本の裁判所では，一般的意見や見解が勧告の効力しかもた
ず，法的拘束力を有しないことを捉えて，裁判所がこれらの文書を尊重する必
要はないと判決するものが多い。国もまた，こうした立場に立って，主張立証
しようとする傾向がある。たとえば，大阪高裁で争われた，指紋押捺拒否国賠
請求大阪訴訟控訴審事件において，国は，「条約の解釈権限は，第一次的には
締約国が有するものであり，B規約の文理上，人権委員会はB規約の最終権限
を有する機関とは規定されておらず，そのように解すべき根拠はない。人権委
員会は締約国の報告を検討したうえで意見を述べるにすぎず，その意見に法的
拘束力はない[36]」と述べて，委員会の総括所見や一般的意見を援用する一審
原告らの主張に反論した。大阪高裁は，この問題に立ち入ることなく，原告ら
の主張を棄却した。

　大阪高裁は，他の事件，たとえば国籍確認等請求控訴審判決において，自由
権規約委員会の一般的意見や見解を援用する控訴人の主張に対して，「B規約
委員会の一般的意見や各国政府よりの報告書に対する意見は，締約国の国内的
機関による条約解釈を法的に拘束する効力を有しないものであり，もとより我
が国の裁判所による条約解釈を法的に拘束する効力を有していない[37]」と述
べて，これを一蹴した。東京地裁もまた，一般的意見につき，一般的意見33
号における「権威ある決定」という位置づけとは大きく異なり，一般的意見は
「規約の有権的解釈を示すものでもなければ，我が国における条約の解釈を拘
束するものでもない[38]」と述べた[39]。

　大阪地裁は，団地の建替計画の共同事業者が建物の区分所有者に対し，一括
建替え決議に基づき所有権移転登記や明渡しを求めた事案で，区分所有法第
70条が社会権規約や自由権規約に違反すると主張された所有権移転登記手続
等請求事件で，「被告らは，国際人権規約の解釈にあたって，ウィーン条約32
条を指摘して，委員会の一般的意見等がもっとも権威のある解釈の補足的手段
であると主張する。しかしながら，まず，そもそもウィーン条約32条におい

(36)　大阪高判平成13年4月18日『判時』第1755号79頁，『判時』第223号87頁。
(37)　大阪高判平成10年9月25日『判タ』第992号103頁。
(38)　東京地判平成13年3月15日判例集未登載。
(39)　この点は，社会権規約委員会の一般的意見についても同様の態度が採用されている。
　　　たとえば，東京高判決平成14年3月28日『判タ』第1131号139頁参照。

252

ては，解釈の補足的手段として，『特に条約の準備作業や条約締結の際の諸事情』に依拠することができると規定しており，この文言解釈上，条約締結後の事情である委員会の意見等を条約の準備作業や条約の締結の際の事情に含まれると解釈することはできず，被告らの主張は採用することができない。一般的意見等は，一つの有力意見として参考にすれば足りるものというべきである(40)」と述べた。また，京都地裁も，「我が国は……第一選択議定書も批准していないことから，同委員会の『見解』等は，我が国の裁判所を法的に拘束するものではない。したがって，同委員会の『見解』等はあくまで事実上の意見として斟酌されるにとどまる(41)」と述べて，消極的な位置づけを行った。

　さらに，戦時中に旧海軍軍属として勤務中に負傷した控訴人が同法附則2項の戸籍条項を理由とする援護法に基づく障害年金請求の却下処分の取消しを求めた，損害賠償等，障害年金請求却下処分取消請求控訴事件で，控訴人は，「規約人権委員会は，『ゲイエ外対フランス事件』における『見解』において，フランスの軍人年金に関して『年金は国籍の故に支給されるものではなく，過去においてなされた軍務の故に支給されるのである』と明確に判断しているが，この趣旨は本件にもあてはまるものというべきである」と主張し，みずからの請求の補強として自由権規約委員会の見解を援用した。加えて，同委員会の一般的意見18号（差別の禁止）の12項を援用し，「本規約2条は，差別に対して保護すべき権利の範囲を本規定に限定された権利に限定するものであるが，他方，本規約26条にはこのような制限は明記されていない。すなわち，本規約26条では，全ての人は法の下に平等であり，かつ差別なくして法によって平等に保護されていることを規定しており，かつまた，列挙されたどのような理由による差別に対しても，全ての人は平等かつ効果的な保護が法によって保障されるということをも規定するものである」とし，「ある国によって立法が行われた場合には，その立法はその内容において差別があってはならないという，本規約第26条の要請に合致しなければならない」と主張し，「国籍」による差別が規約26条でいう「その他の地位」にあたると主張した。加えて，自由権規約委員会のブレークス対オランダ事件（通報番号172/1984）およびポウガー

(40)　大阪地判平成19年10月30日判例集未登載。
(41)　京都地裁平成10年3月27日『訟月』第45巻7号1259号。

253

第Ⅲ部　日本の国内裁判所による解釈実践

対オーストリア事件（通報番号 415/1990）における見解においても，社会権の保障には自由権と同等の審査基準が必要との立場が示されているとも主張した。

　しかし，大阪高裁は，「援護法が，Ａ，Ｂ両規約を批准した後も引き続き国籍条項及び戸籍条項を存置していることは，Ａ規約 2 条 2 に違反するとはいえないものの，Ｂ規約 26 条に違反する疑いがあるものと考えられるから，国会には，Ｂ規約批准後は……これらの規定〔筆者注：国籍条項および戸籍条項を指す。〕を改廃したり，新たな立法措置を講ずるなどして，在日韓国人である軍人軍属等に対する法的取扱いをＢ規約 26 条に適合するように是正することが要請されることになったものというべきである」としながらも，結論としては，現行の援護法によれば，障害年金の支給を受けるためには，日本国籍を有していることが必要になるとして，控訴を棄却した。なお，同裁判所は，その判決において，「人権規約委員会の意見は我が国の裁判所のＡ，Ｂ両規約についての解釈を法的に拘束するものではないから，控訴人の右主張は採用できない(42)」として，これを退けている。

　類似の事案で，東京高裁は，「国連の規約人権委員会は，Ｂ規約に基づく日本国の報告に対して，平成 5 年 10 月に主要な関心課題（懸念事項）の一つとして，『朝鮮半島や台湾出身で旧日本軍に従事したが，現在は日本国籍をもっていない者が，その恩給等において差別されている。』旨のコメントを採択したことが認められるが，右委員会のコメントも，本件附則が同規約に違反することを指摘したものでなく，『提言及び勧告事項』とはされていない上，右コメントが直ちに締約国の法令の効力に影響を及ぼすものと解することはできない(43)」と判示した。

　日本の裁判所によるこうした規約の解釈姿勢，すなわち委員会の「見解」，「一般的意見」ならびに「総括所見」を斟酌しない態度が日本の第 4 回政府報告書審査で取り上げられた。すなわち，自由権規約委員会による，「すでに 1993 年の第 3 回政府報告書に対する審査の際の『コメント』においても指摘されていたとおり，旧日本軍の軍人軍属に対する恩給等の国籍条項がＢ規約 26 条に違反する差別であることを改めて確認し，これを是正するよう求める」

(42)　大阪高判平成 11 年 10 月 15 日『判時』第 1718 号 30 頁。
(43)　東京高判平成 10 年 9 月 29 日『訟月』第 45 巻 7 号 1355 頁，『判時』第 1659 号 35 頁。

254

第8章　日本の裁判所における国際人権規約の解釈適用

というコメントや，総括所見における，「委員会は，裁判官，検察官および行政官に対し，規約上の人権についての教育が何ら用意されていないことに懸念を有する。委員会は，こうした教育が得られるようにすることを強く勧告する。裁判官を規約の規定に習熟させるための司法上の研究会およびセミナーが開催されるべきである[44]」との批判に結びつくのである。

　自由権規約委員会の一般的意見，見解および総括所見の法的地位について真正面から争われたのが，大阪高裁における児童扶養手当受給資格喪失処分取消請求控訴審事件である。控訴人である国は，規約第2条，第24条および第26条の解釈において，「我が国は，B規約を締結しているが，選択議定書は締結しておらず，また，B規約41条に従って締約国からの通報を規約人権委員会が受理し，かつ検討する権限を有することを認める宣言をしていないから，規約人権委員会が我が国に対して選択議定書やB規約41条に基づく意見を行う余地はなく，我が国と規約人権委員会との関係で問題となるのは，B規約40条に規定されている定期報告義務のみである。さらに，個人の通報に関する規約人権委員会の意見は，その通報の対象とされた具体的事案限りのものであって，B規約40条4項の一般的意見のような一般性はもたず，討議通報を行った者と関係国のみを対象とするものであるし，関係国に対する法的拘束力をもたない。締約国からの定期報告に関する規約人権委員会の権限については，規約人権委員会は，報告に基づき，規約の履行状況について検討した上でその見解を示すにすぎず，これは『当事国との建設的な対話』のためのものであるとされているのであって，その見解は，締約国を法的に拘束するものではない」と主張した。

　これに対して，被控訴人は，「一般的意見24は，『規約に基づく委員会の役割は，委員会に必然的に規約の解釈を行わせ，規約解釈の発展を生じさせることになる。』として，規約委員会が内在的に規約の解釈権限を有することを明らかにしている。また，条約の解釈に関するウィーン条約は日本も批准しているところ，右一般的意見24は，ウィーン条約に従えば，規約の留保の効力については，委員会の解釈が法的拘束力を有するとの立場をとっている。このよ

---

(44) Concluding observations of the Human Rights Committee: Japan 1998/11/19, CCPR/C/79/Add. 102, para. 32.

255

第Ⅲ部　日本の国内裁判所による解釈実践

うに，規約人権委員会の出す一般的意見・意見（ビューのこと）・定期報告書に対する最終意見が法的拘束力を持つことは明らかである。仮に拘束力がないとしても，規約人権委員会の判断は有権的解釈として高い地位に立つものであり，特段の事情がない限り，これを尊重して従うべきである」と反論した。

　両者のこうした主張を受けて，大阪高裁は，「規約人権委員会の出す一般的意見の目的は，『規約の実施を促進するため全ての締約国がこの報告活動を活用できるようにすること，多くの報告が不十分であった点に注意を促すこと，達成された進歩を報告活動のなかで示唆し，人権の保護並びにその促進についての締約国や国際機関の活動を鼓舞すること』とされているのであって，各締約国にB規約の解釈及び履行に当たって参考とされることが期待されているにすぎず，締約国に対し法的拘束力はない」とした上で，「規約人権委員会の一般的意見に法的拘束力があることを前提とする被控訴人の主張には理由がない[45]」と判示した。

　以上の検討から，規約の解釈に際して，一般的意見や見解を尊重しない消極的立場に立つ裁判所は，その根拠を法的拘束力の欠如に求めていることがわかる。

　他方，裁判所はみずからの結論に資すると思われる場合は，一般的意見の法的拘束力を云々することなく，みずからの結論の補強に使用するという，やや一貫性を欠く事例もある。退去強制令書発付処分の取消を求めた事件で，名古屋地裁は，「原告らの指摘する自由権規約，社会権規約，児童の権利に関する条約などにおいても，国際慣習法上，国家が外国人を受け入れる義務を負うものではないとの理解を否定する規定はなく，家族の分離の結果を伴う退去強制が，すべからく，これらの条約に反するとは解されない。このことは，自由権規約28条に基づく人権委員会の一般的意見15が，外国人の地位に関し，『規約は，締約国の領域に入り又はそこで居住する外国人の権利を認めてはいない。何人に自国の入国を認めるかを決定することは，原則としてその国の問題である。』と述べていること……などによってもうかがうことができる[46]」と述べ，原告妻と原告長男の送還先を別個の国に決定したことは裁量権の逸脱・濫用に

(45)　大阪高判平成12年5月16日『訟月』第47巻4号917頁。

(46)　名古屋地判平成17年8月31日『判タ』第1250号110頁。

256

第 8 章　日本の裁判所における国際人権規約の解釈適用

当たらないと判示した。

　こうした判例をみるにつけ，一般的意見や見解が判決の形成にどのような機能を果たしているのかという視点が重要であることがわかる。次に，こうした視点を踏まえながら，見解や一般的意見の援用に肯定的な判例を検討してみよう。

(2)　「見解」や「一般的意見」の援用に肯定的な判例

　独居拘禁の居房の窓に遮蔽板をとりつけることが，自由権規約第 7 条の非人道的取扱いにあたるかどうかが争われた事件で，東京高裁は，その判断の過程で，「右規約に基づいて設立された規約人権委員会の示した同条に関する一般的意見を斟酌すれば，『拷問又は残虐な非人道的なもしくは品位を傷つける取扱いもしくは刑罰』の中には，拘禁された者等をその視覚，時間（季節）に対する意識等を奪う状況に置くことを含め，その者に肉体的又は精神的な苦痛を与える取扱いを含むものと解されるところ，本件遮へい板は，人との接触を数少ない面会等に制限されている被拘禁者にその視覚，時間（季節）に対する意識につき一定限度の制限を課すものであることは否定できないから，一般的には，拘置所の居房の窓に遮へい板を設置しないことが国際的基準により合致するものということができることは原判決に判示のとおりである」という表現で，一般的意見を規約の条文解釈の参考とした。もっとも，「本件遮へい板の上部及び下部への視界が全く閉ざされている訳ではなく，限られた範囲とはいえ一応保持されていることに照らすと」，結論的には，「本件居房における控訴人の拘禁が違法とまではいい難い(47)」と判示した。このように，見解や一般的意見の援用に肯定的であっても，結論においてその解釈が十分に反映されないという傾向があることも指摘しておかねばならない。

　たとえば，広島高裁は，未決被収容者に対する拘置所長が定めた遵守事項が規約第 10 条や第 17 条に違反すると訴えられた国家賠償請求控訴事件で，「右規定〔10 条〕を，控訴人指摘の一般的意見を補助的資料として使用したうえ，文脈により，かつその趣旨目的に照らして与えられる用語の通常の意味に従い，

---

(47)　東京高判平成 7 年 5 月 22 日『判タ』第 903 号 112 頁。

257

第Ⅲ部　日本の国内裁判所による解釈実践

誠実に解釈すると，10条1項は，自由を奪われている人々は，医学的・科学的実験を含む7条に違反する取扱いを受けなくてよいだけでなく，『自由の剥奪から生じるもの以外の苦しみや圧迫』も受けてはならないこと及び，『閉鎖された環境ゆえに避けられない条件』は別として規約に規定するすべての権利を享有することを定めたものであり，同2項(a)は，自由を奪われている人々のうち被告人については，14条2項に規定されているとおり，有罪とされるまでは無罪の推定を受けていることに鑑み，受刑者と分離して収容すべきこと及び自由の制約によって被告人としての防御権を侵害してはならないことを定めたものと解すべきである」と判示しながらも，結論としては，「未決勾留及び監獄の制度目的達成に必要な自由の制限は，……人権規約の許容する『閉鎖された環境ゆえに避けられない条件』に該当すると解すべきであるから，心得は10条1項に違反するものではないと解するのが相当である(48)」として，控訴を棄却した。

　こうした問題はあるものの，一般的意見の援用を肯定する判決が増えてきたことも事実である。たとえば，東京地裁は，国家公務員法違反被告事件において，「弁護人は，同規約を解釈適用するに当たっては，条約法に関するウィーン条約31条，32条等や同規約の実施機関である規約人権委員会において採択される一般的意見等，更には，同規約と類似の規定を置くいわゆるヨーロッパ人権条約及びヨーロッパ人権裁判所の判例が解釈基準として用いられるべきである旨主張するが，当裁判所も，基本的には，これを是とするものである(49)」と判示した。徳島地裁もまた，受刑者が外部の病院での手術並びに治療のための移送を求めた人身保護請求事件で，「条約の第一次的な解釈権が各締結国にあるとしても，憲法98条2項が定める国際協調の精神にかんがみれば，ウィーン条約31条の趣旨を尊重し，B規約の解釈は，国際連合の各機関が定めた一般的意見（ゼネラルコメント）や，被拘禁者処遇最低基準規則，被拘禁者保護原則の趣旨に，できるかぎり適合するようになされることが望ましい(50)」との態度を示した。

---

(48)　広島高判平成12年5月24日『訟月』第47巻10号2988頁。

(49)　東京地判平成18年6月29日判例集未登載。

(50)　徳島地判平成10年7月21日『判時』第1674号123頁。

第8章　日本の裁判所における国際人権規約の解釈適用

　このほか，一般的意見を条約法条約第31条3項(b)にいう「事後の実行」と
みなす判決もある。大阪高裁は，一般的意見は条約の適用につき後に生じた慣
行であって，条約の解釈について当事国の合意を確立するものないし解釈の補
足的な手段に「準ずるものとして，B規約の解釈に当たり，相当程度尊重され
るべきである⁽⁵¹⁾」と述べた。また，規約の解釈にあたって，一般的意見や見
解を条約法条約第32条にいう「解釈の補足的手段」に該当すると捉える判決
も多くみられる。たとえば，大阪高裁は，指紋押捺拒否に関する損害賠償請求
控訴事件判決において，自由権規約委員会の一般的意見15号（規約上の外国人
の地位）やヴォランヌ事件の見解を援用する控訴人の主張に対して，「同委員
会は，B規約の個々の条文を解釈するガイドラインとなる『一般的意見』を公
表しており，右『一般的意見』や『見解』がB規約の解釈の補足的手段とし
て依拠すべきものと解される⁽⁵²⁾」と述べている。同旨の判決はその後も多く
みられる。

　さらに，判決の結論においても，規約の趣旨が反映される事例もみられる
ようになった。たとえば，高松高裁は，受刑者接見交通妨害控訴事件におい
て，「規約人権委員会は……B規約14条1項における公正な審理の概念は，武
器の平等，当事者対等の訴訟手続の遵守を要求していると解すべきである，と
の見解を示している」とした上で，「接見時間及び刑務官の立会いの許否につ
いては一義的に明確といえないとしても，その主旨を没却するような接見の制
限が許されないことはもとより，監獄法及び同施行規則の接見に関する条項に
ついては，右B規約14条1項の趣旨に則って解釈されなくてはならない」と
判示した。実際，自由権規約委員会は，モリエール対フランス事件（通報番
号207/1986）の見解において，「14条は，民事上の権利及び義務の争いにおけ
る『公正な審理』が何を意味するかを（刑事上の罪の決定を扱う14条3項とは異
なり）説明していないが，規約14条1項の文脈での公正な審理という概念は，
武器平等，対審制の原則の尊重，以前の決定を職権により改悪することの排除

---

(51)　大阪地判平成16年3月9日『判時』第1858号79頁。
(52)　大阪高判平成6年10月28日『判時』第1513号71頁。なお，本判決では，「ヨー
　　ロッパ人権条約等の同種の国際条約の内容及びこれに関する判例もB規約の解釈の補
　　足的手段としてよいものと解される」と踏み込んでいる。

第Ⅲ部　日本の国内裁判所による解釈実践

並びに迅速な手続などの数多くの条件を要求していると解釈すべきである⁽⁵³⁾」
（93項）との見解を述べていた。

　拘置所職員が，弁護人がビデオテープを再生しながら被告人と接見すること
を拒んだ行為は，秘密交通権を侵害する違法・違憲なものだと争われた事件
で，大阪地裁は，一般的意見についてかなり積極的な評価を行った。すなわ
ち，秘密交通権の保障の根拠について，「刑訴法39条1項の接見交通権は，B
規約14条3項bの趣旨にも合致する」との判断を示した上で，自由権規約委
員会の一般的意見について，次のように，かなり踏み込んだ判決を下している。
「B規約は，国内法としての自動執行力を有する条約である……。条約法条約
には遡及効がなく，その発効前に発効したB規約への適用はないが，その内
容がその発効以前からの国際慣習法を規定していることからすれば，B規約の
解釈は，特段の事情がない限り，条約法条約に沿ってなされるものである。こ
れを前提として検討するに，B規約については，……委員会が，……B規約締
約国全体に宛てたゼネラルコメントを採択しているところ，ゼネラルコメント
がB規約を直接の検討対象としていることを考え合わせれば，ゼネラルコメ
ントは，条約の適用につき生じた慣行であって，条約の解釈について当事国の
合意を確立するもの（条約法条約31条3項(b)参照）ないし解釈の補足的な手段
（条約法条約32条参照）に準ずるものとして，B規約の解釈に当たり，相当程
度尊重されるべきである。（中略）なお，ゼネラルコメントないし上記各国際
連合決議がその締約国ないし国際連合加盟国に対して法規としての拘束力を有
するものではなく，ゼネラルコメントをB規約の解釈の参考とする際には各国
の歴史，伝統等の背景事情を踏まえるべきであることは被告が指摘するとおり
であるが，かかる拘束力の有無とB規約の解釈に当たって参考とされるか否か
とは別個の問題であるし，B規約14条3項が，我が国の憲法も採用する法の
支配の理念及びその内容たる適正手続の要求にも適合するものであることから
すれば，日本国の歴史，伝統等の背景事情を踏まえたとしても，少なくともB
規約14条3項の解釈に当たり，ゼネラルコメントが相当程度参考とされるべき
であることには変わりはない。⁽⁵⁴⁾」と判示した。この判決において，ようや

---

(53)　高松高判平成9年11月25日『判タ』第977号65頁。

(54)　大阪地判平成16年3月9日『判時』第1858号79頁。

260

第8章　日本の裁判所における国際人権規約の解釈適用

く日本の裁判所も，先に紹介した国際司法裁判所の勧告的意見と同様に，一般的意見の法的拘束力の有無の問題と規約の解釈の問題を切り離す論理を採用したといえる。

　これに対して，大阪高裁は，平成 17 年 1 月 25 日に下された判決で，原判決の判断の部分を次のように修正した。「同 37 頁 2 行目の『並びに刑訴法 39 条1 項の背景たる B 規約 14 条 3 項 b の趣旨』，同頁 7 行目の『並びにこの背景たる B 規約 14 条 3 項 b の趣旨』，同 38 頁 12 行目の『B 規約 14 条 3 項 b の趣旨にも合致』をそれぞれ削り，同 39 頁 26 行目の末尾に行を改め，次のとおり加える(55)」として，地裁判決と異なり，大阪高裁としては，被控訴人の主張する自由権規約の内容等には触れないとの立場を鮮明にした。すなわち，「国際人権規約の解釈における一般的意見（ゼネラルコメント）の位置づけ」という論点に対する判断をあえて回避したのである。ある判例批評は，「裁判実務がB 規約を法源とすること自体（理論的には直接適用が承認されているにもかかわらず）必ずしも活発とはいえない状況において，法的拘束力のない一般的意見を，B 規約の解釈指針という形で事案に対する判断に反映させた原判決の先進性を，慎重な方向へ引き戻すものといえよう(56)」との評価を与えている。今後，日本の裁判所において，一般的意見や見解が規約の解釈にどのように生かされていくかは，先の大阪地裁の判断に与するのか，それともこの大阪高裁の判断（それはまた日本の多くの裁判所の傾向を示すものであるが）に与するのか，にかかっているといえよう。

3　克服すべき課題

　日本は，従来から，条約は公布されることにより国内法としての効力を持つという一般的受容体制を採用している。だからといって，条約の国内実施が常に当該条約にのみに基づいて行われるわけではない。条約の国内実施は各国の裁量，すなわち立法政策に委ねられている。日本の場合，条約が国際義務を課している場合には，その国内実施のために新規立法を行ったり，既存の法律を

(55)　大阪高判平成 17 年 1 月 25 日『訟月』第 52 巻 10 号 3069 頁。
(56)　『季刊刑事弁護』第 43 号（2005 年）163 頁。

261

第Ⅲ部　日本の国内裁判所による解釈実践

改廃したりといった立法措置がとられるのが，通常である。しかし，自由権規約が1979年に批准されたとき，特段の国内立法は行われなかった。そうすると，そのような担保法が存在しないということは，規約は自動執行力のある条約として直接適用が可能であると判断されたということになる[57]。

こうした一般的受容体制の下での規約の解釈はどうあるべきなのだろうか。いうまでもなく，個人の権利を定めた自由権規約の条文は，当事者の権利義務関係が明確に定められており，原則として，国内裁判所において自動執行性を持つ[58]。条約の適用のあり方として，事案に条約をそのまま適用する直接適用と，事案に適用される国内法に自由権規約の条文や精神を解釈指針として取り込むという間接適用という二つの方法がある[59]。日本の裁判所の判例は，直接適用の例もわずかにあるが，もっぱら間接適用にとどまっている[60]。

しかし，「最高裁は，自由権規約をはじめ日本が当事国となっている人権条約の国内での解釈・適用にあまり積極的ではない[61]」。この点は，2014年の第6回日本政府報告書審査の総括所見で，「委員会は，締約国によって批准された条約が国内的効力を有することに留意する一方，規約の下で保護される権利が裁判所によって適用された事例が限られていること」に懸念を表明した[62]。

---

(57)　日本が締結し，直接適用が可能な条約と考えられている代表的なものとしては，「国際航空運送についてのある規則の統一に関する条約（モントリオール条約）」と「国際的な物品売買契約に関する国際連合条約（ウィーン売買条約）」などがある。

(58)　自動執行性または直接適用性の判断基準としては，①条約またはその規定そのものが直接適用性を否認していない場合，②当事者の権利義務関係を明確に定めていること，③直接適用に憲法などの法令上の障害がないこと，がある。薬師寺ほか『ケースブック国際人権法』前掲注(11) 31頁（村上担当部分）。

(59)　「間接適用」概念の明確化を行う作業として，寺谷・前掲注(26) 165-207頁がある。

(60)　こうした直接適用および間接適用という術語法について，阿部教授は，「訴訟実務を見ると，直接適用可能性はいうまでもなく，自動執行性という述語にしても，憲法以下国内法令一般にはまったく用いられてきていないのだから，同じ国内法として国際法規だけにそうした特殊な外套を装着する必然性はないようにも思える」と述べて，これを批判する。詳しくは，阿部浩己「国際人権法と日本の国内法制——国際人権訴訟の再構成」国際法学会編『日本と国際法の100年第4巻　人権』（三省堂，2001年）267-294頁参照。

(61)　薬師寺・前掲注(15) 35頁。

(62)　CCPR/C/JPN/CO/6, para. 7. 第6回日本政府報告書審査の詳細については，日本弁護士連合会［編］『国際人権（自由権）規約第6回日本政府報告書審査の記録——危

262

第 8 章　日本の裁判所における国際人権規約の解釈適用

　自由権規約が国内法的効力を持つことを最高裁が初めて認めたのは，高松簡易
保険局事件の昭和 56 年 10 月 22 日判決である。その判例解説において，「上告
趣意が援用するのは，B 規約 18 条 1 項，2 項，19 条，25 条(a)であるが，……
右人権規約の各条項と，憲法の関係規定とを比較対照すると，人権規約の規定
は，憲法に比べ，より詳細，具体的な文言となっているが，その精神，原理原
則の点において相異なるところはなく，両者の間にいささかの矛盾もないと解
される。……憲法 19 条，20 条，21 条が，いわゆる法律の留保を全く伴わない
のに対し，B 規約 18 条 3 項，19 条 3 項が，かなり一般的，包括的な法律によ
る制限を認めていることからすれば，右人権規約の保障は，文言の上では憲
法のそれよりむしろ弱いといってよいかもしれない。したがって，憲法 15 条，
19 条，21 条等に照らして合憲とされる法令が，B 規約 18 条，19 条，25 条に
抵触するというような事態は，通常ないと考えてよいのではなかろうか。(63)」
との評価が述べられている。

　この判例解説の考え方が，最高裁第 3 小法廷による家永教科書裁判第 3 次訴
訟事件の平成 9 年 8 月 29 日判決で示された。すなわち，「憲法 21 条の表現の
自由といえども，公共の福祉による合理的でやむを得ない限度の制限を受ける
〔のであり〕，表現の自由を保障した〔自由権〕規約 19 条の規定も，公共の福
祉による合理的でやむを得ない限度の制限を否定する趣旨でないことは，同条
の文言からも明らかである。本件検定が表現の自由を保障した憲法 21 条の規
定に違反するものではないことは前記のとおりであるから，本件検定が前記規
約 19 条の規定に違反するとの趣旨は採用することができない(64)」として，教
科書検定は自由権規約 19 条の規定に違反しないと結論したのである。

　このように，人権カタログの同一性を根拠に，上位法たる憲法に反しない場
合には下位法たる自由権規約にも反しないという論理が，その後の下級審でも
採用されることになる(65)。しかし，この論理は，両法に規定されている権利

　　機に立つ日本の人権』（現代人文社，2016 年）参照。
　(63)　『最高裁判所解説刑事編』昭和 56 年度（金築誠志調査官）255 頁。
　(64)　最 3 小判平成 9 年 8 月 29 日『民集』第 51 巻 7 号 2921 頁。
　(65)　規約と法律が同趣旨として，法律による制限が規約に違反しないとの判断を示す例
　　もある。福岡高裁は，接見交通妨害に関する損害賠償請求控訴事件で，「B 規約 14 条
　　3 項 b はわが刑訴法 39 条 1 項と同趣旨の規定と解することができる。問題は，同条項

第Ⅲ部　日本の国内裁判所による解釈実践

が全く同一の場合でなければ成り立たない。そして，両法に規定されている権
利が同一かどうかを判断するためには下位法たる自由権規約の解釈が不可欠で
ある。さらに，喜田村洋一弁護士が指摘するように，「下位法の保障が上位法
と常に同等であるとは限らず，下位法が上位法より広い保障を与えるというこ
とは珍しいことではない⁽⁶⁶⁾」のであり，なおさら規約の解釈に向き合う必要
がある。

　問題は，日本の裁判所が採用する，人権カタログの同一性に着目し，憲法の
規定に合致していることを理由に，規約にも合致するとの解釈が可能であるか
どうかである。たとえば，法廷メモ事件における東京高裁の判決は，「B規約
19条2項は（『（条文省略)』）と規定している。そして，ここでいう『手書き』
の中にメモをとることが含まれていることはいうまでもないから，この規定は，
万人がメモをとるという方法により情報を受ける自由を有することを，明らか
にしたものということができる。しかしながらまた，この規定は，表現の自由
に関する規定であるから，憲法21条で保障されている，表現の自由以上の意
味を持つものと，解することはできない。そうすると，前示のように，国際人
権規約B規約19条2項により保障されているメモをとる自由も，法廷警察権
の制限に服するものといわなければならない。そして，このことは，同規約同
条3項が，公の秩序という目的のため必要がある場合は，法律の規定によって
一定の制限を課しうることを容認していることも，明らかなところである。し
たがって，国際人権規約B規約19条2項がメモをとる自由を認めていること
を理由に，法廷において傍聴人がメモをとることを法廷警察権によって制限す
ることができないということはできない⁽⁶⁷⁾」と判決する。しかし，小畑郁教
授が主張するように，「日本においては，条約は，変型されて国内法となって

　　にいう弁護人と連絡する権利が絶対的に許されないかどうかであるが，一審原告の引
　　用する国連決議等（それらは加盟国に対して条約としての効力を有するものではなく，
　　B規約の解釈を拘束するものではない）においても，一定の場合に制限が課されるこ
　　とを予定している文言が含まれているところである」として，刑訴法39条3項は必要
　　最小限度の制約を設けているにすぎないとして，「同規約に違反しない」と結論した。
　　福岡高判平成6年2月21日『判タ』第874号147頁。
(66)　喜田村洋一「国際人権法の国内における実施」『国際人権』第10号（1999年）37頁。
(67)　東京高判昭和62年12月25日『民集』第43巻2号156頁，『判時』第1262号30頁。

264

第8章　日本の裁判所における国際人権規約の解釈適用

いるとは考えられていない」のであり，「条約という国際法のまま国内的に法的効力を有するのである。したがって，自由権規約は，国際的に有している意味内容をそのまま持ち込む形で，国内的に妥当している」という点をどのように考えるかである。言い換えれば，自由権規約の各条が「国際的に有している意味を確定する作業が必要である[68]」ということになる。要は，東京高裁が，平成5年2月3日に下した外国人被告人の訴訟費用負担事件判決で，「通訳の援助を受ける権利は，わが国内において自動執行力を有するものと解される国際人権B規約によって初めて成文上の根拠を持つに至ったものであって，わが国の国内法の知らないところである[69]」と判示するように，憲法が規定しない自由権規約独自の人権保障の領域があってもいいと考えるかどうかである[70]。なぜなら，自由権規約をはじめとする人権条約は，「しばしば，憲法を初めとする国内法による人権保護を超える内容の規定を含んでいる[71]」からである。そのように認識を転換すれば，自由権規約の「見解」や「一般的意見」の積極的検討に舵をとることが可能となろう。

　さらに日本の裁判所は，前述したように，人権カタログの同一性を梃子に，自由権規約の特徴である権利を個別的に制約するという個別的制約事由に代わって，憲法の「公共の福祉」という一般的制約事由を持ち出す。たとえば，二風谷事件の札幌地裁判決は，アイヌ民族の文化享有権を個人の尊厳ないし幸福追求権という憲法の規定に基礎づけることにより，自由権規約第27条に基づく権利といえども，無制限ではなく，憲法第12条，第13条の公共の福祉による制限を受けるという論理を展開する。たしかに，ある権利が条約および憲法双方の保障を受け，また，その権利についての制約事由が憲法に定められて

---

(68)　薬師寺ほか・前掲注(11) 94頁（小畑郁担当部分）。

(69)　東京高判平成5年2月3日『東高刑時報』第11巻1-12号11頁。

(70)　薬師寺教授も，「憲法も規約も基本的な人権保護の理念は一致していても，権利内容と制約事由に関するアプローチの仕方には差異がある。この差異を十分ふまえた上で，憲法の人権で十分にカバーし得ていない国際人権があるのであれば，まずは立法・行政措置を通じてより積極的に条約適合的なアプローチをとるべきである」と主張する。薬師寺公夫「日本における人権条約の解釈適用」『ジュリスト』第1387号（2009年）57頁。

(71)　申惠丰「社会権訴訟における国際人権法の援用可能性」『法律時報』第80巻5号（2008年）38頁。

第Ⅲ部　日本の国内裁判所による解釈実践

いる場合に，国内法上の効力順位から，憲法は条約の上位に位置するのであるから，条約が規定する権利についても，憲法上の制約事由を優先的に適用することは論理的には可能である。

　しかし，前述したように，自由権規約の場合には，第18条，第19条，第21条，第22条などの規定にみられるように，制約事由は具体的に特定されている。他方で，規約第27条にはこのような制約事由が明示されていない。日本の裁判所は，規約が定める人権を憲法の「公共の福祉」の概念を用いて制限しようとする傾向があるが，規約が定める人権の制限は，規約が認める制約事由によってのみ正当化される。したがって，権利濫用や他の権利との衝突の場合だけが制約事由として考慮されるべきであり，公共の福祉といった抽象的，一般的な制約には服さないと考えるべきである[72]。自由権規約の誠実な履行は憲法第98条2項の要請でもあることに鑑みれば，憲法が条約の上位法であるとしても容易に一般的制約事由を規約の解釈に持ち込むことは差し控えるべきであろう。

　この問題は，第3回政府報告書審査でも取り上げられた。自由権規約委員会は，その総括所見の中で，「主要な懸念事項」として，「当委員会は，規約が国内法と矛盾する場合に規約が優先するものであることが明瞭ではなく，また，規約の条項が日本国憲法のなかに十分に包含されていない，と考える。さらに，日本国憲法第12条および第13条の『公共の福祉』による制限が，具体的な状況において規約に適合したかたちで適用されるものであるかどうか，も明瞭ではない[73]」との指摘を行った。なお，1998年11月5日に採択された第4回政府報告書審査の総括所見において，自由権規約委員会は，「委員会は，『公共の福祉』に基づき規約上の権利に付し得る制限に対する懸念を再度表明する。この概念は，曖昧，無制限で，規約上可能な範囲を超えた制限を可能とし得る。前回の見解に引き続いて，委員会は，再度，締約国に対し，国内法を規約に合致させるように強く勧告[74]」したのである。また，直近の2014年の第6回政

（72）　公共の福祉の概念を規約の制約事由として用いることの問題性については，安藤仁介「人権の制限事由としての『公共の福祉』に関する一考察——日本国憲法と国際人権規約」『法学論叢』第132巻4・5・6合併号（1993年）51頁以下参照。

（73）　Concluding observations of the Human Rights Committee; Japan 1993/11/4, CCPR/C/70/Add. 1 and Corr. 1 and 2, para. 8.

府報告書審査の総括所見においても，自由権規約は，「締約国は，『公共の福祉』の概念を定義し，かつ『公共の福祉』を理由に規約で保障された権利に課されるあらゆる制約が規約で許容される制約を超えられないと明記する立法措置をとるべきである[75]」と勧告した。

委員会は，この他にも，規約の個別の条文に対する日本の裁判所の解釈についても注文を付けている。たとえば，第4回政府報告書審査において，規約第12条4項の解釈について，バグワティ委員は，「出入国管理及び難民認定法第26条によると，再入国のための事前許可を得たうえで出国した外国人のみが，在留資格を失うことなく再入国を認められるということ，そして，そのような事前許可を与えるか否かは法務大臣の自由裁量に委ねられていることになっています。この法律によって，コリアンのようにほぼ二，三世代にわたって定住している外国人や，その生活活動が日本にある外国人が，日本を離れ日本に再入国する権利を奪われています。なぜなら，事前許可を与えるか与えないかは，法務大臣の自由裁量に委ねられているからです。これは，私たちの考えでは，第12条4項に違反します。法律を規約に合致させるために日本政府は何を提案しますか。委員会の先例を私なりに解釈すると，自国とは自己の国籍国のことではありません[76]」と質問した。バグワティ委員は，日本の国内判例の解釈は規約の義務に違反するというのである。翌日，質問を行ったコルヴィル委員は，再度この問題を取り上げた。「再入国の問題があります。これはバグワティさんが昨日触れました。この問題が日本法の下で適切に取り扱われているようには，まったく見えません。第12条4項の下では，国籍は問題ではありません。これは注意深く起草され，『自国』と明記されています。二世代，三世代，四世代にわたって日本に住んでいる人々が，法的になお外国人であっても，日本を自国として主張できることは確かです。再入国に対する制約が存在

---

(74) Concluding observations of the Human Rights Committee: Japan 1998/11/19, CCPR/C/79/Add. 102, para. 8.

(75) CCPR/C/JPN/CO/6, para. 10.

(76) Compte rendu analytique de la 1714ème sénance : Japan. 04/11/98. CCPR/C/SR. 1714. (Summary record), para. 31, 日本弁護士連合会編『日本の人権21世紀への課題——ジュネーブ1998 国際人権（自由権）規約第四回日本政府報告書審査の記録』（現代人文社，1999年）120頁。

第Ⅲ部　日本の国内裁判所による解釈実践

するのはなぜでしょうか[77]」との再質問が行われた。同審査後，自由権規約委員会は，主要な懸念事項の一つとして，出入国管理及び難民認定法第26条が，規約第12条4項と抵触するとの判断を示したのである。すなわち，

「出入国管理及び難民認定法第26条は，再入国の許可を受けて出国した外国人だけが在留資格を失うことなく帰国することができること，および，このような許可を与えるかどうかは法務大臣の完全な裁量権のもとに置かれていることを規定している。この法律のもとでは，日本における第二世代，第三世代の永住者であり，その生活が日本を基盤としている外国人であっても，国を離れ，再入国する権利を奪われる可能性がある。委員会は，この規定は規約第12条2項および4項に抵触するとの意見である。委員会は，締約国に対し，『自国』という言葉は『国籍国』と同義ではないということを想起するように求める。そして，委員会は締約国に対して，日本で生まれたコリア系の人のような永住者については，再入国の許可を取得する必要性を廃止することを強く要請する[78]」と勧告したのである。こうした永住者の再入国許可に代わる「みなし再入国制度」が導入されたのは，この勧告から14年後に施行された改正入管法第26条の2によってである。

　このように，自由権規約委員会は，日本の裁判所に対して，規約の解釈にあたって，同委員会の「見解」や「一般的意見」における解釈を反映するように勧告している。

4　お わ り に
——第1選択議定書の批准に向けて

　民事訴訟法は，最高裁への上告理由を「憲法の解釈の誤りがあることその他憲法の違反があること」（第312条）にしぼり，「法令の解釈に関する重要な事項を含む」という理由については，最高裁に上告を認めるかどうかの裁量を与

---

(77)　Compte rendu analytique de la 1716ème sénance : Japan. 23/12/98. CCPR/C/SR. 1716.（Summary record）, para. 50.『同上』216頁。

(78)　Concluding observations of the Human Rights Committee: Japan. 19/11/98. CCPR/C/79, Add. 102, para. 18.

第 8 章　日本の裁判所における国際人権規約の解釈適用

えている[79]。実際，規約違反の主張は単なる法令違背の主張として片づけられる傾向にある[80]。そのため，規約の解釈を最高裁で争うことは困難で，このことも手伝って規約の解釈における一般的意見や見解の法的地位について判例統一がなされる可能性も低いといわざるを得ない。したがって，本章で紹介したように，下級審の判決はまちまちである。いきおい，上告審においては，人権に関する憲法規定の解釈の誤りまたは違反を上告理由とせざるを得ないという状況がある。この点について，泉德治元最高裁判事は，「条約は，法律より上位の規範であり，憲法 98 条で条約遵守義務が規定されていることに照しても……人権条約違反を憲法違反と並べて上告理由にすべきである。人権条約違反を単なる法令違反として扱うことは，憲法における条約の位置付けにそぐわない。民訴法の重大な手続違反や，刑訴法の判例違反を上告理由から削除して，代わりに人権条約違反を上告理由に加えるべきである[81]」と提案されている。

　園部逸夫元最高裁判事によれば，最高裁においては，「具体的な事件の審理にあたって，救済の必要性，重要性，緊急性が極めて高い場合に，法律の明示の規定がないときは，法律の関係規定の合憲解釈によって，それが不可能な場合は憲法の規定の直接適用によって，憲法に明示の規定がなければ，国際人権規約に沿った憲法の解釈によって，それも不可能な場合は，国際人権規約の国内直接適用という順序になる[82]」と述べられ，規約の直接適用は最後であることを明らかにされている。薬師寺教授が指摘するように，「人権規約の人権侵害が認定されるような場合にも法律または憲法違反として処理され，憲法違

(79)　この点は，刑事訴訟法（第 405 条，第 406 条，第 411 条および第 433 条）についても同様である。

(80)　薬師寺ほか・前掲注(11) 3 頁（薬師寺担当部分）。

(81)　泉德治「グローバル社会の中の日本の最高裁判所とその課題──裁判官の国際的対話──」『国際人権』第 25 号（2014 年）17 頁。佐藤幸治教授も，かつて「最高裁判所への上告理由が原則として憲法違反と判例違背に限定されている制度枠組の中にあって，人権条約違反を最高裁判所に上告する道を開くこと」に言及し，「この点，上告理由を過剰に広げるのではないかの懸念がありうるが，憲法上の『基本的人権』の保障と親和的な条約違反を前提とするものであり，判例による具体的な基準形成に期待するほかはない」と述べる。佐藤・前掲注(17) 6 頁。

(82)　園部逸夫「日本の最高裁判所における国際人権法の最近の適用状況」『講座国際人権法 1』（信山社，2006 年）23 頁。

第Ⅲ部　日本の国内裁判所による解釈実践

反がないという判断になれば，その理由説明をもって，同じ理由により規約違反も認められない[83]」という判決パターンの繰り返しにより，規約の解釈が真正面から論じられないことになってしまう。いきおい，規約の解釈における一般的意見や見解の法的位置づけについては，下級審の判決に頼らざるを得ないという状況になる。

　前述した国家公務員法違反被告事件判決で，東京地裁は，「自由権規約は，自動執行力があり，批准の上，公布されたことによって，日本の国内法として国内の法体系に組み入れられ，かつ，裁判規範性を有するに至ったと解される。そして，自由権規約は，国内法である国公法の上位規範となるから，国公法が自由権規約に適合するか否かについては，自由権規約の定める制限事由を解釈適用して判断しなければならず，仮に適合しないとなれば，国公法は無効とならざるを得ない。憲法が保障する権利と自由権規約が保障する権利とは同じであるといえるものの，それぞれが定める権利の制限条項が異なっていることから，本件国公法，規則の諸規定が第4のとおり合憲であるとしても，そのことから当然に，これらの規定が自由権規約にも抵触しないということにはならず，あらためてこれらの規定が同規約に適合するか否かについて判断することが必要となる[84]」と判示した。判決それ自体は，被告人の行為は法益侵害の危険を抽象的に発生させた等として，被告人に罰金10万円を言い渡してはいるが，国内裁判所における自由権規約の解釈のあり方として，同判決が述べる解釈手法はある意味適切であろう。ただし，こうした解釈手法が成立する前提がある。それは，国内の効力順位に沿った形で規約適合性をまず行い，その後に憲法適合性を考慮する必要がある，ということである。なぜなら，法律の憲法適合性を先に審査し，合憲との判断が出た後に，規約との適合性審査を行い，規約に反するとの結論が出た場合，この判決の居場所はないからである。規約の上位法たる憲法に適合的な法律が，規約には違反するとしたら国内の効力順位の関係で混乱が生じる恐れがある。日本の国内効力順位は，一応，憲法，条約，法律，命令の順序であるが，裁判所における考慮順位は，先の園部元最高裁判事の説明にあるように，法律，憲法，条約となっており，効力順位とは必ずしも

---

(83)　薬師寺・前掲注(15) 35頁。
(84)　東京地判平成18年6月29日判例集未登載（前掲注(49)）。

第8章　日本の裁判所における国際人権規約の解釈適用

一致していない。言い換えれば，国内法上の効力順位としての法律に対する条約の優位は，裁判の過程ではあくまで形式に過ぎず，実質的な意義を伴っていないともいえる。こうしたことも手伝い，国内裁判所において援用された国際人権規約の当該規定の解釈について，裁判所が真正面から取り上げる事例は少なく，判例の積み重ねが十分になされない傾向がある。

　日本が第1選択議定書を批准する可能性が高まっている今こそ，日本の裁判所は，規約の解釈にあたって，自由権規約委員会の見解や一般的意見を十分踏まえながら解釈する姿勢を持つ必要があると考える。これまでのように，憲法の解釈論に逃げ込んだりすると，ますます自由権規約委員会の解釈と乖離する解釈が生み出されることになる。そうなれば，規約の解釈をめぐって個人通報事例は増えこそすれ，減ることはないであろう。

　自由権規約委員会は，第1選択議定書が効力を発生する日以前の事実に起因する権利の「継続的侵害」の場合の審査権限を肯定しているので，同議定書批准後にこうした「継続的侵害」が生じていたら，審査の対象になる。そうなれば，過去の日本の裁判所の判決に示された規約の解釈の妥当性が問われる事態も想定される。日本が個人通報制度を受け入れるのであれば，日本としては，今後は自由権規約委員の一般的意見や見解に示された解釈を反映した規約の解釈を行う必要があるように思われる。そのためには，日本の裁判所が，法的拘束力という「物心崇拝」から離れて，勧告であろうとも，素直に自由権規約委員会の一般的意見や見解の内容に向き合う必要があろう。

　ICJは，2010年11月，アーマド・サディオ・ディアロ事件（本案）判決において，自由権規約第13条および第9条1項並びに2項の違反認定にあたって，関連の個人通報事例や一般的意見15を引用しながら，「自由権規約委員会は，その設立以来，第1選択議定書の締約国について，特に同委員会に付託された個人通報に対する認定を通じて，またその『一般的意見』の形式で解釈に関する相当な判例を積み上げている。裁判所〔ICJ〕は，その司法機能の行使にあたって，それを義務づけられているわけではないが，特に規約の適用を監督するために設立されたこの独立の機関によって採択された解釈に相当な重みを置くべきであると信ずる(85)」と判示した。日本の司法が，自由権規約委員会の解釈の権威性を認め，法的拘束力の有無と解釈基準としての採用の問題を

271

第Ⅲ部　日本の国内裁判所による解釈実践

分離するこの判決をどのように受け止めるかが今や問われている。もちろん，自由権規約委員会の解釈基準を国内裁判所としてどう参照すべきかは個々の事件ごとに異なるであろうが，「拘束的根拠」でなくても，みずからの判決を補強する「説得的根拠」として引用する場面を増やすことを考えるべきではないだろうか[86]。

　自由権規約委員会における個人通報事例においては，規約違反の認定後，被拘禁者の釈放や損害賠償など，救済方法につき特定履行を要請する見解が増えている[87]。規約の締約国は，規約第2条3項(a)で，「効果的な救済措置を受けることを確保すること」を約束している[88]。見解に法的拘束力はなくても，規約のこの条文には法的拘束力があり，自由権規約委員会は1990年以降，見解のフォローアップ手続を本格化している[89]。見解は法的拘束力がないので，従わなくてもいいというわけではないのである。そうすると，できるだけ規約違反との認定がなされないように，日本の裁判所における規約の解釈を委員会の解釈に沿ったものにする必要がある。その意味でも，一般的意見や見解の研究が重要である。

　最後に，本章で行った日本の判例の分析からは，最高裁をはじめ下級審にも，憲法は条約に優位するという国内の効力順位を前提に，憲法の規約適合的

---

(85) *Case concerning Ahmadou Sadio Diallo (Republic of Guinea v. Democratic Republic of the Congo), ICJ Reports 2010*, para. 66.

(86) 国境を超える裁判所の「対話」については，山田・前掲注(20) 460-473頁参照。このほかに対話的プロセスを強調する論稿として，江島晶子「日本における『国際人権』の可能性」『岩波講座　憲法5　グローバル化と憲法』（岩波書店，2007年）199頁以下，東澤靖「裁判規範としての国際人権法」『明治学院大学法科大学院ローレビュー』第5号（2006年）25頁以下，山元一「憲法解釈における国際人権規範の役割——国際人権法を通してみた日本の人権法解釈論の方法的反省と展望——」『国際人権』第22号（2011年）38頁以下がある。

(87) 薬師寺・前掲注(70) 53頁。

(88) この観点から，見解の法的性質を論じたものとして次の論文が参考になる。Cf. Martin Scheinin, "The Human Rights Committee's Pronouncements on the Right to an Effective Remedy – An Illustration of the Legal Nature of the Committee's Work under the Optional Protocol," Nisuke Ando ed., *Towards Implementing Universal Human Rights Festschrift for the Twenty-Fifth Anniversary of the Human Rights Committee*, (Martinus Nijhoff, 2004), pp. 101-115.

(89) 第5章参照。

第8章 日本の裁判所における国際人権規約の解釈適用

な解釈の必要性はないとの姿勢が垣間見える。一般に日本の司法では，自由権規約が詳細な規定を置いていても，それらは憲法を超えた人権保障をしておらず，憲法に包摂されるという論理がとられる。それゆえ，問題になるのは，規約の憲法適合性であり，その逆ではないということになる。しかし，こうした姿勢では，国内において，自由権規約をはじめ日本が数多く締結している人権条約の趣旨を具体的に実現しうるかどうか疑問なしとしない。自由権規約をはじめとする，他の人権条約の解釈の発展をどのように日本の憲法解釈に取り込んでいくのか，換言すれば，憲法と条約の調和という大きな課題が残されているように思える[90]。佐藤幸治教授は，「憲法の保障する『基本的人権』は未来に開かれた課題であるとすれば，裁判所が『基本的人権』の保障を充実する方向で憲法の関連規定（13条の補充規定を含めて）の解釈に『国際人権』条約を取り入れることは，司法の責務と解される。その際，条約を憲法に曖昧に融解せしめるのではなく，条約の規定・趣旨を明らかにしつつ憲法解釈の筋道を明確にすることも，その責務の内実をなすと考えられる。そして，条約による保障が憲法による保障を上回ると解される場合には，国内法が憲法の人権条項に違反しないとしても，条約に違反し，そのことはひいては憲法98条2項を介して憲法上許されない事態と判断されなければならないと解される[91]」と述べる。この点が，21世紀の日本の司法の課題として裁判官に共有されることが必要である。

---

(90) 齊藤正彰教授は，ドイツ基本法における「国際法調和性原則（der Grundsatz der Völkerrechtsfreundlichkeit）」を念頭に，憲法第98条2項の規定により，憲法解釈にあたっても国際人権条約を顧慮する義務を負うと主張する。齊藤正彰『国法体系における憲法と条約』（信山社，2002年）402頁。

(91) 佐藤・前掲注(17) 6頁。

第9章 「自国」に戻る権利
——自由権規約第12条4項の解釈をめぐって

1 はじめに

　1985（昭和60）年にピークに達した指紋押捺拒否運動は，1987（昭和62）年に2回目以降の指紋押捺義務を原則として消滅させるという外国人登録法の改正をもたらしたが，他方で，指紋押捺拒否者に対する制裁として，法務大臣が再入国不許可処分という形で対抗するという新たな問題を提起した[1]。1998（平成10）年4月10日の最高裁判決で決着した崔善愛事件は，そうした事件の典型例といえる。とくに，本件の場合，原告に対する再入国不許可処分が1986（昭和61）年6月，前述した法改正が翌1987（昭和62）年1月という時期の近接性を考えると，国の方針に逆らう者に対する報復的色合いの感は拭いがたい[2]。なお，本事件では，永住許可を受けた在留外国人の再入国の権利は，日本が締約国である国際人権規約によって保障されているとの主張が真正面から展開されており，同規約の関連条文に対する日本の裁判所の解釈を知るうえで，重要な判例

---

(1)　たとえば，森川キャサリーン事件やピオ事件などが代表的事例である。最高裁第1小法廷は，前者の事件（最高裁平成4年11月16日判決）で，「指紋押捺拒否を理由としてなされた法務大臣の本件不許可処分は，社会通念に照らして著しく妥当性を欠くということはできず，裁量権を濫用した違法はない」と判示し，こうした行政の方針にお墨付きを与えた。『集民』第166号575頁。外国人が指紋押捺を拒否したという一事をもって，再入国を拒否するというこうした行政の方針には，「『お国の方針に従わない不届き者』に『お灸をすえる』」という姿勢が，見え隠れすることは確かである。山下威士「外国人の再入国の権利——森川キャサリーン事件——」芦部信喜・高橋和之『憲法判例百選I〔第三版〕』（有斐閣，1994年）15頁。

(2)　しかし，再入国の許可（外国人の海外渡航）という問題と指紋押捺拒否は，本来，別個の問題として処理することが可能である。武村氏による，「指紋不押捺には刑事罰が規定されており，国としてはその限度のみで対処すべきであった」との指摘は，その意味で，重要である。まして，原告が拒否した確認申請時の指紋押捺がその後の改正で不要になったことを考えれば，なおさらである。武村二三夫「出入国管理」金東勲編『国連・移住労働者権利条約と日本』（解放出版社，1992年）39頁。

275

第Ⅲ部　日本の国内裁判所による解釈実践

となっている。

　原告崔善愛（チェ・ソンエ）さんは，1959（昭和34）年12月1日，大阪市に出
生し，それ以来日本国に居住し，1969（昭和44）年10月1日，日韓法的地位協
定および出入国管理特別法に基づいて永住資格，いわゆる協定永住資格を取
得した在日韓国人である[3]。原告は，1986（昭和61）年5月30日に米国の大
学への留学を理由として再入国許可申請を行ったが，被告法務大臣は，原告
が1981（昭和56）年1月9日に旧外国人登録法第14条1項所定の指紋押捺を拒
否したことを理由として，1986（昭和61）年6月24日付で再入国不許可処分を
行った[4]。これに対して原告は，1986（昭和61）年8月14日，許可を受けない
ままに本邦から出国した。このことにより，原告は協定永住資格を喪失した[5]。
本事件は，原告により法務大臣の不許可処分取消，協定永住資格存続の確認お
よび百万円の慰謝料の支払いを求めて，福岡地裁に提起された訴訟である。

---

(3)　その意味で，彼女は，みずから希望して日本に来て，そこに定住するという一般的
　　な定住外国人とは異なり，歴史的な事情により日本に定住している在日韓国・朝鮮
　　人の子孫である。こうした永住者あるいは永住外国人の地位に注目するものとしては，
　　芹田健太郎『永住者の地位』（信山社，1991年）202頁以下，および内野正幸『人権の
　　オモテとウラ——不利な立場の人々の視点——』（明石書店，1992年）173-176頁，があ
　　る。
(4)　原告は，指紋押捺拒否後の1981年4月，在日大韓キリスト教アリランコーラスのピ
　　アノ伴奏者として随行するため米国渡航に対する再入国申請を行ったが，これは法務
　　大臣により許可されている。しかし，まったく同じ目的のカナダへの出国については
　　不許可となっている。本件では，原告は，法務大臣のこうした処分の恣意性も争った。
　　他方，被告法務大臣は，今回の件については，原告の外国人登録法違反の状態が依然
　　として継続し，翻意の意思が認められないことから，法律に定める義務の意図的な不
　　履行であるとして，この処分に出たと主張した。福岡地裁昭61（行ウ）第15号，再入
　　国不許可処分取消等請求事件（平成1・9・29第3民事部判決）『判タ』第718号83頁
　　および90頁。
(5)　ちなみに，1965（昭和40）年締結の日韓法的地位協定の附属書「討議の記録」f項は，
　　協定永住資格者の一時的海外渡航について，「できるだけ好意的に取り扱う」との規定
　　をおいていた。その後，1991（平成3）年に制定された「日本国との平和条約に基づき
　　日本の国籍を離脱した者等の出入国管理に関する特例法」第10条2項は，「法務大臣
　　は，特別永住者（筆者注－第3条に定義あり。原告は同条1号ロに該当する）に関し
　　ては，入管法第26条の規定の適用に当たっては，特別永住者の本邦における生活の安
　　定に資するとのこの法律の趣旨を尊重するものとする」と規定し，国民に準じた取扱
　　いへの国内法整備がなされている。

276

第9章 「自国」に戻る権利

　本事件における原告側の主張を要約すれば，次の通りである。すなわち，「原告は日本で生まれ育ち協定永住資格を有する在日外国人である。原告の海外渡航の権利は，日本国憲法22条及び『市民的及び政治的権利に関する国際規約』（以下，自由権規約またはB規約と略称）12条4項の『自国に戻る権利』により基本的人権として保障されている（同条約にいう『自国』には，永住資格を有して定住している外国人にとっての当該定住国を含む）[6]。他方，指紋押捺制度はそれ自体，日本国憲法13条，14条及び自由権規約7条，17条1項並びに26条に違反するものである。被告法務大臣の再入国不許可処分は，指紋押捺拒否を理由として原告の基本的人権である海外渡航の権利を侵害するものであって，明らかに違憲，違法である」。さらに，「原告は，日本における永住意思を明確に表明した上で海外渡航したのであり，出国によって協定永住資格を失っていない」[7]というものであった。

　これに対し被告の国側は，「B規約12条4項の『自国』が国籍国を指すことは，文理解釈からも，同規約12条2項，25条の『自国』との対比からも自明である。また，審議経過を見ても，『自国』を『国籍国』の意味であることを明確に表明した国はあったが，逆に，『定住国』を含む趣旨であることを明示的に主張した国はなかった。本件処分は，憲法98条2項の規定する条約の誠実遵守義務に違背するものではない[8]」と主張した。本件で争点になっている自由権規約第12条4項は，「何人も，自国に戻る権利を恣意的に奪われない（No one shall be arbitrarily deprived of the right to enter his own country）」と規定している[9]。公定訳は「戻る」であるが，正文は "return" ではなく，入国を

---

(6)　芹田教授によれば，本訴訟の以前にも，こうした解釈をとる有力な外国人研究者が存在した。たとえば，現在は国際司法裁判所の裁判官であるが，かつては自由権規約委員会の委員であったヒギンズは，「国（country）という用語は，自己が国民であるかまたは永住者である国（state of which one is a national or permanent resident）を意味する」と世界人権宣言および自由権規約の準備作業は示していると述べている。Cf. Rosalyn Higgins, "The Right in International Law of an Individual to Enter, Stay in and Leave a Country", International Affairs, Vol. 49 (1973), pp. 349-350. 詳しくは，芹田・前掲注(3) 217-218頁。

(7)　『判タ』注(4) 83頁。

(8)　『同上』87頁。

(9)　日本は，1979(昭和54)年の自由権規約の批准に当たって，本項に留保または解釈宣言を行っていない。他方，日本と同様に，同項の解釈として「自国」を「国籍国」と

277

第Ⅲ部　日本の国内裁判所による解釈実践

意味する "enter" という用語が用いられている。この用語を用いたのは，国籍国に一度も行ったことのない個人が国籍国へ入国する権利を保障しようという趣旨であるとされる[10]。この点は，1999 年に採択された本条文に関する国連の自由権規約委員会の一般的意見 27 号で明確に確認されている（第 19 項）[11]。

　こうした用語の問題はさておき，荻野芳夫教授の指摘にあるように，再入国の自由の問題を考える際には，従来から，2 つの基本的立場があるとされる。1 つは，再入国を新規入国と同視して再入国の自由を認めず，当該国の自由裁量に服するとする立場であり，もう 1 つは，再入国を新規入国とはまったく異なる範疇のものと考えて，日本国内に在住する者として外国人も日本国の主権

　　解する英国は，みずからの移民法制の適用確保のために，「連合王国政府は連合王国
　　への入国，滞在及びそこからの出国を規制する移民法制で随時必要とみなすものを適
　　用し続ける権利を留保する。従って，規約第 12 条 4 項及び他の規定の受諾は，連合
　　王国へ入国し及び滞在する権利を連合王国の法の下でその時に有していない者に関し
　　てかかる（移民）法制の諸規定に従うことを条件とする。連合王国はまたその属領の
　　各々に関して同様の権利を留保する」（芹田訳）との留保を行っている。芹田健太郎
　　「『自国』に戻る権利——サハリン裁判の一つの論点——」『ジュリスト』第 893 号（1987
　　年）109 頁。こうした英国の包括的留保には批判が多く，英国の国家報告書審査の際
　　も，自由権規約委員会によりその撤回が強く求められているのが現状である。たとえ
　　ば，安藤仁介委員は，英国の第 4 回政府報告書の際，英国のこうした留保を，"umbrella
　　reservation" や "framework reservation" と呼び，その撤回を強く促している。Cf.
　　CCPR/C. SR. 1433, para. 5. 委員会の総括所見で，留保の撤回が勧告されたことはいう
　　までもない。Cf. CCPR/C/79/Add. 55; A/50/40, paras. 408-435. なお，英国は，1993
　　年 2 月 2 日に，香港に対する第 25 条(b)およびマン島に対する同条(c)に関する留保につ
　　いてのみ撤回している。

(10)　岡本雅享「『出国・帰国の権利宣言』と定住外国人の居住国に帰る権利」『法律時報』
　　第 62 巻 7 号（1990 年）36 頁。ヒギンズは，同条の「恣意的に奪われない」という文
　　言は，国籍国に未だ戻ったことのないパスポート所持者の存在を念頭に起草されたと
　　述べる。Cf. Higgins, *supra* note 6, p. 344.

(11)　General Comment 27, para. 19. そこでは，「人が自国に戻る権利は，人とその国と
　　の特別な関係を認めている。この権利には様々な側面がある。この権利は自国にとど
　　まる権利を意味している。また，自国をいったん離れたのち再び戻る権利を含むだけ
　　でなく，人がある国以外で生まれた場合（たとえば，その国が当該人物の国籍国であ
　　る場合），初めてその国に行く権利を認めている。自国に戻る権利は，自発的な本国
　　帰還（repatriation）を願う難民にとっては，きわめて重要である」と記述されている。
　　実は，本条の解釈は，パレスチナ難民にとって，イスラエルは「自国」かという大き
　　な問題にも絡むわけで，事は容易ではない。先のヒギンズ論文は，ここに問題関心が
　　ある。Cf. Higgins, *supra* note 6, p. 350.

に服するとともに，日本国民が有する一時的海外旅行の自由に準ずる自由が認められるとする立場である。本件で見る限りでは，行政府の立場は前者をとっていると思われる(12)。

裁判では，前述したように，本条約にいう「自国（his own country）」を，永住資格を有して居住している外国人にとっては当該定住国を含むと解釈する原告に対して，被告の国側が「自国」はあくまで国籍国に限るとの解釈を展開し，この点が大きな争点となった。

本章では，まず，本事件における日本の裁判所の判決を見た後に，同規定の解釈が争われた類似の事例に関する国連の自由権規約委員会の個人通報事例を取り上げたい。そして，これらの「先例（jurisprudence）」の集積に従って，次第に発展していった同項の解釈を紹介し，日本の国内判例の解釈との相違に着目してみたい。そして，最後に，日本の裁判所において，こうした自由権規約委員会の見解や一般的意見についてどのような法的地位が与えられるべきかという問題も併せて検討してみたい。

2　崔善愛事件

(1)　福岡地裁判決（1989〔平成元〕年9月29日）

第1審の福岡地裁は，国側の主張を全面的に認め，「原告の被告法務大臣に対する訴えを却下する」とともに，「原告の被告国に対する各請求をいずれも却下する」（主文）判決を下した。原告側は協定永住資格存続の確認を求め，「定住国」に戻る権利は基本的人権として自由権規約第12条4項に保障されているとして，同項の「自国」の解釈論を提起したが，裁判所は当該解釈を退けたのである。その際，1980年に発効し，翌1981（昭和56）年に日本が当事国となった，条約法に関するウィーン条約（以下，条約法条約またはウィーン条約と略称）の解釈規則を援用しながら，裁判所は，自由権規約第12条4項の「自国」の意義について国籍国を指すとの判断を示した。すなわち，

---

(12)　荻野芳夫『判例研究 外国人の人権——国籍・出入国・在留・戦後補償——』（明石書店，1996年）40頁。もっとも，祝賀訪問団事件判決（東京高判昭和43年12月18日）では，後者の立場が採用されていた。『民集』第24巻11号1554頁。

第Ⅲ部　日本の国内裁判所による解釈実践

「原告の主張には，本邦における永住資格を有する外国人は，自由権規約 12条 4 項の『自国』は，単に『国籍国』を指すだけでなく，『定住国』をも含むのであるから，永住資格とこれを裏付ける客観的事実があれば，仮令再入国不許可処分があっても，出国の事実だけでは当該永住資格を失うことはないとの部分があり，……証人，原告本人はこれに沿う供述をする。

　……しかし，用語の通常の意味に従って解釈すれば，B 規約 12 条 4 項の『自国』は，やはり『国籍国』を指すものと解釈するのが自然である。B 規約12 条 2 項の『自国』が『国籍国』を指すことが明らかなのと対比すれば，尚更，『自国に戻る権利』の『自国』も同一に解釈すべきである。そして，我が国が同様の解釈・認識のもとに右規約を批准したことは，成立に争いのない証，……証言よって認められる[13]。もっとも，……例えば，難民の地位に関する条約では，明確に『国籍国』と表現している如く，国籍国を指す場合にはそのように明確にしていることもあること[14]，また，研究者の中には，ヨーロッパ人権条約及び米州人権条約では，B 規約 12 条 2 項に相当する条項では『自国を去る権利』という語句が用いられているのに対し，同規約 12 条 4 項に

---

(13)　日本は，本条項の起草過程において，「自国」を「国籍国」と解するとの了解のもとで，賛成の意を表明している。すなわち，「日本においては第 2 項（現 4 項）に掲げる権利の行使は個人の住居地（place of residence）ではなくその国籍によって規制されている。日本に住む外国人が同国を離れる場合には同人は再入国し得るには特別の許可を得なければならず，従って問題の権利は享有していない。結論として，日本代表団は，『自国』の語が自己が国民である国を意味すると解し得るという了解で五国案を支持する」と発言している。芹田・前掲注(9) 109 頁。5 か国案とは，1959 年11 月 13 日の第 956 会合に提出された，アルゼンチン，ベルギー，イラン，イタリア，フィリピン 5 か国の共同修正案を指す（2 項は "Everyone shall be free to leave any country, including his own, and to enter his own country, unless he has been exiled in accordance with the provisions of the law" と規定していた）。国枝昌樹外務省国際連合局人権難民課長（当時）『意見書』（昭和 63 年 11 月 2 日）26 頁。芹田教授は，この 5 か国案に対する日本の了解は，「何らかの法的意味をもっているものとは思われない」との見解を示している。「同上」110 頁。

(14)　日本が 1981（昭和 56）年に加入した「難民の地位に関する条約」第 1 条 A(2)は，明確に「国籍国（the country of his nationality）」という表現を採用している。芹田教授は，「わが国において現に効力を有する二つの条約の外国人の権利に関する規定が，一方で『自国』，他方で『国籍国』の用語を採用しているという事実から，自由権規約第 12 条 4 項にいう『自国』が『国籍国』を意味するという結論を直ちに引き出すことはできない」とする。芹田「同上」104 頁。

第9章 「自国」に戻る権利

相当する条項では『自己がその国民である国家へ入国する権利』という語句が用いられている例もあり，条約の各条項はそれぞれ正文化されるまでの経過・経緯があるので当該条項毎に……検討すべきであるとし，条約法条約32条の規定によって，規約の国際連合における審議経過を重視すべきものとし，その経過として，大略，『第六 本条について被告らの主張に対する原告の反論及び原告の主張の敷衍』四2ア，イの事実経過があって，……結局，国際連合総会で採択された時には，『自国』の用語に定住国を含ませるものとして確定したのであるから，そう解釈すべきであるとの見解を発表している者もあることを認めることができるけれども，仮に原告の主張するようにB規約12条4項の『自国』が『国籍国』のみならず『定住国』をも含ませるものとして確定したものであるとすれば，右『自国』という用語は，条約法条約31条4項にいう『特別の意味』を有することになるから，同条項によれば，『当事国がこれに特別の意味を与えることを意図していたと認められる場合』に該当しない限り，原告の主張するような解釈はできないというべきである。右に認定した事実経過を見るに，国際連合の審議において，当事国が『自国』に『定住国』の意味をも与える意図があったとすれば，『定住国』または『永久的住居』という用語の定義付け，永住資格の要否，国籍国と定住国が異なる場合の扱いなどの事項について，当然，審議がなされてしかるべきであろうと思われるが，それにもかかわらず，そのような審議がなされた跡は何も窺えない。この点から考えると，当事国において『自国』に『定住国』の意味をも与える意図があったとは到底認められない[15]」と判示し，原告の訴えを一蹴したのである[16]。

確かに，日本が当事国になっている条約法条約は，条約本文の尊重を基礎とする解釈の一般規則（第31条）と条約の準備作業の地位を2次的なものと

---

(15) 『判タ』注(4) 94-95頁。

(16) なお，その後の日本の判例では，類似の事案につき，「原告らは，国連における審議経過を縷縷主張し『自国』とは『定住国』をも含む旨主張するが，『定住国』を指すものであれば，明確に『定住国』との表現を用いてしかるべきであることをも考慮すると，原告らの主張を採用することはできない」との表現で同判決が引き継がれることになる。たとえば，指紋押捺拒否国家賠償請求大阪訴訟第1審判決（大阪地判平成10年3月26日），『判時』第1652号24頁。ただ，この論理だと，「自国」の解釈を「国籍国」に限定する場合も，「国籍国」との表現を用いて然るべきだとの議論も成り立つわけで，やや勇み足にも思える。

281

第Ⅲ部　日本の国内裁判所による解釈実践

する解釈の補足的手段（第32条）によって構成される解釈規則を示している。本条約草案を準備した国連国際法委員会（ILC）も，「条約の本文は当事国の意思の有権的表示であると推定されねばならないこと，およびその結果として，解釈の出発点は本文の意味の明確化であって，当事国の意思を根源に遡って探求するものではない[17]」（第31条の最終草案第27条のコメンタリー）と述べている。したがって，日本としては，条約の解釈にあたっては，何よりも条約の本文を重視し，用語の通常の意味による解釈によって合理的な結果が得られる場合には，条約本文以外の事柄によって，当事国の実際の合意の内容を探る必要はないことになる。条約法条約以前であっても，従来から，日本の裁判所は「文理解釈」という表現でこのことを明言している[18]。しかし，そうした解釈方法により明らかに不合理な結果がもたらされる場合は，その限りではない。問題は，本件がどちらに該当するかということである。

　判決は，「用語の通常の意味に従って解釈すれば，B規約12条4項の『自国』は，やはり『国籍国』を指すものと解釈するのが自然である」と判示した。しかし，注意せねばならないのは，条約法の権威とされるマクネイア（Lord McNair）が指摘するように，「用語は絶対的に『明白』でありうるが，条約の意味について判断する裁判所が確かめることを欲するのは，用語の相対的な意味，すなわち，条約が作成され用語が用いられた事情との関連における意味である。『通常の意味』の理論がいうのがこれであれば，それには何の反対も生じない。しかし，この理論が，裁判所は用語の初歩的で文字通りの意味の適用にとどまらねばならず，それ以上のいかなる追求も許されないというのであれば，この理論は誤りであろう[19]」という点である。その意味で，本判決での先に引用した論証抜きの意味の特定には，やや疑問が残る。なお，日本の裁判所は条約法条約の解釈規則につき，本判決と同様，「右条約は，1980年1月2日に発効しており，遡及効を持たないためそれ以前に発効したB規約には形式的には適用がないが，同条約の内容はそれ以前からの国際慣習法を規定している

---

(17)　*YILC*, 1966, Vol. Ⅱ, p. 220, para. 11. 小川芳彦「国際法委員会条約法草案のコメンタリー㈢」『法と政治』第19巻4号（1968年）125頁。

(18)　たとえば，大阪高判昭和29年5月20日（『高刑集』第7巻4号622頁）や大阪地判昭和42年8月31日（『判時』第519号74頁）。

(19)　Lord McNair, *The Law of Treaties*, (Oxford U. P., 1961), pp. 365-367.

という意味において，B 規約の解釈においても指針になるものと解される[20]」
との判断を示し，規約の解釈の際の指針としていることを付け加えておきたい。

ところで，条約法条約の解釈規則は，解釈の過程自体を規定するというよりは，解釈の過程において考慮されるべき要素の相対的な価値または重要性を規定したという性格を有するものである[21]。同条約が解釈に関する必要な規則を規定していることは事実だが，決して完全な規則を採択したとはいえず，条約の解釈を同解釈規則に硬直的に閉じ込めることには，多少問題が残る[22]。なぜなら，同規則の条文構造（第31条と第32条の峻別）とその形式的文理解釈からは，第31条の用語の「通常の意味」をいわば既知のものとし，解釈作業をまずは第31条に閉じ込め，第32条の条約の準備作業を最初から排除することになりかねないからである。実際，同規則では，準備作業の援用は，第31条による「解釈によっては意味があいまい又は不明確である場合」（第32条(a)）に限定されている。それ故，日本のある人権訴訟で，国側が主張したように，「B 規約14条1項の意味は条約法条約31条の規定に照らして明確であり，同条約32条にいう条約の準備作業及び条約の締結の際の諸事情に依拠してB 規約14条1項の意味を決定することは適当ではない」[23]との立論を可能にしてしまう。しかし，条約法条約の著名な概説書を著したシンクレア（Sir I. Sinclair）が，条約法条約の第31条および第32条の区別は，決して両者の間に厳格なヒエラルキーをもたらすものではなく，解釈者は本文の意味の明確化のためには準備作業を含む資料に依拠すべきだと述べていることに留意すべきである[24]。残念ながら，日本の裁判所では，これと異なる実行が行われており，また，条約法条約の条文それ自体，文理上はそれを許す表現になっている。

なお，判決が，2項の「自国」が「国籍国」を指すのは明らかだから，4項

---

(20) 京都指紋押捺拒否国賠訴訟控訴審判決（大阪高判平成 6 年 10 月 28 日）『判時』第 1513 号 86 頁。

(21) Sir Ian Sinclair, *The Vienna Convention on the Law of Treaties*, 2nd ed., Manchester U. P., 1984, p. 117.

(22) 拙稿「条約法典化における解釈規則の形成とその問題点」『関西大学法学論集』第 27 巻 6 号（1978 年）71 頁以下参照。

(23) 高松高裁受刑者接見妨害国家賠償請求控訴事件（平成 9 年 11 月 25 日第 4 部判決）『判タ』第 977 号 69 頁。

(24) Sinclair, *supra* note 21, 117.

第Ⅲ部　日本の国内裁判所による解釈実践

のそれも国籍国だと結論したのに対して，原告は，出国権と入国権の系譜は異なっており，両者を同一に解釈する論理的必然性はないと主張した[25]。確かに，両者の権利の系譜が異なるのは事実だが，しかし，同一の条文で同じ用語が用いられた場合，同一の意味を持つとの推定が強く働くように思われる。それ故にこそ，本事件では，何よりも「自国（his own country）」という用語が内包する意味を特定することが重要となる。

　また，判決は，「国際連合の審議において，当事国が『自国』に『定住国』の意味をも与える意図があったとすれば，『定住国』または『永久的住居』という用語の定義付け，永住資格の要否，国籍国と定住国が異なる場合の扱いなどの事項について，当然，審議がなされてしかるべきであろうと思われる」と指摘するが，こうした議論は，国際条約の締結の実情とかけ離れた議論のように思われる。現に，裁判所が引用している条約法条約第32条では，解釈の補足的手段として条約の準備作業に依拠しうることが規定されているが，同条約中には準備作業とは何を指すのかという定義は何ら行われていない。定義付けがなされないままに用語が条約中に用いられることは，条約においてしばしば発生するのである。その意味で，判決の立論は条約締結の実情と多少かけ離れた議論という印象が残る。いずれにしても，福岡地裁は，その結論に至る前に，なぜ自由権規約においては，「自己が国民である国（country of which he is a national）」という明確な文言に代えて，世界人権宣言第13条2項で用いられた「自国（his own country）[26]」という用語が採用されたのかを，起草過程を踏まえて慎重に検討する必要があったと思われる。

---

(25)　判決も指摘しているように，「国家は，外国人の入国を認めなければならない一般国際法上の義務を負うてはいない」が，他方で，「外国人の出国は自由であって，国家がそれを禁止することは原則としてできない」からである。田畑茂二郎『国際法新講上』（東信堂，1990年）240-243頁。

(26)　世界人権宣言第13条2項は，「すべての者は，いずれの国（自国を含む。）からも離れ，及び，自国に帰る権利を有する（Everyone has the right to leave any country, including his own, and to return to his country）」と規定し，自国（his own country）という表現を採用している。なお，人種差別撤廃条約第5条(d)(ii)項は，この表現をそのまま採用し，市民的権利として，「いずれの国（自国を含む。）からも離れ及び自国に戻る権利（The right to leave any country, including one's own, and to return to one's country）」を保障している。

284

第9章 「自国」に戻る権利

　また，海外渡航の権利についても，同地裁は，「国民が国家の構成員である以上，国民がその国に在住するという関係は，憲法で保障する以前の問題であるから，憲法22条第2項に規定する外国へ移住する自由には，日本国民が一時的に海外渡航する自由（海外旅行の自由）を含むと解される。この自由には，国民の出国の自由とともに，当然，絶対的権利として帰国の自由が保障されている。他方，国家は特別の条約がない限り，外国人の入国を許可する義務を負うものではなく，国際慣習法上，外国人の入国（本邦から出国した外国人の本邦への再入国）の許否は，当該国家の自由裁量により決定されるものとされているから，本邦から出国した外国人が本邦へ入国（再入国）することは，『権利』として保障されているとはいえない。このことは，日本国民にとっては，海外渡航と祖国への帰国という関係になるが，本邦に在留する外国人にとっては，外国である日本から海外へ出国し，祖国ではなく外国に過ぎない日本への再入国という関係になるので，この両者を同一に考えることはできない。この両者の差異は本質的なものである。憲法22条第2項の規定が外国人に対して，日本国の主権に服している限り，外国へ移住する自由（日本から出国する自由）を保障していると解されるが，それ以上に外国人が本邦へ入国（再入国）する点については，何ら触れていず，これを専ら立法に委ねていると解される。本邦に在留する外国人については，入管法に規定されていることは，前示のとおりである」[27]と判示した。

　この判決は，先の森川キャサリーン事件判決と同様に，在留資格や在留期間の長短を捨象した抽象的な外国人一般という概念を用い，外国人と国民という単純な二分法を用いて立論している点に特徴がある。「実体的には重大な差異があるにもかかわらず法的には一括して『外国人』」として取り扱うことの問題性と「外国人」の類型論の必要性については，すでに大沼保昭教授によって的確に指摘されており[28]，ここでは繰り返さないが，その二分法に問題があることはいうまでもない。また，荻野教授が指摘するように，仮に「外国人の再入国の自由は，国民の渡航の自由と同等なものと解することはできない」と

---

(27) 『判タ』注(4) 95-96頁。

(28) 大沼保昭『〔新版〕単一民族社会の神話を超えて──在日韓国・朝鮮人と出入国管理体制──』（東信堂，1993年）202-215頁。

第Ⅲ部　日本の国内裁判所による解釈実践

しても，「国民の渡航の自由と同様に解しえないということから再入国の自由
は成りたたないというのは論理の飛躍である」[29]といわざるを得ない。まして，
原告は日本で生まれ日本で育った協定永住資格者であり，判決がいう「本邦へ
の入国」の事実がない外国人である。そうした生活実態は，当然考慮されて然
るべきであろう。

　換言すれば，原告は，日韓法的地位協定により永住資格を有し（第1条），
活動内容や在留期間に制限がなく，退去強制事由も大幅に制限され（第3条），
国民健康保険，教育を受ける権利，生活保護，児童手当，国民年金，国民金融
公庫等々について国民に準じた取扱いを法的に認められている（第4条）外国
人である。もちろん，同協定では，かかる協定永住者であっても，「出入国及
び居住を含むすべての事項に関し，この協定で定める場合を除くほか，すべて
の外国人に同様に適用される日本国の法令の適用を受けることが確認される」
（第5条）と規定されていることは，事実である。しかし，その生活実態を見
れば，一時的旅行者たる外国人とは大きく異なり，国民に準じた法的取扱いが
なされている外国人である。もちろん，いわゆる「帰国権」について国籍また
は市民籍を規制基準とする国と永住的住居を規制基準とする国が存在すること
は事実であり，日本が前者を採用し，出入国管理に当たって，そうした国内立
法をとっていることも事実である。しかし，問題は，そうした国内法（憲法や
入管法）の解釈の問題にとどまるものではない。要は，そうした解釈が，日本
が締約国である自由権規約の義務と適合しているかどうかである。本事件は，
まさしくこの点を問うているのである。

(2)　福岡高裁判決（1994〔平成6〕年5月13日）

　原判決に対し，控訴人は，「国籍国との解釈……は何ら合理性がない」とし
て，規約の起草過程に遡って，次のように主張した。
　「……英語を母国語とするイギリス，カナダの国家代表が，国連の会議とい
う公式の場で『ヒズ・オウン・カントリー』なる用語は不明確であるとか曖昧
であるとの発言をしている事実が明記されている（インドも同旨の発言をしてい

（29）　荻野・前掲注(12) 55頁。

第9章 「自国」に戻る権利

る）。……『ヒズ・オウン・カントリー』なる用語の意味は曖昧であり，条約
法条約 32 条(a)号により，条約の準備作業等により意味の確定をすべきである。

　……原判決も認める条約の成立過程においては，

① 　人権委員会における草案作成段階で，オーストラリアが『永住外国人の
海外旅行』を保障するため国籍の限定に反対し，国籍国に限定しようとす
る国との妥協が図られ，それまでの案文であった『カントリー・オブ・
フィッチ・ヒー・イズ・ア・ナショナル』から『ヒズ・オウン・カント
リー』に変更のうえ草案とされた。

② 　右の経過は，国連事務総長よる報告書で国連第 3 委員会の出席国に対し
告知されていた。

③ 　国連第 3 委員会で審議においては，カナダが国籍国に限定する修正案を
提案したが，同国はこれを撤回した。

④ 　同審議中には，カナダ案に賛成を表明する国もあったが（インド），国
籍国への限定に反対する国（サウジアラビア）があった。

⑤ 　草案の用語である『ヒズ・オウン・カントリー』が条約正文となったと
いう各事実が認められる。

　したがって，条約締結当事国の意思としては，B 規約 12 条 4 項の保障に永
住外国人の海外旅行の保障を含ましめるものであったというべきであり，『ヒ
ズ・オウン・カントリー』は永住国を含むというべきである。

　……原判決は，B 規約 12 条 4 項の『ヒズ・オウン・カントリー』の『通常
の意味』を『国籍国』と解し，控訴人の主張はウィーン条約 31 条 4 項にかか
る『特別の意味』の主張と曲解し，12 条 4 項の審議経過からみて，控訴人の
主張は認められないとする。しかし，右にみた審議経過からすれば，永住国を
含ましめたとの認定はできても，国籍国に限定されたとの認定こそできないは
ずである。したがって，仮に，百歩譲って，ウィーン条約 31 条 4 項の問題と
してとらえるとしても，国籍国への限定はなされておらず，永住外国人を包含
させるという意味で『ヒズ・オウン・カントリー』という用語が使用されたこ
とについて立証がなされている」[30]と，その控訴の趣旨を説明した[31]。

(30) 『控訴第 1 準備書面』（1990 年 3 月 16 日）7-11 頁。
(31) この起草経過は本事件で原告側の証人として出廷した芹田教授の理解による。詳し

287

第Ⅲ部　日本の国内裁判所による解釈実践

　しかし，国側の証人として出廷した国枝昌樹人権難民課長（当時）は，同じ起草過程の分析ながら，控訴人（原告）とはまったく異なる解釈を提示した。まず，国枝氏は，「国際法上，国家は外国人の入国については，これを許可するか否か，いかなる条件で許可するかについて自由裁量を有すると一般に認められている。かかる国際法の一般的原則に照らし，又，用語の通常の意味に鑑みれば，自国に戻る権利を規定しているB規約12条4項の自国（his own country）は，文理上国籍国を意味していると解される」[32]とし，同規約第12条2項および第25条(c)の「自国」もいずれも「国籍国」と解されるとする。そのうえで，審議経過の分析に移り，人権委員会第5，第6および第8会期（1949年，1950年，1952年）と第14回国連総会（1959年）第3委員会の第954会合から第959会合の審議経過を次のように理解する。

　まず，人権委員会の第5会期の審議は，レバノン提案──「何人も，自由に自国に戻ることができる（any one is free to return to his country）。」──を基礎に進められた。これに対し，フランスが，「自国」を「自己が国民である国」とすることを提案するとともに，自国に戻る権利は基本的人権なので，提案にあった柱書き──「特別の安全保障上の理由又は一般的利益のため採択され，かつ国際連合の目的及び原則に反しない一般的な法律に従うことを条件として」──の制限をかぶせるべきではないとした。レバノンはこれを受け入れ，修正案は賛成12，反対0，棄権3で採択された[33]。ところが，第6会期でオーストラリア修正案──「すべての者は，自由に自国に戻ることができる（Everyone is free to return to his own country）。」──が提出された。オーストラリアは，同国の「修正は，他国の国籍を未だ保持しつつも，当該国に永く居住し，そこに定住したといわれうる者の場合を正確にカバーすることを目的としている」と説明したが，「帰国権」について永住的住居を規制基準とするオーストラリアと異なり，国籍または市民籍を規制基準とする米国がこれに反対し，「アメリカは，国民でないものに対して……権利の問題として帰国許可

　　くは，芹田・前掲注(6) 105-109頁参照。他方，これと異なる起草経過の理解については，被告側の証人として出廷した国枝『意見書』注(13)に詳しい。
(32)　国枝『同上』1頁。
(33)　『同上』6頁。

288

第9章 「自国」に戻る権利

を与えることはしておらず，オーストラリア案はあまりに漠然としており，ア
メリカは国籍基準を不可欠とみなしている」[34]として，これに反対した。ギリ
シャも同様である。その結果，この修正案は賛成6，反対7，棄権1で否決
され，代わりに米国提案——「前号を条件として，何人も，自己が国民である
国に自由に戻ることができる（Subject to the preceding sub-paragraph, any one
shall be free to enter the country of which he is a national）。」——が，賛成9，反
対0，棄権5で採択され，第6会期案となった。第8会期になり，オースト
ラリアが再び問題を提起し，「『永久的住居』の概念が導入されるのでなけれ
ば，同項を受け入れることはできない」[35]と発言した。しかし，フランスは，
「永久的住居」という法的概念は，同国に存在しないと発言した。そこで，英
国が世界人権宣言第13条2項の文言を踏襲するのがよいと発言した。これ
を受けて，議長が，「すべての者は，自国に戻る権利を有する（Everyone has
the right to return to his country）。」を提案し，最終的に「自国」を "his own
country" に変更するオーストラリア新修正案が，賛成10，反対2，棄権6で
可決されたのである。こうした経緯を紹介したうえで，国枝証人は，オースト
ラリア以外の各国は，"his own country" が国籍国を意味するとの理解のうえ
で賛成したと結論する。

　その後，1959年の第14回国連総会第3委員会の第954会合で，カナダが
"his own country" の語は曖昧であり，拘束力のある文書には適切ではないと
して，"the country of which he is a national" に置き換えることを提案した。
しかし，その後の第957会合で，カナダは「自国修正案についての投票に固執
しないと述べたうえで，『to enter his own country』の文言については多様な
解釈が可能であり，国家はその全ての解釈に同意するよう法的に拘束される
ことはないとし，『to enter his own country』が『the country of which he is a
national』のみを意味するとの了解のもとに，自国修正案を撤回した」[36]ので
ある。英国も，カナダと同様の解釈だと述べた。その結果，先の文言が第959
会合で最終的に採択されたのである。国枝証人は，「カナダ，パキスタン，日

---

(34) 『同上』11頁。
(35) 『同上』15頁。
(36) 『同上』28-29頁。

289

第Ⅲ部　日本の国内裁判所による解釈実践

本，イギリス，チェコスロバキアが『自国』を国籍国と解する旨を明確に表明した」[37]ことをもって，「自国」は「国籍国」との解釈を引き出している。

　しかし，筆者には，この起草過程からは，「国籍国」に限るとも「定住国」を含むとも，いずれかに明確に特定できないように思われる。国際社会では，出入国管理にあたって，国籍または市民籍を規制基準とする国と永住的住居を規制基準とする国があるがために，妥協として，「自国 (his own country)」という表現が採用されたと考えるからである。1988 年に「出国・帰国の権利宣言」草案をまとめた特別報告者ムバンガ・チポヤ (Mubanga Chipoya) が，規約の起草過程を総括した際に用いた表現を借りれば，「『国籍国』に限定することに賛成する国が優勢 (prevailing) であったとしても[38]」，最終的にはわざと曖昧な表現がとられたのではないかとの印象を持つ。実際，自由権規約委員会のシャネ (C. Chanet) 委員も，後述するカネパ対カナダ事件（通報番号 558/1993）の反対意見のなかで，「曖昧かつより一般的な用語の意図的な使用は，規約の起草者たちが，委員会が決定したような方法（筆者注：第 12 条 4 項の適用を国籍や帰化と不可分とする立場）で条文の範囲を限定することを望まなかったことを示している[39]」との解釈を示している。

　いずれにしろ，福岡高裁は，控訴人（原告）の協定永住資格確認の訴えについては，「控訴人は，昭和 61 年 8 月 14 日再入国の許可を受けずに本邦から出国したことにより，本邦における在留資格（協定永住資格）を喪失した」との判断を示すと同時に，先に引用した箇所が立証しようとした点についても，原審と同じ理由により，「B 規約 12 条 4 項の規定をもって控訴人の協定永住資格存続を肯定することはできない」と判示した。そこには，国枝意見書で述べられた，「自己が国民である国 (country of which he is a national)」という文書から「自国 (his own country)」という文言への変更は，意味の変容を伴わない単なる文言上の置き換えという判断の採用が含まれている。

---

(37) 『同上』33 頁。

(38) *The Right of Everyone to Leave any Country, including His own, and to Return to His Country, Final Report prepared by Mr. C. L. C. Mubanga-Chipoya*, E/CN. 4/Sub. 2/1988/35, p. 20, para. 93.

(39) S. Joseph, J. Schultz and M. Castan, *The International Covenant on Civil and Political Rights-Cases, Materials and Commentary*, (Oxford U. P., 2000), p. 267.

第9章 「自国」に戻る権利

しかし，他方で，再入国取消処分に関しては，再入国不許可処分取消の訴え
の利益は，原告が同許可を得ずに出国して在留資格を喪失したことを理由に否
定されないとし，また指紋押捺拒否を理由とする再入国不許可処分が法務大臣
の裁量権の範囲を超えまたは濫用があったとして，これ取り消した点で注目さ
れる[40]。とりわけ，協定永住資格者の法的地位についての判断が注目される。
判決は，「日韓地位協定，国際人権規約，難民条約等を契機として，国内法は，
協定永住資格者に対して国民に準じた法的地位を認めている」とし，①永住資
格，②退去強制事由の大幅な制限，③教育を受ける権利の取得，④生活保護受
給手続の法的根拠の取得，⑤国民健康保険加入資格の取得，⑥再入国不許可裁
量権の制約を考慮したうえで，「このように，協定永住資格者は，日本国民と
ほとんど異ならない地位を有しており，他の在留外国人とは質的に異なる資格
を有していたのである[41]」と判示したのである。もっとも，重要な点は，「準
ずる」の法的意味内容は何かということである。

本件の上告に当たって，上告人は，「本件再入国不許可処分当時の出入国に
関する法体系においては，『国民』の海外渡航については，憲法22条の保障の
もと，旅券法13条各号で旅券発給の要件が定められており，一般的規定とし
ては『著しく且つ直接に日本国の利益又は公安を害する行為を行う虞があると
認めるに足りる相当の理由がある者』（同法13条5号）でなければ，旅券が発
行されることになっていた。また，『難民』の海外渡航については，入管法で
『日本国の利益又は公安を害する行為を行うおそれ』がなき場合は旅行証明書
が発行されることになっていた（同法61条の2の6第1項）。

右のような法体系のもとで，『国民に準ずる法的地位を有するもの』の海外
渡航について，……まさしく，国民に準じた法的保障がされるべきである。特
に，協定永住資格者については，……『討議の記録f』において『法令の範
囲内でできるだけ好意的に取り扱う』趣旨での法的拘束があるのであるから，
『難民』より劣位の取扱いを受けるのは不当といわざるを得ない」のであり，
その帰結として，「『日本国民にとっては，海外渡航と祖国への帰国という関係

---

(40) 福岡高裁平元(行コ)第7号，再入国不許可処分取消等請求控訴事件（平成6年5月
　　13日第3民事部判決）『判タ』第855号156-160頁。

(41) 『同上』159頁。

第Ⅲ部　日本の国内裁判所による解釈実践

であり，協定永住資格者にとっては，生活の本拠であり国民に準じた法的地位
を保障された永住国である日本から海外へ出国し，再び右のような自己の生活
の本拠である永住国日本への再入国という関係になるので，この両者は同一に
考えることができる。この両者に本質的な差異はない。』というべきである(42)」
と主張するのである(43)。こうした上告人の主張に対して，果たして最高裁が
どう答えるかが注目された。

(3)　最高裁判決（1998〔平成10〕年4月10日第2小法廷）

　最高裁では，上告理由として，条約解釈の違背が認められていない関係で，
もっぱら憲法解釈が争われることになったが，最高裁は，一転して，「原判決
中被上告人に対する請求に関する部分を破棄し，右部分についての被上告人の
控訴を棄却する」（主文）との判断を示した。すなわち，「再入国不許可処分を
受けたものが本邦から出国した場合には，右許可処分の取消しを求める訴えの
利益は失われる」と判示したのみならず，法務大臣の裁量に関する違法性判断
についての法令違背についても，「二　原判決は，日本から出国した外国人が日
本へ再入国することは日本国民による渡航と祖国への帰国という関係とは本質
的に異なり，外国人の再入国は権利として保障されているとはいえないとして
いるにもかかわらず，協定永住者の法的地位が永住資格の付与，退去強制事由
の制限，教育を受ける権利の取得等の点において日本国民とほとんど異ならな
い地位にまで高められているとして，協定永住資格者に対する再入国拒否処分
の法務大臣の裁量の範囲については，他の在留資格者における場合に比し自ず
から一定の制約があるとするが，このように解する根拠はない。すなわち，協
定永住者に付与された右の特典は，協定永住者が日本に在留することを前提と

---

(42)　『民集』第52巻3号789-791頁。

(43)　実際，祝賀団事件では，「再入国許可申請者が日本国の利益又は公安を害する行為
を行うおそれがあるなど公共の福祉に反する場合に限って，再入国の許可を拒否する
ことができるにすぎない」との判断基準が示されていた。東京高判昭和43年12月18
日『行集』第19巻12号1947頁。その後，森川キャサリーン事件などで，法務大臣
の裁量に対する審査制度として明白性の統制を採用している点については，本多滝夫
「指紋押捺拒否と再入国不許可処分」『ジュリスト平成6年度重要判例解説』1068号
（1995年）30-31頁参照。

第 9 章 「自国」に戻る権利

して便宜を図った結果にすぎず，もとより出入国や在留自体について日本国民に準ずる法的利益を認めたものではないし，右の特典が与えられたからといって，協定永住者が外国である日本から出国して再入国することと，日本国民が海外へ渡航して祖国へ帰国することとの間にある本質的な差異を解消させることとはなり得ない。したがって，原判決の右の説示が誤っていることは明白である[44]」と判示したのである。本事件で展開された，協定永住者の帰国権の主張は，結局，日本の裁判所では認められなかったのである[45]。

　いずれにしろ，以上の判例の検討から見えてくるのは，原告，被告双方とも規約の起草過程からみずからの結論を引き出していることである。原告は，「自己が国民である国 (country of which he is a national)」という文言から「自国 (his own country)」という文言への変更を，「国籍国」のみならず「定住国」を含むという意味の変容をもたらしたものと捉え，他方，被告は，それは意味の変容をもたらさない単なる文言上の変更に過ぎないと捉える。しかし，妥協として意味の曖昧な「自国 (his own country)」という用語が提案され受け入れられたという経緯から見えてくるのは，国籍国に限るという明確な結論でも，また他方で，定住国を含むという明確な結論でもないように思われる。もしこの判断が正しければ，引き出しうる結論はただ 1 つである。すなわち，本項の「自国」という文言の内容の確定性は低く，それは未解決のまま残されたという結論である。もし，このように，単に起草過程の検討だけでは意味の確定が困難だというのであれば，「条約の適用につきその後に生じた慣行であって，条約の解釈についての当事国の合意を確立するもの」（条約法条約第 31 条 3 項(b)）を探る必要がある。実際，1988 年，国連差別防止・少数者保護委員会（その後の国連人権促進保護小委員会。現在は国連人権理事会諮問委員会）に，「出国・

----

(44) 最高裁平 6（行ツ）第 152 号，再入国不許可処分取消等請求事件（平成 10 年 4 月 10 日第 2 小法廷判決）『民集』第 52 巻 3 号 696-697 頁，『判タ』第 973 号 127-128 頁。

(45) 本判決に対する批判的評釈としては，小林武「崔善愛事件上告審判決」（『判例評論』479 号）『判時』第 1655 号 213-218 頁参照。なお，原告の崔善愛さんは，判決後の入管法特例法附則第 6 条の 2 の成立により，2000（平成 12）年 4 月 3 日，特別永住資格を獲得した。この経緯については，崔善愛『「自分の国」を問いつづけて』岩波ブックレット（525 号）42 頁以下参照。こうした経緯は，冒頭に述べた本件の特異な性格を表すと同時に，日本の司法のあり方について一考を促すものである。

293

第Ⅲ部　日本の国内裁判所による解釈実践

帰国の権利宣言」草案を提出した前述のチポヤも，自由権規約の起草過程を総括して，「この規定の起草者たちは，この問題を決定することを望まず，将来の実践と解釈に委ねた[46]」との結論に到達している。

そこで，われわれに，残されている作業は，第1選択議定書の個人通報制度のなかで，規約の履行監視機関である自由権規約委員会で本項がどのように解釈されているかを探ることである。もちろん，委員会の解釈はあくまで委員会の解釈であって，それがそのまま「当事国の合意を確立するもの」でないことは事実であるが，われわれが取り上げている問題に新たな光を与えてくれることは間違いないであろう[47]。なぜなら，委員会の解釈は，条約法条約第31条1項のいう「その［規約の］趣旨及び目的に照らして与えられた用語の通常の意味に従」った解釈だと思われるからである。そこで，次に規約第12条に関する個人通報制度の事例を取り上げ，自由権規約委員会で本項につきどのような解釈が展開され，また定着しつつあるかを探ってみよう。

2　個人通報事例の検討とそれに基づく一般的意見

(1)　A. S. v. Canada（通報番号 68/1980）

1980年5月23日に通報され，翌1981年3月31日に不受理とされた本件の通報者は，ガナダのオンタリオに居住するポーランド出身のカナダ市民である。通報者は，自己と，ポーランドに住む娘Bおよびその息子（いずれもポーランド国民）に代わって申し立てた。通報者は，1977年春，所轄のカナダ出入国管理局に，両名に代わって，両名が通報者と同居するため永住権を有する者

---

(46)　E/CN. 4/Sub. 2/1988/35, p. 20, para. 93. 詳しくは，岡本・前掲注(10) 36-37頁。岡本氏によれば，1985年国連総会における「外国人の人権宣言」の際も，この問題が再燃したが，再び決着がつかなかったとされる。同上37頁。なお，同宣言については，古川照美「『外国人の人権宣言』──国連総会決議40/144採択とその意義」『ジュリスト』第883号（1987年）51-57頁参照。

(47)　実際，東京地裁は，恩給請求棄却処分取消請求事件で，「規約人権委員会が，一般的意見及び……個人の通報に対して発出される意見等において示すB規約の解釈は，最高の権威を有し，締約国に対する法的強制力こそ有していないが，いずれも『条約の解釈又は適用につき当事国の間で後にされた合意』（ウィーン条約31条3項(a)）に該当する」との原告の主張を退けている。『判時』第1657号48頁および55-56頁。

第 9 章 「自国」に戻る権利

としてカナダへ入国することの許可を求めた。しかし，カナダから入国許可が
得られないため，娘と孫がポーランドからの出国許可に必要な申請を行うこと
ができないと訴えた[48]。訴えられた締約国カナダは，通報の受理可能性につき，

「5.1　通報は選択議定書第 1 条の要件を満たしてはいない。なぜなら，[呼
び寄せようとする娘] Ｂもその息子もカナダの管轄の下にない。第 12 条
のいかなる違反も存在しない。なぜなら，Ｂはカナダの国民でもなければ
同国の永住者でもない。それ故，『自国に戻る権利を恣意的に奪われ』て
はいない[49]」と抗弁した。

注目されるのは，先に紹介した規約の起草過程おいて，「自国」を「国籍国」
と解していたカナダが，本件では，第 12 条 4 項の権利主体に「国民」のみで
なく「永住者」をも含めていることである[50]。これに対して自由権規約委員
会は，

「8.2(a)　第 12 条は，『何人も，自国に戻る権利を恣意的に奪われない』と
規定する。Ｂおよびその息子はポーランド国民である。それ故，第 12 条
の規定は本件では適用されない[51]」との見解を示した。

通報の事実関係を見ても明らかなように，通報者の娘と孫はともにポーラン
ド国籍で，しかもポーランドに居住しており，カナダにおける永住者でもない。
見解が，4 項の「自国」の解釈として，「国籍国」を強調する解釈を行うのは，
事案の性質上無理からぬ点がある。しかし，このことから，委員会が，日本の
裁判所と同様に，第 12 条 4 項の「自国」の解釈として，「国籍国」に限定した
解釈を採用していると結論するのは早計である。実際，委員会は，その後の個
人通報事例で同項の「自国」の解釈を発展させている。その背景に，前述した
「出国・帰国の権利宣言草案」（1988 年）第 11 条の，「居住国を離れる合法的永

---

(48)　A. S. v. Canada, Communication No. 68/1980 (31 March 1981), U. N. Doc. CCPR/
C/OP/1 at 27 (1984), paras. 1-3. 本事件は，宮崎繁樹他編『国際人権規約先例集——規
約人権委員会精選決定集第一集』（東信堂，1989 年）64-68 頁に翻訳されている（阿部
浩己担当）。

(49)　*Ibid.*, para. 5. 1.

(50)　同様の理解を示すものとして，芹田・前掲注(3) 218 頁，および宮崎繁樹編『解説
国際人権規約』（日本評論社，1996 年）173 頁（阿部浩己担当）。

(51)　U. N. Doc., CCPR/C/OP/1, para. 8. 2.

295

第Ⅲ部　日本の国内裁判所による解釈実践

住者（permanent legal residence）は，本宣言第6条の下で適用可能なものと同一の合理的理由がある場合を除き，その国に帰る権利を否定されない」[52]との規定に見られるように，定住外国人の帰国権を認めようという新たな動きがあったことは間違いないであろう[53]。

(2)　Charles E. Stewart v. Canada（通報番号538/1993）

　1993年2月18日に通報され，翌1994年3月18日に見解が示された本件は，その結論はともかく，第12条4項の「自国」が「国籍国」の概念よりも広いこと，さらに日本の国内判例とは異なり，同項の文言はより広い解釈を許容しているとの立場から，単なる外国人とは異なる長期居住者のような範疇の人々をも包含しているとの解釈を示した点で，注目される。しかも，本項につき，各委員がその解釈を個別意見のなかで明らかにし，後の委員会による本条に関する一般的意見作成の契機となったという意味でも重要な事件である。

　本件の通報者はチャールズ・エドワード・スチュワートで，1960年生まれの英国人である。7歳からカナダのオンタリオに住み，最近，カナダから国外追放処分を受けた。彼は，カナダの行為は，自由権規約第7条，第9条，第12条，第13条，第17条および第23条に違反していると主張した。通報者の提出した事実関係は，以下の通りである。

　「2.1　通報者は1960年12月にスコットランドに生まれた。7歳で母親とともにカナダに移住した。というのも，彼の父親と兄が当時すでにカナダに住んでいたからである。その後両親が離婚し，通報者は，母親と弟とともに暮らしていた。母親は病弱で，弟には知的障害と慢性の癲癇病があった。

---

(52)　特別報告者チポヤは，「（帰国権の）発展は，日常的に1つの国に居住する者に対して（その国に帰る権利を）与える方向ではかられるべきである。権利の付与は，居住の長さによる。5年以上1つの国に居住する者は，出国の後，その国に帰れるようにすべきである」との立場から起草したという。E/CN. 4/Sub. 2/1988/35, pp. 20-21 para. 97. 岡本・前掲注(10) 38頁。もっとも，その期間の妥当性には異論の余地もあろうし，その他の条件の付加の必要性など議論の余地はあろう。

(53)　1986年11月26日に国際人権研究所主催の専門家会議で採択された「出国及び帰国の権利に関するストラスブール宣言」第7条も，「自己の居住国を一時的に出国する永住者は，同国に帰国する権利を恣意的に否定されない」と規定した。芹田・前掲注(3) 223頁。

第9章 「自国」に戻る権利

兄は過去の犯罪歴が原因で，1992年に英国に国外追放された。通報者の親戚はこの兄を除けば，すべてカナダに居住している。そして通報者自身にも，1989年に離婚した妻との間に幼い双子の子どもがあり，彼らは母親と暮らしていた。

2.2　通報者によれば，彼はこれまでずっとカナダ国民だと考えていた。有罪判決を受け，出入国管理官からの照会があって初めて，通報者は，自分が幼い頃に，両親がカナダの市民権を請求していなかったために，自分はカナダに永住する外国人に過ぎないことに気づいた。1978年9月から1991年5月までの間に，通報者は42件の事件——そのほとんどが軽犯罪法や道路交通法違反——で有罪判決を受けた。2つの事例で，マリファナの所持および法律で禁止されている武術道具の所持により，有罪となった。1つの事例では，かつての恋人に暴行を加え，怪我を負わせた罪で1984年9月に有罪となった。弁護人によれば，通報者が有罪となった事例のほとんどは，悪しき習慣によるもの，とくにアルコールによるものである。1990年9月に，保護監察を条件に釈放されてからは，いくつかの麻薬，アルコール・リハビリテーション・プログラムに参加した。さらに，飲酒癖を直すために，医師の助言を受け，一度飲み過ぎたことを除けば，断酒を続けている。

2.3　通報者は，あまり家計を助けることはできないが，できるときには必ず家に金を入れ，家庭生活にあっては，病弱な母と知的障害のある弟を助けている。

2.4　通報者の出入国管理審査は，出入国管理法第27条1項に従って行われた。この規定によれば，カナダに永住する外国人たる被告が出入国管理法に規定する特定の犯罪を行い有罪になったと出入国管理の審判人が判断した場合，当該外国人はカナダからの強制退去を命じられる。1980年8月，通報者は，複数の事例で有罪になったことを理由に国外退去を命じられた。彼は，出入国管理控訴部（Immigration Appeal Division）に対して，国外退去命令につき控訴した。1992年5月15日，控訴委員会（Board of the Appeal Division）は彼の聴聞を行い，同年8月21日に彼の主張を棄却した。この決定は，同年9月1日に本人に伝えられた。

297

第Ⅲ部　日本の国内裁判所による解釈実践

2.5　1992年10月30日，通報者は，連邦上訴裁判所に対し，上訴許可申請
　　の期限延長を要請した。当初，裁判所は，この要請を認めたが，後に当該
　　上訴許可申請を棄却した。その結果，連邦上訴裁判所からカナダ最高裁判
　　所または他のいかなる裁判所への，それ以上の上告も上訴許可申請も行い
　　えない。故に，実効的な国内救済の方法は，これ以上認められない。

2.6　通報者が国外退去になった場合，出入国管理法第19条(1)(i)および
　　第55条の文言に基づき，カナダ雇用移民大臣 (Canadian Minister of
　　Employment and Immigration) による明示の同意がなければ，カナダに戻
　　ることはできない。カナダへの入国を再度申請するには，所轄の大臣の同
　　意が必要なだけでなく，法律に定められた移住許可のための他の基準をす
　　べて満たさなければならない。さらに，通報者の場合，有罪判決を受けて
　　いるため，出入国管理法第19条(2)(a)に基づけば，カナダへ戻ることは不
　　可能となる。

2.7　通報者対する退去命令は，いつ執行されてもおかしくない状況にある
　　ため，弁護人は委員会に対して，手続規則第86条に基づき，締約国に仮
　　保全措置を要請するように求めた」のである[54]。

　　なお，本件の受理可能性をめぐる通報者の主張の要点は，下記の通りで
　　ある。

「3.4　通報者は，第12条4項が彼の状況に適用可能であると主張する。な
　　ぜなら，実際，カナダは彼の『自国』であるからだ。カナダからの強制退
　　去は，カナダへの再入国への法定の禁止をもたらす。これに関連して，第
　　12条4項が，あらゆる人が，単に国籍国や出生地国ではなく『自国』に
　　戻る権利を持つとしていることが注目される。弁護人は，英国はもはや通
　　報者の『自国』ではないと主張する。なぜなら，彼は7歳の時に同国を離
　　れており，彼のすべての生活はカナダにおける家族を中心としている。か
　　くして，法的な意味でカナダ人ではないが，彼は事実上の (de facto) カナ
　　ダ国民と考えられなければならない[55]」と主張した。

---

(54)　Communication No. 538/1993: Canada. 16/12/96. CCPR/C/58/D/538/1993, paras.
　　　1-2.7.

(55)　*Ibid.*, para. 3.4.

第 9 章 「自国」に戻る権利

これに対してカナダは，本件の受理可能性を争って，次のように反論した。

「5.1　カナダは，通報者が規約第 7 条，第 9 条，第 12 条および第 13 条の違
　　　反の主張の立証に失敗したと主張する。国際人権法および国内の人権法は，
　　　国家にとどまる権利および国家から追放されないことが当該国家の国民に
　　　限定されていることを明確に述べていることが想起される。これらの法は，
　　　特定の場合には国民でない者がこうした権利を利用できることを認めるが，
　　　国民が持つ権利より，より限定的である」(56)と。

こうした両者の主張を受けて，委員会は次のように述べて本件を受理可能と
判断した。

「7.5　委員会は，第 12 条 4 項が通報者の状況に適用可能であるかどうかの
　　　決定は，カナダが第 12 条 4 項の意味における通報者の『自国』とみなさ
　　　れるかどうか。また仮にそうならば，通報者の英国への強制退去は，彼が
　　　『自国』に再入国することを妨げることになるかどうか。そして肯定的な
　　　場合は，これが恣意的に行われたかどうかの慎重な分析を必要とすること
　　　に注目した。委員会は，通報者の状況が第 12 条 4 項に包含されないとア
　　　プリオリに示すものは存在しないと考える。それ故，この問題は本案で考
　　　察されるべきだと結論する」(57)と述べたのである。

その結果，舞台は本案の攻防に移った。カナダは，

「9.1　1995 年 2 月 24 日の提出書において，スチュワート氏は決してカナダ
　　　を自国としてとどまる無条件の権利を取得していないと主張した。さらに，
　　　彼の強制退去はカナダへの再入国の絶対的な障害として働くものではな
　　　い(58)」と述べた。

これに対し，通報者の弁護人は，

「10.1　1995 年 6 月 16 日の提出書において，カナダにおける長期にわたる居
　　　住によって，スチュワート氏は規約第 12 条 4 項の適用上，カナダを『自
　　　国』とみなす資格を持っている(59)」と反論した。

---

(56)　*Ibid.*, para. 5. 1.
(57)　*Ibid.*, para. 7. 5.
(58)　*Ibid.*, para. 9. 5.
(59)　*Ibid.*, para. 10. 1.

第Ⅲ部　日本の国内裁判所による解釈実践

委員会は，こうした主張を受け，次のように結論した。

「12.1　本件において決定すべき問題は，スチュワート氏の追放がカナダが規約第12条4項，第17条および第23条に基づき負っている義務に違反するかどうかである。

12.3　今やカナダがスチュワート氏の『自国』とみなされるかどうかが問われている。第12条4項を解釈するにあたって，『自国』という文言の範囲が『国籍国』の概念よりも広いことに注目する必要がある。

　　……さらに，第12条4項の意味を理解するにあたって，規約第13条の文言にもまた考慮が払われなければならない。

12.4　さほど明確でない点は，国民に加えて，第12条4項の規定によって保護されるべきは誰かということである。『自国』という概念は，法的意味での国籍，すなわち，出生や付与によって取得される国籍に限定されないので，それは，少なくとも，ある国と特別の関係があるか，その国との関係で権利を主張している，単なる外国人とはみなされえない個人を含むのである。……要するに，これらの個人は法的な意味での国民でもありえないし，また第13条の意味における外国人でもありえない。第12条4項の文言は，より広い解釈が許容されており，さらには，長期居住者のような他の範疇の者を包含する。とくに，居住する国の国籍を取得する権利を恣意的に奪われた無国籍の人を含む。

12.5　……本件において，移住国は国籍の取得を促進しており，また移民が選択またはみずから国籍を取得する資格を失うことによって，その国籍の取得を差し控えており，移住国は規約第12条4項の意味での『自国』ではない。

12.9　委員会は，カナダは規約第12条4項の適用上，スチュワート氏の『自国』とはみなされえないとし，締約国による本条の違反はなかったと結論する[60]」と述べた。

このように本見解の結論それ自体は，第12条4項の適用を帰化の問題に絡めて国籍と不可分なものとして解釈し，通報者の訴えそのものは退けている。

----

(60) *Ibid.*, para. 12. 1-12. 9.

第9章 「自国」に戻る権利

しかし，その過程で，第12条4項の解釈を大きく発展させていることがわかる[61]。

また，この多数意見につき，各委員からいくつか興味深い個別意見が寄せられた。とりわけ，エヴァット（E. Evatt），メディナ・キロガ（C. Medina Quiroga）およびアギュイラ・アルヴィナ（F. J. Aguilar Urbina）の共同反対意見，シャネとプラド・バレホ（J. Prado Vallejo）の共同反対意見，さらにはバグワティ（P. H. N. Bhagwati）の長文の反対意見に共通するのは，多数派の意見は帰化の余地を強調することにより，第12条4項を国籍と分かちがたく狭く解釈し過ぎているとの主張である。少数派の委員たちは，同項は，個人とその家族もしくは友人との，あるいはもっと一般的にいえば，個人を取り巻く社会環境を形づくる様々な関係との親密な接触を当該個人が奪われないようにするものだと主張する。個人の「自国」には，間違いなく国籍国が含まれる一方で，少数派の見解によれば，個人と国との密接かつ永続的な関係，すなわち国籍に基づく関係よりも強固な関係をもたらす可能性がある要素が存在する，というのである。後述する本項に関する一般的意見には，本通報に反対意見を書いたこれらの委員の考えが少なからず反映されることになった。さらに，この後，類似の事例が同じくカナダについて発生した。

(3) Giosue Canepa v. Canada（通報番号 558/1993）

1993年4月16日に通報され，1997年6月20日に見解が示された本件における通報者は，カナダから国外退去命令を受けたイタリア国民のジョズエ・カネパである。彼は，カナダは，自由権規約第7条，第12条4項，第17条および第23条1項に違反するとの主張を行った。通報者の主張する事実関係は，以下の通りである。

「2.1　通報者は，1962年1月にイタリアで生まれた。5歳の時に両親とともにカナダに移住した。一家がカナダに落ち着いてから，弟が生まれたが，彼は，出生によってカナダ国籍を取得した。通報者にはイタリアに血縁者

_____

(61) 本見解の結論については，ある国家に長期に居住する外国人に対しかなり厳しい内容だとの評価を加える論者もいる。Cf. Joseph, Schultz and Castan, *supra* note 39, p. 267.

301

第Ⅲ部　日本の国内裁判所による解釈実践

はいたものの，イタリアとの間に意義深い関係があるとは考えていない。

2.2　通報者はこれまでずっと自分はカナダ国民だと思っていた。有罪判決を受けて出入国管理官からの照会があって初めて，自分が永住外国人であることに気がついた（以下，省略)」というのである。

そして，

「2.3　1985 年 5 月，いくたびか有罪判決を受けたことを理由として，通報者は国外退去を命じられた。彼は出入国管理控訴委員会に対して，国外退去命令につき控訴した。1988 年 2 月 25 日，控訴委員会は彼の聴聞を行い，同年 3 月 30 日にその控訴を棄却した。1988 年 4 月 26 日，通報者は，出入国管理控訴委員会の決定に対する上告を認めるよう，連邦上訴裁判所に求めた。1988 年 8 月 31 日，上告が認められた。1992 年 5 月 25 日，連邦上訴裁判所は彼の上告について聴聞を行い，同年 6 月 8 日の決定でこれ棄却した。同年 10 月 1 日，通報者は，連邦上訴裁判所の決定に対する上訴を認めるよう，カナダ最高裁判所に申請した。1993 年 1 月 21 日，最高裁判所は，彼の上訴許可申請を棄却した。この結果，これ以上の国内的救済の道は閉ざされてしまった。

2.4　国外退去となった場合，通報者は，移民大臣の明示の同意がなければカナダに帰ることはできない。カナダへの入国を再申請するためには，所轄の大臣の同意が必要とされるだけでなく，移住者が満たさなければならない他のすべての基準を満たさなければならない。有罪判決により，通報者は，出入国管理法第 19 条(2)(a)に基づいて，カナダへの再入国の許可が認められないであろう(62)」とした。

そこで，通報者の弁護人は，

「4.5　通報者は，すべての者の自国に戻る権利を承認する第 12 条 4 項が，彼の状況に適用可能であると主張する。なぜなら，実際，カナダは彼の『自国』であるからだ。カナダからの退去強制は，カナダへの再入国への法定の禁止をもたらす。これに関連して，第 12 条 4 項が，あらゆる人が，単に国籍国や出生地国でない『自国』に戻る権利を持つとしていることが

---

(62)　Communication No.558/1993: Canada. 20/06/97. CCPR/C/59/D/558/1993, paras. 2.1-2.4.

302

第9章 「自国」に戻る権利

指摘される。通報者は5歳の時にその国を離れており，彼のすべての生活はカナダにおける家族を中心としており，イタリアは通報者の自国ではない。かくして，法的な意味でカナダ人ではないが，彼は事実上の（*de facto*）カナダ国民と考えられなければならない」[63]と申し立てた。

これに対して，カナダは，1994年7月21日，受理可能性の問題につき何らコメントしないとの態度を伝えた。締約国が通報に対し十分な説明や反論を行わない場合には，通例は通報者に有利に判断されるので，委員会としては仮保全措置についてはその必要を認めなかったものの，受理可能性についてはこれを肯定した。しかし，カナダは，1995年12月21日に本案に関する見解を次のように提示した。すなわち，

「9・2 締約国は，通報者はみずからの『国』としてカナダにとどまる無条件の権利を決して取得していないし，こうした地位はカナダでの長期間の居住によってのみ取得することはできないと主張する。締約国は，国籍国以外の『自国』の定義は，国境管理や市民権取得要件を通じて主権を行使する締約国の権能を重大に侵害することとなると主張する。締約国によれば，この解釈は規約第13条によって支持される。そこからは，カナダにとどまる無条件の権利を享有する外国人の類は存在しないことが推論される。さらに締約国は，委員会が万一，第12条は永住者にみずからが居住する国へ帰ったりまたはとどまる権利を付与しうるというのであれば，こうした権利は法的地位の保持に基づかなければならないと主張する。通報者は，その永住資格を喪失した際，この権利を失った」と主張するのである。

これに対して，委員会は，

「11・3 カナダからの退去強制は規約第12条4項の違反であるとの通報者の主張につき，委員会は，以前の判例，すなわち1996年11月1日に採択された通報番号538/1993（スチュワート対カナダ）の見解（12・2項から12・9項）において，国家の移民法に基づきある国家に入国し，当該法律の諸条件に服する人は，みずからがその国籍を取得せず，引き続き出生国

---

(63) *Ibid.*, para. 4. 5.

303

第Ⅲ部　日本の国内裁判所による解釈実践

の国籍を保持する場合には，その国を自国（his own country）とみなすことはできないとの見解を表明したことを想起する。例外は，国籍の取得に不合理な障害が設けられているといった限定的な場合にのみ生じうる。委員会が扱った前者の事件でも，また今回の事件でも，かかる事情は生じていない。通報者はカナダの市民権を取得することを妨害されてもいないし，出生国の市民権を恣意的に奪われてもいない。こうした事情においては，委員会は，通報者は，規約第12条4項の適用上，カナダを自国と主張することはできないと結論する(64)」と述べ，通報者の訴えを退けた。

このように，見解そのものは，締約国が帰化を認めているのに，通報者自身が国籍取得の選択を行わなかったことを捉え，通報者との関係では規約にいう「自国」とはいえないとの判断を示している。この多数意見の見解を日本の事例に当てはめた場合，結論的には日本の判例とは異ならないかもしれない。しかしながら，こうした「永住者」からの第12条4項違反という通報が，委員会において受理可能とされ，その審査の過程で，カナダみずから微妙な言い回しであるが，永住資格を有する者の帰国権について含みを持たせる主張を行っていることが注目される。しかも，本件でも，エヴァットとメディナ・キロガ両委員が再び共同反対意見を，そしてシャネ委員が前述の反対意見を表明した。そして，これらの通報事例で少数派となったこうした委員の見解が，やがて第12条に関する一般的意見の採択の際には，かなりの部分取り入れられることになったのである。

こうした個人通報の見解の集積を経て，1999年に自由権規約委員会が採択した一般的意見27号は，第12条4項の意義につき次のような説明を与えている。

「19　人が自国に戻る権利は，人とその国との特別の関係を認めている。この権利には様々な側面がある。この権利は自国にとどまる権利を意味している。また，自国をいったん離れたあと再び戻る権利を含むだけでなく，人がある国（たとえば，その国が当該人物の国籍国である場合）以外で生まれた場合，初めてその国に行く権利を認めている。自国に戻る権利は，自

---

(64)　*Ibid.*, paras. 9. 2 and 11. 3.

304

第9章 「自国」に戻る権利

発的に本国へ戻りたいと願う難民にとって，きわめて重要である。この権利は，他国への強制的な集団移動，もしくは他国への集団追放の禁止をも意味している。

20　第12条4項の文言は，国民と外国人とを区別しない（「何人も」）。故に，本項の権利を行使する資格を持つ者は，『自国』という文言の解釈によってのみ明らかにできる。『自国（his own country）』の範囲は，『国籍国（country of his nationality）』という概念よりも広く，法的意味での『国籍』，すなわち誕生または付与によって取得された国籍に限定されるものではない。少なくともそれには，ある特定の国と特別のつながりがあるか，またはその国との関係で権利を主張しているために，単なる外国人とはみなされない個人が含まれる。たとえば，ある国の国民で国際法に違反して当該国籍を奪われた者，およびその個人が国籍を有する国が別の国に編入または割譲され，当該国の国籍取得を拒否された個人が考えられる。さらに第12条4項の文言には，もっと広い解釈が許容されており，居住国の国籍を取得する権利を恣意的に奪われた無国籍の人が含まれるが，これだけに限定されるものではなく，長期居住者のような他の範疇の者が含まれる。別の要素が，一定の状況において，人と国の間の密接かつ永続的な関係を確立する場合があるため，締約国は，その報告書において，永住者が居住国に戻る権利についての情報を含まなければならない。

21　いかなる場合であっても，人は自国に戻る権利を恣意的に奪われない。この文脈における『恣意性』の概念への言及は，それがすべての国家行為，すなわち立法上，行政上および司法上の行為に適用されることを強調するためである。つまり，法が定めた干渉であっても，本規約の規定，趣旨および目的に従うべきであるし，いかなる場合でも，特定の状況において合理的なものであるべきことを保障することにある。委員会は，自国に戻る権利の剥奪が合理的である状況とは，たとえあったとしても，きわめてわずかであると考える。締約国は，国籍を奪ったり，または個人を第三国に追放するという手段で，当該人物が自国に戻る権利を恣意的に奪ってはならない。[65]」

このように，第12条4項をめぐる個人通報事例のなかで，起草過程におい

305

第Ⅲ部　日本の国内裁判所による解釈実践

て各国の立場に相違が見られた同項の「自国」の解釈は，その後の自由権規約委員会の実行により，その意義が明確にされていったことがわかる。先に紹介した日本の判例の立場とは異なり，「『自国（his own country）』の範囲は，『国籍国（country of his nationality）』という概念よりも広く，法的意味での『国籍』，すなわち誕生または付与によって取得された国籍に限定されるものではない」とされているのである。条文のコメンタリー的要素を持つとされる一般的意見は，その性格上，先に紹介した部分が独立した形で，やがて一人歩きする可能性がある。そして，その意見では，「個人との関係で『自国』には，ある特定の国と特別のつながりがあるか，またはその国との関係で権利を主張しているために，単なる外国人とはみなされない個人が含まれる。……長期居住者のような他の範疇の者が含まれる」という立場が採用されている[66]。その意味で，国際場裡では，もはや「国籍国」に限るという制限的解釈は通用しない状況が生まれているといえるのである。

4　おわりに

いうまでもなく，日本はこうした個人通報制度を定める第1選択議定書の締約国ではない。そこで，こうした議定書に基づく個人通報制度のなかで形成されてきた「先例」たる見解や，その蓄積に基づく各条のコメンタリーとしての性格を持つ一般的意見の，日本の裁判所における法的地位が問題となる。すでに日本における様々な人権訴訟のなかで，当該事案に関連した自由権規約の条文が援用されており，この問題に対する日本の裁判所の判断が示されている。たとえば，通信傍受法成立以前の事件であるが，覚せい剤の事案に関する電話

---

(65)　General Comment No. 27, Freedom of Movement (Article 12), sixty-seventh session, 1999, paras. 19-21.

(66)　実際，ノヴァクも，第12条4項につき，「入国の権利とは――法律によって規定された国外追放処分というきわめて稀な例外を除き――，すべての国民，および締約国の主権が及ぶ領域に永続的住居を構える無国籍の人および外国人に対して制限なく保障されていることを強調すべきである」と記述していた。Manfred Nowak, *U. N. Covenant on Civil and Political Rights, CCPR-Commentary,* (Kehl am Rhein, 1993), p. 221.

第 9 章 「自国」に戻る権利

傍受等が自由権規約第 17 条に違反すると訴えられた事件で，自由権規約委員会の一般的意見を援用する被告に対して，札幌高裁は，「国連の規約人権委員会の解釈は公式なものといえ規約本文とは別であり，条約として批准されたものではないから，その解釈の如何にかかわらず，右電話傍受等が同条に違反するとの主張は採用できない」（札幌高判平成 9 年 5 月 15 日）と判示した。確かに，このような形式論理で，かかる一般的意見を裁判の場で排除しようとして，排除できないわけではない[67]。しかし，日本は自由権規約の締約国として，日本国民であろうが外国人であろうが，日本の管轄下にある個人に対して条約上の権利を確保する義務を負う。それは憲法第 98 条 2 項の要請でもある。本章で取り上げた第 12 条 4 項に関していえば，その義務内容の理解が，条約の履行監視機関である自由権規約委員会と日本の行政府・司法府との間で異なっているわけである。しかし，通常の条約とは異なり，自由権規約は，第 40 条で，締約国に規約の実施に関する国家報告義務を課している。その結果，こうした日本の解釈が，政府報告書審査という国際場裡で改めて問われることになる。それは，本条約の構造上不可避である。まして，本章で取り上げている主題に関していえば，「締約国は，その報告書において，永住者が居住国に戻る権利についての情報を含まなければならない」（一般的意見 27 号）とされている以上，なおさらである。そこにおいて，日本は，自国の裁判所の判決が規約の解釈として正当であることを証明する必要に迫られている[68]。

---

(67) もっとも，日本の裁判所がつねにこうした態度を採用しているわけでもない。本文で紹介した独居拘禁の居房の窓に遮蔽板をとりつけることが，自由権規約第 7 条の非人道的取扱いに当たるかどうかが争われた事件で，東京高裁は，結論的には，「控訴人の拘禁が違法とまではいい難い」としたものの，その判決の過程で，「右規約に基づいて設立された規約人権委員会の示した同条に関する一般的意見……等を斟酌すれば，『拷問又は残虐な非人道的なもしくは品位を傷つける取扱いもしくは刑罰』の中には，拘禁された者等をその視覚，時間（季節）に対する意識等を奪う状況に置くことを含め，その者に肉体的又は精神的な苦痛を与える取扱いを含むものと解される」（東京高判平成 7 年 5 月 22 日）として，一般的意見を規約の条文解釈の参考としている。

(68) 小森教授が指摘するように，各国は条約を国内的にどのような形で履行するかについて決定権を持つとしても，その内容については国際的な監視のもとにおかれ，排他性を持たないのである。小森光夫「国際法規の形成と国内管轄の概念——国内管轄概念の再構成のための序説的考察——」松田幹夫編『流動する国際関係の法』（国際書院，1997 年）141 頁。

第Ⅲ部　日本の国内裁判所による解釈実践

　日本の検察がかつて主張したように，「条約の第1次的な解釈適用権限は，締約国が有するものであり，そうである以上，各国で条約の解釈が区々に分かれることは不可避的に生じ得る事態である[69]」とは，条約の監視機関である裁判所は考えないのである。こうした考えをそのまま認めたら，条約が定める人権基準の確立はおろか，条約としての一体性の確保すら維持できなくなってしまう。確かに，厳密にいえば，規約の文言上，委員会を規約の有権的解釈機関と認めた条文は存在しない。また，個人通報における見解もあくまで当該通報にのみ関連し，一般性を有さない。したがって，形式的には自由権規約委員会の解釈が日本に対して法的拘束力を持つことはない[70]。しかし，個々の締約国における規約の解釈・適用に対して，その履行監視機関である委員会が無関心であるとはおよそ考えられない。なぜなら，条約が定める普遍的な人権基準の達成こそが委員会の職務であり，みずからの解釈と異なる締約国の解釈を容認する事態となれば，条約の目的の実現を妨げることになるからである。

　現に，1998年10月28日および29日の両日にわたって，第4回日本政府報告書審査が行われた際，先の一般的意見に基づいてこうした事態が発生した。第1日目，第12条4項をめぐって，通報審査において「自国」の解釈の拡大を主張したバグワティ委員より，次のような質問が行われた。すなわち，

　「出入国管理及び難民認定法第26条によると，再入国のための事前許可を得たうえで出国した外国人のみが，在留資格を失うことなく再入国を認められるということ，そして，そのような事前許可を与えるか否かは法務大臣の自由裁量に委ねられていることになっています。この法律によって，コリアンのようにほぼ2，3世代にわたって定住している外国人や，その生活活動が日本にある外国人が，日本を離れ日本に再入国する権利を奪われています。なぜなら，事前許可を与えるか与えないかは，法務大臣の自由裁量に委ねられているからです。これは，私たちの考えでは，第12条4項に違反します。法律を規約に合致させるために日本政府は何を提案しますか。委員会の先例を私なりに解釈すると，自国とは自己の国籍国のことではありません」[71]との質問である。バ

---

　(69)　『判時』前掲注(47) 50頁。
　(70)　薬師寺公夫「座長コメント──国際人権条約の解釈──日本の裁判所の実行を中心に──」『国際人権』第11号（1999年）40頁。

308

第 9 章 「自国」に戻る権利

グワティ委員は，日本の国内判例の解釈は規約の義務に違反するというのである。

これに対して，外務省人権難民課の貝谷課長（当時）より，

「規約第 12 条 4 項にしたがった再入国の件でありますけれども，本規約は外国人の入国・滞在の許可は主権国家の自由裁量に委ねられているとする国際慣習法上の原則を否定するものではないと解しております。したがいまして，同条により日本から外遊する外国人には再入国を求める権利が認められるとは認識をしておりません。なお，同条における『自国』は国籍国と解しているところでございます。もっとも，第 2 次世界大戦の終戦前から引き続き日本に在留し，1952 年の日本国との平和条約の発効により日本の国籍を離脱した韓国・朝鮮人及びその子孫の方々につきましては，その歴史的経緯，及び日本における定着性を考慮いたしまして，1991 年の日本国との平和条約に基づき日本の国籍を離脱した者等の出入国管理に関する特例法の制定によりまして，その法的地位のより一層の安定化を図るため，特別永住者という資格が付与され，その他の外国人とは異なる地位を設けております[72]。これらの特別永住資格を有する韓国・朝鮮人につきまして，最長 5 年とする特例を設けております。また，再入国の許可を受けて出国した特別永住者が再入国する場合の上陸審査におきましては，旅券の有効性のみを審査の対象として在留の安定化を図っているところでございます[73]」との回答がなされた。しかし，この説明では委員会を説得することができなかった。翌日，質問を行ったコルヴィル（Lord

---

(71) Compte rendu analytique de la 1714ème sénance : Japan. 04/11/98. CCPR/C/SR. 1714. (Summary record), para. 31, 日本弁護士連合会編『日本の人権 21 世紀への課題——ジュネーブ 1998 国際人権（自由権）規約第 4 回日本政府報告書審査の記録』（現代人文社，1999 年）120 頁。

(72) もっとも，こうした法改正に対しても，「永住者に対する再入国不許可処分についての実効的救済手段の確保や行政裁量に対する司法審査基準の確立という面では特筆すべき前進はもたらされてはいない」という批判もある。橋本千尋「永住者の再入国権——崔善愛事件」『国際人権』第 3 号（1991 年）49 頁。

(73) Compte rendu analytique de la 1716ème sénance : Japan. 23/12/98. CCPR/C/SR. 1716. (Summary record), para. 32, 日本弁護士連合会編・前掲注(71) 200-201 頁。なお，日本の第 4 回政府報告には，第 12 条に関して，永住者の再入国問題は取り上げられていない。Cf. Fourth Periodic Reports of States Parties due in 1996: Japan. 01/10/97. CCPR/C/115/Add. 3, paras. 145-149.

309

第Ⅲ部　日本の国内裁判所による解釈実践

Colville）委員は，再度この問題を取り上げた。

「再入国の問題があります。これはバグワティさんが昨日触れました。この問題が日本法の下で適切に取り扱われているようには，まったく見えません。第12条4項の下では，国籍は問題ではありません。これは注意深く起草され，『自国』と明記されています。2世代，3世代，4世代にわたって日本に住んでいる人々が，法的になお外国人であっても，日本を自国として主張できることは確かです。再入国に対する制約が存在するのはなぜでしょうか[74]」との再質問を行ったのである。日本側の出席者から，この点について再回答はなかったが，こうした疑問を抱いていたのは発言したこの2人の委員に限られていなかったことが，やがて明らかになった。同審査後，自由権規約委員会は，主要な懸念事項の一つとして，出入国管理及び難民認定法第26条が，本章で取り上げた第12条4項と抵触するとの判断を示したのである。すなわち，

「出入国管理及び難民認定法第26条は，再入国の許可を受けて出国した外国人だけが在留資格を失うことなく帰国することができること，および，このような許可を与えるかどうかは法務大臣の完全な裁量権のもとに置かれていることを規定している。この法律のもとでは，日本における第2世代，第3世代の永住者であり，その生活が日本を基盤としている外国人であっても，国を離れ，再入国する権利を奪われる可能性がある。委員会は，この規定は規約第12条2項および4項に抵触するとの意見である。委員会は，締約国に対し，『自国』という言葉は『国籍国』と同義ではないということを想起するように求める。そして，委員会は締約国に対して，日本で生まれたコリア系の人のような永住者については，再入国の許可を取得する必要性を廃止することを強く要請する[75]」と勧告したのである。

そこでは，本章で紹介した崔善愛事件で福岡地裁が判示した，「国際慣習法上，外国人の入国（本邦から出国した外国人の本邦への再入国）の許否は，当該国家の自由裁量により決定されるものとされているから，本邦から出国した外国人が本邦へ入国（再入国）することは，『権利』として保障されていると

---

(74) *Ibid.*, para. 50, 『同上書』216頁。

(75) Concluding observations of the Human Rights Committee: Japan. 19/11/98. CCPR/C/79, Add. 102, para. 18.

310

第 9 章　「自国」に戻る権利

はいえない。このことは，日本国民にとっては，海外渡航と祖国への帰国という関係になるが，本邦に在留する外国人にとっては，外国である日本から海外へ出国し，祖国ではなく外国に過ぎない日本への再入国という関係になるので，この両者を同一に考えることはできない。この両者の差異は本質的なものである」という考えとは異なる考えが示されていることがわかる。また，かつて東京地裁が，森川キャサリーン事件で判示した，「憲法上再入国の自由が保障されるかどうかは，在留外国人一般について考えねばならず，在留外国人のうち長期滞在者には憲法上再入国の自由が保障され，短期在留者にはこれが保障されないとすることは背理である[76]」という考えとも対極にある考えが採用されていることがわかる。外国人の類型——たとえば，永住者であるかどうか——から出発し，その生活実態から具体的に人権保障を考えていくアプローチが採用されているのである。

　日本が締約国である国際人権規約は，いうまでもなく内外人平等の考えに立ち，国民と外国人の形式的二分論を法的神話に追いやり，様々な分野でこうした外国人差別立法の見直しを迫っている。出入国管理が国の安全や公の秩序のうえできわめて重要であることは理解できるが，永住資格者を初め，生活実態の基盤を日本においている在留外国人の再入国の問題については，前述した国際的動向を視野に入れて対処する必要がある。とはいっても，日本が選択議定書の締約国でない以上，こうした自由権規約委員会の見解や一般的意見の日本の裁判所における法源性の問題が依然として残ることになる。

　ところで，先に紹介した札幌高裁判決とは異なり，日本の裁判所でもそれらを積極的に斟酌する判決が見られる。たとえば，大阪高裁の京都指紋押捺拒否国賠訴訟控訴審判決（平成 6 年 10 月 28 日）では，「『一般的意見』や『見解』がＢ規約の解釈の補足的手段として依拠すべきものと解される[77]」と判示されたし，東京地裁の旧軍人の恩給請求棄却処分取消請求事件判決（平成 10 年 7 月 31 日）では，基本的には，「日本は議定書を批准していないから，委員会の見解は，日本に対する法的拘束力を有していないというべきである。したがって，規約人権委員会の意見を前提としなければならないとの原告の主張は採

(76)　東京地判昭和 61 年 3 月 26 日『判時』第 1186 号 21 頁。

(77)　『判時』前掲注(20) 87 頁。

311

第Ⅲ部　日本の国内裁判所による解釈実践

用できない」としつつも，「解釈の補足的手段として考慮することは許される[78]」と判示された。このように，一般的意見や見解の解釈を，自由権規約の解釈に当たっての補足的手段と位置づける判例が生まれつつある[79]。実際，東京高裁の独居房遮蔽板訴訟控訴審判決（平成7年5月22日）では，「規約人権委の示した7条に関する一般的見解や保護原則の6及びその原注等を斟酌すれば」[80]という表現で，解釈にあたって，実際の判断基準としたと解される判決も出てきている。このように，日本の裁判所での人権訴訟で，援用された条文の解釈に際して，自由権規約の締約国として，日本の裁判所が自由権規約委員会の関連条文の意見を「解釈の補足的手段」としたり，それを「指針」とすることは決して排除されていないし，むしろ期待されているといえる。もっとも，武村二三夫弁護士の指摘にあるように，「補足的手段の場合にはそのまま解釈を採用することと対比すれば，『指針』のもつ意味はより間接的なものといえそうである」[81]が，いずれにしろ，日本の裁判所の一部の判決にあるように，規約が定める人権の保障範囲が憲法のそれと同じであるとの一事をもって[82]，規約の判断を回避する理由はないわけで，日本の裁判所の人権訴訟で自由権規約委員会の見解や一般的意見がどの程度の役割を果たしうるのかについて今後とも議論を積み重ねてゆく必要があろう[83]。

(78) 『判時』前掲注(47) 56頁。

(79) ただし，後者の事件では，年金と恩給とでは権利の性質において同列に論ずることはできないとして，ゲイ（エ）対フランス事件の自由権規約委員会の見解を採用してはいない。『同上』。

(80) 『判タ』第903号114頁。

(81) 武村二三夫「弁護実務の立場から」『国際人権』第11号（1999年）46頁。

(82) 日本の裁判所が，「憲法と自由権規約の趣旨は同一であり，ある国内法（処分）が前者に違反しなければ，それ以上の検討を要することなく，後者にも違反しないと結論できる」という思考方法をとっている点については，喜田村洋一「国際人権法の国内における実施」『国際人権』第10号（1998年）36-40頁参照。

(83) 横田耕一「座長コメント――国内裁判所による国際人権条約と憲法学」『国際人権』第11号（1999年）41-42頁。最高裁判所の憲法解釈が下級裁判所に対して有する「事実上の拘束力」との対比で，自由権規約委員会の見解や一般的意見が国内裁判所の規約解釈に持つ影響力を「事実上の『事実上の拘束力』」と捉え，憲法第98条2項の「誠実な遵守」という文言を手がかりに，これらを可能な限り顧慮すべきであるとの憲法論を展開するものとして，斎藤正彰「国際人権訴訟における国内裁判所の役割――憲法学の視点から――」『同上誌』34-37頁がある。その評価については，上記の横田コ

第 9 章 「自国」に戻る権利

　2012 年 7 月 9 日に施行された改正入管法 26 条の 2 は,「本邦に在留資格を
もって在留する外国人で有効な旅券を所持する者（中長期在留者にあっては, 在
留カードを所持するものに限る。）が, 法務省令で定めるところにより, 入国審
査官に対し, 再び入国する意図を表明して出国するときは, 前条第 1 項の規定
にかかわらず, 同項の再入国の許可を受けたものとみなす」（一部省略）と規
定する。これにより, 在留カードを提示すれば, 中長期在留者にあっては, み
なし再入国の制度が採用されることになった。また, 本章で取り上げた在日の
方で特別永住者証明書を所持する特別永住者の場合は, 出国後 2 年以内に再入
国する意図を表明する場合は, 原則として再入国許可を受ける必要はなくなっ
た。国連の勧告を受けて 14 年の歳月を経たものの, ようやく在留外国人の実
体的把握の考え方が入管法に導入されたといえる。

———————————
　メントと薬師寺コメント参照。

313

第10章　日本の難民認定手続における現状と課題
——難民該当性の立証をめぐって

1　はじめに——問題の所在

　日本における難民認定の申請状況は，昭和57年から平成14年末までの統計によれば，総申請件数が2,782件であるが，そのうち難民と認定されたものは305件，難民と認定されなかったものは1,932件，申請を取り下げたものは379件で，処理件数に対する難民認定の割合は約12.7％という低い数字にとどまっている[1]。他方で，昭和57年から平成14年末までの難民と認定しない処分に対する異議の申出件数は1244件に昇り，特に平成13年以降急増し，平成13年は177件，平成14年は224件となっている[2]。この数字は，

――――――――――――

(1)　法務省入国管理局編『平成15年版出入国管理——新時代における出入国管理行政の対応』（国立印刷局，2003年）70頁。最近の特徴としては，申請者の国籍が多様化しており，平成4年には11の国（地域）であったのが，平成14年には27の国（地域）に増加している。難民審査官には，こうした国（地域）に関する最新の知識が求められることになる。この難民申請に至る以前であっても，まずは一時的庇護のための上陸許可を得ること（出入国管理および難民認定法第18条の2）や上陸した日から60日以内に申請しなければならない（同法第61条2第2項）といったハードルが当時の難民申請者にはあった。実際，東京地裁は，「法は，わが国において外国人を難民と認定するには，その外国人が本邦にあることを要件としているものと解される」と判示している（東京地裁平成2年（行ウ）第224号難民不認定処分取消請求事件，平成4年4月14日判決）『行集』第43巻4号629頁。なお，平成27年に難民認定申請を行った者は7,586人であり，平成26年に比べ2,586人（51.7％）に増加し，過去最高の申請数となっている。難民申請者の国籍・地域は69ヶ国に昇っており，さらに多国化が進んでいる。多い順に見ると，ネパール1,768人（23.3％），インドネシア969人（12.8％），トルコ926人（12.2％），ミャンマー808人（10.7％），ベトナム574人（7.6％）となっている。申請時における在留状況は，正規在留が6,394人（84.3％），非正規在留が1,192人（15.7％）であり，このうち収容令書または退去強制令書が発布された後に申請を行った者は875人（73.4％）となっている。法務省入国管理局編『出入国管理（平成28年版）』59頁。

(2)　なお，法務省入国管理局の統計によれば，昭和57年から平成17年末までの間に行われた異議申出件数1,154件のうち，難民と認定されたものはわずかに7件に過ぎない。

第Ⅲ部　日本の国内裁判所による解釈実践

平成13年の申請件数が353件，平成14年のそれが250件であることを考えれば，昭和57年1月1日に発足した日本の難民認定制度それ自体に対する「不信」の表明という性格を帯びているようにも思われる。もちろん，こうした異議の急増の背景には，相談を受ける弁護士の難民認定手続に対する理解が進んだこと[3]，処分告知書に不認定理由の具体的で明確な記述がなかったことなどが考えられるが[4]，より根本的な問題が潜んでいるように思われる。実際，難民認定手続関係訴訟は，平成14年には52件と急増している。

　国が述べるように，「難民認定は，難民条約等に規定する難民の定義に基づいてその認定を行うべきものであり，例えば単に受入れ人数を増やすために認定するというような恣意的な運用がなされるべきではない[5]」ことはたしかであるが，同じ難民条約の締約国でありながら，諸外国では日本とは異なり，数多くの難民認定が行われてきた現状は，それぞれの国の社会的背景だけでは合理的に説明できない点があるように思われる[6]。本章の第1の目的は，何

　　異議の申出に理由がないとされたのが908件，取り下げが239件となっている。法務省入国管理局編・前掲注(1) 72頁。日本では異議手続すらも同じ入国管理局に申し出る方式になっており，異議手続段階で認定を受ける件数は極端に少ない。こうした難民認定手続における組織法上の問題については，渡辺彰悟「日本の難民実務の現状──弁護士の立場から」（難民問題研究フォーラム編『難民と人権──新世紀の視座』（現代人文社，2001年）29-30頁参照。

(3) 1997年，全国難民弁護団連絡会議が設立された。大橋毅「全国難民弁護団連絡会議『難民関連制度改革のための提言』について」『法律時報』第75巻3号（2003年）57頁。なお，難民認定手続においては弁護士の代理権および立会権がほとんど認められないなど，実務上の課題も多い。実際，上陸審査手続で保障されている口頭審査における代理人（弁護士）の関与の保障（法第10条3項）さえ採用されていない。また，行政手続法も難民認定手続については同法の適用除外対象としている（法第3条1項10号）。日本弁護士連合会人権擁護委員会『日本における難民認定手続実務マニュアル』（こうち書房，1996年）92頁および72-73頁参照。

(4) 平成14年5月の瀋陽事件を契機に，法務大臣の私的懇談会「出入国管理政策懇談会」の下に設置された「難民問題に関する専門部会」は，その中間報告の中で，不認定理由の告知について改善が図られるべきだとの提言を行い，これを受けて，平成15年1月以降，処分告知書に不認定判断の基礎となった理由を具体的に付記することになった。第4次出入国管理政策懇談会「難民認定制度に関する検討結果（中間報告）」（平成14年11月1日）今後の課題参照。

(5) 法務省入国管理局編・前掲注(1) 71頁。

(6) 各国の難民認定手続の比較研究としては，オーストリア，ベルギー，スイス，カナダ，

第 10 章　日本の難民認定手続における現状と課題

がこうした現状をもたらしているのかを検討することにある[7]。

　1951 年に採択され，30 年後の 1981 年に日本が締結した難民条約は，その第
1 条 A(2)で，難民を，「人種，宗教，国籍若しくは特定の社会的集団の構成員
であること又は政治的意見を理由に迫害を受けるおそれがあるという十分に理
由のある恐怖を有するために，国籍国の外にいる者であって，その国籍国の保
護を受けることができないもの又はそのような恐怖を有するためにその国籍国
の保護を望まないもの（以下，省略）」をいうと定義している[8]。「迫害を受け
るおそれがあるという十分に理由のある恐怖」という文言が，難民の定義の中
心的な部分であることは言うまでもない。「おそれ（fear）」はあくまで主観的
なものであるから，本条の定義が主観的な要素を伴っていることは否定できな
いが，「十分に理由のある（well-founded）」という文言が付加されていること
で，その心理状態が客観的な状況によって支持されていることが要求されてい
る[9]。なお，「迫害（persecution）」それ自体の定義は条約中では行われていな

　　ドイツ，デンマーク，スペイン，フランス，ギリシャ，イタリア，ルクセンブルグ，
　　オランダ，ポルトガル，英国および米国の 15 ヶ国を取り上げた次の著作が参考にな
　　る。Cf. Jean-Yves Carlier *et al., Who is a Refugee? A Comparative Case Law Study,*
　　(Kluwer Law International, 1997)．なお，日本では，平成 12 年の申請数 216 件に対
　　し認定数 22 件，平成 13 年の 353 件に対し 26 件，平成 14 年の 250 件に対し 14 件の認
　　定数しかない。ただし，難民と認定されなかった者であっても，本国の事情により帰
　　国が困難な者については，法務大臣による特別在留許可が平成 14 年には 40 人に与え
　　られている。

(7)　もっとも，1990 年代以降の欧州の難民政策の変更（立証基準の厳格化や迫害概念の
　　限定など）を考えると，皮肉にも日本のこれまでの難民政策はそれを先取りしたもの
　　と評価できるかもしれない。1990 年代に入って，難民を受け入れたくない各国の思惑
　　から申請者が過剰なまでの手続的要件を課せられている実態については，Cf. Patricia
　　Hyndman, "The1951 Convention and Its Implications for Procedural Questions", *Int'l
　　J. Refgee L.,* Vol. 6 No. 2 (1994), p. 245 *et seq.* 難民をいかに封じ込めるかという昨今
　　の時代状況にあっては，本章の問題設定それ自体が「時代遅れ」のそしりを免れえな
　　いが，日本の司法の現場ではこうした議論の有用性は依然として存在すると信じたい。
　　最近の難民法の実相については，阿部浩己『国際人権の地平』（現代人文社，2003 年）
　　342-358 頁参照。欧州の難民政策の変化については，戸田五郎「欧州庇護政策に関す
　　る覚書」藤田久一・松井芳郎・坂元茂樹編『人権法と人道法の新世紀』（東信堂，2001
　　年）197-223 頁参照。

(8)　1951 年の難民条約と 1967 年の難民議定書の締約国数はそれぞれ 145 カ国と 146 カ国
　　である。両方の締約国となっている国は 142 カ国である（2015 年 4 月現在）。条約の
　　普遍性はかなり高まっているといえよう。

317

第Ⅲ部　日本の国内裁判所による解釈実践

いが，それは状況に応じた柔軟な解釈を起草者が期待したからだとされる[10]。また，ロビンソン（N. Robinson）のコメンタリーによれば，本条に「十分に理由のある恐怖」という表現が挿入されたのは，「現に迫害の被害者となっている者」だけではなく，「なぜ迫害を恐れるのかについて，十分な理由を示しうる者」を同条約の保護対象に含ませようとしたからだと説明されている[11]。

この難民条約は，締約国が難民に該当する者を保護することを約束する一方，立証責任や立証基準を含め難民の認定手続については何らの定めも置いていない。つまり，どのような難民認定手続を採用するかについては，各締約国の立法裁量に委ねられている[12]。日本の司法当局は，難民認定手続が締約国の立法裁量であることを明確に確認している。すなわち，東京地裁は，「難民条約及び難民議定書は，難民の認定手続について特段の規定を設けておらず，右手続きについては締約国の立法裁量に委ねられているのであって，難民条約の締約国は，各国の実情に応じて，右手続を定めることができるものというべきである[13]」と判示している。日本では，出入国管理及び難民認定法（以下，法）がそれを定めている。その法1条は，同法を「難民の認定手続を整備することを目的とする」と位置づけ，法第2条3の2で同法における「難民」は，難民条約の適用をうける「難民」と同義であることを明定している。その上で，その法第61条の2第1項は，「法務大臣は，本邦にある外国人から法務省令で定める手続により申請があったときは，その提出した資料に基づき，その者が難民である旨の認定（以下『難民の認定』という。）を行うことができる」と規定

---

(9) Office of the United Nations High Commissioner for Refugees, *Handbook on Procedures and Criteria for Determining Refugee Status*, Geneva, pp. 11-12, paras. 37-38 (UN Publication Office, 1979), (hereinafter cited as UNHCR Handbook).

(10) Atle Grahl-Madsen, *The Status of Refugees in International Law*, vol. I, (A. W. Sijthoff, 1966), p. 193.

(11) Nehemiah Robinson, *Convention Relating to the Status of Refugees: Its History, Contents and Interpretation-A Commentary*, (Institute of Jewish Affairs, 1953), p. 41.

(12) UNHCR Handbook, *supra note* 9., p. 45, para.189 and Guy S. Goodwin-Gill, *The Refugee in International Law* 2nd. ed., (Oxford University Press, 1998), p. 34. 各国の難民認定手続については，川島慶雄「難民認定に関する最低基準」『阪大法学』第141・142号（1987年）125-152頁に詳しい。

(13) 東京地裁平成3年(行ウ)第126号平成7年2月28日判決『行集』第47巻9号954頁。

318

第10章　日本の難民認定手続における現状と課題

している。なお，本法における難民認定の性格については，「難民条約に定められている各種の義務を履行するために，その前提として当該外国人が同条約に定める難民の要件を具備していること，すなわち難民であることを有権的に確定する行為である[14]」と説明されている。別の表現を用いれば，難民の認定は「事実の当てはめ行為」となる[15]。つまり，難民認定は認定権者たる法務大臣による条約に依拠した事実確認行為であって，その裁量行為ではないというのである[16]。この言明は，難民行政の国内法上の位置づけの観点から重要である。なぜなら，それは，難民認定が法務大臣によって行われるとしても，同大臣の広範な裁量行為に委ねられている出入国管理行政とはその性格を大いに異にしていることを意味するからである[17]。換言すれば，難民調査官は，入管行政的感覚を，難民認定に反映してはならないということになる。さらに，裁判との関係でいえば，法務大臣のこうした認定行為は，裁判所により，在留特別許可等の処分のように当・不当の問題として扱われるのではなく，適法・違法の問題として扱われることを意味する[18]。

　ところで同法は，難民であることの立証責任は，難民認定を求める申請者が行うと規定する。「証明義務は肯定的に主張する者に存在し，否定的に主張する者には存在しない」(*Ei incumbit probation qui non qui negat, actori incumbit onus probandi*) とのローマ法の格言は，この難民認定手続にも採用されており，

(14)　出入国管理法令研究会編『注解・判例出入国管理外国人登録実務六法平成12年』（日本加除出版，2000年）108頁。

(15)　山本達雄「難民条約と出入国管理」『法律のひろば』第34巻9号（1981年）23頁。

(16)　川島教授の表現を借りれば，「難民としての認定は単に宣言的行為であり，創設的効果をもたない」のである。つまり，認定によって難民が創設されるわけではなく，難民であるから難民と確認されるにすぎないのである。川島慶雄「難民条約への加入と当面の課題」『ジュリスト』第747号（1981年）248頁注(1)。これに対し，久保教授は，認定から裁量の要素を除き事実確認行為とするならば，認定基準の明示が予め行われていることの必要性を説く。久保敦彦「難民保護に関する現今の法的諸問題」『国際法外交雑誌』第82巻6号（1984年）10頁参照。

(17)　この点は，国会審議において法務大臣官房参事官によって確認された。『第94回衆議院法務外務社会労働連合委員会議録』第1号（1981年）18，28-29頁参照。

(18)　阿部教授によれば，この点は『法務総合研究所・研修教材』29-30頁に記載されているとのことである。阿部浩己『人権の国際化──国際人権法の挑戦』（現代人文社，1998年）225頁。

319

第Ⅲ部　日本の国内裁判所による解釈実践

この点は外国においても同様である[19]。すなわち，法第61条の2第1項にい
う「その提出した資料に基づき」とは，「申請者が，陳述をはじめ難民該当性
を立証する証拠を提出すべきことを定めたものである」と説明される[20]。実
際，東京地裁は，同項の趣旨につき，「申請者が難民に該当することについて
の主張，立証責任は，申請者が負うものというべきである[21]」と判示している。
もっとも，「申請者の立証が十分でないからといって直ちに難民の認定をしな
いこととしたのでは適正な難民の認定が確保できないので，法第61条の2の
3［現第61条の2の14］において規定するところに従い[22]，申請者の陳述等
の裏付け調査を行い，また，必要があれば当事者に再度主張，弁明，新たな証
拠の提出等の機会を与えることになる[23]」とも説明されている。実際，本法
改正の国会審議において，大鷹法務省入国管理局長（当時）は，「難民申請し
た人は必ずしも常に十分自分たちの主張を証明できるとは限りません。彼らは
いろいろと資料も不足でしょうし，なかなか証明もむずかしい場合もあろうか
と思います。その場合に直ちに，それではあなたは難民ではないというのはや
や酷ではないかと思います。したがって，そういうときには，難民申請をした
人の陳述の裏付けをとる措置が必要でございます。これを難民調査官がやるわ
けでございます[24]」と答弁している。こうした姿勢は，国連難民高等弁務官
事務所（以下，UNHCR）のハンドブックの，「立証責任は原則として申請者に

---

(19) 新垣修「国際難民法の開発と協力——難民認定における証明について」難民問題研
究フォーラム編『難民と人権——新世紀の視座』（現代人文社，2001年）168頁。

(20) 実際，出入国管理及び難民認定法施行規則第55条は，「法第61条の2第1項の規
定により難民の認定を申請しようとする外国人は，別記第74号様式による申請書及び
難民に該当することを証する資料各1通並びに写真2葉（法第61条の2の2第1項に
規定する在留資格未取得外国人については，3葉）を地方入国管理局に出頭して提出
しなければならない」と規定する。

(21) 東京地裁判決（注13）947頁。

(22) 同項は，「法務大臣は，難民の認定，第61条の2の2第1項若しくは第2項，第61
条の2の3若しくは第61条の2の4第1項の規定による許可，第61条の2の5の規
定による許可の取消し，第61条の2の7第1項の規定による難民の認定の取消し又は
第61条の2の8第1項の規定による在留資格の取消しに関する処分を行うため必要が
ある場合には，難民調査官に事実の調査をさせることができる」と規定している。

(23) 出入国管理法令研究会編・前掲注(14)108頁。

(24) 『第94回国会衆議院法務委員会議録』第17号（1981年）22頁。

第 10 章　日本の難民認定手続における現状と課題

あるが，関連するすべての事実を確かめ，評価する義務は，申請者と審査官の間で分担される[25]」との記述と軌を一にしている。

　しかし，こうした事実調査が，UNHCR のように，難民該当性のある者を積極的に掘り起こそうという姿勢で行われるのではなく，難民でない者を誤って難民と認定しないように調査を重ねるという姿勢でなされるのが，日本の行政当局における難民認定の特徴である。この点は，本条に関する次のようなコメンタリーの叙述に鮮明に看て取れる。すなわち，「申請者の申し立てる事実の有無について，職権による調査を行い，必要があれば申請者に更に立証の機会を与えることとするのが相当であろう」と述べられた後に，「難民の認定を受ければ，本法上，永住許可の要件が緩和され（法第 61 条の 2 の 5）〔る〕ばかりでなく，法務大臣の認定を踏まえて関係省庁が与えることとなる各種の保護措置を享受し得ることとなるため，難民の要件に該当する事実を具備していない者を誤って難民と認定することのないように，申請者の陳述や提出した資料等について十分な調査を行い裏づけをとる必要があるとともに，難民条約第 1条 F に掲げる適用除外事由があるか否かについて調査することも必要である」（傍点筆者）と述べられている[26]。ここで惹起されている問題は，難民認定手続の運用にあたって，認定機関は，難民を装った不法入国者を誤って認定しないように力を注ぐべきなのか，それとも真の難民が 1 人たりとも排除されないように力を注ぐべきなのか，どちらに強調点を置くべきなのかという問題である。もちろん，難民でない者を難民と認定することも，また真正な難民を難民と認定しないことも，難民認定手続に対する信頼を失わせることに変わりはない。要は，「いずれの誤謬をより重大であるとみるか[27]」の問題である[28]。

---

(25) UNHCR Handbook, *supra note* 9, p. 47, para. 196.
(26) 出入国管理法令研究会編・前掲注(14) 111 頁。
(27) 川島慶雄「日本における難民保護制度とその運用──アムネスティ・インターナショナルの調査報告をめぐって──」『阪大法学』第 43 巻 2・3 号（1993 年）457 頁。川島教授は，問題の本質は，難民認定の担当者個人の問題というより政策決定者の人権意識の問題であると指摘されている。それはまた，かかる政策決定者の法政策を支える国民の人権意識の問題といえるかもしれない。
(28) 全国難民弁護団連絡会議の大橋弁護士は，「難民制度は難民でない者を排除することを第 1 義の目的とするのではなく，難民をすべて例外なく保護することを第 1 義の目的とするべきである」と提言する。大橋・前掲注(3) 58 頁。UNHCR のこの問題に

321

第Ⅲ部　日本の国内裁判所による解釈実践

　なお，前述した難民不認定処分または難民認定の取消しに関する異議の申立については，法第61条の2の4［現第61条の2の9］（ただし，難民認定参与員制度導入により，異議申出の期間ではなく，審査請求の申出の期間に修正された点につき，本章注(29)参照。）が，「前項の第1号及び第3号（筆者注：難民の認定をしない処分および難民認定の取消し）に掲げる処分についての審査請求に関する行政不服審査法（平成26年法律第68号）第18条第1項本文の期間は，第61条の2第2項又は第61条の7第2項の通知を受けた日から7日とする」と定め，異議の申出の期間を，処分の通知を受けた日から7日以内と定めている。行政不服審査法は，かつて異議申立ての期間を60日以内と定めていたが，難民の認定に関する処分の当否は早期に決着をつける必要があること，難民であるか否かは本人が最もよくこれを知り得る立場にあることなどを理由に，特則として，これを7日としているのである(29)。

　以上のような日本の関係国内法を踏まえ，どこに日本の難民認定手続における課題があるのかをＺ事件などを素材に検討しようというのが，本章の第2の目的である(30)。その前に，難民認定手続関係訴訟における日本のこれまでの司法判断の現状について概観してみよう(31)。

　　ついての立場は明確である。UNHCRは，「難民申請の検討においては，庇護希望者の
　　特殊な状況が念頭におかれるべきであり，難民認定の究極的な目的が人道的なもので
　　あることが考慮されるべきである。難民の地位の認定は，確実に難民であることを識
　　別することが目的ではなく，難民であることの見込み（likelihood）がどの程度あるか
　　という問題である」と捉えている。渡辺彰悟「難民の最後の砦!? 日本」『自由と正義』
　　第50巻8号（1999年）128頁。

(29)　出入国管理法令研究会編『前掲書』（注14）112頁。現行第61条の2の9は，難民
　　審査参与員制度を取り入れたこともあり，審査請求の規定となり，「前項の第1号及
　　び第3号に掲げる処分についての審査請求に関する行政不服審査法（平成26年法律第
　　68号）第18条第1項本文の期間は，第61条の2第2項又は第61条の7第2項の通
　　知を受けた日から7日とする」と規定し，審査請求の申出の期間を7日としている。

(30)　なお，日本の実行の分析については，Cf. Syuichi Furuya, "Implementing International
　　Refugee Law through a National Legal System: Practice in Japan", *Japanese Annual*
　　of International Law, No. 47（2004）, pp. 1-33 .

(31)　日本の難民認定手続関係訴訟における判決の動向については，児玉晃一『難民判例
　　集』（現代人文社，2004年）が参考になる。日本の当該訴訟は大きく分けて2つの形
　　態があるとされる。すなわち，難民として認められるべき者に在留特別許可を与えな
　　かった法務大臣の判断に裁量権の逸脱があるとして，その違法性を申し立てる訴訟と，

第10章　日本の難民認定手続における現状と課題

2　日本の司法における難民該当性の判断

　まず，日本の司法当局の判断の特徴は，難民認定処分の性格を受益処分と捉える考え方を採用していることである。もちろん，他の国においても，難民と認定されることにより申請者は滞在や就労などの面で受益を得るわけであるが，日本では，それがストレートに難民該当性の立証の問題とリンクされている点に特徴がある[32]。この点は，スーダン国籍の原告が難民不認定による退去強制令書発付処分の無効確認を求めた事件における名古屋地裁判決に明らかである。すなわち，

　「一般に，抗告訴訟における主張立証責任については，その適法性が問題とされた処分の性質によって，分配原則を異にするのが相当である。すなわち，当該処分が，国民の自由を制限し，国民に義務を課するいわゆる侵害処分としての性質を有する場合は，処分主体である行政庁がその適法性の主張立証責任を負担し，逆に，国民が特別な利益・権利を取得し，あるいは法令の義務を免れるいわゆる受益処分としての性質を有する場合には，当該国民がその根拠法令が定める要件が充足されたこと（申請却下処分が違法であること）の主張立証責任を負担すると解するのが原則であり，これに根拠法令の仕方や要件に該当する事実に対する距離などを勘案して，総合的に決するのが相当である[33]。

　　ストレートに難民不認定処分の取消しを求める訴訟である。近年は後者の訴訟が多いとされる。難民問題研究フォーラム『日本の難民認定手続き──改善への提言』（現代人文社，1996年）31頁参照。

(32)　なお，難民認定処分を受益処分と捉えることは，憲法第31条の適正手続の保障の射程とも絡んでくる。なお，憲法第31条の射程が刑事手続のほか行政手続にも及ぶかどうかについては，学説は分かれている。この点については，杉村敏正『続　法の支配と行政法』（有斐閣，1991年）200-204頁以下参照。

(33)　もっとも，行政訴訟の中心をなす抗告訴訟における主張立証責任の一般論としては，学説も多岐に分かれているようである。取消訴訟の立証責任に関する一般論としては，①公権力根拠説，②法治主義根拠説，③法律要件分類説，④憲法秩序帰納説，⑤個別検討説，⑥調査義務説，⑦実質説などがあるとされる。なお，多くの難民認定訴訟に深く関わった藤山雅行裁判官は，個人的には憲法秩序帰納説が妥当するとの考えを表明している。藤山雅行「行政訴訟の審理のあり方と立証責任」藤山雅行編『新・判例実務体系25 行政訴訟』（青林書院，2004年）300-301頁参照。

323

第Ⅲ部　日本の国内裁判所による解釈実践

　本件において問題とされている難民の認定処分は，本来，当然には本邦に滞在する権利を有しない外国人に対して，その資格をもって滞在することを認め，あるいは出入国管理上の特典（法61条2の5，61条の2の6第3項，61条の2の8参照），これに，法61条の2第1項が，申請者の提出した資料に基づいて法務大臣がその者を難民と認定することができる旨規定し，法61条の2の3［現第61条の2の14］第1項が，申請者の提出した資料のみでは適正な難民の認定ができないおそれがある場合その他難民の認定又はその取消しに関する処分を行うため必要がある場合には，法務大臣は難民調査官に事実の調査をさせることができる旨規定するなど，申請者の提出した資料が第1次的判断資料とされていること，さらには，難民であることを基礎づける事実は，申請者の生活領域内で生ずるのが通常であることなどを総合すると，条約上の難民に該当する事実の主張立証責任は，申請者が負担すると解するのが相当である[34]」と判示している。このように，難民認定申請者が難民認定されれば，在留許可を与えられるなどの点を捉えて，受益処分に当たるとして難民該当性の立証責任を申請者に求めているのである[35]。

　他方で，名古屋地裁は，エチオピア国籍の原告が難民不認定処分の無効確認を求めた事件で，「法61条の2第1項の規定によれば，難民認定についての第1次的な立証責任は難民申請をした者にあると解すべきであって，法61条の2の3［現第61条の2の14］第1項も，被告法務大臣に事実の調査をする権限を与えたにとどまり，そのような調査をすべき義務を負わせたものとは認め難い」ので，したがって，「申請者の提出した証拠が不十分で，難民性を認定するに足りない場合，被告法務大臣は単にその旨を理由として適示して処分すれば足りるというべきであり，本件不認定裁決について理由不備の違法があるとはいえない[36]」と述べて，難民該当性の立証に際して，法務大臣に事実の

---

(34)　名古屋地裁平成14年（行ウ）第5号難民不認定処分等取消請求事件，平成15年3月7日判決（公刊物未登載）（TKC法律情報データベース文献番号28082307参照）。

(35)　実際，大阪地裁は，「難民の地位に関する条約は，難民であるとの認定を受けて始めてその適用があるところ，難民であるとの主張もせず，また，そのような事情にはない申立人らにその適用を論ずる余地はない」と判示している。大阪地裁昭和61年（行ク）第24号行政事件執行停止申立事件，昭和61年7月18日判決『判タ』第623号（1987年）89頁。

324

第 10 章　日本の難民認定手続における現状と課題

補充調査義務はないとの判断を示している。

　なお，難民認定における立証基準については，これまで必ずしも明確な判断
はでていないと思われる。東京地裁は，ウガンダ国籍の原告による難民不認定
処分取消請求事件において，難民該当性の立証について，「『迫害を受けるお
それがあるとの十分に理由のある恐怖を有する』といえるためには，当該人
が迫害を受けるおそれがあるという恐怖を抱いているという主観的事情のほか
に，通常人が当該人の立場に置かれた場合にも迫害の恐怖を抱くような客観的
な事情が存在していることが必要である」とした。その上で，「原告らの父親
が，反政府活動をしていたため，同国政府により裁判を受けずに殺害されたが，
ウガンダではその家族も同罪により処刑されるので，原告ら自身も同様の処置
を受けるおそれがある，というものと解される」が，「原告らに関わる具体的
事情をみてみると，同国政府から政治的犯罪者として追求を受けたことを窺わ
せる証拠はなく」，「右入手の出入国状況に鑑みると，右原告らについては，そ
の父親の殺害事件に関連して迫害を受けることになるおそれを根拠付ける事情
は認められない」と判示している[37]。申請者には，「迫害のおそれ」について，
かなり具体的な立証が求められていることを窺わせる判決となっている。

　行政事件訴訟法第 7 条は，「行政事件訴訟に関し，この法律に定めがない事
項については，民事訴訟の例による」と規定しており，民事訴訟法の原則が事
実の証明についても当てはまることになる。最高裁は，民事訴訟の証明度に
つき，ルンバール事件で，「訴訟上の因果関係の立証は，一点の疑義も許され
ない自然科学的証明ではなく，経験則に照らして全証拠を総合的に検討し，特
定の事実が特定の結果発生を招来した関係を是認しうる高度の蓋然性を証明す
ることであり，その判定は通常人が疑を差し挟まない程度に真実性の確信を
もちうるものであることを必要とし，かつ，それで足りるものである」[38]と判示

---

(36)　名古屋地裁平成 12 年 (行ウ) 第 24 号外国人退去強制令書発付処分等無効確認請求事
　　　件，平成 14 年 1 月 16 日判決（公刊物未登載）（TKC 法律情報データベース文献番号
　　　28071142）。

(37)　東京地裁昭和 62 年 (行ウ) 第 88 号，90 ～ 92 号難民不認定処分取消請求事件，平成
　　　元年 7 月 5 日判決『行集』40 巻 7 号（平成元年度）920-923 頁。

(38)　昭和 48 年 (オ) 第 517 号最高裁第 2 小法廷昭和 50 年 10 月 24 日判決『民集』第 29
　　　巻 9 号 1491-1420 頁。なお，刑事訴訟法の証明度についても，最高裁は同じく「高度

325

第Ⅲ部　日本の国内裁判所による解釈実践

した。後述するように，Ｚ事件で被告（国）は，「十分に理由のある恐怖を有する」という文言の解釈として，合理的な疑いを容れることができないほどの高度の蓋然性がなければならないという，民事訴訟における高度の蓋然性を要求している。本国からの迫害を逃れてきた申請者に，「十分に理由のある迫害の恐怖」を有していたかどうかにつき，証明度として「合理的疑いを容れない程度の証明」を求めることが，難民申請者の置かれた証明環境を考えた場合に，はたしてどれほど現実的な要求か問われることになろう[39]。

　実際，迫害下の緊迫した状況を考えれば，難民申請者がきちんとした物的証拠をもって申請することはおよそ期待しがたく，そこで難民認定における難民該当性の判断にあたってはいきおい申請者の供述に頼らざるを得ないことになる。そこで，認定審査にあたっては，本人の供述が迫害を立証するに達したかどうかが焦点となる。この供述の信憑性評価にあたっても，日本の行政当局は，供述の裏付けとなる証拠を要求し，また申請者の供述の細かな食い違いを捉え，その信憑性を否定する傾向がある。

　たとえば，先の名古屋地裁の事件において，難民認定申請を行ったエリトリア系エチオピア人の供述につき，被告（国）側は，

　「原告が迫害のおそれに関する具体的事情として掲げる事実は，次のとおり，いずれも供述自体信用できないか，または迫害のおそれを示す事実とはいえない。

　㋐　母と妹の殺害を裏付ける証拠はない上，その原因についての原告の供

の蓋然性」を要求している。昭和23年8月5日の判例で，「元来訴訟上の証明は，自然科学者の用ひるような実験に基づくいわゆる論理的証明ではなくして，いわゆる歴史的証明である。論理的証明は『真実』そのものを目標とするのに反し，歴史的証明は『真実の高度な蓋然性』をもって満足する。言いかえれば，通常人なら誰でも疑を差し挟まない程度に真実らしいとの確信を得ることで証明ができたとするものである」と判示した。窃盗被告事件昭和23年（れ）第441号最高裁第1小法廷昭和23年8月5日判決『刑集』第2巻9号1124頁。

(39)　なお，アメリカ法では刑事訴訟における証明度として「合理的疑いを超える（beyond reasonable doubt）」を要求するが，民事訴訟における一般的証明度は，証拠の優越（preponderance of evidence）とされる。その意義については，現在では，「争いある事実が存在しないよりは存在するものと信じられる心理状態」と解されているとのことである。伊藤眞「証明，証明度および証明責任」『法学教室』第254号（2001年）36頁。

第10章　日本の難民認定手続における現状と課題

述は変遷している。しかも，仮に，これが事実であったとすれば，原告は，両名が殺害された平成10年7月16日の2週間後にエチオピアを出国したこととなるところ，原告は，専ら商用を目的として来日した後，父が逮捕されたことを知って初めて迫害のおそれを認識したとも供述しているから，母と妹の殺害に関する原告の供述は信用できない。

㈶　原告は，原告の父がシャゴリ刑務所に収容された後死亡したと主張しているが，これを裏付ける証拠はない。しかも，原告は，難民認定手続および異議申出手続当時，父がシャゴリ刑務所に収容されたことのみを述べるにとどまり，死亡したとの事実を全く主張していなかったものであり，このように重要な事実について当時供述をしなかった合理的な理由を示すことなく，聞かれたけれども答えなかったなどと弁解するにとどまるから，原告の供述はおよそ信用できない。

㈱　原告は，サン・エチオピアの閉鎖の事実を日本に入国した翌々日の平成10年8月3日に知ったと供述するがこの供述は，出国当時，迫害に関する具体的な危険性を感じなかったとの供述と矛盾し不自然である。しかも，サン・エチオピアなる会社は，後記のとおり，そもそも実在することにつき疑問がある。

㈲　原告は，本件書簡の英訳文を作成する際，原文にない事実を付加している上，本件書簡の差出人であるＡの勤務先や稼働していた工場について矛盾した供述をしており，Ａなる人物の存在は疑わしい。したがって，本件書簡は原告が友人に虚偽の事実を記載した手紙の作成を依頼して送付させたものであるとの疑いを払拭できず，信用できない[40]」(傍点筆者)

と主張している。ここでは，供述を裏付ける証拠を要求するとともに，供述の細部における矛盾，食い違いを重大視し，時間の経過による記憶の変化の可能性などを無視して，難民申請者の供述内容の完全な一致を求める傾向が看て取れる[41]。実際，裁判所もこれを追認している。

---

(40) 名古屋地裁判決 (注36)。

(41) 難民認定申請者が，出身国に残っている親類や知人に危険が及ぶことを避けようとする心理から真実を隠蔽したり，偽証を行うことがありうることについては，新垣修「難民認定における物理的・心理的障害について」『比較文化研究』第41号 (1998年) 335-341頁参照。

第Ⅲ部　日本の国内裁判所による解釈実践

　こうした日本の裁判所の姿勢は，UNHCR の難民認定ハンドブックに中にある，いわゆる「灰色の利益論」(benefit of the doubt) の不採用にも連なっている。同ハンドブックは，「立証できない陳述が存在する場合においては，申請人の説明が信憑性を有すると思われるときは，反対の十分な理由がない限り，申請人には灰色の利益が与えられるべきである[42]」とし，立証の程度についても，「一般に，申請人の有する恐怖はその出身国での居住を継続すれば定義にあるような理由で申請人が耐え難いような状況になったであろうことを申請人が合理的な程度に (to a reasonable degree) 立証すれば，十分に根拠があるとみなされるべきである[43]」と主張する。しかし，日本の行政当局は，難民であるとも難民でないとも確定できない「灰色の人」を難民として認定しない立場を採用している。すなわち，「難民不認定処分は，申請者が自ら難民であることを立証できなかったため行われる処分であることから，その提出した資料等からも難民でないと確認される場合と難民であるとも難民でないとも確定的には確認できない（真偽不明），場合との双方を含む概念である[44]」(傍点筆者) と主張する。

　たしかに，現実に難民認定申請を行う者の中には，本国の迫害から逃れてきた者だけではなく，本国を捨て日本の豊かさに引きつけられた者（経済難民や不法移民の性格をもつ者）もいるわけで[45]，行政当局のこうした慎重な姿勢はそれなりに理解できる。逆に，こうした姿勢によって，日本では難民認定申請の濫用を防ぐことができたと評価する向きもあろう。しかし，こうした姿勢が真正の難民申請者に大きな負担をかけていることもまた事実である。とくに，前述のように「提出した資料」なる客観的証拠への過度の依存が供述の信憑性

---

(42)　UNHCR Handbook, *supra note* 9, p. 48, paras. 203-204. UNHCR は，いわば「疑わしくは被告人の有利に」の原則の難民認定への準用を求めているのである。

(43)　*Ibid.*, p. 12, para. 42.

(44)　東京地裁平成 11 年 (行ウ) 第 217 号難民不認定処分取消請求事件，平成 16 年 2 月 5 日判決（公刊物未登載）(TKC 法律情報データベース 28091640) 17 頁。

(45)　難民を「追い立てられた者」，経済難民や不法移民を「(豊かさに) 引きつけられた者」と分類する手法は，難民問題研究フォーラム・前掲注(31) 11 頁参照。こうした議論は，従来，難民を生み出す事実的背景として，発生国側のプッシュ要因と受入れ国側のプル要因があるという形で論じられていた。この点については，久保・前掲注(16) 617 頁参照。

第 10 章　日本の難民認定手続における現状と課題

評価においても重視される結果，難民認定は容易になされず，結果として難民保護が実現しない事態に至っている[46]。

　さらに，UNHCR の「灰色の利益論」を採らない理由として，日本の司法当局は，UNHCR 難民認定基準ハンドブックにいう「灰色の利益論」は，単なるガイドラインに過ぎず法的拘束力はないとの解釈を採用する。たとえば，大阪地裁判決は，アフガニスタン出身の原告が難民不認定処分の取消しを求めた事件で，

　「原告は，UNHCR 難民認定基準ハンドブックにいう灰色の利益が申請者に与えられるべきであるというのが国際原則である旨主張する。しかし，難民条約及び難民議定書には，難民認定に関する立証責任や立証の程度に関する規定はなく，各締結国の立法政策に委ねられていると解されるところ，UNHCR 難民認定基準ハンドブックは，各国政府に指針を与えることを目的とするものであって，それ自体に法的拘束力を認めることはできず，これを理由に難民認定の立証責任や立証の限度に関して申請者に灰色の利益を与えるべきであると解することはできない。また，原告は，UNHCR が原告を難民として認定したことから立証責任が転換される旨主張し，第二回調査嘱託の結果によれば，原告が UNHCR からマンデート難民[47]の認定を受けた事実が認められる。しかしながら，UNHCR によるマンデート難民の認定は，UNHCR 事務所規程所定の責務に基づいて独自に実施されるもので，難民条約所定の保護を与えることを目的とする締結国による難民認定とは目的および対象を異にし，その認定資料も異なるものであって，マンデート難民の認定がされたことが難民認定の一資料となることはともかくとして，これにより立証責任の転換等の効力を認めることはできない[48]」と判示する[49]。

---

(46)　そこで，阿部教授の「日本の難民認定手続は，真の難民を『選び出す』というよりも，むしろ難民として日本に保護を求めてきたものを『振るい落とす』ためにあるように思われてならない」という批判を生むことになる。阿部浩己「難民法の軌跡と展望──変容する政治的機能──」『神奈川法学』第 30 巻 1 号（1995 年）87 頁。

(47)　Cf. Goodwin-Gill, *supra* note 12, p. 33, n. 5. UNHCR による保護対象者と難民条約上の難民の相違については，山神進『難民問題の現状と課題』（日本加除出版，1990 年）15-23 頁参照。

(48)　大阪地裁平成 12 年（行ウ）第 13 号難民不認定処分取消等請求事件，平成 15 年 3 月 27 日判決『判タ』1133 号 130-131 頁。本事件の判例批評には，高佐智美「難民不認定

329

第Ⅲ部　日本の国内裁判所による解釈実践

たしかに，マンデート難民とは，UNHCR 規程第 6 項に定める UNHCR の権限の及ぶ対象者，すなわち，UNHCR による自主帰還，第三国定住，種々の物質的援助等の各種保護を必要とする者を指すのであり，難民条約の言う条約難民とは，その目的と対象を異にしていることは事実である。判決が指摘するように，マンデート難民と認定されることと，条約難民の認定とはストレートに結びつくものではない。したがって，原告主張のように立証責任の転換まで要求することは無理があるとしても，その認定の事実に単なる 1 資料を超えて一定の考慮を払うことが排除されているわけではない。しかし，日本の司法はこうした姿勢を採用してはいない。

たとえば，東京高裁は，UNHCR がその規程採択後に，「高等弁務官の対象となる者[50]」の概念を用い，マンデート難民として認定している事実を捉え，「加盟国と UNHCR とで，難民該当性の判断自体が食い違うことも十分にあり得ることというべきである[51]」とさえ述べている。こうした判示は，解釈論としては当然成り立つ議論であるが，ここには難民認定の作業においてUNHCR との協力関係の構築をめざす姿勢も，またその解釈との調和を求める姿勢もまったくみられない[52]。しかし日本は，難民条約第 35 条で，締約国として難民条約の適用を監督する責務を負う UNHCR と協力することを約束しており，日本の司法のこうした姿勢はその点からも疑問の余地がないわけではない[53]。特に 2004 年の出入国管理難民認定法の改正にあたって，参議院法務

処分の違法性」『法学セミナー』第 584 号（2003 年）116 頁がある。

(49)　なお，判決自体は，原告と旅券の名義人「A」の同一性には疑義が残るとしながらも，難民認定は適法な入国を要件とするものではないとして，イスラム教シーア派，ハザラ族であった原告を難民と認め，難民不認定処分を取り消した。

(50)　「高等弁務官の対象となる者」には今日では，「一応の（*prima facie*）難民」，「避難民」および「国内避難民」などが含まれるとされる。『訟月』第 47 巻 1 号 3728 頁。

(51)　東京高裁平成 11 年（行コ）第 103 号退去強制令書発付処分等取消請求控訴事件，平成 12 年 9 月 20 日判決『訟月』第 47 巻 12 号 3736 頁。

(52)　ポーランドの 1997 年の外国人法第 49 条が，「難民申請を行う外国人が自由にUNHCR の代表と接触し，いつでも援助を求めることができる」と規定しているのとは大きな開きがあるように思われる。Cf. Jacek Chlebny & Wojciech Trojan, "The Refgee Status Determination Procedure in Poland," *Int'l J. Refgee L.*, Vol. 12, No. 2 (2000), pp. 226-227.

(53)　もっとも，「協力」の内容については，「特に，これらの機関のこの条約の適用を監

委員会で，「出入国管理及び難民認定法に定める諸手続きに携わる際の運用や解釈に当たっては，難民関連の諸条約に関する国連難民高等弁務官事務所の解釈や勧告等を十分に尊重する」との附帯決議がなされたことを想起すれば，なおさらである。

　さらに，日本の司法当局は，UNHCR の規程を難民条約の解釈の補足的手段として採用することさえ拒否している。先の東京高裁は，

　「控訴人は，難民該当性の判断方法や立証基準は，難民条約の解釈問題に帰着するとし，難民該当性の立証基準については UNHCR の規程を補足的手段として参照しなければならない旨主張する。

　〔条約法条約第 31 条および第 32 条の規定を紹介した後〕難民条約 1 条及び難民議定書 1 条に規定する『難民』の文言については，右に説示した補足的手段を用いるまでもなく解釈することができ，補足的手段を講じて解釈の意味を確認するなどの必要性はないというべきである。そして，難民条約及び難民議定書には，難民認定に関する立証責任や立証の程度に関する規定はないから，難民該当性に関する UNHCR の規定を補足的手段として参照すべき必然性はない。なお，証拠＜略＞によれば，ハンドブックは UNHCR の難民条約発効以来 25 年間以上にわたって UNHCR によって蓄積された知識に基づくものであり，右補足的手段に当たらないというべきである[54]」

　と判示している。こうした日本の司法の姿勢は，米国のそれとは大きく異なっている。INS 対カルドーザ・フォンセカ事件において，米国連邦最高裁は，「UNHCR のハンドブックは，難民議定書の解釈にあたって重要な指針を提供する。ハンドブックは，議定書が規定する義務の内容の明確化に有用であると広く解されている[55]」と判示している。こうした米国の判決とは対照的な日本の司法の姿勢が続く限り，当然のことながら，行政当局による難民不認定処分が取り消されることはあまり生じ得ないというのが日本の司法における現状である。

　督する責務の遂行に際し，これらの機関に便宜を与える」（難民条約第 35 条 1 項）となっており，UNHCR の判断の尊重まで含むものであるかどうか議論の余地はある。

(54)　東京高裁判決（注 51）3734 頁。

(55)　*INS v. Cardoza-Fonseca Case* 480 U. S. 421, 439（1987）.

第Ⅲ部　日本の国内裁判所による解釈実践

　このように，日本の司法当局は，難民該当性の立証責任，立証基準，さらには供述の信憑性評価において，難民申請者がもつ特有な状況について必ずしも十分な配慮を示してこなかったように思われる。そうした中，平成15年4月9日に東京地裁で判決されたＺ事件は，これらの問題点を真正面から論じたのみでなく，難民申請者の立証責任のあり方や難民調査官の調査義務について，これまでの判例とは異なる判断を示したという点で注目される。次に，Ｚ事件について検討してみよう。なお，本章の分析にあたっては，やや異例ではあるが，本章の主題に関する原告，被告（国）双方の対立点を明確にするために，Ｚ事件とともに，同じく東京地裁で争われたミャンマー（ビルマ）人原告の難民認定処分取消請求事件（平成16年2月5日判決および平成16年2月19日判決(56)）での両者の攻防を交えて検討を加えることとする。

3　Ｚ事件などの争点

　Ｚ事件は，1998年に法務大臣による難民不認定処分および退去強制手続における異議申出の棄却採決，ならびに東京入国管理局成田空港支局主任審査官による退去強制令書発付処分を受けたミャンマー（ビルマ）国籍の原告Ｚ氏（ミャンマーの少数民族であるロヒンギャ族に属し，学生時代に民主化運動に参加し警察に逮捕されるなどの経歴をもつ）が，1999年に東京地裁にこれらの処分の取消しを求める訴訟を提起したものである。ところが，その後，本事件は意外な展開を見せることになった。

　訴訟開始から3年後，2002年2月23日に法務大臣が難民不認定処分を取消し，翌月14日に難民認定処分を行うとともに，在留特別許可を与え，退去強制令書発付処分を取り消したのである。そこで，原告は，難民認定申請をしたミャンマー人に対し，同人の供述は信用できないとして行われた法務大臣による難民不認定処分は，同人に対して十分な弁解や反論の機会を与えないまま不十分な調査と誤った供述評価に基づいて行われたものであって国家賠償法（以

---

(56)　両判決は残念ながら公刊物未登載であるが，いずれも東京地裁民事第3部で，Ｚ事件と同様に，藤山雅行裁判長，広澤諭裁判官が関与し，これに新谷祐子裁判官が加わっている。Ｚ事件では，鶴岡稔彦裁判官が参加している。事案の内容はほぼ同一である。

第 10 章　日本の難民認定手続における現状と課題

下，国賠法）上も違法であるとして，国に対して国家賠償請求を行うという特異な展開となった。もっとも，こうした法務大臣の処分の変更に至る以前に，原告の難民該当性の立証をめぐって，原告側によりさまざまな問題が提起された。とりわけ，元 UNHCR の法務官補であった新垣修教授が，難民該当性の解釈や日本における難民認定手続の立証責任や立証基準につき，諸外国の動向を踏まえ，これを批判する意見書を提出し，その意味でも注目される裁判となった。

そして，2003 年 4 月 9 日に言い渡された東京地裁判決[57]では，「法務大臣が，このように難民調査官の調査結果に不十分かつ誤った点があったにもかかわらず，これを看過して自らも誤った判断に至ったのは，難民認定申請者が置かれた状況に対して正当な配慮を与え，その供述内容を公正かつ慎重に評価，吟味するという法務大臣の法的義務に違反したためであるといわざるを得ないのであり，したがって，法務大臣の行為には違法性があったというべきである」として，法務大臣の行為の違法性を認定し，国に 800 万円の慰謝料の支払い等を命じたのである[58]。これに対して，被告（国）は控訴した。

2004 年 1 月 14 日，東京高裁は一転して，「原判決中，控訴人敗訴の部分は取り消す」（主文）との逆転判決を下した。裁判所は，「法務大臣の難民不認定処分が事実の評価を誤ってなされていても，そのことから直ちに国家賠償法 1 条 1 項にいう違法な行為があったとの評価を受けるものではなく，法務大臣が難民認定を行うに際して，職務上当然に尽くすべき注意義務を尽くさなかったために，誤った難民不認定処分をしたと認められる場合にはじめて，上記評価を受けるものと解するのが相当である」とした上で，

「被控訴人は，被控訴人が難民であることがあきらかであるのに，法務大臣が本件不認定処分を行い，法 61 条の 2 の 8［現第 61 条の 2 の 2］に基づく在留特別許可を与えることなく本件退去採決をしたことが，難民認定担当者としての職務に違反する違法な行為であり，その点について法務大臣に過失があっ

---

(57)　東京地裁平成 14 年（行ウ）116 号，平成 15 年 4 月 9 日民 3 部判決『判例時報』第
　　　1819 号（2003 年）24-47 頁参照。

(58)　本事件の判例評釈としては，行政判例研究会（渡井理佳子担当）「行政判例研究
　　　493」『地方自治研究』第 80 巻 11 号（2004 年）151-159 頁，近藤敦「難民不認定処分
　　　の国家賠償請求」『法学セミナー』第 587 号（2004 年）114 頁がある。

333

第Ⅲ部　日本の国内裁判所による解釈実践

たと主張する。しかしながら，被控訴人は本件不認定処分を受けていた者であり，かつ，難民であることが明らかであるとはいえなかったものであるから，法61条の2の8［現第61条の2の2］により特別在留許可を与えなかったことが，職務違反行為になるものということはできない。したがって，法務大臣が，在留特別許可を与えることなく本件退去裁決を行ったことが違法であるということはできず，被控訴人の主張は採用できない」と判示した[59]。

　もっとも，国賠法第1条1項は，国または公共団体の公権力の行使に当たる公務員が，その職務を行うについて，故意または過失によって違法に他人に損害を加えたときに，当該公務員が負うべき損害賠償責任を国または公共団体が代位して責任を負うことを定めたものであり，そこでいう違法とは職務上の法的な注意義務違反である。つまり，国賠法における違法性の判断が，権利ないし法的利益を侵害された当該個人に対する関係において，その損害につき国に賠償責任を負わせるのが妥当か否かという観点から判断するのに対し，抗告訴訟における違法性の判断は，当該処分の効力を維持すべきかどうかという観点から，当該行政処分の法的効果発生の前提である法的要件を充足しているか否かのみを問題とするのであり，両者はその性質を異にしている[60]。両者の判断対象は微妙にずれているのである。したがって，難民不認定という当該行政処分について取り消しができる原因が認められたからといって，それだけで国賠法第1条1項所定の違法性があるとはいえないので，Ｚ事件における高裁敗訴という問題自体は，本章がその主題としている難民該当性の立証の問題とはそれほど関係はないといえる。そこで，本章では難民該当性の認定という行政手続に関わる立証責任や立証基準の問題に絞って論じることにしたい。

　そこでまず，Ｚ事件で提起された，難民条約および同議定書は認定手続について規定を置いておらず，締約国の立法裁量に属する問題であり，認定基準も認定手続の1要素であるから締約国の立法裁量であると主張する国の議論の妥当性について検討してみたい。とりわけ，難民該当性の立証の負担をすべて申

---

(59)　本判決の詳細については，『判時』第1863号（2004年）34-41頁参照。

(60)　井上繁規「収入金額を確定申告の額より増額しながら必要経費の額を確定申告の額のままとしたため所得金額を過大に認定した所得税の更正が国家賠償法上違法でないとされた事例」㈶法曹会『平成5年度最高裁判所判例解説民事編（上）』（1996年）377頁参照。

第10章　日本の難民認定手続における現状と課題

請者に課すこと（立証責任）や，どの程度の立証がなされたら難民該当性を肯
定してよいのかという基準（立証基準）も締約国が自由に設定しうるという主
張の妥当性を検討してみたい。

(1)　立法裁量論批判

　Z事件において，原告は，

　「難民の意義については，難民条約1条A及び難民議定書1条2項が明確に
定めているところであり，難民条約等の締約国は，上記規定の定める難民に該
当する者に対しては，庇護すべき義務を負うのであって，国内法の定めにより，
庇護すべき難民の範囲を限定してしまうようなことは許されないものというべ
きである。難民条約等は，難民認定手続をどのようなものにするかについて
の定めを置いておらず，各締約国が，各国の実情に応じた手続規定を置くこと
（立法裁量）を許容しているものというべきであるが，これは，あくまでも認
定『手続』についての立法裁量を許容しているのにすぎず，難民についての実
体的要件を変容させることを許容しているものではない。また，上記の趣旨に
照らしてみれば，締約国としては，難民に対し，難民該当性について過度の立
証責任を課す手続規定を置くことによって，本来難民であるはずの者が，難
民認定を受けることができないような事態を恒常的にもたらすような手続規定
を置くことも，実質的に見れば，難民の範囲を限定する措置にほかならず，許
されないというべきであり，法の解釈においても，このような観点からの配慮
が要求されるものというべきである[61]」と主張し，被告である国の「立法裁
量」論を批判した。

　これに対し，被告は，

　「いかなる手続きを経て難民の認定手続がされるべきかについては，難民条
約に規定がなく，難民条約を締結した各国の立法政策にゆだねられているとこ
ろ，我が国においては法61条の2第1項は『（条文省略）』と定め，申請者に
対し申請資料として『難民に該当することを証する資料』の提出を求めている
（法施行規則55条1項）。この法令の文理からすれば，難民であることの資料の

---

(61)　東京地裁判決（注57）28-29頁。

第Ⅲ部　日本の国内裁判所による解釈実践

提出義務と立証責任が申請者に課されていることは明らかである[62]」と反論した。

　なお，すでに60日ルール［当時］との関連で，立法裁量には一定の限界があり，立法裁量を逸脱すると条約違反になるとの判例は存在する。たとえば，東京地裁は，「難民条約の締約国は，同条約上の難民について同条約の定めにしたがった取り扱いをすべき義務を有するのであるから，その前提として難民としての取り扱いを求める者が果たして難民か否かを認定するに当たり，一定の要件を満たす者を難民か否かを審査することなく難民と取り扱わないと定めることは，取りも直さず，我が国においては難民のうち一定の要件を満たす者は難民として取り扱わないと定めるに等しく，そのような定めは，難民認定の手続にとどまらず難民該当性の要件について難民条約に存在しない要件を独自に定めたものであって，締約国に認められた裁量権を逸脱するものとして，難民条約に違反するものといわざるを得ない」[63]と判示している[64]。同じく60日ルールに関する，東京地裁とは異なる大阪地裁の「［同条項は］わが国の立法裁量の範囲に属するものとして，難民条約及び難民議定書に違反するとは認められない」[65]との判決も，立法裁量には一定の限界があるとの立場を前提に実態判断として，範囲内かどうかの判断を異にしているに過ぎないといえる。

　しかし，Ｚ事件で提起されたのは，難民認定処分の性質をどう解するかの問題である。すなわち，原告も被告も，難民認定処分を，申請者が難民条約所定

---

(62)　東京地裁平成11年（行ウ）第217号難民不認定処分取消請求事件，平成16年2月5日判決17頁。

(63)　難民不認定処分取消請求事件，平成11年（行ウ）第192号，東京地裁平成14年1月17日判決『判時』第1789号65頁。なお，控訴審である東京高裁は，60日条項には合理性があるとし無効とはいえないと判断した。東京高裁平成15年2月18日判決『判時』第1833号41頁。

(64)　もっとも，「同判決は，入管法53条が難民不認定処分を受けた者についても難民条約33条のノン・ルフールマンの原則を適用するなど，難民認定法の難民認定制度においていわゆる60日条項に違反することを理由とする難民不認定処分には公定力がなく，難民でないと確定する効果を生じないことなどを理由に，入管法61条の2第2項が難民条約に反するものでない」と判断している。加藤聡「条約と行政法規」藤山雅行編『新・裁判実務体系25行政訴訟』（青林書院，2004年）49頁。

(65)　難民の認定をしない処分等取消請求事件，平成11年（行ウ）第60号，大阪地裁平成14年8月30日判決『判タ』第1117号233頁。

第 10 章　日本の難民認定手続における現状と課題

の「難民」であるか否かを提出した資料に基づき確認し認定する行為であると
解する点では一致している。しかし，原告が過度の立証責任を申請者に課する
べきではないとするのに対し，被告は，法務大臣により難民認定を受けること
により他の利益の取扱いを受けること，たとえば，法第 61 条の 2 の 5［現第
61 条の 2 の 11］（永住許可），第 61 条の 2 の 6［現第 61 条の 2 の 12］（難民旅
行証明書），第 61 条の 2 の 8［現第 61 条の 2 の 6］（退去強制事由）の場合の裁
決の特例を受けることが可能となることを捉えて，難民認定処分が申請者に対
する受益処分であり，かかる受益処分については，一般に，申請者側に処分の
基礎となる資料の提出義務と立証責任があるとの論理を構築する。

　問われているのは，「難民」と認定されれば，申請者にとり受益処分の性格
を持つ国内法上の措置が受けられるという一事をもって，条約上の義務履行の
段階に遡って，すなわち難民であるかどうかという事実の立証行為にまで影響
を及ぼすと解すべきかどうかという問題である。条約上の義務の履行にあたっ
て，申請者を難民として保護する場合，永住を許可する等の措置を伴うのであ
るから，被告がいうように派生的効果を視野に入れた手続の制度設計〔立証
責任の配分〕を行うという議論もあながち成り立たないわけではない。いわば，
両者を分離できない一体のものとみなす考え方である。そこで問題は，両者を
不可分なものとして処理すべきか，別個のものとして処理すべきか，という点
が争われることとなる。いずれにしろ，条約の実施法としての国内法という観
点からは，条約が本来要求していないことを国内法で課すことは許されないわ
けで，争点はどちらの主張がより条約適合的であるかということになる。

(2)　「迫害」と「十分に理由のある恐怖」の解釈

　本事件で，原告は，「我が国は，難民の地位に関する条約及び難民の地位に
関する議定書（以下，前者を『難民条約』，後者を『難民議定書』といい，両者を
併せて『難民条約等』という。）を批准しており，難民を庇護すべき義務を負っ
ている」のであり，「法の難民認定に関する規定等は，このような国際的な義
務を果たすために制定されたものなのであるから，その解釈に当たっては，難
民条約等の定めの趣旨に適合するような解釈が要求されることはいうまでも
ない」と主張し，「迫害」の解釈として，「『迫害』については，生命，身体に

337

第Ⅲ部　日本の国内裁判所による解釈実践

対する侵害がこれに当たることは当然であるが，それに限られるものではなく，経済的・社会的自由に対する侵害や，精神的自由に対する侵害も，それ自体が迫害に当たるか，迫害を構成する重要な要素の一つになるものというべきであるし，また，個々の侵害行為は，それ自体としてみれば，迫害といえないようなものであっても，そのような侵害行為が積み重なることによって重大な法益侵害がもたらされ，『迫害』状況が生ずる可能性も十分にあり得ることに配慮すべきである[66]」と主張するのに対し，被告は，「裁判例によると，その『迫害』とは，『通常人において受忍し得ない苦痛をもたらす攻撃ないし圧迫であって，生命又は身体の自由の侵害又は抑圧[67]』を意味する[68]」と反論する。

　また，「十分に理由のある恐怖」の解釈についても，原告が，「難民認定申請者の個別的状況，出身国における人権状況，過去の迫害，同様の状況に置かれている者の事情等を十分に考慮して認定すべきものであり，また，当該申請者が属する集団に対する一般的迫害状況があれば，当該申請者に対しても同様の迫害が行われる可能性は十分にあり得るのであるから，このような場合にも，当該申請者に対する迫害が存在するものと認めるべきであることにも配慮する必要がある」と主張するのに対し，被告は，

　「『当該人が迫害を受ける恐れがあるという恐怖を抱いているという主観的な事情のほかに，通常人が当該人の立場に置かれた場合にも迫害の恐怖を抱くような客観的な事情が存在していること[70]』が必要である。ここにいう客観的な事情があるというためには，単に迫害を受ける恐れがあるという抽象的な可能性が存するにすぎないといった事情では足りず，当該申請者について迫害を受けるおそれがあるという恐怖を抱くような個別的かつ具体的な事情が存することが必要である。すなわち，ある国の政府によって民族浄化が図られていることが明らかな場合はともかく，そうでなければ，当該政府が特に当該難民申請者を迫害の対象としたことが明らかになる事情が存在しなければならない[71]」と反論するのである。

---

(66)　同上，29頁。
(67)　東京地裁判決（注37）920頁。
(68)　東京地裁判決（注62）15頁。
(69)　東京地裁判決（注57）29頁。
(70)　東京地裁判決（注66）920頁。

338

第10章　日本の難民認定手続における現状と課題

　ここで提起されているのは，第1に，迫害は生命または身体の自由の抑圧に限られるのか，それとも経済的または社会的自由に対する侵害を含むのかという問題である。この問題に関する英米法系の国の判例動向を示せば，米国の判例は「迫害という文言は，単なる生命および自由への脅威より広義の内容を含む」と解釈し，カナダの判例も「身体への侵害は迫害の必要条件ではない」と解釈する。また，ニュージーランドの判例は，さらに明確に，「我々控訴局は，迫害を肉体的制裁のみに限定して査定すべきという見解を退ける」と述べている[72]。

　問題は，難民条約という条約の解釈にあたって，こうした英米法諸国の実行がはたして，「条約の適用につき後に生じた慣行であって，条約の解釈についての当事国の合意を確立するもの」（条約法条約第31条3項(b)）といえるかどうかという問題である。たしかに，ある締約国が難民条約の解釈にあたって，他の締約国の解釈を解釈の補足的手段やガイドラインとして積極的に活用することは排除されていないが，英米法諸国が「迫害」の概念や後述する難民認定の緩やかな立証基準を相互引証する実例があるとしても，日本がそれに倣って，他国の立証基準を引証しなければならないということにはならない。現象形態としてそうした傾向が見られるという問題と，条約解釈としてそのようにしなければならないという問題は別個の問題であるからである。それらは，英米の司法機関が自発的に他国の解釈をみずからの解釈の補足的手段や解釈基準として用いているにすぎず，難民条約上の要請としてそれを行っているわけではない。当然のことながら，各締約国は難民条約の解釈権を有している。もっとも，難民条約の解釈の範囲を明白に超えるような恣意的な運用は締約国として許されないわけで，それを担保すべく同一の条文を他の締約国がどのように解釈・適用しているかを参照することは望ましいといえるかもしれない。しかし，必ずそうしなければならないわけではない。

　また，これまでの日本の判例は，「迫害を受けるおそれ」の解釈にあたって，

---

(71)　東京地裁判決（注62）16頁。

(72)　ニュージーランドにおける迫害概念の解釈の発展については，新垣修「ニュージーランドにおける『迫害』概念の再構築──国際人権基準の導入」難民問題研究フォーラム編『難民と人権──新世紀の視座』（現代人文社，2001年）91-107頁参照。

第Ⅲ部　日本の国内裁判所による解釈実践

刑法上の手続ないしそれに準ずる行為が迫害認定の前提であるとの考えを採用している。たとえば，名古屋高裁は，パキスタンからの難民認定申請の事件では，「控訴人らが行ったとされる宗教上の行為が刑法298条B又はCに規定する犯罪行為に該当するとして，現に訴追されているか，又は既に逮捕状が発付されているなどの事情により将来訴追されるおそれがある等，控訴人らについて，個別，具体的な，迫害を受けるおそれがあるというような恐怖を抱くような客観的な事情が存することが必要である[73]」との立場を採用している。なお，この判決は最高裁で確定している[74]。はたして，「迫害」認定が，難民条約の解釈として，日本の司法機関が認定するような，常に刑法上の手続ないしそれに準ずる行為が行われていることを要件とするといえるかどうか，疑問なしとしない。

　ちなみに，米国の1980年難民法は，第208条(a)項で「人種，宗教，国籍，特定の社会集団への所属，または政治的意見のゆえに，迫害される十分に理由のある恐怖（a well-founded fear of persecution）」ゆえに本国への帰国を望まない者に庇護を認める司法長官の裁量的権限を，第243条(h)項で「人種，宗教，国籍，特定の社会集団への所属，または政治的意見のゆえに，当該外国人の生命または自由が脅かされるであろう（would be threatened）」者に対する退去強制留保の規定を置き，不法在留等の退去強制事由に該当するものであっても，司法長官による当該外国人の本国への強制送還を禁止する規定を置いている。しかし，認定実務上は，両者の立証基準は統一的に理解され，迫害の「明白な蓋然性（clear probability）」が用いられていた[75]。しかし，米国連邦最高裁は，前者について，先のカルドーザ・フォンセカ事件で「合理的可能性（reasonable possibility）」というより緩やかな基準を採用した。米国連邦最高裁は，

---

(73)　名古屋高裁平成6（行コ）第3号難民不認定処分取消請求事件，平成7年2月24日判決。

(74)　最高裁（行ツ）第7号，平成8年2月20日判決。

(75)　*INS v. Stevic*, 467 U. S. 407（1984）. 本事件の意義については，Cf. "The supreme Court 1986 Term," *HLR*, Vol. 101（1987）, pp. 340-350. これまで，移民帰化局の行政実務は，退去強制留保と難民庇護の立証基準について，ステヴィック判決で示された「迫害の明白な蓋然性」を単一の立証基準として採用していたが，本判決は二重の立証基準を承認した。宮川成雄「難民の二重の立証基準―― INS v. Cardoza-Fonseca 107 S. Ct. 1207（1987）」『判タ』第675号55頁。

340

第 10 章　日本の難民認定手続における現状と課題

「『恐怖』という語が示すとおり，当該外国人の主観的要素を中心とするものであり，またそれゆえに客観的蓋然性が 50 ％以下の場合であっても，当該外国人の迫害への恐怖が十分に理由のあることもありうる。つまり，退去強制留保の立証基準は客観的な迫害蓋然性に関するものであるのに対し，難民庇護の立証基準はそれより緩やかなものであり，外国人の主観的な迫害の恐れに関するものである。

移民国籍法の当該条項から，迫害に関する二重の立証基準を導き出すことは，当該条項の立法経緯によっても支持される。……難民庇護条項と退去強制留保条項の明白な文言の意味，および両条項の立法経緯の検討により，難民庇護の立証基準である『迫害される十分に理由のある恐怖』は，退去強制留保の立証に必要とされる『五分五分以上の迫害蓋然性』よりも緩やかな基準である[76]」

と判示した。この米国判例はカナダにも影響を及ぼし，カナダ連邦裁判所は，ジョセフ・アジェイ事件で，「『合理的見込み（reasonable chance）』ないし『十分な基盤（good grounds）』といった用語から明らかなのは，〔迫害の〕見込みが 50 ％以上であることを要しないということである」と判示した[77]。そして，これらは豪州やニュージーランドの判例にも影響を与え，これらの諸国では，英米の民事訴訟で求められる立証基準，すなわち蓋然性優劣の論理よりも，いずれも緩やかな立証基準が採用されているという[78]。もっとも，これらの現象は，「英米法諸国としての法体系の同質性と法文化の親睦性とが，おのおのの国家慣行に共振性を呼び込んだ[79]」結果であり，法体系も法文化も異なる日本にそのまま当てはめることはできないであろう。ただし，同じ難民条約の締約国の解釈としてその変化に注意を払う必要があろう。いずれにしろ，この立証責任，立証基準についてはどのような判断が Z 事件で示されたのかについて，次に検討してみよう。

----

(76)　同上 51-52 頁。米国の難民法制の展開については，宮川「難民庇護とアメリカ法」『同志社アメリカ研究』第 24 号（1988 年）65-77 頁参照。もっとも，本判決による立証基準の緩和は，難民庇護が専ら司法長官の裁量行為とされている限りにおいて，必ずしも難民庇護の増加に直接結びつくものではないとされる。

(77)　新垣・前掲注(19) 177-179 頁参照。

(78)　「同上」180-181 頁。

(79)　「同上」192 頁。

341

第Ⅲ部　日本の国内裁判所による解釈実践

(3)　難民認定における立証責任の配分

本事件において，原告は，

「この〔法第61条の2第1項〕規定は，難民認定申請者において難民であることを立証すべき旨を定めているように見えるが，〔すでに〕指摘したとおり，①難民認定申請者に対し，過度の立証責任を課することによって本来難民であるはずの者が難民認定を受けられないような事態が生ずることは避けなければならないのであり，そうであるからこそ，法も61条の2の3［現第61条の2の14］の第1項において，法務大臣は，難民認定申請者が提出した資料のみでは適正な難民の認定ができないおそれがある場合等には，難民調査官に事実の調査をさせることができる旨を定め，補充調査を要求しているものと解されること，②難民認定手続における難民性の立証の負担は，訴訟における立証責任とは異なるものというべきであること，③難民認定申請者は，迫害を避けるため，十分な資料も整えられないまま国籍国を脱出するのがむしろ通常であり，このような者に対して客観的，具体的な資料の提出を厳格に要求するのは不可能を強いるものであること，④難民認定申請者が，難民該当性の立証ができないとして出身国に送還された場合には，取り返しのつかない事態が発生することとなるのであるから，このような事態を避けるためにできるだけの配慮が必要であることなどの事情に照らしてみれば，上記条項は，難民認定申請者に対し，難民該当性について訴訟でいう意味での立証責任を課したものと解すべきではなく，難民認定権者においても，難民性の有無に関する積極的かつ十分な補充調査等を行う義務があるものというべきである。また，上記の点を考慮すると，調査の結果，当該申請者が置かれた状況に合理的な勇気を有する者が立ったときに，『帰国したら迫害を受けるかもしれない』と感じ，国籍国への帰国をためらうであろうと評価し得るような状況が認められる場合には，『迫害を受けるおそれがあるという十分に理由のある恐怖を有する』と認めるべきものであり，通常の立証責任に関する考え方を形式的にあてはめて，『迫害を受けるおそれについての蓋然性が認められないから難民には該当しない。』といった判断をするのは相当ではない[80]」と主張した。

---

(80)　東京地裁判決（注57）29頁。

これに対して，被告は，

　「法 61 条の 2 第 1 項は，法務大臣は，難民申請があった場合，『その提出した資料に基づき，その者が難民である旨の認定を行うことができる』と認定し，法 61 条の 2 の 3［現第 61 条の 2 の 14］は，提供された資料のみでは適正な難民の認定ができないおそれがある場合等には，『難民調査官に事実の調査をさせることができる』と規定しており，これらの規定によれば，難民であることの立証責任は，難民認定申請者が負担するものであることが明らかである。そして，①難民認定処分は，受益処分に当たり，一般論としても，その要件該当性は受益処分を求める難民認定申請者が負うものと解されることや，②難民であるかどうかを判断するための事情の中には，難民認定申請者本人しか知り得ない事柄が少なくないことなどの事情に照らしてみれば，難民認定申請者が，難民該当性について立証責任を負うものとすることには合理的な根拠があるものというべきである」と反論した。さらに，たしかに「難民申請者本人の供述や，その提出した資料のみによっては難民該当性の判断をするために不十分であることが少なくない。このため，法 61 条の 2 の 3［現第 61 条の 2 の 14］は，難民調査官による事実の調査に関する規定を置いているし，実際の難民認定手続においても，必要な事実調査が行われるのが通常であるが，難民該当性を基礎づける事実の中には，当該難民認定申請者本人しか知り得ない事柄が少なくなく，事実の調査に限界があることは否定し難いところなのであるから，当該難民認定申請者本人が，矛盾した供述や，曖昧な供述を繰り返したり，調査に非協力であったり，必要な資料の収集提出等を怠ったりした結果，事実の調査を行っても，難民に該当するとの判断に至らないことがあり得るのはやむを得ない事柄であるといわなければならない[81]」と釈明した。

　「難民」として保護を受ける権利を主張する者が，権利の享有者であることを立証する必要があることについて議論の余地はなかろう。問題は，通常の立証責任に関する規則を難民認定手続に適用することの妥当性の問題である[82]。

---

(81)　同上 33-34 頁。

(82)　グラール・マッセンは，「仮に締約国が，本質的に申請者が対応しえないような立証責任を課すのであれば，それは信義則に反するであろう」と主張する。Grahl-Madsen, *supra* note 10, pp. 145-146. この問題に関する学説と各国の実行例については，新垣・前掲注 (19) 168-173 頁に詳しい。本章の基本的立場はこの新垣論文に触発され，

第Ⅲ部　日本の国内裁判所による解釈実践

本間浩教授が主張するように，「証拠欠乏状態にある申請者に対して，充分に証拠を利用しうるはずの立場にある者と同様の，立証責任および証拠評価方法に関する原則を適用するのは，過重な負担または不当に不利益な結果を負わせることになりかねない(83)」という問題が存するからである。他方で，申請者に要求されるのは，「迫害」のおそれの申立だけであって申立を裏付ける資料は要求されないとなると，もっともらしい説明だけで難民該当性が認定されることになってしまうというジレンマに陥ることになる(84)。このジレンマをどう克服するかである。

　本件の双方の主張に対して，東京地裁（藤山雅行裁判長）は，

　「法61条の2第1項は，法務大臣は，難民認定申請者の提出した資料に基づき，その者が難民である旨の認定が行うことのできる旨を定め，法61条の3［現第61条の2の14］第1項は，法務大臣は，難民認定申請者から提出された資料のみでは適正な難民の認定ができないおそれがある場合等には，難民調査官に事実の調査をさせることができる旨を定めているところ，これらの規定は，難民認定申請に当たっては，第一次的には，難民認定申請者自身が，自らが難民であることについての証拠を提出すべきことを定めたものと解される。そして，難民該当性を基礎づける事情は，難民認定申請者自身が体験し，最も良く知っているはずである一方，これらの事情は，我が国の統治権が及ばない海外で生じているものが大部分であり，法務大臣において，このような海外における個別的な事情を調査し尽くすことは到底困難といわざるを得ないことに照らしてみれば，難民認定申請者に対し，難民であることについての第一次的な資料提出義務を課することはやむを得ないものといわざるを得ず，また，このことが難民条約等に違反するということもできない(85)」と判示し，難民認定申請者に第一次的な立証責任があることを認定した。続けて，

　「もっとも，国籍国において迫害にさらされており，国籍国への出入国にも困難を生じることが少ないはずの難民が，難民該当性を裏付けるための客観的

　　　かつその該博な知識に拠っている。

（83）　本間浩『個人の基本権としての庇護権』（勁草書房，1985年）243頁。

（84）　山神・前掲注(46) 64頁参照。

（85）　東京地裁判決（注57）38頁。

344

第 10 章　日本の難民認定手続における現状と課題

資料を十分に整えた上で国籍国を脱出し，難民認定申請に及ぶことはむしろ期待し得ないのが通常であることからすれば，このような難民に対し，難民該当性に関する厳格な立証責任を課することは相当ではないし，当該難民認定申請者の国籍国における一般的な政治状況や社会状況等については，法務大臣においても資料を収集することが可能であり，また，当該申請者自身の供述やその提出資料を手がかりとして資料を収集することも可能な場合があり得る。

　この点については，上記規定が制定される際の国会審議において，政府委員も『難民認定に際しまして，難民であるということを証明する挙証責任と申しますか，それはもちろん申請する人にあるわけでございます。その申請する人が行った陳述を客観的に裏づけるというのが難民調査官の仕事であるとご理解くださって結構でございます。そのためには，難民認定申請者の陳述が十分でない場合には，調査官は，その友人であるとか，知人であるとか，親戚とか，そういう人たちに当たって，そういう人たちの出頭を求めていろいろ質問することもございましょう。さらに UNHCR，国連の難民高等弁務官事務所に連絡をとって，そうした人たちの持っているような知識を活用するということもございましょう。また，難民認定申請者の出てきた国々の事情というものをもっと知るためには，外務省を通じて在外公館の協力を得て資料を集めるという仕事もあろうかと思います。いずれにしましても，難民調査官の仕事は難民認定を申請した人の陳述を裏づけるための色々な仕事をする，こうお考えくださって差し支えないと思います。』などと発言しているところである。

　これらのことを考慮すると，上記規定が，難民認定申請者に対し，訴訟におけるのと同様の意味での立証責任を課したものであって，難民該当性についての立証義務は専ら当該難民認定申請者にあり，この義務が尽くされない限りは，難民認定を受けられないものと解するのは相当ではなく，法務大臣においても，難民認定申請者自身の供述内容や，その提出資料に照らし，必要な範囲での調査を行う義務があるものというべきである。以上をまとめれば，難民認定に当たる法務大臣としては，当該難民認定申請者が置かれた状況に正当な配慮を与えた上で，その供述や提出資料について公正かつ慎重な評価，吟味を加え，必要があれば，補充的な調査を遂げた上で難民該当性についての判断を行うべき義務があり，このような義務は，申請権を与えられた当該難民認定申請者に対

345

第Ⅲ部　日本の国内裁判所による解釈実践

する法的義務でもあるというべきものである[86]」と判示した。

　このように東京地裁判決は，法務大臣の調査義務を法的義務として認定した。はたして，本判決が述べるように，法第61条の2第1項および法第61条の2の3［現第61条の2の14］の第1項が法務大臣に補充調査義務を課したといえるかどうか議論の余地がある。なぜなら，単に調査権限を付与したものにすぎないと解する立場もありうるからである。本事件における原告の主張の背景には，基本的前提として，難民認定機関は，認定者であると同時に申請者に対する協力者でなければならないという考え方が潜んでいるように思われる。しかし，法第61条の2の3［現第61条の2の14］第1項の「難民調査官に事実の調査をさせることができる」という規定振りからは，条文解釈としては，調査権限の付与と解するのが自然のように思える。つまり，「調査させなければならない」とか，「調査させるものとする」という法務大臣に調査義務を課したと解される表現は条文上採用されていない。さらに，法第61条の2の3［現第61条の2の14］第1項の条文の表現から見ると，「法務大臣は，……難民調査官に事実の調査をさせることができる」となっており，法務大臣がみずからの認定をより適正なものとするために，専門的知識を有する難民調査官に調査させることができるという趣旨に読める。換言すれば，個々の申請者の利益保護を目的として設けられた規定とは読みにくい。

　本法の解説書の説明によると，本条の規定に基づき，「難民調査官は，難民の認定の手続においては申請者に対して更に立証を尽くす機会を与えるとともに，無資格者を誤って難民と認定することがないよう事実を調査し，難民の認定の取消しの手続においては当事者に弁明の機会を与えるとともに有資格者を誤って難民の認定を取り消すことのないよう事実を調査することができる」[87]と説明されている。この説明を敷衍すれば，申請者に難民手続において難民該当性を実質的に調査し審査してもらう利益があるとしても，それは事実上の利益にすぎず，保障されたものではないとの解釈になる。

　他方で，そうした解釈は，出入国管理及び難民認定法という国内法の解釈と

---

(86)　同上38-39頁。

(87)　坂中英徳・齊藤利男『全訂出入国管理及び難民認定法逐条解説』（日本加除出版社，2000年）736-737頁。

346

第 10 章　日本の難民認定手続における現状と課題

しては妥当するかもしれないが，難民条約の国内実施法としての同法の性格を
考えた場合に，依然として妥当するかという問題が残ることになる。換言すれ
ば，そうした解釈が条約適合的解釈になっているかどうかという問題である。
なぜなら，「無資格者を誤って難民と認定することがないよう事実を調査する」
という発想は，入管法の発想ではあっても，難民条約の発想ではないからであ
る。難民条約の実施法を作る際に，入管法の枠組みの中で難民認定法を国内法
化したことの負の帰結がこのような形で生じているように思われる。

　そうすると，この東京地裁判決は法第61条の2の3［現第61条の2の14］
第1項の解釈としては誤っているかもしれないが，難民条約の趣旨および目的
に照らしたときには，必ずしも誤りとはいえないという立論の余地があるよう
に思われる。国がいう，認定手続は締約国の立法裁量に任せられているという
「立法裁量」論の問題がここにも現れているように思われる。

　また，被告は，難民認定のための資料との距離という観点から，難民該当性
の立証は申請者が負うべきであり，法務大臣に資料収集義務を負わせるのは，
そもそも困難だとする。しかし，ここで法務大臣に求められているのは申請者
個人に関する属人的情報ではなくて，申請者が逃れてきた国の政治情勢や社会
情勢に関する情報の収集であり，そのことは国という機関を考えた場合，十分
に可能な作業だと思われ，国の主張は必ずしも説得的ではないと思われる。

(4)　難民認定における立証基準

　さらに本事件で，原告は立証基準の問題を取り上げ，前項で引用した主張，
「難民認定申請者に対し，過度の立証責任を課することによって本来難民であ
るはずの者が難民認定を受けられないような事態が生ずることは避けなければ
ならない」とし，「難民認定手続における難民性の立証の負担は，訴訟におけ
る立証責任とは異なるものというべきであ」り，「難民認定申請者に対して客
観的，具体的な資料の提出を厳格に要求するのは不可能を強いるものである」。
そうした事情に照らしてみれば，

　「難民認定権者においても，難民性の有無に関する積極的かつ十分な補充調
　査等を行う義務があるものというべきである。また，上記の点を考慮すると，
　調査の結果，当該申請者が置かれた状況に合理的な勇気を有する者が立ったと

347

第Ⅲ部　日本の国内裁判所による解釈実践

きに,『帰国したら迫害を受けるかもしれない』と感じ,国籍国への帰国をた
めらうであろうと評価し得るような状況が認められる場合には,『迫害を受け
るおそれがあるという十分に理由のある恐怖を有する』と認めるべきものであ
り,通常の立証責任に関する考え方を形式的にあてはめて,『迫害を受けるお
それについての蓋然性が認められないから難民には該当しない。』といった判
断をするのは相当ではない(88)」と主張した(89)。

　これに対して,被告は,

　「原告が本件処分当時において難民と認められるに必要な『十分に理由のあ
る迫害の恐怖』を有していたかどうかが訴訟の場において争われているのであ
るから,原告がこの点について『合理的疑いを容れない程度の証明』をしなけ
ればならないのは当然である。

　民事訴訟における『証明』とは,裁判官が事実の存否について確信を得た状
態をいい,合理的な疑いを容れることができないほど高度の蓋然性があるもの
でなければならないが,通常人なら誰でも疑いを差し挟まない程度に真実らし
いとの確信で足りる。行政事件について行政事件訴訟法に定めがない事項につ
いては民事訴訟の例によるから,上記の民事訴訟法の原則は,特段の定めがな
い限り,行政訴訟における実体上の要件に該当する事実の証明についても当然
当てはまるものである。

　難民認定手続について,難民条約及び難民議定書には,難民認定に関する立
証責任や立証の程度についての規定は設けられておらず,難民認定に関しいか
なる制度及び手続を設けるか否かについては,締約国の立法政策に委ねられて
いるが,我が国の法は,立証責任を緩和する旨の規定は存在しない。

　難民認定されるための立証の程度は,難民認定手続においても,その後の訴
訟手続においても,難民認定申請者は,『合理的疑いを容れない程度の証明』
をしなければならない(90)」と述べた。

　こうした双方の主張に対して,東京地裁は,

---

(88)　東京地裁判決（注57）29頁。

(89)　日弁連の人権擁護委員会は,「申請人には証拠提出責任はあるが,実質的立証責任
　　　はない」との立場を採用している。日弁連・前掲注(3) 88頁。

(90)　東京地裁判決（注62）19頁。

348

第 10 章　日本の難民認定手続における現状と課題

「本件不認定処分に至るまでの間にされた原告の供述内容は，決して信用性に乏しいものとして断定してしまえるようなものではなく，むしろ，疑問点を問い質し，弁解の機会を与えた上で，公正かつ慎重な評価，吟味を加えれば，信用に値するとの判断に至ることが十分に可能であったものというべきである。当時の供述内容は，信用性に乏しく，事後に判明した事情を加味して初めて信用性を肯定することができたとする被告の主張は，採用することができないことも既に指摘したとおりである。むしろ，2），(4)，ア）において指摘した点に照らしてみれば，難民審査官は，原告の難民認定申請を退去強制を免れるためのものとの疑念にこだわり，これを解消させるに足りる事情が存したにもかかわらず，これに気付かず，当初の思い込みに影響され，原告の供述の疑問点や不審点ばかりに目を向けた可能性が高く，その結果，難民該当性判断の核心をなすべき部分について十分な質問をすることすらせず，原告の供述についての公正かつ慎重な評価，吟味を欠いたまま，誤った判断に至ったものといわざるを得ない。

　そして，以上に検討した結果に照らしてみれば，法務大臣が，このように難民調査官の調査結果に不十分かつ誤った点があったにもかかわらず，これを看過して自らも誤った判断に至ったのは，難民認定申請者が置かれた状況に対して正当な配慮を与え，その供述内容を公正かつ慎重に評価，吟味するという法務大臣の法的義務に違反したためであるといわざるを得ないのであり，したがって，法務大臣の行為には違法性があったというべきである[91]」と判示した。

　法務大臣の調査義務を認め，その法的義務に違反したと認定したとするこの判決は，従来の判例の立場と大きく異なっている。たしかに，「現に迫害の被害者となっている者」の場合であれば，被告がいうように，「合理的疑いを容れない程度の証明」として，「申請者が逮捕されたか現に訴迫されている」といった客観的事情の立証を迫ることが可能であろうが，「十分に理由のある恐怖」という場合は，未来に何が起こるかという予見の確実性が問題となっており，事柄の性質上，「合理的疑いを容れない程度の証明」を立証基準とするのは不可能を強いることになるおそれがある。被告は，「単に迫害を受ける恐れ

---

(91)　東京地裁判決（注53）45頁。

第Ⅲ部　日本の国内裁判所による解釈実践

があるという抽象的な可能性では足りず，当該申請者について迫害を受けるお
それがあるという恐怖を抱くような個別的かつ具体的な事情が存することが必
要である」のであって，「ある国の政府によって民族浄化が図られていること
が明らかな場合はともかく，そうでなければ，当該政府が特に当該難民申請
者を迫害の対象としたことが明らかになる事情が存在しなければならない」と
主張するのであるが，難民法の権威とされるグラーン・マッセン（Atle Grahl-
Madsen）のように，「警察がすでに申請者の玄関をノックしたかを証明するこ
とは，申請者に要求され得ないし，また，要求されるべきではない[92]」との
有力説も他方にある。いずれにしろ，申請者がどれだけ供述の真実性を担保
しえるような客観的な証拠をそろえることができるか，議論の分かれるとこ
ろであろう。なぜなら，前述したように，難民条約における「迫害を受けるお
それがある」という定義は，単に過去に迫害の事実があったということだけ
を指すのではなく，現在あるいは未来における迫害の危険に関わるものである
からである。実際，同じく難民法の権威とされるグッドウィン・ギル（Guy S.
Goodwin-Gill）教授も，「迫害のおそれが十分な根拠を有するかどうかの決定は，
本質的に仮定の試みであり，仮に本国に送還された場合，申請者に何が起こる
かを予言する試みである[93]」と述べている。実際，英国においては，民事に
おいては「蓋然性の均衡に関する証明」，刑事においては「合理的疑いを容れ
ない証明」が立証基準として採用されているが，貴族院におけるフェルナンデ
ス対シンガポール事件で，ディプロック卿（Lord Diplock）は，「蓋然性の均衡」
は，難民認定のように，「過去に生じたことを確認するのではなく，将来に生
じるかもしれない危険を予言することに適用するには不適当である[94]」と判
示している[95]。実際，未来予測の証拠の収集は困難であるし，仮に可能であっ
たとしても，個人による出身国情報の収集能力にはおのずから限界があるとい
える[96]。

---

(92)　Grahl-Madsen, *supra* note 10, p. 180.

(93)　Goodwin-Gill, *supra* note 12, p. 35.

(94)　*Fernandez v. Government of Singapore*, [1971] 1 WLR987, 993-94.

(95)　Goodwin-Gill, *supra* note 12, p. 35.

(96)　意地悪くいえば，日本の行政機関や司法機関は，こうした高い立証基準を設けるこ
　　とによって，真正の難民申請者を「難民でない者」として「創設」しかねないことに

350

第10章　日本の難民認定手続における現状と課題

　ちなみに,「おそれ（fear）」の評価にあたって, カナダの連邦裁判所は,「難民の地位の申請によって提起されている問題は, 申請者が過去に迫害をおそれる理由を有していたかどうかではなく, むしろ難民申請が判断される時点において, 将来の迫害をおそれる説得力のある理由を有しているかどうかである[97]」（ミレバ対カナダ事件）とし, また,「過去の迫害それ自体に申請を基づかせることはできない[98]」（カナダ対マルゴルザータ事件）と判示した。また, イタリアにおいても,「評価されねばならないのは, 申請者が帰国した場合における将来の迫害の危険性である。過去のできごとは重要な要素ではあるが, それ自体では十分ではない[99]」との立場が採用されている。

　結局, この問題は, 難民法という特別かつ固有の法領域が存在し, そこでは民事法や刑事法の領域で通常適用しうるような立証責任や立証基準の導入はなじまないと考えるかどうかという, やや大上段の議論（ある意味では, 論点先取の面もあるが）を要するかもしれない。あるいは, そうした難民法というカテゴリーを認めなくても, 訴訟類型に応じて証明度を軽減するという, 段階的証明度を考えるということもありうるであろう[100]。

　いずれにしても, この東京地裁判決は, 実務における難民調査官の調査のあり方に警鐘を鳴らしたという点で傾聴に値するといえよう。

(5) 供述の信憑性評価

最後に, 供述の信憑性判断の問題を取り上げたい。難民認定審査にあたって

　なる。

(97) *Meleva v. Canada* [1991], 129 N. R. 262; 81 D. L. R. (4th) 244, [1991] 3 F. C. 398 (F. C. A.) (Bulgaria), Jeanne Donald and Dirk Vanheule, "Canada", in Jean-Yves Carlier, ed., *Who is a Refugee? A Comparative Case Law Study*, (Kluwer International, 1997), p. 177.

(98) *Canada v. Malgorzata*, [1991] F. C. J. No. 337 (QL)（本国不詳）(F. C. A.), reprinted in Jean-Yves Carlier, ed., *Who is a Refugee? A Comparative Case Law Study*, (Kluwer International, 1997), p. 177.

(99) Bruno Nascimbene and Carlos Pena Galiano, "Italy," in Jean-Yves Carlier, ed., *Who is a Refugee? A Comparative Case Law Study*, (Kluwer International, 1997), pp. 462-463.

(100) アメリカ法の段階的証明度については, 小林秀之『新証拠法〔第2版〕』（弘文堂, 2003年）71頁以下参照。

351

第Ⅲ部 日本の国内裁判所による解釈実践

は，一般に，十分な資料を携えることなく本国を離れた申請者の難民該当性を審査するわけで，結局，「個々の外国人が本国に戻れば迫害を受ける可能性がどの程度あるかについては，個々のケースにおいてその本人の供述の信ぴょう性（クレディビリティー）の存否を判断するしかない[101]」からであり，その意味でも立証の部分で重要な役割を果たすことになる。

原告は，

「各締約国の信憑性判断の経験上，注意すべき点の共通点をまとめると①疑わしきは申請者の利益に（灰色の利益の原則），この原則は，主張の実質的本案審議と申請者の信憑性評価の両方に適用される。②信憑性についての懸念を申請者や証人に提示し，釈明の機会を与えなければならない。③信憑性についての否定的な判定には，証拠中に適当な根拠がなければならず，申請者の供述は，単なる憶測や推測により排除されるべきではない。理由を明示せずに申請者の話を『あり得ない』とするだけでは不十分であり，なぜその証言が合理的にあり得ることと明らかに矛盾するか説明できなければならない。特に矛盾しない証言を排除する際には注意を払うべきである（以下，省略）[102]」と主張する。

これに対して，被告は，「原告は，いわゆる灰色の利益論を主張するが，原告の主張が独自の法解釈に基づくもので到底現行法の解釈として採り得ないことは明らかである」り，「原告の主張する難民認定手続の特殊性については，自由心証の枠内で当該裁判所が考慮すべきかどうか検討すれば足りるものであり，法解釈として難民認定の立証基準や立証責任を緩和すべき理由はない[103]」としてこれに反論した。

こうした双方の主張に対して，東京地裁は，

「このように，法務大臣としては，まず，難民認定申請者の供述やその提出資料の内容を評価し，その信用性についての検討をするとともに，補充調査の必要性やその範囲を判断すべきこととなるが，その際には，調査の対象

---

(101) 山神・前掲注(44) 64頁。
(102) 東京地裁平成12年(行ウ)第33号難民の認定をしない処分取消請求事件等，平成16年2月9日判決10-11頁。
(103) 東京地裁判決（注62) 10頁。

352

第10章　日本の難民認定手続における現状と課題

となっている者が，日本人とは，言語はもちろんのこと，社会，政治，文化的背景を異にする外国人であることや，国籍国における迫害から逃れ，見ず知らずの国において難民認定申請を行おうとする者は，正常人とは異なる心理状態に置かれていることも少なくないのであって，通常の人間と同様の合理的行動を行うとは限らないことに十分留意すべきである。すなわち，難民認定申請者の供述等を評価し，吟味するに当たっては，表面的，形式的な検討の結果，矛盾点や疑問点が生じた場合には，もはやその供述等は信用できないものとして排斥してしまえば足りるという態度で臨むのは相当ではなく，矛盾点や疑問点と感じられる点が，通訳の過程で生じた可能性はないか，言語感覚や常識の違いから生じたものである可能性はないか，難民に特有の心理的混乱や記憶の混乱によって生じたものではないかなどといった観点をも考慮した上で，慎重な検討を行う必要があるものというべきである（なお，このような慎重な検討の必要性は，供述や証拠の評価に当たっては，難民該当性の立証責任の帰属とは関わりなく，行政権限を行使する者に一般的に要求されている事柄であるといえる。）[104]」と判示した。

この判示部分は，難民認定の際の申請者の供述の信憑性評価における，異文化コミュニケーション的視点の導入の必要性の認識と申請者の置かれた状況に対する配慮がなされており，難民調査官の注意義務の肯定の部分とともに注目に値するものといえよう[105]。

4　おわりに──提起された問題

たしかに，難民条約の締約国であっても，必ず難民を受け入れ条約上の保護を与えることを義務づけられているわけではない。受け入れるかどうかは，各国が領域国として独自に主権的判断に基づいて決定しうる事項とされている[106]。なぜなら，難民条約は，あくまで受け入れられた難民の法的地位の改

(104)　東京地裁判決（注57）39頁。
(105)　難民認定における異文化コミュニケーション的視点の導入の必要性については，新垣修「異文化コミュニケーションとアサイラム──政治・社会・文化に関する国家間の差異を背景として──」『比較文化研究』第39号（1998年）61-69頁に詳しい。

353

第Ⅲ部　日本の国内裁判所による解釈実践

善をその目的とする条約だからである(107)。しかし，他方で，難民条約は，難民をいかなる方法によっても迫害国に送還してはならないというノン・ルフールマン原則を法的義務として課している（第33条1項）(108)。この点は，法第51条［現第53条］3項で国内法化されている。その結果，難民該当性の審査において難民と認定されなくても（換言すれば，同法にいう「認定難民」でなくても），ノン・ルフールマン原則の対象となる難民（換言すれば，難民条約にいう「条約難民」）が存在する場合が起こりうる。実際，名古屋地裁の平成15年9月25日判決では，9年以上不法滞在したミャンマー（ビルマ）人原告について難民不認定処分が行われ，ミャンマーを送還先とする退去強制令書が発付されたことに対して，難民不認定処分は維持しながらも難民条約第33条の「ノン・ルフールマン原則」に反しないように検討せず退去強制令書を発したとして当該令書を取り消した事例がある(109)。この判決の論理構造は，まさしく出入国管理難民認定法において認定された難民（認定難民）と難民条約上の難民（条約難民）を区別し，認定難民であることが否定されても条約難民ではあり得ることを示したものだといえる。つまり，同判決は，出入国管理難民認定法上の難民と難民条約上の難民が存在することを肯定していることになる(110)。

---

(106)　難民条約第34条は，「締約国は，難民の当該締約国の社会への適応及び帰化をできる限り容易なものとする」と規定するにとどまっている。

(107)　難民条約がもつ他の構造的限界については，本間浩「国際法における難民保護」『法律時報』第75巻1号（2003年）86頁参照。

(108)　阿部・前掲注(18) 207頁。逆に言えば，難民条約にいう「難民」はその生命または自由が脅威にさらされるおそれのある領域への追放，送還されない権利をもつ。

(109)　UNHCRの1979年の執行委員会の結論15 (XXX)は，難民申請者が期間内に申請しないなど，その他の形式的要件を遵守していないことを理由に，こうした申請を審査対象から除外すべきではないとしている。Cf. "Refugees Without an Asylum Country", Executive Committee Conclusion, 16 October 1979, No. 15 (XXX)-1979. 執行委員会の「結論」の法的地位を分析した論文として，Cf. Jerzy Sztucki, "The Conclusions on the International Protection of Refugees Adopted by the Executive Committee of the UNHCR Programme", *Int'l J. Refugee L*, Vol. 1 No. 3 (1989), pp. 285-317.

(110)　小寺教授は，「国際法上の制度と国内法上の制度の間に微妙なずれが生まれることもあるが，本件は難民制度についてこの点をきちんと認識して的確な解釈論を展開したものである」と評価している。小寺彰「国際法判例の動き」『ジュリスト平成15年度重要判例解説』（有斐閣，2004年）268頁。

第10章　日本の難民認定手続における現状と課題

　なぜに，こうした事態が生じているのであろうか。一つには，浅田正彦教授が指摘するように，日本がいわゆる「ミニマリストのアプローチ[(111)]」に終始しているからだと思われる。つまり，こうした事態は，わが国の対応が「条約の定める義務の部分（筆者注—ノン・ルフールマンの原則）については忠実であっても，条約が締約国の裁量に委ねた部分（筆者注—難民認定）については，難民問題の解決という本来の趣旨に則ったものとはなって」おらず，「いわば条約の定める義務のみに厳密に従うというミニマリストのアプローチ」をとっている帰結と思われる[(112)]。したがって，日本の難民認定手続における問題点は，難民条約の締約国としての義務の部分というより，むしろ締約国の裁量に委ねられている部分にあるといえよう。

　しかし，そもそも難民条約の国内実施法としての出入国管理及び難民認定法という性格を考えた場合に，両者は本来乖離する余地はなく，「条約難民」は同時に「認定難民」であることが望ましいといえるであろう。法第2条3の2が，同法における「難民」が難民条約の適用をうける「難民」と同義であると明定している以上，なおさらである。なぜに，こうした事態が生じているのであろうか。1つには，英米法系の国が難民条約に適合的な解釈は何かを探るべく相互引証の形で迫害概念や立証基準につき緩やかな基準を採用し難民認定を行っているのに対して，日本では，通常，こうした他国の解釈実践を顧慮することはない。もちろん，こうした態度を支える理由として，裁判の独立や条

---

(111)　浅田正彦「人権分野における国内法制の国際化」『ジュリスト』第1232号（2002年）81頁。

(112)　もっとも，2005年1月に行われたマンデート難民と認定されたクルド人をトルコに強制退去させた例につき，ノン・ルフールマン原則に違反するとの非難がある。こうした退去強制処分の背景には，当該クルド人による難民不認定処分取消請求控訴事件において，東京高裁が，「帰国後に受けた迫害から逃れるため第2回来日をしたとの被控訴人の主張は理由のないものであって（供述は虚偽であった），被控訴人のその他の主張事実を検討しても，迫害を受ける恐怖を抱くような客観的事情が存在するものということはできない」との判決があり，これを受けての処分であると考えられる。同判決については，『判例時報』第1830号（2003年）33-37頁参照。しかし，最高裁に上告・上告受理申立をしていたことを考えると，当該処分は上告人らの裁判を受ける権利を奪うものであり，性急にすぎた処分の感を否めない。この点については，東京弁護士会「クルド系トルコ人難民の強制送還に対する会長声明」（2005年2月24日）参照。

第Ⅲ部　日本の国内裁判所による解釈実践

約の解釈権は締約国にあるという論理が用いられる[113]。しかし，最大の問題点は，日本の難民認定にあたっては，すべて自国の国内法の発想と論理（それは受益処分論に典型的に現れる）で問題が処理されていることである。その結果，名古屋地裁が判示した上記のような「難民」が発生している。日本は，難民認定法の制定にあたっては，条約実施のために国内法を整備するという条約主導型を採用しながら[114]，当該認定法の解釈にあたっては，条約の精神を離れ，いわば国内法主導型の解釈を採用している。しかし，2001年11月6日の東京地裁民事第3部が，アフガニスタン国籍の申立人が収容令書の発付処分取消を求めた事件で判示したように，日本国憲法の国内効力順位を考えれば，難民条約は出入国管理及び難民認定法の上位の規範であり，同条約に違背する同法の運用は，「国際秩序に反するものであって，ひいては公共の福祉に重大な影響を及ぼす」ものといわざるをえない[115]。難民であるかどうかの基準は，難民条約の規定の意味と精神によって解釈されなければならないのである[116]。しかし，日本の裁判所による，国内法解釈を常に優先させ，条約解釈を後回しにするという従来の悪弊が，こうした難民（「認定難民」ではないが，「条約難民」であるという難民）を生み出しているといえよう。本章で取り上げた主題について日本の行政機関および司法機関に通底する特徴は，まさしく法形式主義とミニマリスト的対応であり，それはまた難民問題に対する「理念の欠如[117]」の露呈といわざるを得ない。

---

(113) 検察は，「条約の第1次的な解釈適用権限は，締約国が有するものであり，そうである以上，各国で条約の解釈が区々に分かれることは不可避的に生じ得る事態である」と主張している。『判時』第1657号50頁。

(114) 久保・前掲注(16) 2-3頁参照。

(115) 2001年10月，アフガニスタン国籍の9名が収容令書発付処分取消訴訟を提起したが，4件が係属した東京地裁民事第2部と5件が係属した民事第3部の対照的な決定の評釈については，大橋毅「収容停止執行申立事件（東京民集2部〔11月5日決定〕・3部〔11月6日決定〕）」『国際人権』第13号（2002年）119-120頁参照。なお，抗告審で2部決定の結論は維持され，3部決定は取り消されている。東京地裁民事第3部のその1つの決定に対する東京高裁の決定については，『訟月』第48巻4号2310-2321頁参照。

(116) James Crawford and Patricia Hyndman, "Three Heresies in the Application of the Refugee Convention", *Int'l J. Refugee L*, Vol. 1 No. 2 (1989), p. 177.

(117) 浅田・前掲注(111) 86頁。

356

第10章　日本の難民認定手続における現状と課題

　もっとも，自国の国内法の発想と論理で終始することが問題であるというよりは，それが貫徹されていないことが問題だとの議論もありうる。すなわち，難民認定取消訴訟に立証責任に関する「憲法秩序帰納法」を取り入れることで現状の打開は可能かも知れないからである。たとえば，藤山雅行裁判官は，

　「ある行政処分取消訴訟において，立証責任を原告に負担させると客観的には違法な行政処分が取り消されない状態となる可能性が生ずるに対し，逆に被告に立証責任を負担させると客観的には適法な行政処分が取り消される可能性が生ずることとなる。このことから，国民の権利救済を重視する立場からは，立証責任を被告に負担させる考え方に傾き，行政目的の達成を重視する立場からは，立証責任を原告に負担させる考え方に傾くことはごく自然なことである。行政処分一般又は個々の行政処分ごとにいずれの立場を採るべきかは，行政事件訴訟法や当該行政処分の根拠法規である行政実体法に定めがあれば，それによるべきことは当然であるが，訴訟法規には現在のところそのような一般的な定めはないし，多くの行政実体法にもそのような定めはないというべきであるから，多くの場合，法律のレベルにはこの点を解決するべき規範が見当たらないことになる。そのような場合に，法律より上位の規範である憲法に解決の基準を求めようとすることは，法律家としては当然採るべき態度であり，その点において，④説［筆者注─憲法秩序帰納法］には発想の正しさがあると考える。すなわち，憲法の人権規定は国民の基本権の共有を保障するとともにあるべき権利状態を想定しているものと考え，それと異なる権利状態を作出するような立証責任は採り得ないと考えるのである」[118]

と述べている。こうした形で立証責任が配分されれば，裁判の帰趨は従来のものと大きく異なるであろう。しかし，問題は，難民認定取消訴訟の原告がここにいう国民ではなく，外国人であり（しかも，わが国における在留資格を争う外国人），こうした議論がストレートに使えない点である。

　そうなると，「証明環境の特殊性や保護法益の性質に配慮した[119]」難民認定取消訴訟という訴訟類型に特有な立証基準の導入という発想が必要となる。

---

(118)　藤山・前掲注(33) 307-308 頁。

(119)　新垣修「難民認定における適正手続──釈明の機会と『疑わしきは申請者の利益に』の原則について」『判時』第 75 巻 3 号 62 頁。

第Ⅲ部　日本の国内裁判所による解釈実践

日本で，難民認定がされない大きな理由としては，難民該当性の立証基準ある
いは証明度につき，難民認定申請者に合理的疑いを容れない程度の高度の蓋然
性を日本の司法が採用しているからである。他の諸国のように難民条約の「難
民」の定義でいう「迫害を受けるおそれがあるという十分に理由のある恐怖」
の証明度の軽減の措置がとられていないからである。迫害を逃れてきたと主張
する難民認定申請者に対して，通常の訴訟類型で求められる証明度を要求して
いる限り，条約が期待するような難民認定はなかなか行われないであろう。実
際，日本の司法の現場では，常に日本の国内法の論理たる受益処分論が顔をだ
す。すなわち，「あらたに受益的な処分を求めるときには，現状を変えて利益
を引き出すわけですから，それを求める者がその受益要件のすべてを高度の
蓋然性で証明しなければならない[120]」という考え方が働くのである。しかし，
最近，民事訴訟における証明度を「高度の蓋然性」から「相当の蓋然性」（あ
るいは優越的蓋然性）に切り替えるべきことを主張されている伊藤眞教授があ
る講演で使用された比喩を使えば，そうした姿勢を維持し続けることは，「ス
ロープを設計するときに，健常者で脚力が十分ある人を基準として傾斜度を設
定したのでは，ハンディキャップをもつ人が排除されてしまう[121]」のと同じ
事態が，日本の難民認定訴訟では起こっており，また今後も起こり続ける恐れ
があるといわざるを得ない。もっとも，英米法系の国は，難民認定に際して，
蓋然性優劣の法理よりさらに緩和した立証基準で足りるとしているわけだから，
彼我の相違はいっそう拡大しているといえる。

　緒方貞子氏が指摘するように，日本は，難民問題につきまったく異なる2つ
の顔をみせてきた国である。1つは，国際的な難民援助事業に対し理解を示し，
多大な財政援助を行っている難民支援に積極的な国という顔である。もう1つ
は，国内に難民を受け入れて保護することに消極的な国という顔である[122]。

---

(120)　須藤典明東京地方裁判所判事の座談会での長崎原爆被爆者訴訟判決（最判平成12
　　年7月18日）に関する発言。「民事訴訟における証明度」『判タ』第1086号25頁。
(121)　伊藤・前掲注(39) 42頁。
(122)　緒方貞子「開かれた視野が求められる庇護政策改革」1頁。緒方氏は，「制度を運
　　用する側の濫用」という興味深い指摘を行う。すなわち，「難民認定に関わる職員や空
　　港の入国審査官が，人道的精神よりも管理思考を優先して庇護希望者に対応するよう
　　な場合，それは庇護制度の濫用にあたるので」あり，関係者が，「人道的な視点を日々

358

第 10 章　日本の難民認定手続における現状と課題

日本は，難民保護におけるこのアンバランスな 2 つの顔の溝をできるだけ埋め
てゆく努力を行う必要がある。Z 事件が国家賠償請求事件の形で争われたこと
もあって，本章で取り上げた難民該当性の立証における立証責任の配分，立証
基準，さらには条約難民の解釈について東京地裁により十分に踏み込んだ判決
が下されたわけではないが，これらの問題が日本の難民司法の課題として正し
く認識されることを期待したい(123)。なぜなら，こうした問題の解決が，日本
の難民認定のあり方を大きく変えうると信ずるからである。

　難民認定に対する日本の消極的な態度の裏側に，「政情不安な国々と隣接す
る地政学的あるいは外交的な事情(124)」があることは容易に推察されうるが，
逆にそうした政情不安を抱えたアジアの国々の隣国だからこそ（とりわけ人権
先進国を標榜する以上），迫害を受ける人々に心を寄せる国になる必要があるよ
うに思われる。こうしたアジアの人々との連帯が，将来，日本とアジアの国々
との紐帯を強めることとなるであろう(125)。もちろん，難民の受け入れは，そ
の国の社会構造，経済状況，歴史的風土，地理的位置などさまざまな要因を勘
案して締約国により行なわれるものであり，単なる「志」の問題に帰するわけ
にはいかないが，難民条約における難民が，日本においても，他の外国と同じ
ように等しく難民として認定されるよう制度を運用することはさほど困難なこ
とではないと考える。その意味でも，難民申請に係る 60 日ルールの撤廃，難
民認定申請者への仮滞在許可の新設（法第 61 条 2 の 4）および難民不認定処分
等の異議申立てに対する難民審査参与員の導入（法第 61 条 2 の 10）を定めた
2004 年の出入国管理及び難民認定法の改正は一定の評価を与えうると思われ
る。

　60 日ルールの撤廃は，これまで行われていた形式的な申請期限制限違反を
理由とする不認定処分がなくなるという意味で評価できる改正である。また，

───────────

の職務遂行に広く反映させることが何より重要」だというのである。<http://wrap.
da.ndl.go.jp/info:ndljp/pid/243837/www.unhcr.or.jp/news/pdf/refugees24/ref24_p11.
pdf>. 本章の冒頭で指摘したように，難民調査官は，その業務遂行にあたって，入管
行政的感覚を難民認定に導入してはならないことに留意すべきである。

(123)　新垣修「難民認定を行う者の法的義務『Z 事件』」『難民』（2003 年）9 頁。

(124)　難民問題研究フォーラム・前掲注(31) 6-7 頁。

(125)　芹田健太郎『地球社会の人権論』（信山社，2003 年）204 頁参照。

359

第Ⅲ部　日本の国内裁判所による解釈実践

仮滞在許可の新設により，難民認定申請者の法的地位が安定し，同許可を付与された難民認定申請者については退去強制手続が停止され収容のおそれがなくなる他，難民認定それ自体の迅速化にも寄与することが期待される。さらに，難民認定手続の中立性や公正性を高めるという見地からも，難民審査参与員の創設は歓迎されるべき改正であろう(126)。もちろん，参与員制度の具体的な内容はまだ不明な点も多く批判があることは承知しているが(127)，いずれにしろ，今回の改正により，国際社会から日本の難民認定制度に透明性と公正性が担保されたとの評価を得ることができるように，日本の行政当局が今後の運用にいっそうの努力を傾注することを期待したい。

　本章で取り上げた主題につきその後の推移を付言するならば，変わったものと変わらないものがある。変わったものは，平成27年の難民認定申請者数が初めて7,586人と7千人を超えたことである。変わらないものは，難民認定者が27名にとどまっていることと難民不認定処分に異議申し立てを行った者が3,120人と増え続けていることである(128)。もっとも，入管法第61条の2第2項により在留特別許可を受けた者および人道上の配慮を理由に在留が認められた者は，平成27年は79人になっている(129)。難民認定者の数は低い数字にとどまる一方で，特別在留許可を受ける者の数は3ケタに近い数字を過去5年は維持している(130)。こうした難民認定申請数の増加の背景には，正規滞在の難民申請者には就労が認められ，非正規滞在者の難民申請には6ヶ月の仮滞在許可が認められ，退去強制処分の停止が行われることにある。こうした難民申請者の増加は，難民認定施行規則の改正を招き，認定権限が法務大臣から地方入

―――――――――――――――――

(126)　平成16年第159回国会の法務省による「出入国管理及び難民認定法の一部を改正する法律案提案理由説明」参照。

(127)　今回の改正に対する日弁連の評価と批判については，日本弁護士連合会「出入国管理及び難民認定法の一部を改正する法律案（2004年3月）に対する意見書」2004年3月参照。

(128)　難民不認定者（異議申出数）は，平成23年は2,002人（1,719人），平成24年は2,083人（1,738人），平成25年は2,499人（2,408人），平成26年は2,906人（2,533人），平成27年3,411人（3,120人）と2,000人台から3,000人台に推移している。

(129)　法務省入国管理局編『出入国管理白書（平成28年版）』60頁。

(130)　たとえば，平成23年は248人，平成24年は112人，平成25年は151人，平成26年110人と，過去5年間の平均をとれば100人を超える数字になっている。

360

国管理局長へ委任されるとともに，申請時に4つの区分け（A案件：難民である可能性が高い，あるいは人道的配慮の必要な案件，B案件：明らかに難民条約上の迫害に当たらない案件，C案件：再申請案件，D案件：その他）が導入され，難民参与員を審理員とする行政不服審査法の改正に伴う審理制度が導入された。

索　引

【あ 行】

生きている文書（living instrument）……*18*
意思主義解釈（主観的解釈）………………*6*
一般的意見（ゼネラルコメント）……*37, 258*
　　── 14…………………………………*76*
　　── 33（94）………………………… 37
欧州人権委員会…………………………*105*
公の緊急事態 ……………………………*52*

【か 行】

外国人登録法……………………………*275*
解釈の一般規制…………………………*5*
解釈の補足的手段………………………*5*
回復の困難な損害 ……………………*93*
仮滞在許可………………………………*359*
仮保全措置（interim measures）……*14, 97*
勧告的意見 ……………………………*53*
間接適用 ………………………………*262*
協定永住資格……………………………*276*
グアンタナモ基地 ……………………*57*
軍事法廷 ………………………………*117*
継続的侵害 ……………………………*271*
見　解 …………………………………*37*
建設的対話………………………………*173*
憲法上の申立（constitutional motion）…*143*
憲法による条約の吸収 ………………*244*
憲法への条約の浸透 …………………*244*
効果的な救済 …………………………*155*
公共の福祉………………………………*245*
拷問等禁止条約…………………………*88*
合理的可能性（reasonable possibility）…*340*
国際司法裁判所（ICJ）………………*12*
国際人道法 ……………………………*52*
国際法委員会（ILC）…………………*60*
国際法協会（ILA）……………………*60*
国際法の断片化（fragmentation of

international law）………………………*129*
国内実施法（enabling act）……………*223*
国内的救済………………………………*159*
国連高等弁務官事務所（UNHCR）…*46, 320*
国連の犯罪人引渡しモデル条約 ………*89*
個人通報審査 …………………………*42*
個人通報制度 …………………………*27*

【さ 行】

再入国不許可処分 *275*
在留カード………………………………*313*
暫定措置（provisional measures）………*97*
ジェノサイド条約………………………*141*
時間的管轄………………………………*220*
死刑の順番待ち現象
　（death row phenomenon） ………*71*
事後の実行 ……………………………*204*
実施期間 ………………………………*31*
自動執行性 ……………………………*246*
社会権規約………………………………*219*
自由権規約委員会 ……………………*22*
十分に理由のある恐怖…………………*317*
受益処分…………………………………*323*
出入国管理及び難民認定法……………*268*
常設国際司法裁判所（PCIJ）…………*11*
条約難民…………………………………*356*
条約法に関するウィーン条約
　（条約法条約）………………………*5*
女子差別撤廃条約 ……………………*97*
自律的解釈………………………………*16*
人権委員会 ……………………………*43*
人種差別撤廃条約 ……………………*53*
人身保護令状 …………………………*81, 103*
枢密院司法委員会………………………*112*
スレブレニツァ…………………………*54*
政府報告書審査…………………………*42*
世界人権宣言 …………………………*219*

索　引

ゼネラルコメント……………………260
先例（jurisprudence）………………27
総括所見
　（concluding observations）………42, 212

【た 行】

第1選択議定書……………………97
第2選択議定書（死刑廃止議定書）………68
退去強制……………………65
直接適用……………………262
　──可能性……………………246
追放および送還の禁止……………88
逃亡者権利喪失理論
　（"fugitive disentitlement" doctrine）…122
特別在留許可……………………360

【な 行】

難民条約……………………88
難民審査参与員……………………359
ニューヘブン学派……………………7
認定難民……………………356
ノン・ルフールマン原則……………354

【は 行】

灰色の利益論（benefit of the doubt）…328
迫　害……………………317
発展的解釈……………………18
犯罪人引渡し……………………50, 65

被拘禁者保護原則……………………27
必然的かつ予見可能な結果（necessary
　and foreseeable consequence）………66
フォローアップ制度……………………95
フォローアップ特別報告者……………133
米州人権条約……………………97
平和維持軍……………………54

【ま 行】

マンデート難民……………………329
みなし再入国制度……………………268
明白な蓋然性（clear probability）………340
目的論的解釈……………………6
文言主義解釈（文理解釈あるいは
　客観的解釈）……………………6

【や 行】

UNHCR……………………320
　──難民認定基準ハンドブック………329
ヨーロッパ人権裁判所……………………15
ヨーロッパ人権条約……………………16
ヨーロッパ犯罪人引渡条約……………89

【ら 行】

領事関係条約……………………101
領事関係に関するウィーン条約……………101
60日ルール……………………336

〈著者紹介〉

坂 元 茂 樹 （さかもと しげき）

　　1950 年　長崎県生まれ
　　1974 年　関西大学法学部卒業
　　1978 年　関西大学大学院法学研究科博士後期課程中退
　　1978 － 90 年　琉球大学法文学部助手，講師，助教授
　　1986 － 87 年　ミシガン大学ロースクール客員研究員
　　1991 － 2003 年　関西大学法学部教授
　　1995 年　国連国際法委員会日本政府オブザーバー
　　1999 － 2000 年　みなみまぐろ事件（豪州・NZ 対日本）日本政府代表団顧問
　　2003 － 2013 年　神戸大学大学院法学研究科教授
　　2007 年　法学博士（神戸大学）
　　2008 － 2013 年　国連人権理事会諮問委員会委員
　　2013 年　同志社大学法学部教授（現在に至る）。神戸大学名誉教授

（一財）国際法学会代表理事，国際人権法学会理事長，（公財）世界人権問題研究センター所長を歴任。

〈主要著・編書〉
『条約法の理論と実際』（東信堂，2004 年〔第 38 回安達峰一郎賞受賞〕）／『国際人権条約・宣言集』（共編）（東信堂，第 3 版・2005 年）／『法科大学院ケースブック　国際人権法』（共著）（日本評論社，2006 年）／『講座国際人権法 1　国際人権法と憲法』（共編著）（信山社，2006 年）／『講座国際人権法 2　国際人権法規範の形成と展開』（共編）（信山社，2006 年）／『有斐閣 S シリーズ・国際法』（共著）（有斐閣，第 5 版・2007 年）／『講座国際人権法 3　国際人権法の国内的実施』（共編）（信山社，2011 年）／『講座国際人権法 4　国際人権法の国際的実施』（共編）（信山社，2011 年）／『国際立法の最前線』（編著）（有信堂，2009 年）／『現代国際法の思想と構造 I・II』（共編著）（東信堂，2012 年）／『普遍的国際社会への法の挑戦』（共編著）（信山社，2013 年）／『国際海峡』（編著）（東信堂，2015 年）／『21 世紀の国際法と海洋法の課題』（共編著）（東信堂，2016 年）／『ブリッジブック国際人権法〔第 2 版〕』（共著）（信山社，第 2 版，2017 年）

学術選書
012
国際人権法

❀ ❉ ❀

人権条約の解釈と適用

2017(平成29)年10月30日　第1版第1刷発行
5412:P384　￥7600E-012:035-005

著　者　坂　元　茂　樹
発行者　今井　貴・稲葉文子
発行所　株式会社　信山社
編集第2部
〒113-0033　東京都文京区本郷 6-2-9-102
Tel 03-3818-1019　Fax 03-3818-0344
info@shinzansha.co.jp
笠間才木支店　〒309-1611　茨城県笠間市笠間 515-3
Tel 0296-71-9081　Fax 0296-71-9082
笠間来栖支店　〒309-1625　茨城県笠間市来栖 2345-1
Tel 0296-71-0215　Fax 0296-72-5410
出版契約 No.2017-5412-9-01011 Printed in Japan

ⓒ坂元茂樹, 2017　印刷・製本／ワイズ書籍(Y)・牧製本
ISBN978-4-7972-5412-9 C3332　分類329.501a001 国際人権法

JCOPY 《(社)出版者著作権管理機構 委託出版物》
本書の無断複写は著作権法上での例外を除き禁じられています。複写される場合は、
そのつど事前に、(社)出版者著作権管理機構(電話 03-3513-6969, FAX 03-3513-6979,
e-mail: info@jcopy.or.jp)の許諾を得てください。

◆国際法先例資料集－不戦条約
【日本立法資料全集】 柳原正治 編著

◆プラクティス国際法講義（第3版）
柳原正治・森川幸一・兼原敦子 編

◆《演習》プラクティス国際法
柳原正治・森川幸一・兼原敦子 編

◆国際法研究
岩沢雄司・中谷和弘 責任編集

◆ロースクール国際法読本
中谷和弘 著

◆実践国際法（第2版）
小松一郎 著

一般国際法秩序の変容 小森光夫 著
国際法制度の変化過程と規範的正当化

先住民族と国際法 ── 剥奪の歴史から権利の承認へ
小坂田裕子 著

国際裁判の証拠法論 中島 啓 著

軍縮辞典 日本軍縮学会 編

ブリッジブック国際法（第3版）植木俊哉 編

── 信山社 ──

地球社会の人権論　芹田健太郎

市民社会向けハンドブック─国連人権プログラムを活用する
　　　　　国連人権高等弁務官事務所 著
　　　　　ヒューマンライツ・ナウ 編訳

国際人権を生きる　阿部浩己

国際法の人権化　阿部浩己

人権条約の現代的展開　申 惠丯

国際人権法（第2版）　申 惠丯

国際人権・刑事法概論　尾﨑久仁子

マイノリティの国際法　窪 誠

国際公務員法の研究　黒神直純

国際裁判の動態　李 禎之

憲法学の可能性　棟居快行

講座 政治・社会の変動と憲法
フランス憲法からの展望Ⅰ・Ⅱ　辻村みよ子 編集代表

難民勝訴判決20選─行政判断と司法判断の比較分析
　　　　　全国難民弁護団連絡会議 監修／編集代表 渡邉彰悟・杉本大輔

現代フランス憲法理論　山元 一

ヨーロッパ地域人権法の憲法秩序化　小畑 郁

ヨーロッパ人権裁判所の判例　戸波江二・北村泰三・
　建石真公子・小畑郁・江島晶子 編

信山社

講座　国際人権法 1
国際人権法と憲法
芹田健太郎・棟居快行・薬師寺公夫 編集代表

講座　国際人権法 2
国際人権規範の形成と展開
芹田健太郎・棟居快行・薬師寺公夫 編集代表

講座　国際人権法 3
国際人権法の国内的実施
芹田健太郎・戸波江二・棟居快行・薬師寺公夫・坂元茂樹 編集代表

講座　国際人権法 4
国際人権法の国際的実施
芹田健太郎・戸波江二・棟居快行・薬師寺公夫・坂元茂樹 編集代表

ブリッジブック国際人権法 (第2版)
芹田健太郎・薬師寺公夫・坂元茂樹

普遍的国際社会への法の挑戦
　—芹田健太郎先生古稀記念　坂元茂樹・薬師寺公夫 編

コンパクト学習条約集 (第2版)
芹田健太郎 編集代表
森川俊孝・黒神直純・林美香・李禎之・新井京・小林友彦 編集委員

国際人権法 I　芹田健太郎

信山社